Enciclopédia, ou Dicionário razoado das ciências, das artes e dos ofícios

DENIS DIDEROT E JEAN LE ROND D'ALEMBERT

Enciclopédia, ou Dicionário razoado das ciências, das artes e dos ofícios

Volume 3
Ciências da natureza

Organização
Pedro Paulo Pimenta e Maria das Graças de Souza

Tradução
Pedro Paulo Pimenta e Maria das Graças de Souza

editora
unesp

Título original: *Encyclopédie, ou Dictionnaire raisonné des sciences, des arts et des métiers*

Cet ouvrage, publié dans le cadre du Programme d'Aide à la Publication Universitaire – PAP Universitaire (Consulat général de France à São Paulo), bénéficie du soutien du Ministère français des Affaires étrangères et du Développement international.

Este livro, publicado no âmbito do Programa de participação à publicação universitária – PAP universitário (Consulado geral da França em São Paulo), contou com o apoio do Ministério francês das relações exteriores e do desenvolvimento internacional.

Médiathèque MaisondeFrance

Liberté • Égalité • Fraternité
République Française
Consulat Général de France à São Paulo

Direitos de publicação reservados à:
Fundação Editora da Unesp (FEU)
Praça da Sé, 108
01001-900 – São Paulo – SP
Tel.: (0xx11) 3242-7171
Fax: (0xx11) 3242-7172
www.editoraunesp.com.br
www.livrariaunesp.com.br
feu@editora.unesp.br

CIP – Brasil. Catalogação na publicação
Sindicato Nacional dos Editores de Livros, RJ

D552e

Diderot, Denis, 1713-1784
Enciclopédia, ou Dicionário razoado das ciências, das artes e dos ofícios. Volume 3: Ciências da natureza / Denis Diderot, Jean le Rond d'Alambert; organização e tradução Pedro Paulo Pimenta, Maria das Graças de Souza. – 1.ed. – São Paulo: Editora Unesp, 2015.

Tradução de: *Encyclopédie, ou Dictionnaire raisonné des sciences, des arts et des métiers*
ISBN 978-85-393-0588-9

1. Diderot, Denis, 1713-1784. 2. Filosofia francesa – Século XVIII. 3. Filosofia moderna – Século XVIII. 4. Arte – Filosofia. 5. Ciência política – Filosofia. D'Alembert, Jean le Rond, 1717-1783. II. Título.

15-22242 CDD: 194
CDU: 1(44)

Editora afiliada:

Asociación de Editoriales Universitarias de América Latina y el Caribe

Associação Brasileira de Editoras Universitárias

Sumário

II – História Natural

As ciências no labirinto da natureza

Pedro Paulo Pimenta

A *Enciclopédia* de Diderot e d'Alembert é uma obra monumental, um dicionário que pretende nada menos que abarcar o estado dos conhecimentos humanos no momento em que ela surge – meados do século XVIII. É impossível, por definição, ler uma obra assim de uma ponta à outra sem se perder em seus meandros. Isso tampouco é necessário. Pois ela oferece ao leitor diversas entradas, pelas quais ele pode adquirir uma perspectiva parcial do todo. Uma dessas portas abre-se com a leitura dos verbetes dedicados às ciências: Matemática, Física, Química, História Natural, Anatomia, Fisiologia. Quem procurasse em tais verbetes (dos quais apresentamos aqui uma seleção introdutória) uma descrição dessas ciências compatível com a noção que temos delas em nossa época, certamente se decepcionaria, pois o que eles trazem é outra coisa, um registro acurado e fidedigno da condição em que elas se encontravam no século XVIII. Uma leitura complacente identificaria ali a ignorância desse século em relação ao que nós sabemos. Mas assim, contentando-se em celebrar uma época (a nossa) bem pouca afeita à crítica, não se veria que esses textos variados e fascinantes trazem uma vigorosa reflexão sobre os limites inevitáveis de todo e qualquer conhecimento, o que inclui, evidentemente, a remissão desse conhecimento às limitadas capacidades do homem, nos quais se encontram os seus princípios. Sem mencionar o seu valor inestimável para a história das ciências.

Na época de Diderot e d'Alembert, há uma hierarquia bem definida entre as ciências. A posição hegemônica é ocupada pela Física, cuja dignidade consiste em repousar sobre princípios e leis gerais formulados matematicamente. Suas realizações, que se tornam cada vez mais numerosas a partir de Galileu, são facultadas pelo uso dessa mesma Matemática como ferramenta do cálculo, poderoso meio de determinação de fenômenos sensíveis quando abordados sob o aspecto do movimento. A Física, como d'Alembert mostra em diversos verbetes reunidos neste volume, chega assim a ponto de oferecer um sistema do mundo unificado e coerente, capaz não somente de explicar os fenômenos conhecidos como também de acomodar tudo o que venha a ser descoberto pela observação e pela experimentação. Por sua exatidão, por seu alcance, pela elegância de seus princípios, a Física não tem rival em outras ciências, não após os feitos de Newton.

Na hierarquia das ciências, a História Natural segue-se à Física, mas, embora ela tenha suas aspirações, não constitui um corpo suficientemente coerente para rivalizar com esta. É importante lembrar que nessa época a Biologia ainda não existe – será preciso esperar por Cuvier e Lamarck para que ela comece a ser inventada. Quanto à Química, é antes um conjunto de procedimentos experimentais, de análise de substâncias materiais, do que uma ciência sistemática – embora tal sistematicidade esteja presente no horizonte dessas práticas, que serão finalmente revolucionadas por Lavoisier. No século XVIII, sob a denominação de História Natural, são abarcadas as ciências dedicadas ao estudo de cada um dos reinos da natureza – a zoologia, a botânica, a mineralogia –, que são objetos de doutos, bem como as ciências que incluem técnicas derivadas ou auxiliares desses conhecimentos, notadamente a fisiologia e a anatomia, praticadas por homens que não são considerados cientistas, senão praticantes de ofícios. Sem mencionar a Medicina, que então, de maneira talvez mais correta, era considerada uma pragmática, e não uma ciência. Embora se possa considerar que, individualmente, cada uma dessas "ciências naturais" tenha atingido, no século XVIII, estágios em que o conhecimento da natureza é tido como razoavelmente satisfatório pelos que as praticam, e apesar do fato de elas se comunicarem entre si, cada uma fornecendo às demais subsídios importantes, a verdade é que elas não chegam a formar um todo coerente, e estão longe de produzir uma imagem do mundo tão nítida como a obtida pela Física.[1]

Mesmo assim, a História Natural põe um problema à sua superior na hierarquia das ciências. O predomínio incontestável da Física explica-se pela redução que ela opera nos objetos, tomados como unidades consideradas sob relações quantitativamente mensuráveis. É uma ciência abstrata, baseada na Geometria e no Cálculo; suas línguas são as formas e as cifras. Exitosa no âmbito reservado a sua aplicação, parece menos satisfatória para dar conta do fenômeno subjacente às diversas ciências que se encontram no campo da História Natural: esse fenômeno é a vida, que anima a matéria e parece ser o resultado de um princípio diferente do princípio da gravitação universal, ao qual muitos julgam que ele se opõe, e que não se deixa reduzir a nenhum cálculo ou abstração geométrica.[2] Por isso, apesar da desvantagem evidente em que se encontram em relação aos matemáticos, físicos e astrônomos, os praticantes da História Natural começam a entrever o dia, muito próximo, em sua opinião, em que a sua ciência irá sobrepujar a física newtoniana, e adquirirá proeminência em relação a ela, dada a importância maior de seu objeto se comparado às leis da matéria. Essa esperança pode parecer descabida, mas o fato é que os arautos da História Natural no Século das Luzes, estivessem alinhados a Lineu ou a Buffon (como é o caso dos que contribuem para a *Enciclopédia*), perceberam que a Física jamais poderia se tornar uma ciência universal enquanto não incluísse o conhecimento da natureza em todos os seus aspectos. Uma coisa é explicar os princípios do movimento segundo leis gerais, outra é descrever a atuação dessas mesmas leis gerais na conformação dos corpos naturais que a física toma como abstrações, e que estão ligados ao fenômeno vital. Trata-se, assim, um pouco à revelia do que d'Alembert afirma no *Discurso preliminar*, de incluir a História Natural no rol das ciências da razão, e não nas da memória, visto que ela ultrapassa a mera descrição e se alça, ainda que tateantemente, ao domínio da explicação a partir de princípios.

---

1 Ver Jacques, *Les sciences de la vie dans la pensée française au XVIIIe siècle*.

2 Ver Duchesneau, *La physiologie des Lumières*.

Em 1758, a colaboração entre Diderot e d'Alembert encontra-se abalada, inclusive pelas diferenças entre eles com respeito a essa questão. Em carta a Voltaire, Diderot diz: "o reino das matemáticas caiu. O gosto mudou. O que domina é o da história natural e da literatura". A continuação da missiva zomba de d'Alembert, afirmando que esse simples matemático jamais poderia se adaptar ao novo gosto, pois não tem talento para ele. A afirmação é desastrada, pois, como Diderot logo verá, Voltaire é mais próximo de d'Alembert, e por amizade com este interrompe sua colaboração com a *Enciclopédia*, quando, em 1761, ele decide renunciar à atribuição de coeditor. É também injusta, pois não reconhece em d'Alembert um dos grandes geômetras do século e o principal responsável, juntamente com Maupertuis e Euler, pelo avanço, pelo aprofundamento e pela divulgação da ciência newtoniana no século XVIII.

Mas, por trás do sarcasmo de Diderot, motivado pela mágoa pessoal – ele tentará em vão a reconciliação, anos mais tarde, com o antigo parceiro, em meio a dificuldades para a finalização do projeto –, encontra-se um acerto inegável. O gosto pela História Natural parece mesmo incompatível com o gosto pela Física, tomando-se gosto por disposição à adoção de certos princípios; e, a nos fiarmos pela *Enciclopédia*, as duas ciências só poderiam colaborar entre si se a Física acompanhasse a História Natural num ponto decisivo: a crítica da abstração. A insistência de Diderot e dos naturalistas a respeito não deixa dúvidas: abordar adequadamente a natureza no particular é alterar substancialmente a visão que se tem dela no geral. Tudo se passa como se uma espécie de compreensão do mundo natural levasse à recusa da outra *quanto ao resultado*. Pois não se trata, de modo algum, de rejeitar ou relativizar o sistema newtoniano do mundo, apenas de introduzir variáveis que invertem as prioridades no estudo da natureza.

Portanto, a valorização da história natural empreendida por Diderot é ao mesmo tempo uma crítica da abstração, e tem dois alvos. O primeiro é a abstração geométrica, ou o equívoco que consiste em confundir a variedade do mundo natural concreto com as entidades geométricas que os matemáticos obtêm a partir dele mediante operações cujos pressupostos e implicações, ao que tudo indica, eles desconhecem (ver os seus *Pensamentos sobre a natureza*, 1754). D'Alembert responde à altura, no verbete "Geômetra" (ver o volume 2 desta coletânea), afirmando que todo geômetra, *desde que tenha cabeça filosófica*, jamais tomaria uma coisa pela outra, pois está perfeitamente ciente de que as suas formas não coincidem com as coisas, tudo o que permitem é compreender as relações entre estas em tal grau de generalidade que a natureza perde o caráter de um espetáculo interessante e estranho e ganha contornos de um sistema mecanicamente ajustado, em que cada fenômeno, por distante que seja de outros, pode ser devidamente compreendido a partir de uns poucos princípios acessíveis a quem quer que se ponha a estudá-los. Resta, no entanto, a possibilidade de que poucos geômetras tenham cabeça filosófica; sem mencionar que uma coisa é estar ciente, como d'Alembert, do que significa abstrair em geometria, e outra é estar alerta, como Diderot, para as possibilidades inscritas na consideração da natureza *in concreto*.

O segundo alvo da crítica de Diderot e de seus colaboradores na *Enciclopédia*, notadamente Daubenton e d'Holbach, é a abstração nominal, cuja expressão máxima são os sistemas de nomenclatura propostos por Tournefort e Lineu, entre outros. Essa abstração consiste em tomar os nomes das coisas e sua disposição em tabelas por supostas determinações essenciais dos seres naturais e sua relação e ordenação concretas. A princípio, não há nada de errado com um sistema de classificação nominal. Uma gramática de animais, plantas e minerais é mesmo algo necessário, uma técnica mnemônica sem a qual o estudo e a utilização desses seres, em toda a sua variedade, seria impossível. Mas é precisamente para salvaguardar a finalidade prática da história natural que é preciso despojá-la da mania de abstração. Sem uma descrição pormenorizada dos seres, de sua anatomia e dos processos fisiológicos que os animam, o naturalista perde de vista a dinâmica geral da natureza vivente, e, reduzindo-a a um sistema estático, entrega-se irrefletidamente à admiração por essa ordem tão constante e imutável quanto a do mundo de Newton. É preciso relativizar esse sentimento, chamando atenção para o que há de transitório, de provisório, de incerto no mundo das formas naturais, surpreendente processo em que a ordem surge como que do nada e a ele retorna, em que a matéria dá origem à vida e a consome, em que as espécies, longe de serem totalidades perfeitas, se distendem no tempo, são formadas por indivíduos irredutíveis a gêneros e, por um mecanismo desconhecido, reproduzem-se e garantem assim sua continuidade na natureza. Muitos dos verbetes de História Natural reunidos nesta coletânea prefiguram assim a genial metafísica materialista desenvolvida anos depois por Diderot em *O sonho de d'Alembert*.

A consequência dessa nova imagem do mundo – regido pelas leis do movimento, mas onde a história dos fenômenos é mais complicada do que a Física dá a entender – é o aprofundamento de uma compreensão do mundo natural, que tem consequências para um dos objetivos centrais da *Enciclopédia*, que é o combate à superstição. Pois se a Física, que contribuiu decisivamente para essa tarefa ao mostrar a regularidade irrevogável dos fenômenos naturais, ainda permitia que se saudasse uma ordem e o seu autor, a História Natural, ao privar essa ordem de atributos como estabilidade e constância – logo, da qualidade da perfeição – leva a desconfiar da ideia de criação. Em suma, a História Natural quer e mesmo precisa desvencilhar ciência de religião. Nesse sentido, é significativo o relevo dado por Diderot a questões de método nas ciências. Nos verbetes "Certeza", "Conjectura" e "Probabilidade" (incluídos neste volume), encontra-se uma consideração da natureza como sistema de leis gerais cuja atuação se compreende melhor em termos de tendência à necessidade, suficiente para que se produza uma ordem. Tendência cega, desprovida de uma inteligência primeira, cujos maravilhosos efeitos percebem-se de modo exemplar nos seres naturais organizados. O modo de estudá-los é preconizado nos verbetes "História Natural" (que atribuímos a Daubenton), e "Método (*História natural*)", que costuma ser atribuído a Diderot, ambos também incluídos neste volume.

É verdade que as ambições hegemônicas da História Natural terão que esperar pelo século XIX para se ver parcialmente concretizadas – em consonância com os princípios da Física. Mas seria um erro querer avaliar os artigos que a *Enciclopédia* dedica a essa ciência como se ela fosse a progenitora, um pouco ignorante, de uma ciência madura que estaria por vir. Ela é menos e mais do que isso: é menos, porque está longe de colocar as questões da Biologia de maneira clara e articulada, seus problemas são outros; é mais, porque apresenta uma reflexão sobre o conhecimento, um questionamento sobre quais os seus limites e as suas possibilidades, e exige que os naturalistas em geral não se contentem, de maneira complacente, com o que têm em mãos, mas ponham-se a pensar sobre o que significa postular a natureza como sistema, deixando de lado hipóteses e teorias vagas, sem mencionar sentimentos piedosos, procurando acrescentar ao campo de suas considerações a dimensão do mundo natural, a sua concretude ou materialidade, que constitui, por assim dizer, o manancial das tão preciosas abstrações, geométricas ou nominais.

Haveria muito a dizer, não somente quanto ao debate entre d'Alembert e Diderot, mas também sobre o desenvolvimento posterior da História Natural e a invenção da Biologia, desdobramentos cujas consequências, cada vez mais, nos afetam diretamente. Mas vale a pena, por um momento, pôr de lado tudo isso, e entregar-se ao simples prazer de encontrar, nas páginas da *Enciclopédia*, estilos de pensar e de escrever tão interessantes e tão diferentes quanto o dos físicos e o dos naturalistas. Essas diferenças, que o leitor perceberá facilmente nos artigos aqui reunidos – que oferecem uma introdução, dentre muitas possíveis, a esse mundo intelectual fascinante –, destacam-se sobre um pano de fundo comum, a *inteligência crítica* que anima a pena dos enciclopedistas.

Os verbetes que perfazem este Volume 3 concentram-se na questão epistemológica e crítica delineada nesta apresentação. Foram escolhidos por colocarem o problema de maneira interessante e direta, e por fornecerem uma espécie de orientação para os que queiram se aventurar nas páginas do original dedicadas às ciências naturais. A seção de Física é quase que exclusivamente de autoria de d'Alembert; a de História Natural é dividida principalmente entre Diderot, Daubenton, d'Holbach; a de fisiologia e anatomia traz contribuições de Diderot e de alguns de seus colaboradores, pouco conhecidos, mas nem por isso menos interessantes. Cada uma dessas seções espelha, de algum modo, ainda que parcialmente, o estado de suas respectivas ciências. Por fim, a seção dedicada à Química traz o verbete com esse título, em que Venel, principal responsável por essa ciência na *Enciclopédia*, pondera os limites e as conexões entre os diferentes ramos do conhecimento do mundo natural.

Apesar das diferenças entre o conjunto de verbetes dedicados à Física e os que versam a História Natural, a Anatomia e a Fisiologia, e da assimetria da seção dedicada à Química, que traz apenas um verbete, percebe-se claramente, nos cinco grupos reunidos neste volume, uma questão central da qual os enciclopedistas se ocupam com afinco e com gosto. Uma ciência da natureza não é nada, ou é muito pouco, se permanece exclusivamente no domínio dos conceitos gerais. É preciso que ela saiba figurar os seus objetos e divisar meios de expô-los numa ordem que permita à sensibilidade humana apreender um sentido nas relações entre eles. A Física procede a tanto pela via da experimentação; a Química, pela experimentação aliada à observação; a História Natural e as ciências que lhe são próximas pela adição da conjectura a esses procedimentos. Mesmo no plano da sistematização, as ciências incluem, como parte indispensável de seus procedimentos, um elemento técnico, que responde por sua execução. O geômetra e o naturalista testam, observam, arriscam hipóteses, e desenham, expondo os resultados de suas investigações em formas geométricas, em equações, em formas plásticas. Portanto, as pranchas ilustrativas dessas ciências na *Enciclopédia*, como se verá pela seleção que apresentamos, são bem mais do que uma ilustração de conhecimentos, artes e ofícios descritos em palavras nos verbetes; elas são a etapa derradeira do ciclo que perfaz o conhecimento da natureza, que leva do fenômeno sensível ao conceito geral e deste ao esquema próprio a cada classe de objetos.

Os enciclopedistas obedecem assim às injunções lançadas antes deles por um Condillac ou por um Buffon, que proibiram aos naturalistas que confundissem, em seus estudos, uma suposta ordem da natureza, tomada em si mesma, com a ordem introduzida nela pelo homem, que quer compreendê-la. Gêneros, espécies e classes são criaturas da imaginação e do entendimento, não existem na natureza, onde tudo se comunica e mistura-se entre si, onde tudo é movimento e processo. Munidos de um verdadeiro mapa, o da própria *Enciclopédia*, Diderot e d'Alembert mostram ao leitor o caminho a ser trilhado pelas ciências nesse verdadeiro labirinto que é o mundo natural. E um mapa como esse, mais do que útil, é necessário, na medida em que o conhecimento da natureza é o meio sem o qual o homem não poderia atingir o fim que lhe é mais caro: apoderar-se dos meios de sua subsistência e prazer, ao passo que descobre qual é seu lugar nesse mundo que ele trata como seu, mas que, como insiste Diderot, não lhe pertence, perpassa-o, existia antes dele e continuará a existir quando ele desaparecer. Essa lição de sobriedade é um dos legados mais duradouros desses verbetes, cujo conteúdo, que nos soa ao mesmo tempo tão familiar e tão estranho, dá muito o que pensar.

Referências bibliográficas

DUCHESNEAU, F. *La physiologie des Lumières*. 2.ed. Paris: Garnier Classiques, 2013.

JACQUES, R. *Les sciences de la vie dans la pensée française au XVIIIe siècle*. 3.ed. Paris: Albin Michel, 1993.

I – Física e Matemática

Álgebra[1] (*Ordem enciclopédica, Entendimento, Razão, Ciência da Natureza, Ciência dos seres reais, dos seres abstratos, da quantidade, Matemática, Matemáticas puras, Aritmética, Aritmética numérica, Álgebra*), d'Alembert [1, 259]

Álgebra é o método de realização do cálculo de toda sorte de quantidades em geral, representadas por signos de abrangência universal. Para tanto, foram adotadas como signos as letras do alfabeto, por serem mais fáceis e mais cômodas de utilizar do que qualquer outra espécie de signos. Ménage deriva *álgebra* do árabe *algiabarat*, que significa a recomposição de uma coisa fracionada, e supõe equivocadamente que a principal parte da Álgebra consistiria na consideração dos números fracionados. Já outros, como o Sr. d'Herbelot, pensam que a Álgebra adquiriu seu nome de Geber, filósofo, químico e matemático célebre, que os árabes chamavam de Giabert, e que se acredita ter sido o inventor dessa ciência. Outros ainda alegam que o nome vem de Gefr, espécie de pergaminho feito com pele de camelo, sobre o qual Ali e Giafur Sadek escreviam em caracteres místicos o destino da religião maometana e os grandes eventos que ocorreriam até o fim do mundo. Outros, por fim, derivam-na da palavra *geber*, que, com o acréscimo da partícula *al*, teria formado Álgebra, palavra puramente árabe, que significaria a redução de números fracionados a números inteiros, etimologia que não é melhor que a de Ménage. De resto, é preciso observar que os árabes jamais se serviram da palavra *Álgebra* para exprimir o que entendemos por ela, acrescentando a ela invariavelmente a palavra *macabelah*, que significa oposição e comparação. Assim, *algebra-almacabelah* é o que chamamos de *Álgebra*.

Alguns autores definem Álgebra como arte de resolver os problemas matemáticos; mas essa ideia é antes da arte aritmética que da Álgebra. Ver *Análise*.

A Álgebra tem duas partes: 1º) O método de calcular as grandezas representando-as com letras do alfabeto. 2º) A maneira de servir-se desse cálculo para a solução de problemas. Esta última parte, mais extensa por ser a principal, costuma receber o nome de Álgebra, e é principalmente nesse sentido que a tomaremos na sequência deste verbete.

---

1 Tradução parcial.

Os árabes chamavam-na de Arte da Restituição e da Comparação, ou Arte da Resolução e Equação. Os antigos autores italianos lhe davam o nome de *regula rei et census*, vale dizer, regra da raiz e do quadrado. Outros chamam-na de Aritmética Especiosa, Aritmética Universal etc.

A Álgebra é, propriamente dizendo, o método de calcular quantidades indeterminadas, uma espécie de Aritmética por meio da qual calculam-se quantidades desconhecidas como se fossem conhecidas. Nos cálculos algébricos, considera-se como dada a grandeza procurada, o número, a linha ou qualquer outra quantidade, e, por meio de uma ou mais quantidades dadas, caminha-se de consequência em consequência até que a quantidade suposta no início como desconhecida, ou alguma de suas potências, torne-se igual a uma quantidade conhecida, dando a conhecer assim a quantidade em questão.

Podem-se distinguir duas espécies de Álgebra, a Numeral e a Literal.

A Álgebra Numeral ou Vulgar é a dos antigos algebristas, utilizada unicamente na resolução de problemas numéricos. A quantidade procurada era representada por uma letra ou caractere, as quantidades dadas eram expressadas por números.

A Álgebra Literal ou Especiosa, ou Nova Álgebra, é aquela em que as quantidades dadas ou conhecidas, bem como as desconhecidas, são expressadas ou representadas em geral por letras do alfabeto.

A Álgebra alivia a memória e a imaginação, pois reduz consideravelmente os esforços que seriam obrigadas a realizar para reter as diferentes coisas necessárias à descoberta da verdade sobre a qual trabalha e que é preciso ter presentes no espírito. Por essa razão, alguns autores chamam essa ciência de *Geometria Metafísica*.

Contrariamente à Álgebra Numeral, a Álgebra Especiosa não se limita a uma certa espécie de problemas, serve universalmente à pesquisa ou invenção de teoremas, bem como à resolução e demonstração de toda sorte de problema, aritmético ou geométrico.

As letras utilizadas na Álgebra representam, cada uma delas em separado, linhas ou números, seja o problema geométrico ou aritmético. Juntas, representam os produtos, os planos, os sólidos e as potências mais elevadas, dependendo do número de letras. Por exemplo, em Geometria, duas letras, como *ab*, representam um retângulo cujos lados são expressados um pela letra *a*, o outro pela letra *b*, de sorte que, multiplicadas uma pela outra, produzem o plano *ab*. A mesma letra, repetida duas vezes, como *aa*, significa um quadrado. Três letras, *abc*, representam um sólido ou um paralelepípedo retângulo, cujas dimensões são expressas por três letras, *abc*, o comprimento por *a*, a largura por *b*, a profundidade ou espessura por *c*, [260] de tal sorte que, multiplicadas umas pelas outras, produzem o sólido *abc*.

Como nos quadrados, cubos, potências quádruplas etc., a multiplicação das dimensões ou graus é expressa pela multiplicação das letras, e o número de letras pode crescer a ponto de se tornar bastante incômodo, os matemáticos se contentam em escrever a raiz uma única vez e assinalar à direita o expoente da potência, vale dizer, o número de letras de que é composta a potência ou o grau que se trata de exprimir, como a^2, a^3, a^4, a^5. Esta última expressão, a^5, quer dizer o mesmo que *elevado à quinta potência*, e assim para as outras.

* * *

[262] Contentei-me neste artigo em fornecer uma ideia geral da Álgebra muito similar a que se costuma ter dela, ao que acrescentei, a partir do abade Gua, a história de seus progressos. Os doutos encontrarão no verbete *Aritmética Universal* reflexões mais profundas sobre essa ciência, e, no verbete *Aplicação*, observações sobre a aplicação da Álgebra à Geometria.

(Tradução: Pedro Paulo Pimenta)[1]

Análise (*Ordem enciclopédica, Entendimento, Razão, Filosofia ou Ciência, Ciência da Natureza, Matemáticas puras, Aritmética literal ou Álgebra, Análise*), d'Alembert [1, 400]

Análise é, propriamente dizendo, o método de resolução dos problemas matemáticos pela redução destes a equações.

1 Doravante PPP.

Para resolver problemas, a Análise recorre ao auxílio da Álgebra, ou cálculo das grandezas em geral. As palavras *Análise* e *Álgebra* são, por isso, muitas vezes consideradas sinônimos.

A Análise é o instrumento ou meio pelo qual foram realizadas, nos últimos dois séculos, tantas belas descobertas nas Matemáticas. Ela fornece os exemplos mais perfeitos da maneira como se deve empregar a arte do raciocínio, confere ao espírito uma maravilhosa prontidão para descobrir coisas desconhecidas a partir de um pequeno número de dados, e por empregar signos abreviados e fáceis para exprimir as ideias, apresenta ao entendimento coisas que de outro modo pareceriam excluídas de sua esfera. Graças à Análise, as demonstrações geométricas podem ser consideravelmente abreviadas. Uma longa sequência de argumentos, em que o espírito, sem um máximo empenho da atenção, não poderia descobrir a ligação das ideias, é convertida em signos sensíveis, e as diversas operações requeridas são efetuadas pela combinação entre eles. Ainda mais extraordinário é que, por meio dessa arte, um grande número de verdades sejam expressas numa única linha, verdades que, se seguíssemos a maneira comum de explicação, preencheriam volumes inteiros. Assim, o estudo de uma única linha de cálculo pode ensinar, em pouco tempo, ciências inteiras, que de outra maneira levariam anos para serem aprendidas.

A Análise divide-se, em relação ao seu objeto, **[401]** em *Análise das Quantidades Finitas* e *Análise das Quantidades Infinitas.*

A *Análise das Quantidades Finitas* é o que se chama também de *Aritmética Especiosa*, ou *Álgebra.* Ver *Álgebra.*

A *Análise das Quantidades Infinitas*, ou *dos Infinitos*, também chamada de *Nova Análise*, calcula as relações entre quantidades que tomamos por infinitas ou infinitamente pequenas. Um de seus principais ramos é o *Método das Fluxões*, ou *Cálculo Diferencial.*

A grande vantagem das Matemáticas modernas em relação às antigas vem principalmente do uso da Análise.

Os autores antigos que utilizaram a Análise são nomeados por Pappus no prefácio de seu sétimo livro de coleções matemáticas. São eles Euclides, *Data et porismata*; Apolônio, *de Sectione Rationis* e *Cônicas*; Aristeu, *de Locis solidis*;

e Erastótenes, *de Mediis proportionalibus*. Os autores antigos, porém, utilizaram a Análise de uma maneira muito diferente dos modernos.

A Álgebra pertence principalmente aos modernos. Sua história e seus autores encontram-se no verbete *Álgebra*.

Os principais autores de *Análise dos Infinitos* são Wallis, *Arithmétique des infinis*; Newton, *Analysis per quantitatum series, fluxiones, & differentias*, e no tratado intitulado *De quadraturâ curvarum*; Leibniz, *Acta eruditorum anno 1684*; o marquês de l'Hopital, *Analyse des infiniment petits*, 1696; Carré, *Méthode pour la mesure des surfaces, la dimension des solides, &c. par l'application du Calcul Intégral*, 1700; G. Manfred, *De constructione equationum differentialium primi gradûs*, 1707; Nicolaus Mercator, *Logarithmotechnia*, 1668; Cheyne, *Methodus fluxionum inversa*, 1703; Craig, *Methodus figurarum lineis rectis & curvis comprehensarum, quadraturas determinandi*, 1685, e *De quadraturis figurarum curvilinearum & locis*, 1693; Grégory, *Exercitatio geometrica de dimensione figurarum*, 1684; e Nieuwentijt, *Considerationes circa Analyseos ad quantitates infini è parvas applicatoe, principia*, 1695.

A *Analyse demonstrée*, do padre Reyneau, do Oratório, impressa em Paris em 1708, em dois volumes in-quarto, é um livro que não pode deixar de ser recorrido por aqueles que queiram estudar essa ciência. Ainda que contenha alguns erros, é mesmo assim, atualmente, a obra mais completa de que dispomos a respeito. Seria desejável que um geômetra habilidoso nos desse sobre essa matéria um tratado ainda mais exato, mais extenso em alguns pontos, menos em outros, que o do padre Reyneau. Poder-se-ia abreviar o primeiro volume, que contém muitas coisas inúteis acerca da teoria das equações, e aumentar as passagens sobre o Cálculo Integral, servindo-se para isso de diversas obras recentemente publicadas, bem como de artigos surgidos nas memórias das academias de ciências de Paris, Berlim, Londres e Petersburgo, nas atas de Leipzig, nas obras de Bernoulli, Euler, Maclaurin etc.

Este artigo é destinado ao leitor comum, por isso é tão curto. Para maiores detalhes, consultar o verbete *Aritmética Universal*; no verbete *Aplicação de uma ciência a outra* trata-se da Análise em Geometria. O verbete *Álgebra* traz a história da Análise.

(PPP)

Aplicação de uma ciência a outra, d'Alembert [1, 550]

Aplicação de uma ciência a outra se diz, em geral, do uso dos princípios e das verdades que pertencem a uma ciência, para aperfeiçoar e incrementar outra ciência.

De modo geral, não há ciência ou arte que em parte não pertença a alguma outra. O *Discurso preliminar* que encabeça esta obra, e os principais artigos deste *Dicionário*, fornecem a melhor prova disso.

Aplicação da Álgebra ou da Análise à Geometria

Sendo a Álgebra, como mostra o artigo dedicado a ela, o cálculo das grandezas em geral, e a Análise, o uso da Álgebra para encontrar quantidades desconhecidas, seria natural que, uma vez descobertas, a Álgebra e a Análise se aplicassem à Geometria, pois as linhas, as superfícies e os sólidos de que a Geometria se ocupa são grandezas mensuráveis e comparáveis entre si, e cujas relações se prestam, portanto, a ser fixadas. Antes de Descartes, porém, tal coisa parece não ter ocorrido a ninguém, embora a Álgebra tivesse realizado progressos muito significativos, principalmente pelas mãos de Viete. Ver *Álgebra*. É na Geometria de Descartes que se encontra pela primeira vez a aplicação da Álgebra à Geometria, além de excelentes métodos para aperfeiçoar a Álgebra. Esse grande gênio prestou assim um serviço imortal às Matemáticas, e deu a chave para as maiores descobertas pelas quais se pode esperar nessa ciência.

Foi ele quem primeiro descobriu como exprimir em equações a natureza das curvas, como resolver pelo recurso a essas mesmas curvas os problemas da Geometria, e como demonstrar teoremas de Geometria pelo recurso ao cálculo algébrico, quando seria muito mais difícil demonstrá-los por métodos ordinários. Os verbetes *Construção*, *Equação* e *Curva* mostram no que consiste essa *aplicação* da Álgebra à Geometria. Ignoramos se os antigos dispunham de um recurso similar em suas pesquisas; se não dispunham, só podemos admirá-los por terem ido tão longe sem ele. Temos o tratado de Arquimedes sobre as espirais com suas próprias demonstrações, mas é difícil saber se essas demonstrações expõem precisamente o método que o levou à descoberta das propriedades das espirais ou se, após ter encontrado essas propriedades por um método qualquer, ocultou-o com demonstrações tortuosas. Seja como for, se não seguiu outro método além do contido nas demonstrações mesmas, [551] é impressionante que não tenha se perdido, e não poderia haver prova mais contundente da profundidade e extensão de seu gênio. Bouillard reconhece não ter compreendido as demonstrações de Arquimedes, e Viete, injustamente, as acusa de paralogismo.

De toda forma, essas mesmas demonstrações, que tanto trabalho deram a Bouillard e a Viete, e talvez também a Arquimedes, foram facilitadas ao extremo pela aplicação da Álgebra à Geometria. Pode-se dizer o mesmo de todas as obras de Geometria dos antigos, que quase ninguém mais lê, em virtude da facilidade com que a Álgebra permite reduzir suas demonstrações a umas poucas linhas de cálculo.

Mesmo assim, Newton, que conhecia melhor do que ninguém as vantagens da Análise em Geometria, lamenta em diversas passagens de suas obras que a leitura dos geômetras antigos tenha sido abandonada.

É uma opinião geral que o método de que os antigos se serviram em seus livros de Geometria seria mais rigoroso do que o método da Análise. Principalmente nisso se apoiam as queixas de Newton, que acreditava que o uso demasiado frequente da Análise privara a Geometria do rigor que caracteriza suas demonstrações. É inegável que esse grande homem não se equivocou, ao menos em parte, ao recomendar, até certo ponto, a leitura dos antigos. As demonstrações destes, por serem mais difíceis, dão mais exercício ao espírito, acostumam-no a ter aplicação, dão-lhe maior extensão e formam a paciência e a determinação necessárias para realizar descobertas. Mas não se deve exagerar; e se nos restringirmos unicamente ao método dos antigos, tudo indica que o maior dos gênios não poderia realizar em Geometria descobertas tão importantes ou ao menos tão numerosas quanto as possibilitadas pela Análise. No que se refere à presumida vantagem das demonstrações à maneira dos antigos, supostamente mais rigorosas do que as demonstrações analíticas, é duvidoso que essa pretensão tenha fundamento. Folheio os *Princípios* de Newton: vejo que tudo ali é demonstrado à maneira dos antigos, mas vejo também, ao mesmo tempo, que Newton encontrou seus teoremas por um método diferente daquele pelo qual os demonstra, e que suas demonstrações não são propriamente senão cálculos analíticos traduzidos e disfarçados mediante a substituição do valor algébrico das linhas pelo nome destas. Caso se alegue que as demonstrações de Newton são rigorosas, o que é verdade, por que as suas traduções em língua algébrica seriam menos rigorosas? Que diferença poderia haver, para a certeza da demonstração, se eu chamo uma linha de *AB* ou a designo pela expressão algébrica *a*? Na verdade, esta última denominação tem uma peculiaridade. Uma vez eu tenha designado todas as linhas por caracteres algébricos, poderei realizar com esses caracteres numerosas operações sem pensar nas linhas ou nas figuras, o que constitui uma vantagem. O espírito, aliviado, não precisa mobilizar todas as suas forças para resolver certos problemas, pois elas são poupadas ao máximo pela Análise. É suficiente saber que os princípios do cálculo são certos, para que a mão calcule cheia de certeza e chegue quase mecanicamente a um resultado que dá o teorema ou o problema pelo qual se buscava e no qual de outro modo não se teria chegado, não com tanta facilidade. Restará apenas ao analista dar à demonstração ou solução o rigor de que ela pretensamente carece; e será suficiente, para tanto, que a traduza na língua dos antigos, como Newton fez com as suas. Se nos contentarmos, portanto, em dizer que o uso demasiado frequente da Análise pode tornar o espírito preguiçoso, teremos razão, desde que convenhamos, ao mesmo tempo, que a Análise é absolutamente indispensável a um grande número de pesquisas. Duvido que esse uso torne menos rigorosas as demonstrações matemáticas. Pode-se considerar o método dos antigos como uma rota difícil, tortuosa, acidentada, pela qual o geômetra guia os seus leitores: o analista, de um ponto de vista mais elevado, vê, por assim dizer, essa rota com um golpe de vista; precisa apenas percorrer suas sendas, conduzir os outros, e detê-los no caminho pelo tempo que julgue necessário.

De resto, há casos em que o uso da Análise, longe de abreviar as demonstrações, as torna, ao contrário, mais longas. É o caso, entre outros, dos muitos problemas ou teoremas em que se comparam ângulos entre si. Ângulos são exprimíveis analiticamente por seus senos, e a expressão de senos de ângulos costuma ser complexa, o que dificulta as construções e demonstrações que se servem da Análise. Os grandes geômetras devem saber quando utilizar o método dos antigos e quando preferir a Análise. Seria difícil fornecer regras exatas e gerais para essa escolha.

Aplicação da Geometria à Álgebra

Embora seja mais comum e mais conveniente aplicar a Álgebra à Geometria do que a Geometria à Álgebra, esta última aplicação pode ocorrer em certos casos. Assim como as linhas geométricas são representadas por letras, pode-se também eventualmente representar por linhas as grandezas numéricas exprimidas por letras, o que por vezes resulta em mais facilidade para a demonstração de determinados teoremas ou para a resolução de determinados problemas. Para dar um exemplo simples, suponha-se que eu queira obter o quadrado de $a + b$; posso, pelo cálculo algébrico, demonstrar que esse quadrado contém o quadrado de a, mais o de b, mais duas vezes o produto de a por b. Mas posso também demonstrar essa proposição servindo-me da Geometria. Para tanto, tenho apenas que traçar um quadrado, cuja base e altura dividirei em duas partes, uma eu chamarei de a, a outra de b; a seguir, a partir dos pontos de divisão, traçarei linhas paralelas aos lados do quadrado, dividirei esse quadrado em quatro superfícies, e verei, com um golpe de vista, que uma é o quadrado de a, a outra o quadrado de b, e que as outras duas serão, cada uma delas, um retângulo formado por a e b; do que se segue que o quadrado do binômio $a + b$ contém o quadrado de cada uma das duas partes, mais duas vezes o produto da primeira pela segunda. Esse exemplo muito simples, que se encontra ao alcance de todos, mostra bem como a Geometria aplica-se à Álgebra, vale dizer, como a Geometria pode servir para demonstrar teoremas de Álgebra.

Mas a aplicação da Geometria à Álgebra não é tão necessária no exemplo que mencionamos quanto em outros, complicados demais para serem enumerados exaustivamente. Vamos nos contentar em assinalar que a consideração, por exemplo, das curvas de gênero parabólico, e do curso dessas curvas em relação ao seu eixo, é com frequência útil para demonstrar mais facilmente numerosos teoremas sobre as equações e suas raízes. Ver, entre outros, a utilização pelo abade Gua dessa espécie de curvas, *Mémoires de l'Académie des Sciences*, 1741, para demonstrar a famosa regra de Descartes sobre o número de raízes das equações. [552]

Pode-se, em alguns casos, aplicar a Geometria à Aritmética, vale dizer, servir-se da Geometria para demonstrar mais facilmente, sem Análise e de maneira geral, certos teoremas de Aritmética, por exemplo, que a sequência de números ímpares 1, 3, 5, 7, 9 etc., somados sucessivamente, resulta na mesma soma da sequência de quadrados 1, 4, 9, 16, 25 etc.

Para tanto, desenhai um triângulo retângulo ABE, com um lado horizontal e outro vertical (designo-os assim para fixar a sua imagem); dividis o lado vertical *AB* em tantas partes iguais quanto quiserdes, e, a partir dos pontos de divisão, 1, 2, 3, 4 etc., extraís as paralelas 1f, 2g até *BE*; obtereis assim o pequeno triângulo A1f, a seguir o trapézio 1fg2, que valerá três vezes esse triângulo, e depois o trapézio 2gh3, que valerá cinco vezes o triângulo. Os espaços terminados pelas paralelas 1f, 2g etc. serão representados pelos números 1, 3, 5, 7 etc., a começar pelo triângulo A1f, e designando-se esse triângulo por 1, 5.

As somas desses espaços serão os triângulos A1f, A2g, A3h etc., que são como os quadrados dos lados A1, A2, A3, vale dizer, como 1, 4, 9 etc., cuja soma de números ímpares equivale à soma dos números quadrados. Poder-se-ia, sem dúvida, demonstrar algebricamente essa proposição; mas o precedente basta para satisfazer os que ignoram a Álgebra.

Aplicação da Geometria e da Álgebra à Mecânica

A aplicação da Geometria e da Álgebra à Mecânica repousa nos mesmos princípios que a aplicação da Álgebra à Geometria. Consiste principalmente em representar por equações as curvas descritas pelos corpos em sua trajetória, em determinar a equação entre os espaços descritos pelos corpos (quando animados por forças quaisquer), o tempo que os corpos levam para percorrer tais espaços etc. Não é possível, na verdade, comparar duas coisas de naturezas diferentes, tais como o espaço e o tempo: mas pode-se comparar a relação entre as partes do tempo e as partes do espaço percorrido. O tempo, por sua natureza, escoa uniformemente, e a Mecânica supõe essa uniformidade. Sem conhecer o tempo em si mesmo e sem ter dele uma medida precisa, não podemos representar com clareza a relação entre suas partes, a não ser pela relação entre as partes de uma linha reta de extensão indefinida. Ora, a analogia de relação entre as partes de tal linha e as partes do espaço percorrido por um corpo que se move de uma maneira qualquer pode sempre ser expressa por uma equação. Pode-se, portanto, imaginar uma curva cujas abscissas representem as porções do tempo escoado desde o início do movimento, as ordenadas correspondentes designarão os espaços percorridos durante essas porções de tempo. A equação dessa curva exprimirá não a relação entre os tempos e os espaços, mas sim a relação entre as partes do tempo escoado e a unidade deste, e entre essa relação e aquela entre as partes do espaço percorrido e a unidade deste, pois a equação de uma curva pode ser considerada ou como exprimindo a relação entre as ordenadas e as abscissas, ou como equação entre a relação que as ordenadas têm para com a sua respectiva unidade e a relação entre as abscissas correspondentes e sua respectiva unidade.

Portanto, é evidente que, pela aplicação da Geometria e do Cálculo, é possível, sem recorrer a nenhum outro princípio, encontrar as propriedades gerais do movimento, variado segundo uma lei qualquer. O verbete *Aceleração* oferece um exemplo da aplicação da Geometria à Mecânica; os tempos da queda de um corpo pesado são representados pela abscissa de um triângulo, as velocidades pelas ordenadas, os espaços percorridos pela área das partes de um triângulo.

Aplicação da Mecânica à Geometria

Consiste principalmente no eventual uso do centro de gravidade das figuras para determinar os sólidos formados por elas.

Aplicação da Geometria e da Astronomia à Geografia

Consiste em três coisas. 1º) Determinar por operações geométricas e astronômicas a figura do globo que habitamos. 2º) Encontrar pela observação das longitudes e latitudes a posição dos lugares. 3º) Determinar por operações geométricas a posição dos lugares mais distantes entre si.

A Astronomia e a Geometria também são muito úteis na navegação.

Aplicação da Geometria e da Análise à Física

Essa aplicação deve-se a Newton, assim como deve-se a Descartes a aplicação da Álgebra à Geometria. Baseia-se nos mesmos princípios desta última. A maioria das propriedades dos corpos têm entre si relações mais ou menos constantes, que podemos comparar, e a isso somos levados pela Geometria e pela Análise ou Álgebra. Sobre essa aplicação repousam todas as ciências físico-matemáticas. Uma única observação ou experimento pode resultar numa ciência completa. Suponhais que, como se sabe a partir da experiência, os raios de luz se reflitam fazendo que o ângulo de incidência geral seja igual ao ângulo de reflexão, e tereis a catóptrica completa. Uma vez realizado esse experimento, a catóptrica torna-se uma ciência puramente geométrica, pois se reduz a comparar os ângulos e as linhas de uma posição. Isso também se passa com uma infinidade de outras ciências. Em geral, é pelo auxílio da Geometria e da Análise que se chega a determinar a quantidade de um efeito que depende de outro efeito conhecido. Assim, essa ciência é quase sempre necessária para a comparação e para o exame dos fatos que a experiência nos revela. Observe-se, no entanto, que os diferentes objetos da Física não são igualmente suscetíveis de aplicação da Geometria. Numerosos experimentos, como os da pedra-ímã, da eletricidade, e uma infinidade de outros, não se submetem ao Cálculo, e nesses casos não se deve aplicá-lo. Os geômetras por vezes incorrem no erro de substituir experimentos por hipóteses, e calculam as consequências destas. Esses cálculos, porém, só podem ter força na medida em que as hipóteses sobre as quais se apoiam sejam confirmadas na natureza; é necessário que observações as confirmem, o que infelizmente nem sempre acontece. Mesmo hipóteses verdadeiras podem não ser suficientes. Se houver num efeito um grande número de circunstâncias devidas a muitas causas que atuam ao mesmo tempo e nos contentarmos em considerar apenas algumas dessas causas, e não todas, o efeito delas, por ser mais simples, poderá ser mais facilmente calculado, e poderemos muito bem, com esse método, obter o efeito parcial dessas causas. Esse efeito, porém, será bem diferente do efeito total, que resulta da reunião de todas as causas.

Aplicação do método geométrico à Metafísica

Abusou-se por vezes da Geometria na Física, aplicando-se a hipóteses arbitrárias o cálculo das propriedades dos corpos. Nas ciências que por natureza não podem ser submetidas a cálculo abusou-se do método dos [553] geômetras, pois não era possível abusar senão do método. Muitas obras de Metafísica que não contêm nenhuma verdade certa foram executadas à maneira dos geômetras; vemos em suas páginas as grandiosas palavras *axioma*, *teorema*, *corolário* etc.

Os autores de tais obras aparentemente imaginaram que essas palavras conteriam, graças a alguma virtude secreta, a essência de uma demonstração, e que escrevendo-se, no final de uma proposição, *o que cumpria demonstrar*, estaria demonstrado o que demonstrado não foi. Mas não é a esse método que a Geometria deve a sua certeza, mas sim à evidência e à simplicidade de seu objeto. Assim como um livro de Geometria poderia ser muito bom, mesmo que abandonasse a forma mais comum, um livro de Metafísica ou de Moral pode ser muito ruim, mesmo que siga o método dos geômetras. Devemos nos precaver em relação a obras dessa espécie, pois a maioria de suas pretensas demonstrações se baseia unicamente no abuso de palavras. Os que refletiram sobre essa matéria sabem que abusar de palavras é um procedimento corriqueiro, sobretudo em questões de Metafísica. Nesse ponto, pode-se considerar que os escolásticos foram excelentes; e só resta lamentar que não tenham feito de sua sagacidade um uso mais apropriado.

Aplicação da Metafísica à Geometria

Abusa-se às vezes da Metafísica em Geometria como se abusa do método dos geômetras em Metafísica. Não é que a Geometria, como todas as outras ciências, não tenha uma metafísica própria; essa metafísica é mesmo certa e incontestável, e as proposições geométricas que dela resultam têm uma evidência irrecusável. Mas como a certeza das Matemáticas vem da simplicidade do seu objeto, a Metafísica nunca será simples e luminosa demais: deve sempre se reduzir a noções claras e precisas, sem qualquer obscuridade. Com efeito, como as consequências poderiam ser certas e evidentes, se os princípios não o são? Mesmo assim, alguns autores julgaram que seria possível introduzir em Geometria uma Metafísica muitas vezes bastante obscura, e, o que é pior, quiseram demonstrar, por meio dessa Metafísica, verdades cuja certeza já fora atestada por outros princípios. Que ótimo expediente para torná-las duvidosas! A nova Geometria, principalmente, deu ocasião a esse método nocivo. Acreditou-se que os *infinitamente pequenos* por ela considerados seriam quantidades reais; admitiram-se infinitos maiores e infinitos menores; reconheceram-se infinitamente pequenos de diferentes ordens, considerando-se todos como reais, em vez de se buscar reduzir essas suposições e cálculos a noções simples.

Outro abuso da Metafísica em Geometria consiste em querer, em certos casos, restringir-se à Metafísica para demonstrações geométricas. Mesmo supondo que os princípios metafísicos adotados sejam certos e evidentes, não existem proposições geométricas que possam ser demonstradas com rigor unicamente por esse meio, pois todas demandam, por assim dizer, a craveira e o cálculo. Essa maneira de demonstrar é bastante concreta, mas é praticamente a única que nos oferece certeza. É com a pluma em punho, não com raciocínios metafísicos, que se pode realizar combinações e cálculos exatos.

De resto, essa Metafísica de que falamos só será boa se não nos restringirmos a ela. Permite entrever os princípios das descobertas, abre perspectivas, põe-nos no caminho, mas só estaremos certos de que é o melhor, se pudermos contar com o auxílio do cálculo, para conhecer os objetos que antes entrevíamos confusamente.

Pode parecer que os grandes geômetras seriam sempre excelentes metafísicos, ao menos quanto aos objetos de sua ciência. Mas não é o que acontece. Alguns geômetras comportam-se como se fossem pessoas em que o sentido da visão contraria o do tato: o que só prova o quão necessário é o cálculo, para a obtenção de verdades geométricas. Mas creio que é possível ao menos afirmar que um geômetra que não é mau metafísico quanto aos objetos de que se ocupa pode ser péssimo metafísico quanto aos demais. E assim a Geometria, que mede os corpos, também serve, em certos casos, para medir os espíritos.

Aplicação de uma coisa a outra, em matéria de ciência ou de arte

Em geral, designa-se assim o uso de uma coisa para conhecer ou aperfeiçoar outra. A aplicação da cicloide aos pêndulos, por exemplo, significa o uso da cicloide para aperfeiçoar os pêndulos.

(**PPP**)

Arte de contar (*Metafísica, Lógica, Faculdades da Alma, Atenção, Memória*), Jaucourt [3, 795]

A contagem é uma operação do espírito que, por meio de diferentes nomes e signos, reúne muitas coisas de uma mesma espécie, como as unidades, e por esse meio forma a ideia distinta de uma dezena, de uma vintena, de uma centena: *dez*, 10; *vinte*, 20; *cem*, 100.

A maioria dos homens sabe contar sem compreender minimamente essa mecânica, sem recordar-se da dificuldade que sentiram e dos cuidados que tiveram que adotar ao aprendê-la, ou como vieram a aprendê-la, por que razão não confundem os nomes e os signos, por que essa variedade de nomes e signos não causa erro, qual a razão dela etc. O leitor poderá encontrar a explicação dessas questões na obra de Locke sobre o entendimento humano e na do Sr. Condillac sobre a origem dos conhecimentos humanos. Iremos aqui nos restringir à simples exposição, oferecida por eles, da operação realizada pelo espírito ao contar.

Contar é acrescentar à ideia mais simples que temos de unidade a ideia de *mais*, da qual fazemos uma ideia coletiva que chamamos de dois; e em seguida avançar, acrescentando sempre mais uma unidade à ideia coletiva precedente para, por fim, dar ao número total, considerado contido numa única ideia, um nome e um signo novos e distintos, pelos quais possamos discernir esse número dos que se encontram antes ou depois dele e distingui-lo de multidões de unidades maiores ou menores do que ele.

Aquele, portanto, que saiba acrescentar um a um, 1 a 1, formando a ideia complexa de dois, 2, e avance dessa maneira em seu cálculo, marcando sempre para si os nomes distintos que pertencem a cada progressão, e que, por outro lado, subtraindo uma unidade de cada coleção, possa diminuí-las o quanto quiser, poderá adquirir todas as ideias de números cujos nomes e signos são utilizados em sua língua. Pois como os diferentes modos dos números são em nosso espírito tantas combinações de unidades que não mudam nunca e tampouco são suscetíveis a outra diferença além daquela de mais ou menos, segue-se que nomes e signos particulares são mais necessários a cada uma dessas combinações distintas do que a qualquer outra espécie de ideias. A razão disso é que, sem os nomes e signos que as caracterizam, não poderíamos fazer nenhum uso dos números ao contá-los, sobretudo quando a combinação envolve uma grande multidão de unidades, pois seria muito difícil ou quase impossível evitar que essas unidades, reunidas em conjunto sem que se distinga a coleção por um nome e um signo precisos, se tornassem um perfeito caos.

Por isso certos povos não têm como contar para além de vinte, de cem, de mil. Sua língua, acomodada estritamente às poucas necessidades de uma vida pobre e simples, não dispõe de palavras que signifiquem vinte, cem, mil, de sorte que, quando são obrigados a falar de um número grande qualquer, mostram os fios de cabelo em sua cabeça para marcar em geral uma grande multidão que eles não têm como quantificar.

Jean de Léry, que viveu no Brasil entre os Tupinambás, **[796]** povo selvagem da América meridional, conta-nos, no relato de sua viagem pelas terras do Brasil (Cap. 20), que eles não tinham números acima de cinco, e quando queriam exprimir números maiores que esse, mostravam os próprios dedos e os de outros ao seu redor. Seu cálculo não ia longe. Isso prova que números distintos são absolutamente necessários para contar, e que, para realizar progressões mais extensas do Cálculo, as línguas precisam de denominações próprias, bem como de signos próprios, que chamamos de números, para exprimir essas progressões. Eis como isso é feito na língua francesa.

Quando há muitos algarismos numa mesma linha, para evitar confusão eles são separados por pontos em grupos de três, ou então deixamos um espaço vazio entre as tríades e cada uma recebe um nome. A primeira chama-se unidade, a segunda milhar, a terceira milhão, a quarta bilhão, a quinta trilhão, a sexta quadrilhão e assim por diante. A denominação de números por signos segue ao infinito.

As crianças começam a contar muito tarde, e só contam bem e com segurança muito depois de seu espírito estar repleto de outras ideias, seja por não terem palavras para marcar as diferentes progressões de números, seja por não terem ainda adquirido a faculdade de formar ideias complexas a partir de muitas ideias simples separadas umas das outras, de dispô-las em certa ordem regular e retê-las em sua memória, como é necessário para contar corretamente. Veem-se todos os dias crianças que falam e raciocinam perfeitamente bem e têm noções claras de muitas coisas, mas não conseguem contar até vinte.

Há pessoas que por terem uma memória deficiente e não conseguirem reter diferentes combinações de números com nomes segundo sua respectiva posição, e tampouco a dependência entre as unidades numa sequência mais longa de progressões numéricas, são incapazes de contar ou acompanhar regularmente que seja uma pequena sequência de números. Quem queira contar até 80 ou ter uma ideia desse número deve saber que 79 o precede e deve conhecer o número ou o signo desses dois números que assinala o lugar de cada um deles numa ordem. Do contrário, abre-se um intervalo, a cadeia é interrompida e não há mais progressão.

Portanto, é necessário, para contar corretamente, 1º) que o espírito distinga exatamente duas ideias que não diferem uma da outra senão pela adição ou subtração de uma unidade; 2º) que conserve na memória os nomes das diferentes combinações, da unidade até o número que se queira contar, sem confusão e de acordo com a ordem exata em que os números se seguem uns aos outros; 3º) que conheça sem nenhum erro cada cifra ou signo distinto inventado para representar precisamente a coleção das diversas unidades, que têm também, cada uma delas, seus nomes distintos e particulares. Ele deve saber que o signo 9 representa a coleção de diversas unidades que por sua vez têm, cada uma delas, seus nomes distintos e particulares; deve saber que esse signo representa a coleção que chamamos de nove; que as duas cifras 19 representam a coleção que chamamos de dezenove, ao passo que as duas cifras 91 representam a coleção que chamamos de noventa e um, e assim para o conjunto de todas as coleções.

Se discernimos coleções diferentes, é porque temos cifras em si mesmas suficientemente distintas. Esqueçamos essas cifras, esqueçamos os signos usuais, e perceberemos que é impossível conservar ideias desses números. O progresso de nosso conhecimento de números depende unicamente da exatidão com que acrescentamos a unidade a si mesma, dando a cada progressão um nome e um signo que a distingue da que a precede e da que a segue. Sei que cem (100) é superior em uma unidade a noventa e nove (99) e inferior em uma unidade a cento e um (101), pois recordo que 99, 100, 101 são os três signos escolhidos para designar esses três números que se seguem um ao outro.

É uma ilusão imaginar que as ideias dos números, separadas de seus signos, seriam claras e determinadas. Um homem que queira contar apenas para si mesmo é tão obrigado a inventar signos quanto se quisesse comunicar as suas contas a outros.

Executa-se assim a operação que chamamos de contagem. Ela é a medida de tudo o que existe; a Metafísica, a Moral, a Física, todas as ciências se submetem a ela. Concluiremos, com o abade Condillac, que, para ter ideias sobre as quais possamos refletir, precisamos de signos que sirvam como elos entre os diferentes conjuntos de ideias simples. Numa palavra, nossas noções só poderão ser exatas se tivermos inventado com ordem os signos que devem fixá-las. Gestos, sons, cifras, letras, é com esses instrumentos, tão estranhos a nossas ideias, que nos valemos delas para nos elevarmos aos conhecimentos mais sublimes. Os materiais são os mesmos em todos os homens; estes se distinguem pela destreza com que se servem deles.

(PPP)

Cálculo (*Matemáticas puras*), La Chapelle, Mallet [2, 545]

Cômputo envolvendo diversas somas, adicionadas, subtraídas, multiplicadas ou divididas.

Um erro de cálculo não pode ser encoberto na solução da conta. Quando se resolve uma conta, subentende-se sempre que se está ao abrigo de um erro de cálculo.

A arte de calcular em geral é propriamente a arte de encontrar a expressão de uma relação única que resulta da combinação de muitas relações. As diferentes espécies de combinação dão as diferentes regras do cálculo. Isso é explicado mais detidamente no verbete *Aritmética*.

Muitos povos da América, da África e da Ásia calculam com cordas, dando-lhes nós.

O cálculo com fichas é realizado sem dificuldade, representando-se as unidades com certas fichas, as dezenas com outras e assim por diante. (La Chapelle)

A palavra *cálculo* vem do latim *calculus*, que significa *pedra*, pois os antigos serviam-se de pedrinhas para realizar cômputos, de somas multiplicadas ou divididas, em Astronomia e em Geometria. Por essa razão, demos o nome de Cálculo às ciências dos números, à Aritmética, à Álgebra. Os romanos serviam-se dessas pedrinhas também para votar nas assembleias e julgamentos. Marcavam ainda os dias de festa com pedras brancas, *dies albo notanda lapillo*, diz Horácio, e os dias de luto com pedras escuras. Adquiriram esse costume com os gregos, que denominavam ψῆφος essa espécie de ficha natural. De início, utilizaram conchas do mar, posteriormente substituídas por peças de arame, chamadas espôndilos, que imitavam seu formato. Duas coisas distinguiam os cálculos: a forma e a cor. Os que implicavam condenação eram escuros e perfurados no centro, os outros eram brancos e inteiriços. O abade de Canaye, do qual se fala no verbete *Aerópago* em termos elogiosos, como de resto exigem a fineza de seu espírito e a variedade de seus conhecimentos, diz que a precaução de perfurar os cálculos escuros pode ser considerada uma prova de que os aeropagitas realizavam os julgamentos à noite. Pois de que adiantaria perfurar os cálculos negros se fosse possível vê-los tão bem quanto os brancos, e perceber, à luz do dia, a diferença de cor entre eles? Mas, se os julgamentos fossem realizados à noite, precisariam de um diferencial relativo ao tato, para diferenciar os cálculos de condenação dos que denotassem absolvição. Contavam-se os cálculos, e o maior número de uns ou de outros decidia a favor ou contra o acusado.

Os cálculos eram ainda utilizados para sortear e emparelhar os atletas nos jogos públicos. Ouçamos o relato de Luciano em *Hermotime, ou Das seitas*. "Posiciona-se diante dos juízes uma urna de prata, consagrada ao deus em louvor do qual os jogos são celebrados. Colocam-se em seu interior cédulas com a espessura de uma fava, cujo número corresponde ao de combatentes. Se forem em número par, escreve-se sobre duas dessas cédulas a letra A, sobre duas outras a letra B, sobre mais duas a letra C, e assim por diante. Se forem em número ímpar, é necessário que uma das letras empregadas não seja escrita numa das cédulas. Em seguida, os atletas aproximam-se um do outro e, invocando Júpiter, cada um insere a mão na urna e dela retira uma cédula. Um dos mastigóforos, ou porta-hastes, segura-lhe a mão e o impede de olhar **[546]** a letra assinalada na cédula até que cada um dos atletas tenha retirado a sua cédula respectiva. Então, os juízes os inspecionam e examinam a cédula de cada um, e emparelham os que têm letras semelhantes. Se o número de atletas for ímpar, o que tirou a letra única é posto na reserva, para combater o vencedor do torneio". *Mémoires de l'Académie de Belles-Lettres*, I e VII. (Mallet)

(**PPP**)

Causa (*Mecânica, Física*), d'Alembert [2, 789]

Em Mecânica e em Física, *causa* se diz de tudo o que produza mudança no estado de um corpo, vale dizer, que o ponha em movimento, que freie o seu movimento ou o altere.

É uma lei geral da natureza que todo corpo persiste em seu estado de repouso ou de movimento até que intervenha uma causa que mude esse estado.

Conhecemos somente duas espécies de causa capazes de produzir ou alterar o movimento dos corpos. A primeira resulta da ação recíproca que os corpos exercem uns sobre os outros em razão de sua impenetrabilidade, tais como a *impulsão* e as ações **[790]** que dela derivam, como a *tração*. Ver os artigos correspondentes. Com efeito, quando um corpo põe outro em movimento, isso resulta de serem ambos impenetráveis. Isso também ocorre quando um corpo desloca outro, pois a tração, como a de um cavalo que puxa uma charrete, não é senão impulsão. O cavalo puxa a rédea atada ao seu peito, e como essa rédea está ligada à charrete, esta se desloca.

Pode-se assim considerar a impenetrabilidade dos corpos como uma das principais causas dos efeitos que observamos na natureza. Mas há outros efeitos a respeito dos quais não parece tão claro que a impenetrabilidade seja a causa, pois não podemos demonstrar por meio de qual impulsão mecânica eles são produzidos, e todas as explicações dadas com base na impulsão são contrárias às leis mecânicas ou são desmentidas pelos fenômenos. Tais são a inércia dos corpos, a força que mantém os planetas em órbita etc.

Por isso, se não se quiser simplesmente decretar em definitivo que esses fenômenos têm outra causa que não a impulsão, é preciso ao menos não crer nem sustentar que eles têm a impulsão como causa, o que implicaria reconhecer uma classe de efeitos e, por conseguinte, de causas, em que a impulsão não atua ou não se manifesta.

As causas da primeira espécie, a saber, que vêm da impulsão, têm leis suficientemente conhecidas, em que se fundam as leis da *percussão*, da *Dinâmica* etc.

O mesmo não se passa com as causas da segunda espécie. Não as conhecemos, e, portanto, não sabemos o que são, a não ser por seus efeitos: somente estes são conhecidos, e a lei desses efeitos só pode ser dada pela experiência, jamais *a priori*, pois a causa é desconhecida. Vemos o efeito, concluímos que ele tem uma causa; até aí nos é permitido avançar. Assim descobriu-se pela experiência a lei observada pelos corpos inertes em queda, sem que se conhecesse a causa de sua inércia.

Um princípio muito comum aceito em Mecânica é que *os efeitos são proporcionais às suas causas*. Esse princípio, no entanto, não é mais útil e fecundo do que os axiomas. Gostaria que me mostrassem qual a sua vantagem.

1º) Se se trata de causas da segunda espécie, que só são conhecidas por seus efeitos, ele não tem serventia alguma. Pois, se não se conhece o efeito, nada se conhece em absoluto; e, se se conhece o efeito, o princípio torna-se dispensável, pois, dados dois efeitos diferentes, basta compará-los diretamente, sem considerar se são ou não proporcionais às suas causas.

2º) Se se trata de causas da primeira espécie, isto é, de causas que vêm da impulsão, elas não podem nunca ser outra coisa que um corpo em movimento que empurra outro. Ora, não somente há leis de impulsão e de percussão independentemente desse princípio, como ele nos levaria ao erro caso o utilizássemos. É o que mostrei em meu *Tratado de Dinâmica*, artigo 119, e mostrarei novamente aqui, em poucas palavras.

Seja um corpo *M* que se choca com velocidade *u* contra um corpo em repouso *m*; está demonstrado que a velocidade comum aos dois corpos após o choque será $\frac{Mu}{M+m}$; eis, se quisermos, o efeito; a causa está na massa *M*, animada pela velocidade *u*. Mas qual função de *M* e de *u* que tomaríamos para exprimir essa causa? Seria *M u*, ou *M u u*, ou *M2 u*, ou *M u3* etc., e assim ao infinito? Qualquer que seja a função tomada para exprimir a causa, a velocidade produzida no corpo *m* variará à medida que *m* varie, e não será portanto, em absoluto, proporcional à causa, pois se *M* e *u* permanecerem constantes, a causa permanecerá a mesma. Alguém poderia dizer que considero aqui apenas uma parte do efeito, a velocidade produzida no corpo *m*, e que o efeito total é $\frac{MMu}{M+m} + \frac{Mmu}{M+m}$, que é a soma das duas quantidades de movimento, que é igual e proporcional à causa *M u*. Que seja. Mas o efeito total em questão é composto por duas quantidades de movimento, que eu preciso conhecer separadamente; e como poderia conhecê-los a partir do princípio segundo o qual *o efeito é proporcional à sua causa*? Teríamos que dividir a causa em duas partes, correspondentes a cada um dos efeitos. Como sair desse impasse?

Seria desejável que os mecânicos reconhecessem, de uma vez por todas, em alto e bom som, que não conhecemos nada no movimento além do movimento mesmo, vale dizer, o espaço percorrido e o tempo levado para percorrê-lo; que as *causas metafísicas* do movimento são desconhecidas; que o que chamamos de causas, mesmo da primeira espécie, não são propriamente causas, mas efeitos, dos quais resultam outros efeitos. Um corpo empurra outro, está em movimento e encontra outro; deve necessariamente haver mudança, por ocasião desse estado dos dois corpos, por causa de sua impenetrabilidade. Determinam-se as leis dessa mudança por princípios certos, e considera-se, por conseguinte, que o corpo que se choca é causa do movimento do corpo que sofre o choque. Mas esse jeito de falar é inapropriado. A causa metafísica, a verdadeira causa, permanece desconhecida.

De resto, quando se afirma que *os efeitos são proporcionais às causas*, ou não se tem uma ideia clara do que se diz, ou se quer apenas dizer que duas causas, por exemplo, estão uma para a outra tal como os seus efeitos entre si. Mas, em se tratando de duas *causas metafísicas*, como defender essa asserção? Os efeitos podem ser comparados, pois podemos constatar que um espaço percorrido é o dobro ou o triplo de outro percorrido no mesmo intervalo de tempo; mas como dizer que uma causa metafísica, que não tem efeito material, por assim dizer, palpável, seria o dobro de outra causa metafísica? Seria como dizer que uma sensação é o dobro de outra, que o branco é o dobro do vermelho etc. Vejo dois objetos, um é o dobro do outro; diria alguém que minhas sensações são proporcionais aos objetos?

Outro inconveniente desse princípio são os numerosos paralogismos em que ele pode nos enredar, quando não se separam devidamente causas que se confundem entre si na produção de um efeito que parece único. Nada é tão comum como essa maneira de raciocinar. Concluamos, portanto, que o princípio de que falamos é inútil, e mesmo pernicioso. Tudo indica que, não fosse pelo princípio de efeitos proporcionais às causas, não haveria disputa acerca de *forças vivas*. Ver *Cosmologia*. Todos concordam com os efeitos. Por que não parar por aí? Preferiu-se cultivar sutilezas e, em vez de esclarecimento, o que se produziu foi obscuridade.

(PPP)

Causas finais (*Metafísica*), d'Alembert [2, 789]

O princípio das *causas finais* consiste em investigar as causas dos efeitos da natureza a partir do fim que seu autor se propôs com a produção desses efeitos. Pode-se dizer, de forma geral, que o princípio das causas finais consiste em encontrar as leis dos fenômenos a partir de princípios metafísicos.

Essa expressão foi muito utilizada na filosofia antiga, em que bem ou mal se dava a razão de numerosos fenômenos através de princípios metafísicos, bons ou maus. Dizia-se, por exemplo, *que a água sobe pelas bombas porque a matéria tem horror ao vácuo*, e com esse princípio metafísico absurdo explicava-se o fenômeno. Lorde Bacon, esse gênio sublime, parece não dar muita importância à utilização de causas finais na Física. "A investigação de causas finais", diz ele "é estéril e, como uma virgem consagrada a Deus, não produz nada." *Causarum finalium investigatio sterilis est, & tanquam virgo Deo consecrata, nil parit. De augm. scient. lib. III. c. v.* Quando falava assim, esse grande gênio tinha em vista, sem dúvida, o princípio das causas finais, ainda que ele mesmo o empregasse de maneira mais razoável que os escolásticos. O horror ao vácuo, por exemplo, é um princípio, mais do que estéril, absurdo. Bacon percebeu bem que nossa visão sobre a natureza é demasiado exígua para que possamos nos colocar no lugar de seu autor; que não vemos senão alguns efeitos, que remetem a outros, e cuja cadeia não percebemos; que o fim do Criador quase sempre nos escapa, que é se expor a muitos erros querer deslindá-lo e sobretudo querer, a partir dele, explicar os fenômenos. Descartes trilhou a mesma via que Bacon, e sua filosofia proscreveu as causas finais juntamente com a escolástica. Contudo, um grande filósofo moderno – Leibniz –, tentou ressuscitá-las, num artigo impresso em *Acta eruditorum 1682* sob o título de "Unicum Opticoe, Catoptricoe, & Dioptricoe principium". Nessa obra, Leibniz declara-se a favor dessa maneira de filosofar, e a delineia ao determinar as leis seguidas pela luz.

A natureza, diz ele, atua sempre pelas vias mais simples e mais curtas. É por isso que um raio de luz, num mesmo meio, segue sempre em linha reta, desde que não encontre obstáculo. Caso encontre uma superfície sólida, deve refletir-se de maneira que os ângulos de incidência e de reflexão sejam iguais, pois o raio, obrigado a refletir-se, passa de um ponto a outro pela trajetória mais curta possível. Esse fenômeno é demonstrado por toda parte. Por fim, se um glóbulo luminoso encontra uma superfície transparente, ele necessariamente se fragmentará, de maneira que os senos de incidência e de refração estarão em razão direta das velocidades nos dois meios, pois nesse caso ele irá de um ponto a outro no tempo mais curto possível.

Antes de Leibniz, Fermat servira-se do mesmo princípio para determinar as leis da refração. O que diremos a seguir pode ser suficiente para mostrar o quão pernicioso é recorrer a causas finais.

É verdade que, na reflexão sobre espelhos planos ou convexos, a trajetória do raio é a mais curta possível. Isso, porém, não ocorre em espelhos côncavos, e seria fácil demonstrar que neles a trajetória, longe de ser a mais curta, é a mais longa possível. O padre Taquet, que em sua *Catóptrica*, para explicar a reflexão, adotou o princípio da trajetória mais curta, não se deixou abater pela dificuldade posta pelos espelhos côncavos. Quando a natureza, diz ele, não pode optar pela trajetória mais curta, ela escolhe a mais longa, pois então o caminho mais longo, por ser o único, é determinado como o mais curto. Poderíamos aqui lembrar a tirada de Cícero: "não há nada que se possa conceber de tão absurdo que não tenha sido dito por um filósofo", *Nihil tam absurdum excogitari potest, quod dictum non sit ab aliquo philosophorum. De divinatione*, II, 119.

Eis, portanto, o princípio das causas finais negado na reflexão. Na refração ocorre o mesmo. Pois, em primeiro lugar, por que, no caso da reflexão, a natureza seguiria sempre a trajetória mais curta e o tempo mais curto, e, na refração, o tempo mais curto e a trajetória mais longa? Dirão que é preciso escolher; pois, no caso da refração, o tempo mais curto e a trajetória mais curta não podem concordar entre si. Muito bem. Mas por que preferir o tempo à trajetória? Segundo Fermat e Leibniz, os senos estão em razão direta das velocidades, quando deveriam estar em razão inversa. Reconheçamos o abuso das causas finais a partir do próprio fenômeno que seus partidários pretendem explicar com o auxílio desse princípio.

Se é nocivo, porém, servir-se de causas finais *a priori* para encontrar as leis dos fenômenos, pode ser útil, e é ao menos curioso, mostrar como o princípio das causas finais concorda com as leis dos fenômenos, desde que se comece por determinar essas leis a partir de princípios mecânicos claros e incontestáveis. É o que propõe Maupertuis em relação à refração em particular, numa memória impressa nas atas da Academia de Ciências, 1744. Referimo-nos a ela no verbete *Ação*. No fim e no começo dessa memória, o autor tece considerações judiciosas e filosóficas acerca de causas finais. Posteriormente, estendeu essas considerações e ampliou o seu uso nas *Mémoires de l'Académie de Berlin, 1746* e em sua *Cosmologia*. Ele mostra nessas obras que se abusa do princípio das causas finais quando se oferecem provas da existência de Deus a partir dos efeitos menos importantes da natureza, em vez de se buscar nos fenômenos mais importantes as provas dessa verdade incontestável. Ver *Cosmologia*. O que pertence à sabedoria do Criador, diz Fontenelle, parece estar ainda mais fora do alcance de nossa débil capacidade do que o que se refere ao seu poder. *Éloge de Monsieur Leibniz*. Ver também as sábias considerações de Mairan sobre causas finais nas *Mémoires de l'Académie, 1723*.

(PPP)

Certeza[1] (*Lógica, Metafísica e Moral*), Diderot [2, 845]

Certeza é, propriamente dizendo, a qualidade de um juízo que conquista adesão forte e inabalável de nosso espírito à proposição nele afirmada.

Pode-se tomar a palavra *certeza* em diferentes sentidos. Por vezes, aplica-se à verdade ou à proposição mesma a que o espírito adere, como quando se diz *a certeza de tal proposição* etc. Em outras, como na definição que demos, toma-se pela adesão mesma do espírito à proposição que considera como certa.

Pode-se ainda distinguir, como faz o Sr. d'Alembert no *Discurso preliminar*, a *evidência* da *certeza*, dizendo-se que a evidência pertence propriamente às ideias cuja ligação o espírito percebe num golpe, e a certeza às ideias cuja ligação ele percebe pelo concurso de ideias intermediárias. Assim, por exemplo, a proposição *o todo é maior do que a parte* é evidente por si mesma, pois o espírito percebe integralmente, num só golpe de vista e sem qualquer ideia intermediária, a ligação entre as ideias de *todo* e de *maior*, de *parte* e de *menor*. Já a proposição *o quadrado da hipotenusa de um triângulo retângulo* **[846]** *é igual à soma dos quadrados dos dois lados* é certa e não evidente por si mesma, pois, para perceber sua verdade, são necessárias muitas proposições intermediárias consecutivas. Nesse caso, pode-se dizer que a certeza resulta do número maior ou menor de proposições evidentes que se sucedem imediatamente, mas como o espírito não consegue abarcar todas ao mesmo tempo, é obrigado a abordá-las e detalhá-las em sucessão.

Do que se segue 1º) que o número de proposições pode ser tão grande, mesmo numa demonstração geométrica, que elas formem um labirinto, e o melhor dos espíritos que nele se enredasse não seria conduzido à certeza. Se

1 Tradução parcial. (N. T.)

as propriedades da espiral não tivessem sido demonstradas por outro meio além da tortuosa via seguida por Arquimedes, um dos melhores geômetras do século passado jamais poderia ter certeza de que haviam sido de fato descobertas. Li repetidas vezes, diz ele, essa passagem de Arquimedes, "não me lembro de alguma vez ter sentido toda a sua força", *Et memini me nunquam vim illius percepisse totam.*

2º) Do que se segue, por sua vez, que a certeza na Matemática nasce sempre da evidência, pois vem da ligação sucessivamente percebida entre muitas ideias imediatamente consecutivas.

Chambers diz que a evidência se encontra propriamente na ligação que o espírito percebe entre as ideias, e a certeza, no juízo que ele emite sobre elas. Mas parece-me que isso é jogar com as palavras; pois ver a ligação de duas ideias e julgar é a mesma coisa.

Pode-se ainda distinguir a evidência da certeza, como no *Discurso preliminar*, dizendo-se que uma pertence às verdades puramente especulativas da Metafísica e da Matemática, a outra aos objetos físicos e aos fatos que se observam na natureza, e cujo conhecimento é adquirido pelos sentidos. Nesse sentido, é *evidente* que *o quadrado da hipotenusa é igual aos quadrados dos dois lados de um triângulo retângulo*, e é *certo* que *a pedra-ímã atrai o ferro.*

Distinguem-se nas escolas duas espécies de certeza, uma de especulação, que nasce da evidência da coisa, outra de adesão, que nasce da importância da coisa. Os escolásticos aplicam esta última às matérias de fé. Essa distinção parece ser algo frívolo, pois a adesão não nasce da importância da coisa, mas sim da sua evidência. De resto, certeza de especulação e certeza de adesão constituem um só e mesmo ato do espírito.

Distinguem-se ainda, porém com mais razão, as três espécies seguintes de certeza, em relação aos três graus de evidência dos quais nascem.

Certeza metafísica é a que vem da evidência metafísica. É a certeza de um geômetra em relação à proposição *os três ângulos de um triângulo são iguais a dois ângulos retos*, e se dizemos que ela é metafísica, é por ser tão absolutamente impossível que isso não seja assim quanto que um triângulo seja quadrado.

Certeza física é a que vem da evidência física. É a certeza de uma pessoa de que tem fogo sob as mãos, quando o vê e sente que elas ardem, pois é fisicamente impossível que isso não seja assim, embora, rigorosamente falando, e em termos absolutos, pudesse não ser assim.

Certeza moral é a que está fundada sobre a evidência moral. É a certeza de uma pessoa que perdeu ou ganhou um processo, quando seu advogado ou seus amigos lhe dão a notícia, ou quando recebe uma cópia em ofício da sentença, pois é moralmente impossível que tantas pessoas se reúnam para enganar outra com quem têm relações, embora isso não seja rigorosa e absolutamente impossível.

Encontra-se nas *Transactions philosophiques* um cálculo algébrico dos graus de certeza moral, baseado nos testemunhos dos homens em todos os casos possíveis.

O autor afirma que se um relato é passado adiante e chega a nós por meio de doze pessoas sucessivas, das quais cada uma lhe dá 5/6 de certeza, após doze relatos não restará mais do que ½ certeza, de modo que haverá tanto em prol da verdade quanto da falsidade do que estiver em questão; que se a proporção da certeza for de 100/106, ela só cairá para ½ após o septuagésimo relato, e se for de 100/1001, só chegará à ½ após o 695º relato.

Em geral, seja a/b a fração que exprime a certeza que cada um atribui ao relato, este, após ter passado por dez testemunhos, segundo o autor de que falamos, não terá mais do que aa/bb de certeza, e passando por *n* relatos, a certeza será an/bn. É fácil provar que é assim, pelas regras da combinatória. Suponhamos, como foi afirmado, a certeza = 5/6 e dois testemunhos sucessivos; o primeiro enganará num caso, dirá a verdade em cinco; o segundo enganará num caso, dirá a verdade em cinco. Portanto, do total de 36 casos ao todo, em 25 ambos os testemunhos dirão a verdade; e a certeza será de 25/30 = (5/6)2.

Quanto a testemunhos que concordam, se duas pessoas relatam um fato e cada uma delas garante por seu turno 5/6 de certeza, o fato terá então, com esse duplo testemunho, 35/36 de certeza, vale dizer, sua probabilidade estará para a sua certeza em relação de 35 para 1. Reunindo-se três testemunhos, nas mesmas condições, a certeza será de 215/216. A concordância do testemunho de dez pessoas que garantam cada uma ½ de certeza produzirá 1023/1024 de certeza, pela mesma razão. Isso é evidente, pois há 36 casos ao todo e não há senão um em que o enganem. Os casos em que só uma delas engana devem ser contados como os que fornecem a certeza. Pois, diferentemente do caso precedente, os dois testemunhos não são sucessivos e um não recebe a tradição do outro. Aqui, os dois testemunhos supostamente veem o fato e o conhecem independentemente um do outro. É suficiente, portanto, que um dos dois não engane, ao passo que, no primeiro caso, o engano do primeiro faz do segundo um enganador, por mais que ele creia não estar enganando e tenha intenção de dizer a verdade.

O autor calcula em seguida a certeza da tradição oral ou escrita, transmitida e confirmada por numerosos relatos sucessivos. Ver *Probabilidade*, e principalmente a sequência deste verbete, em que o valor desses cálculos, e os absurdos raciocínios em que estão fundados, é devidamente estimado; é uma dissertação do abade de Prades, destinada a servir como discurso preliminar a uma importante obra sobre a verdade da religião. Poderíamos tê-lo editado, mas com isso perderia muito de sua força. O objeto é tão grandioso, as ideias são tão novas e belas, o tom é de tal maneira nobre, as provas são tão bem expostas, que preferimos apresentá-lo integralmente. Os que têm sincero interesse pela religião sem dúvida nos serão gratos pelo artigo, que poderá ser muito útil aos outros leitores. De resto, podemos assegurar que, se a função de editor da *Enciclopédia* alguma vez foi agradável, certamente o foi neste momento. É tempo, porém, de dar a palavra ao autor, sua obra é o melhor testemunho de suas qualidades.

(PPP)

Ciências físico-matemáticas, d'Alembert [12, 536]

Chamam-se *ciências físico-matemáticas* as partes da Física em que se reúnem a observação e a experiência ao cálculo matemático e ao qual se aplicam o cálculo aos fenômenos da natureza. Vimos no verbete *Aplicação* os possíveis abusos do cálculo na Física; acrescentaremos aqui as seguintes reflexões.

Vê-se facilmente que os diferentes objetos da Física não são igualmente suscetíveis à aplicação da Geometria. Quando as observações que servem de base ao cálculo são pouco numerosas, quando [537] são simples e luminosas, o geômetra extrai delas a maior vantagem possível, deduzindo os conhecimentos físicos mais propícios a satisfazer o espírito. Observações menos perfeitas servem com frequência para conduzir a pesquisas e dar às descobertas um novo grau de certeza. Por vezes, mesmo raciocínios matemáticos podem instruir e esclarecer. Quando a experiência se cala, fala-se de maneira confusa. Por fim, se as matérias de que o geômetra se propõe a tratar não permitem em absoluto o cálculo, ele se restringe aos simples fatos, instruído por observações. Incapaz de contentar-se com falsos empréstimos quando a luz lhe falta, ele não recorre a raciocínios vagos e obscuros na falta de demonstrações rigorosas.

Esse método deve ser adotado principalmente em relação a fenômenos cuja causa não pode ser mostrada pelos raciocínios, cujo encadeamento não percebemos e nos quais vemos ligação muito imperfeitamente, como a imantação, a eletricidade e uma infinidade de outros semelhantes. Ver *Experimental*.

As ciências físico-matemáticas são tão numerosas quanto os ramos das Matemáticas mistas. Ver *Matemáticas*, e a explicação do *Sistema figurado dos conhecimentos humanos* no primeiro volume desta obra, logo após o *Discurso preliminar*.

Pode-se, assim, contar entre as ciências físico-matemáticas a Mecânica, a Estática, a Hidrostática, a Hidrodinâmica ou Hidráulica, a Ótica, a Catóptrica, a Dióptrica, a Aerometria, a Música, a Acústica etc. Ver os verbetes correspondentes.

Um dos ramos mais luminosos e mais úteis das ciências físico-matemáticas é a Astronomia Física. Entendo por Astronomia Física não a quimera dos turbilhões, mas a explicação dos fenômenos astronômicos pela admirável teoria da gravitação. Ver *Filosofia de Newton*. Se a Astronomia é uma das ciências que mais honra o espírito humano, a Astronomia Física newtoniana é uma das ciências que mais honra a Filosofia moderna. A investigação das causas dos fenômenos celestes, que atualmente realiza progressos notáveis, não é, de resto, uma especulação estéril, cujo mérito se restrinja à grandeza de seu objeto e à dificuldade de apreendê-lo. Essa investigação deve contribuir para o rápido avanço da Astronomia propriamente dita. Não haveria por que se gabar por terem sido encontradas as verdadeiras causas dos movimentos dos planetas, a não ser que se pudessem fixar pelo cálculo os efeitos que essas causas podem produzir e mostrar que esses efeitos concordam com os que a observação desvendou. Ora, a combinação entre esses efeitos é bastante considerável para que reste muito a descobrir, e, por conseguinte, uma vez conheçamos bem o princípio, as conclusões geométricas que dele deduziremos darão a perceber e permitirão prever fenômenos recônditos ou fugidios, que de outro modo requereriam bastante trabalho para serem conhecidos, deslindados e fixados tão-somente pela observação.

Dentre as diferentes suposições que poderíamos imaginar para explicar um efeito, as únicas dignas de ser examinadas são as que por natureza nos fornecem meios infalíveis para nos assegurarmos de que são verdadeiras. O sistema da gravitação é uma dessas suposições, e só por isso já mereceria a atenção dos filósofos. Não há que recear o abuso do cálculo e da Geometria em que tantas vezes incorreram os físicos para defender ou combater hipóteses. Supondo-se que os planetas se movam no vácuo ou ao menos num espaço sem resistência, e que as forças pelas quais eles atuam uns sobre os outros sejam conhecidas, é um problema puramente matemático determinar quais fenômenos devem decorrer. Temos assim a vantagem de poder julgar irrevogavelmente acerca do sistema newtoniano, e essa vantagem deve ser aproveitada sem hesitação. Seria desejável que todas as questões da Física também pudessem ser decididas de maneira tão incontestável. Só podemos considerar como verdadeiro o sistema da gravitação após termos a garantia, por cálculos precisos, de que ele corresponde exatamente aos fenômenos; do contrário, a hipótese newtoniana não mereceria nenhuma preferência em relação à dos turbilhões, pela qual se explicam, é verdade, muitas circunstâncias atinentes ao movimento dos planetas, mas de uma maneira tão incompleta, e por assim dizer tão frouxa, que se os fenômenos fossem diferentes do que são, seriam igualmente explicados, senão mais bem explicados. O sistema da gravitação não permite nenhuma ilusão dessa espécie. Um único artigo em que a observação desmentisse o cálculo derrubaria o edifício e relegaria a teoria à classe de tantas outras produzidas pela imaginação e destruídas pela análise. Mas o acordo que se observa entre os fenômenos celestes e os cálculos fundados no sistema da gravitação, e que se verifica todos os dias e cada vez mais, parece ter convencido os filósofos a adotarem esse sistema em definitivo.

Para as demais ciências físico-matemáticas, consultem-se os verbetes respectivos.

(PPP)

Conjectura (*Gramática*), Diderot [3, 870]

Conjectura, juízo fundado sobre provas dotadas apenas de certo grau de verossimilhança, vale dizer, circunstâncias cuja existência não tem ligação suficientemente estreita com uma conclusão para que se possa afirmar categoricamente que, dadas as primeiras, a última se seguirá ou não. Mas o que permite avaliar essa ligação? A experiência, e nada mais. E o que é a experiência, relativamente a essa ligação? Um maior ou menor número de ensaios, nos quais se constata que, dada uma coisa, outra se segue ou não a ela. Desse modo, a força da conjectura, ou a verossimilhança da conclusão, reside na relação entre eventos conhecidos, favoráveis ou desfavoráveis a ela. Do que se segue que o que para um homem é apenas uma débil conjectura pode ser para outro uma conjectura muito forte, ou mesmo uma demonstração. Para que o juízo deixe de ser conjectural, não é necessário que se tenha constatado por ensaios que, dadas certas circunstâncias, um evento ocorrerá sempre ou não ocorrerá nunca. Há um ponto indiscernível em que deixamos de conjecturar e adquirimos uma segurança positiva; esse ponto varia de um homem para outro, de resto iguais, e de um instante para outro no mesmo homem, dependendo do interesse que tenha pelo evento, do seu caráter e de uma infinidade de coisas de que é impossível dar conta. Um exemplo deixará isso mais claro. Sabemos por experiência que, quando caminhamos pela rua e venta forte, expomo-nos a ser fatalmente atingidos **[871]** por um corpo qualquer; no entanto, jamais nos passa pela cabeça que esse acidente possa acontecer conosco. A relação entre eventos conhecidos favoráveis e eventos conhecidos contrários a essa ocorrência não é suficiente para que se forme dúvida ou conjectura. Observai, no entanto, que se trata, nesse exemplo, do objeto mais importante para o homem, a conservação de sua vida. Em todas as coisas há uma unidade que deveria ser a mesma para todos os homens, pois tem por fundamento experimentos, mas que talvez não seja a mesma nem para dois homens, nem para duas ações da vida, nem para dois instantes. Essa unidade real resultaria de um cálculo realizado pelo mais perfeito filósofo estoico, que, tomando-se a si mesmo e a tudo o que o cerca como um nada, consideraria tão somente o curso natural das coisas. O conhecimento ao menos aproximado dessa unidade verdadeira e a conformidade entre os sentimentos e ações da vida ordinária e os conhecimentos que dispomos dela são duas coisas quase indispensáveis para a constituição do caráter filosófico. O conhecimento da unidade constituiria a filosofia moral especulativa; a conformidade entre esse conhecimento e os sentimentos e as ações constituiria a filosofia moral prática.

(**PPP**)

Corpo (*Geometria*), d'Alembert [4, 263]

Em Geometria, *corpo* significa o mesmo que sólido. Explicamos no *Discurso preliminar* desta obra como é formada a ideia de corpos geométricos. Diferentemente dos corpos físicos, que são impenetráveis, os corpos geométricos são apenas uma porção de extensão figurada, ou seja, uma porção de espaço delimitada em todos os sentidos por fronteiras estabelecidas pelo intelecto. São, na verdade, o fantasma da matéria, como dissemos no *Discurso*. A extensão geométrica pode ser definida como *extensão inteligível e penetrável*.

Corpos regulares são os que têm todos os lados, ângulos e planos iguais e semelhantes, e, por conseguinte, faces regulares.

Não há senão cinco corpos regulares: o *tetraedro*, composto por quatro triângulos equiláteros, o *octaedro*, por oito, o *icosaedro*, por vinte, o *dodecaedro*, por doze pentágonos regulares, e o *cubo*, por seis quadrados. Quando dizemos aqui *composto*, é por referência à superfície. As figuras a que nos referimos incluem ou contêm a solidez e compõem a superfície dos corpos.

(**PPP**)

Corpo (Física), *d'Alembert* [4, 263]

Corpos elásticos são os que, ao mudar de figura quando atingidos por outro corpo, têm a faculdade de recuperar a figura inicial, o que não acontece com os corpos que não são elásticos.

De qualquer modo que se trabalhe uma parcela de aço, por exemplo, ela recupera a sua figura inicial, mas uma parcela de chumbo permanecerá tal como foi encontrada.

Corpos moles são os que mudam de figura em virtude do choque e não a recuperam depois. Ver *Lassidão*.

Corpos duros são aqueles que não mudam de figura com o choque.

Corpo fluido é aquele cujas partes são separadas umas das outras, embora contíguas, e podem facilmente trocar de lugar.

(**PPP**)

Cosmogonia (*Física*), d'Alembert [4, 292]

Cosmogonia é a ciência da formação do universo. Essa palavra é composta por duas palavras gregas, κόσμος, *mundo*, γείνομαι, *eu nasço*. Sem se confundir com a Cosmografia, que é a ciência das partes do universo tomado como totalmente formado, tal como o vemos, e tampouco com a Cosmologia, que considera o estado atual e permanente do mundo como totalmente formado, a Cosmogonia considera o estado variável do mundo ao tempo de sua formação. Ver *Cosmologia*.

Qualquer que seja a maneira como se imagine a formação do mundo, não se devem jamais descartar dois nobres princípios: 1º) a criação, pois como é claro que a matéria não pode engendrar sua própria existência, deve tê-la recebido; 2º) uma inteligência suprema, que presidiu não somente a criação como também o arranjo entre as partes da matéria em virtude do qual este mundo se formou. Uma vez postos esses dois princípios, pode-se dar lugar a conjecturas filosóficas, desde que se tenha o cuidado de não abandonar o sistema que se segue daquele que, como nos indica o Gênesis, foi adotado por Deus na formação das diferentes partes do mundo.

Assim, um cristão deve rejeitar, por exemplo, todo sistema de Cosmogonia em que os peixes existam antes do Sol, pois Moisés nos ensina **[293]** que o Sol foi criado no quarto dia, e os peixes, no quinto. Mas seria um erro acusar de impiedade um físico que pensasse que os peixes tenham habitado o globo antes do homem, pois está escrito que o homem foi criado por último. O autor de uma gazeta periódica cometeu a tolice de acusar o ilustre secretário da Academia de Ciências de ter dito que os peixes foram os primeiros habitantes do globo, afirmação que se conforma inteiramente ao relato de Moisés.

Outra coisa que se pode sustentar legitimamente, de acordo com o relato de Moisés, é que o caos existiu antes da separação de suas partes, efetuada por Deus.

É inteiramente lícito dizer, com Descartes, que os planetas, e a Terra em particular, de início eram sóis que posteriormente endureceram, pois o relato de Moisés não contraria essa suposição. A Física poderia rejeitá-la, mas a religião a deixa a nossas disputas. É permitido afirmar que a formação deste mundo dependeu apenas do movimento e da diferente combinação das partes da matéria, pois Deus, autor único da matéria e do movimento, certamente não empregou outros princípios no arranjo do mundo; empregou-os, porém, com uma inteligência de que só ele seria capaz, e que por si mesma é uma prova de sua existência. Deve-se, portanto, ser extremamente circunspecto em acusar de irreligião os filósofos que propõem um sistema de Cosmogonia, na medida em que esse sistema concorde com o relato de Moisés; e não se pense que isso seria uma vantagem. No sistema de Newton, por exemplo, uma vez dada a impulsão aos planetas e suposta a atração, o sistema do mundo subsiste exclusivamente em virtude das leis do movimento. Pode parecer, à primeira vista, que esse sistema favoreceria o ateísmo, por não supor outra coisa além da impressão de um primeiro movimento de que todo o resto se seguiria, e por não haver recurso à ação continuada do Ser supremo. Mas o que poderia ter dado esse primeiro movimento, e estabelecido as leis em virtude das quais ele se conserva? Não seria, em todo caso, o Ser supremo? Isso também vale para outros sistemas. A filosofia de Demócrito, que atribuía tudo ao acaso e ao concurso fortuito dos átomos, era ímpia. Mas uma Física que, ao reduzir tudo ao movimento, em diferentes combinações, e a leis simples e gerais, explica a formação do universo é bastante ortodoxa, se começa por reconhecer Deus como o único autor desses movimentos e dessas leis.

Feitas essas observações, não entraremos em detalhes a respeito dos diferentes sistemas dos antigos e dos modernos sobre a formação do mundo, pois são todos hipóteses puramente conjecturais, mais ou menos felizes à medida que se apoiam mais ou menos sobre fatos e sobre as leis da Mecânica. Exporemos os principais no verbete *Terra*, pois o principal objeto da Cosmogonia é a formação do globo habitado por nós.

(**PPP**)

Cosmologia (*Ordem enciclopédica, Razão, Filosofia ou Ciência, Ciência da Natureza, Cosmologia*), d'Alembert [4, 294]

A palavra *cosmologia*, formada por duas palavras gregas, κόσμος, *mundo*, & λόγος, *discurso*, significa literalmente *ciência que discorre sobre o mundo*, ou seja, que raciocina sobre o universo que habitamos, tal como ele existe atualmente. Consiste nisso sua diferença em relação à Cosmografia e à Cosmogonia. Ver os verbetes dedicados a essas palavras.

A Cosmologia é assim, propriamente dizendo, uma Física geral e razoada que, sem entrar nos detalhes demasiado circunstanciais dos fatos, examina, do lado metafísico, os resultados desses fatos, exibe a analogia e a união entre eles, e tenta, por esse meio, descobrir parte das leis gerais que governam o universo. Tudo na natureza está conectado, todos os seres se interligam numa cadeia, da qual percebemos algumas partes contínuas, embora em muitos elos a continuidade nos escape. A arte do filósofo, contrariamente ao que se costuma pensar, não consiste em aproximar à força as partes distantes para, inadequadamente, restabelecer a cadeia onde ela se encontra rompida. Mediante um esforço como esse, tudo o que consegue é separar as partes que se interligam ou afastá-las mais ainda daquelas de que já se encontravam distantes, em direção à extremidade oposta à que se tem em vista; não, a arte do filósofo consiste em acrescentar novos elos às partes separadas, a fim de torná-las o menos distantes possível, sem se iludir pensando que não restariam ainda muitas outras interrupções em diferentes pontos. Para formar os elos de que falamos, é preciso considerar duas coisas: os fatos observados, que são o seu material, e as leis gerais da natureza, que são a sua ligação. Chamo de *leis gerais* as que parecem ser observadas num grande número de fenômenos; deliberadamente evito dizer *em todos*. Tais são as leis do movimento, que se seguem da impenetrabilidade dos corpos e são a fonte de numerosos efeitos que observamos na natureza. Figura e movimento (o movimento que vem da impulsão), eis uma grande parte dos princípios que formam a Cosmologia. Não se deve abrir mão deles sem necessidade, tampouco afirmar que seriam os únicos. Se não conhecemos todos os fatos, como garantir que todos seriam explicados por uma só e única lei? Essa asserção seria tão mais temerária por haver entre os fatos que conhecemos alguns que a lei da impulsão até hoje não pôde explicar. Pode ser que venha a explicá-los; mas, enquanto aguardamos por essa grande descoberta, suspendamos o nosso juízo sobre a universalidade dessas leis. Pode ser (ao menos é verossímil) que exista uma lei geral que nos é e sempre será desconhecida, da qual vemos apenas as consequências particulares, obscuras e limitadas, consequências que não deixamos de chamar de *leis gerais*. Essa conjectura é conforme à ideia que devemos formar da unidade e da simplicidade da natureza. Ver *Natureza*. De resto, se refletirmos sobre a fraqueza de nosso espírito, nos admiraremos mais com o que ele já descobriu do que com o que ainda não pôde desvendar.

Mas a principal utilidade que temos de extrair da Cosmologia é nos elevarmos, pelas leis gerais da natureza, até o conhecimento do seu autor, cuja sabedoria estabeleceu essas leis, deixou-nos ver o que é necessário conhecer para a nossa utilidade ou admiração, e escondeu de nós o resto, ensinando-nos a duvidar. A Cosmologia é a ciência do mundo ou do Universo em geral, enquanto ser composto, e no entanto simples, em virtude da união e harmonia de suas partes; um todo que é governado por uma inteligência suprema e cujas molas são coordenadas, postas em operação e modificadas por essa inteligência.

Diz o Sr. Formey, num artigo que nos transmitiu:

"Antes de Wolff, o nome *Cosmologia* era desconhecido nas escolas, e não havia no curso de Filosofia uma parte que recebesse essa denominação. Nenhum metafísico, ao que parece, chegou a concebê-la, os muitos e volumosos tomos escritos sobre Metafísica nada diziam a seu respeito. Wolff nos presenteou com uma obra com o título de *Cosmologia generalis, methodo scientifica pertractata, qua ad solidam, imprimis Dei atque naturae, cognitionem via sternitur.* Frankfurt e Leipzig, in-quarto, 1731. Uma segunda edição surgiu em 1737. Apresentou-a imediatamente após a Ontologia, como segunda parte de sua Metafísica. Nela estabelece os princípios que lhe servem na Teologia natural para demonstrar a existência e os atributos de Deus, a partir da contingência do Universo e da ordem da natureza. Denominou essa ciência Cosmologia Geral ou Transcendente, por conter uma teoria abstrata que está para a Física como a Ontologia para o restante da Filosofia.

"As noções dessa ciência derivam da Ontologia, pois trata-se de aplicar ao mundo a teoria geral do ser e do ser composto. Essa consideração *a priori* do mundo é suplementada por observações e experimentos. Pode-se dizer assim que a Cosmologia é dupla: *Cosmologia científica* e *Cosmologia experimental.*

"Dentre elas, Wolff restringiu-se à primeira, como indica o título de sua obra; mas nem por isso negligenciou o auxílio da experiência para confirmar seus princípios. **[295]** Tanto uma como a outra fornecem princípios que servem para demonstrar a existência e os atributos de Deus. As principais matérias abarcadas pela Cosmologia Geral se reduzem a explicar como o mundo resulta da reunião de substâncias simples e a desenvolver os princípios gerais da modificação das coisas materiais.

"Tal é o fruto mais precioso da Cosmologia. Seria suficiente, por si mesmo, para que se percebesse o seu valor e para convencer de que se deve cultivá-la, mesmo que não produzisse outros resultados. É assim que se chega a demonstrar que a contemplação do mundo visível nos conduz ao conhecimento do ser invisível que é o seu autor. Wolff parece estar totalmente convencido da utilidade e da certeza dessa nova rota que se abriu. Eis como ele se exprime: *In honorem Dei, confiteri cogor, me de cognitione Dei methodo scientifica tradenda plurimum sollicitum, non reperisse viam aliam, qua ad scopum perveniri datur, quam eam quam propositio praesens monstrat, nec reperisse philosophum qui eandem rite calcaverit, etsi laude sita defraudandi non sint, qui nostris proesertim temporibus theologiae naturali methodum demonstrativam applicare conati fuerint.* Wolff, *Cosmologia generalis, Prolegomena*, § 6, escólio."

Há poucos anos, o Sr. Maupertuis presenteou-nos com um ensaio de Cosmologia que parece composto segundo os princípios e perspectivas que expusemos anteriormente. Acredita que não temos nem fatos nem princípios suficientes para abarcar a natureza de um único ponto de vista. Contenta-se em expor o sistema do Universo, propõe-se a oferecer as suas regras gerais, e extrai disso uma nova demonstração da existência de Deus.

Como essa obra provocou, em 1752, uma controvérsia extremamente viva, farei aqui algumas reflexões, que poderão servir para esclarecer o seu conteúdo. Serei tão breve quanto possível, e espero ser imparcial.

A lei geral de Maupertuis é da quantidade mínima de ação. Ver a definição e a exposição do verbete *Ação*. Acrescentaremos aqui as seguintes observações.

Leibniz, tendo formado uma ideia particular da força dos corpos em movimento (de que falaremos no verbete *Força*), chamou-a de *força viva*, e quis que ela fosse o produto da massa pelo quadrado da velocidade, ou, o que é o mesmo, que fosse igual ao quadrado da velocidade, tomando-se a massa pela unidade. Wolff, nas *Mémoires de l'Académie de Petersbourg*, tomo I, imaginou multiplicar a força viva pelo tempo e deu ao resultado o nome de *ação*, supondo, aparentemente, que a ação de um corpo é resultado de todas as forças que ele exerce a cada instante, e equivale, por conseguinte, à soma de todas as forças vivas instantâneas. Caberia perguntar aos leibnizianos, dos quais Wolff é considerado o líder, por que imaginaram essa distinção metafísica entre ação e força viva. Mas isso não nos interessa aqui; voltaremos ao assunto no verbete *Força*. Podemos, por ora, admitir como definição nominal arbitrária essa ideia de ação, e observaremos que ela corresponde ao que diz Maupertuis, pois o produto do espaço pela velocidade é igual ao produto do quadrado da velocidade pelo tempo. Maupertuis, nas obras que citamos no verbete *Ação*, não nos informa se tem conhecimento da definição de Wolff; parece que não. De nossa parte, ignorávamos essa definição quando escrevemos aquele artigo, e gostaríamos de estabelecer aqui, escrupulosamente, a cada um o que lhe cabe. De resto, pouco importa se Maupertuis tomou essa ideia de Wolff ou se por coincidência também chegou a ela. Trata-se unicamente das consequências que dela extraiu, pelas quais Wolff não tem responsabilidade alguma. Maupertuis foi o primeiro a mostrar que, na refração, a quantidade de ação é um *minimum*.

1º) Esse princípio é inteiramente diferente deste outro: a natureza atua sempre pela via mais simples, princípio vago do qual cem aplicações diferentes são possíveis, dependendo da definição que se queira dar do que seria a via mais simples da natureza, quer dizer, dependendo do que se entenda por simplicidade da natureza e pela sua via mais curta – a trajetória retilínea, a brevidade da trajetória, a brevidade do tempo, o *minimum* da quantidade de movimento, o *minimum* de força viva, o *minimum* de ação etc. O princípio de Maupertuis não é um princípio da via mais simples tomada em sentido vago, mas uma exposição precisa do que ele crê ser a via mais simples da natureza.

2º) Mostramos que esse princípio é muito diferente daquele de Leibniz. E seria muito estranho que Leibniz, tendo conhecimento do princípio de Maupertuis, como alega, não tivesse pensado em aplicá-lo à refração.

3º) Igualmente certo é que esse princípio de Maupertuis, aplicado à refração, concilia as causas finais com a Mecânica, ao menos nesse caso, o que ninguém ainda havia feito. O interesse por essa conciliação depende do interesse pelas *causas finais* (ver o verbete correspondente). Mas os leibnizianos deveriam se dar por satisfeitos. Euler mostrou que esse princípio é pertinente para curvas descritas por um corpo atraído ou repelido em relação a um ponto fixo, bela proposição, que estende o princípio de Maupertuis até a pequena curva descrita pelos corpúsculos de luz ao passarem de um meio a outro. De maneira que, quanto a isso, verifica-se que o princípio tem validade geral e irrestrita. Euler mostrou ainda, nas *Mémoires de l'Académie des Sciences de Prussie*, 1751, outros casos em que o princípio se aplica com elegância e facilidade.

4º) Esse princípio é diferente daquele da nulidade da força viva, por duas razões. Trata-se, no princípio de Maupertuis, não da nulidade, e sim de um mínimo, e na ação inclui-se o tempo, que não entra na força viva. Não é que o princípio da nulidade da força viva também não tenha validade em numerosos casos; podem-se extrair da nulidade da força viva muitas coisas que não se extraem do mínimo da ação. Mas isso não prova a identidade dos dois princípios, pois pode-se muito bem chegar à mesma conclusão por duas vias diferentes.

5º) Vimos no verbete *Causas finais* que o princípio de um mínimo do tempo não serve para explicar a reflexão dos espelhos côncavos. Parece que o mesmo ocorre no mínimo de ação, pois, nesse caso, a trajetória do raio de luz é um *maximum*, e a ação também. É verdade que se pode remeter a reflexão às superfícies planas, mas essa resposta pode não ser do agrado dos que defendem causas finais; melhor talvez seja dizer que, nesse caso, a ação é um *maximum*, e, nos demais, um *minimum*. Não há problema em ter aplicado esse princípio antes à refração, ele será como o princípio da **[296]** conservação de forças vivas, que se aplica ao choque dos corpos elásticos, mas não a corpos rígidos.

6º) Maupertuis aplicou essa mesma lei de um *minimum* de ação ao choque de corpos, e determinou, a partir de um só e mesmo princípio, as leis do choque dos corpos rígidos e dos corpos elásticos. É verdade que a aplicação é nesse caso um pouco mais complicada, mais indireta, menos simples, e talvez menos rigorosa do que no da refração.

O que dizemos aqui, porém, não é em detrimento de Maupertuis, como se verá pela seguinte explicação. Ele supõe que dois corpos rígidos, A e B, movem-se na mesma direção, um com velocidade a, outro com velocidade b, e que sua velocidade comum, após o choque, é x; ora, é certo, afirma ele, que a *mudança ocorrida na natureza* é que o corpo A perdeu velocidade na razão de $a-x$, e que o corpo B ganhou velocidade na razão $x-b$; logo, a quantidade de ação necessária para produzir essa mudança, e que é preciso igualar a um *minimum*, é $A(a-x)2 + B(x-b)2$, o que resulta na fórmula do choque dos corpos rígidos $x = \frac{Aa+Bb}{A+B}$. Tudo isso é muito justo. Mas depende, na verdade, da ideia que se queira ligar às palavras *mudança ocorrida na natureza*, pois seria perfeitamente possível dizer que a mudança ocorrida consiste nisto: o corpo A, que antes do choque tem a quantidade de ação ou de força $A\,a\,a$, muda essa quantidade ou força após o choque em $A\,x\,x$, e o mesmo para o corpo B; e, assim, $A\,a\,a - A\,x\,x$ é a mudança ocorrida no estado do corpo B, e $B\,x\,x - B\,b\,b$ é a mudança ocorrida no corpo B, de sorte que a quantidade de ação que operou a mudança é $A\,a\,a - A\,x\,x + B\,x\,x - B\,b\,b$. Ora, essa quantidade, igualada a um *minimum*, não resulta na lei anteriormente formulada do choque dos corpos rígidos. É uma objeção que se poderia fazer a Maupertuis, com a diferença de que foi suposto que $A\,x\,x + B\,x\,x A\,a\,a - B\,b\,b$ é igual a um *minimum*, subtraindo-se a quantidade $A\,a\,a - A\,x\,x$ da quantidade $B\,x\,x - B\,b\,b$ em vez de somá-la, como parece ser possível fazer. Pois as duas quantidades, $A\,a\,a - A\,x\,x$ e $B\,x\,x - B\,b\,b$, por mais que a primeira deva ser subtraída de $A\,a\,a$, e a segunda somada a $B\,b\,b$, são reais e podem ser reunidas numa soma, desconsiderando-se o sentido em que elas atuam. Seja como for, parece possível promover uma conciliação ou evitar dificuldade a esse respeito substituindo-se as palavras *mudança na natureza*, que se encontram no enunciado da proposição de Maupertuis, pelas palavras *mudança na velocidade*, suprimindo assim o equívoco, real ou presumido.

Outra objeção é que a quantidade de ação, no cálculo de Maupertuis, se confunde com a quantidade de força viva. De fato é assim. Supondo--se que, nesse caso, o tempo seja o mesmo, essas duas quantidades serão proporcionais uma em relação à outra, e pode-se dizer que a quantidade de ação não deve jamais ser confundida com a força viva, se estiver dado que o tempo, como na definição de Maupertuis, entra na quantidade de ação, e que, no caso dos corpos rígidos, como a mudança ocorre num instante indivisível, o tempo é igual a 0, e por conseguinte, a ação é nula. Pode-se responder a essa objeção considerando-se que, a partir do momento em que um corpo se move ou tende a se mover com uma velocidade qualquer, haverá sempre uma quantidade de ação real ou possível que corresponderá ao seu movimento, desde que ele se mova uniformemente por um tempo qualquer nessa velocidade. Assim, seria possível substituir as palavras *quantidade de ação necessária para produzir essa mudança* por *quantidade de ação que corresponde a essa mudança*, enunciando-se nos seguintes termos a regra de Maupertuis: *Na mudança realizada pelo choque na velocidade dos corpos, a quantidade de ação que corresponderá a essa mudança, supondo-se o tempo constante, é a mínima possível*. Se dizemos *supondo-se o tempo constante*, é porque: 1º) no choque de corpos rígidos, em que, a rigor, o tempo é igual a 0, as suposições de um tempo constante ou de um tempo variável são igualmente arbitrárias, e deve-se, por conseguinte, enunciar por qual delas se optou; 2º) como no choque de corpos elásticos, a mudança ocorre num tempo finito, embora muito breve, é pelo menos duvidoso que esse tempo não seja o mesmo, e por isso é ainda mais necessário enunciar a opção de que se trata. Com efeito, o tempo que se supõe constante é um tempo qualquer escolhido, totalmente independente daquele em que a comunicação de movimento ocorre, e pode-se tomar pela verdadeira quantidade de ação empregada na mudança ocorrida a soma das pequenas quantidades de ação consumidas durante o tempo em que a mola se contrai e se descontrai. Alguém poderia dizer que, nesse caso, Maupertuis deveria ter se servido da expressão *força viva* em preferência a *ação*, pois o tempo não conta aqui para nada. A isso ele sem dúvida responderia que lhe pareceu que seria possível ligar essa lei, por uma expressão comum, àquela que encontrou sobre a refração. Mesmo que se substitua a expressão *força viva* pelo termo *ação*, continua a ser verdade que Maupertuis foi o primeiro a reduzir o choque dos corpos duros e o dos corpos elásticos a uma mesma lei. Isso, no fundo, é o que importa, e de modo algum prejudica o seu teorema sobre a refração.

É verdade que as leis do movimento foram encontradas com base nesse princípio, mas parece útil mostrar como ele se aplica a elas. Também é verdade que esse princípio, assim aplicado, é e só poderia ser um princípio previamente conhecido, apresentado sob outra luz. O mesmo se passa em todas as verdades matemáticas, que, em última instância, não são mais do que a tradução umas das outras. Ver o *Discurso preliminar.* O princípio da conservação das forças vivas, por exemplo, é com efeito o princípio dos antigos sobre o equilíbrio, como mostrei em minha *Dinâmica*, II, 4. Isso não impede que o princípio de conservação das forças vivas seja muito útil e honre os que o inventaram.

7º) Maupertuis aplica ainda o seu princípio ao equilíbrio nas alavancas, mas, para isso, tem que fazer certas suposições, entre outras a de que a velocidade é sempre proporcional à distância do ponto de apoio e que o tempo é constante, como no caso do choque dos corpos; precisa também supor que a extensão da alavanca é dada, e o que se busca é o ponto de apoio. Pois, se o ponto de apoio e um de seus braços estiver dado, e o que se busca é o outro, o princípio da ação mostraria que esse braço é igual a zero. De resto, as suposições de Maupertuis a esse respeito são premissas; é suficiente que sejam enunciadas para que toda outra suposição também seja enunciada ao mesmo tempo. A aplicação e o uso do princípio não comportam maior generalidade. Com relação à suposição de que os pesos são iguais às massas, ela é dada pela própria natureza, e entra em todos os teoremas sobre o centro de gravidade dos corpos, que nem por isso são considerados menos gerais.

De tudo o que dissemos, resulta que o princípio de um *minimum* de ação cabe a um **[297]** grande número de fenômenos da natureza, que em alguns ele se aplica com muita facilidade, como a refração, as órbitas dos planetas etc. (examinados por Euler na *Mémoire de l'Academie de Berlin*, 1751, e por mim, no verbete *Ação*), e que, com algumas modificações mais ou menos arbitrárias, aplica-se a outros casos, mas é sempre por si mesmo útil na Mecânica, e pode facilitar a solução de diversos problemas.

Resta-nos apenas dizer uma palavra sobre o uso metafísico que Maupertuis fez de seu princípio. Pensamos, como insinuado anteriormente, que a definição da *quantidade de ação* é uma definição *nominal puramente matemática e arbitrária*. Pode-se chamar de ação o produto da massa pela velocidade, seja pelo quadrado desta, seja por uma função qualquer do espaço e do tempo. O espaço e o tempo são os dois únicos objetos que vemos claramente no movimento dos corpos. Podem-se realizar tantas combinações matemáticas entre eles quantas se queira, e pode-se chamar a tudo isso de ação; nem por isso a ideia primordial e metafísica da palavra *ação* será mais clara. Em geral, todos os teoremas sobre a ação, como quer que seja definida, sobre a conservação das forças vivas, sobre o movimento nulo ou uniforme do centro de gravidade, sobre outras leis similares, são apenas teoremas matemáticos mais ou menos gerais, e não princípios filosóficos. Por exemplo, a propósito de dois corpos atados a uma alavanca, um subindo, o outro descendo, pode-se encontrar, como querem alguns, que a soma das forças vivas é nula; pois acrescentam-se, com signos contrários, quantidades em direções contrárias. Mas essa é uma proposição de Geometria, não uma verdade metafísica. Essas forças vivas não são menos reais por terem direções contrárias, e poder-se-ia negar, num outro sentido, que essas forças se anulam. É como se alguém dissesse que não há movimento num sistema de corpos quando os movimentos de uma mesma parte se anulam, quer dizer, quando as quantidades de movimento, embora reais, são iguais, mas dotadas de sinais contrários.

O princípio de Maupertuis, a exemplo dos outros, é um princípio matemático, e veremos que ele não está muito distante da ideia de forças vivas, tanto mais porque não toma partido a respeito da questão metafísica dessas forças. Ver suas *Œuvres*, impressas em Dresden, 1752, in quarto, p.15, 16. É verdade que, do seu princípio, ele deduziu a existência de Deus; mas pode-se deduzir a existência de Deus de um princípio puramente matemático, desde que se reconheça que não se crê que esse princípio seja observável na natureza. De resto, ele ofereceu essa demonstração da existência de Deus apenas como um exemplo de demonstração extraída das leis gerais do Universo, sem pretender que esse exemplo tivesse força exclusiva ou fosse superior a outras provas. Tudo o que ele quis, e com razão, foi mostrar que devemos nos aplicar, sobretudo, a provar a existência de Deus por meio dos fenômenos gerais, sem nos restringirmos a deduzi-la dos fenômenos particulares, por mais que reconheça que uma dedução como esta também tem a sua utilidade. Ver o "Prefácio" de suas *Œuvres*, no qual ele se defende com pleno êxito contra imputações caluniosas que críticos ignorantes ou mal-intencionados lhe dirigiram a esse respeito. Tornou-se moda, em nossos dias, acusar os filósofos, a torto e a direito, de ateísmo deliberado. Sobre Cosmologia, ver também, nas *Actes de l'Académie de Leipzig*, maio de 1751, o apelo de Koenig ao público, as *Mémoires de l'Académie de Berlin*, 1750, 1751, e, finalmente, nas *Mémoires de l'Académie de Paris*, 1749, um artigo de D'Arcy a respeito. Tais são – ao menos até o presente momento, ou seja, fevereiro de 1754 – as peças verdadeiramente relevantes do processo, pois nelas se trata da questão, e os que as redigiram estão a par da matéria. É nosso dever acrescentar que Maupertuis nunca respondeu ao jato de injúrias que lhe foi dirigido em vida, "que não digam palavra a respeito, vós que sois filósofos", *nec nominetur in vobis, sicut decet philosophos*. Essa querela em torno da *ação*, se nos permitem dizer, lembra certas disputas religiosas, pelo tom amargo da controvérsia e pela quantidade dos que nela se pronunciaram sem saber o que diziam.

(PPP)

Dedução (*Gramática, Filosofia*), d'Alembert [4, 729]

Na língua francesa, a palavra *dedução* tem dois sentidos diferentes.

Em matéria de cálculo, de negócios etc., significa subtração, a ação de tirar, pôr de lado etc., como quando se diz: *o presente benefício, deduzidos encargos, valores e reparações, vale 10.000 libras*; *a presente sucessão, deduzidas dívidas e doações, chega a 20.000 libras* etc.

Em matéria de ciências, e sobretudo de Lógica, dedução se diz de uma sequência de raciocínios encadeados pelos quais se chega à prova de uma proposição. Uma dedução é formada por um princípio primeiro, do qual se extrai uma série de consequências. Para que uma dedução seja boa, é preciso: 1º) que o princípio primeiro do qual se parte seja ou evidente por si mesmo ou reconhecidamente verdadeiro; 2º) que cada proposição ou consequência siga exatamente a proposição ou consequência precedente. Acrescente-se a isso que, para que uma dedução seja boa, não somente em si mesma e para quem a efetua, mas em relação a outras deduções, é preciso 3º) que a ligação entre cada uma das consequências e a seguinte possa ser percebida com facilidade, ou ao menos seja previamente conhecida. Por exemplo, se numa sequência de proposições se encontrarem imediatamente, uma após a outra, as seguintes: *os planetas gravitam ao redor do Sol na razão inversa do quadrado das distâncias, e por isso descrevem elipses ao redor do Sol*, a consequência, embora justa, não terá sido suficientemente deduzida, pois é necessário que se exiba a ligação entre elas com diversas proposições intermediárias. Uma expressão como essa só é permitida numa obra que supõe que o leitor conheça de antemão a ligação entre essas duas verdades.

Do que se segue que, em geral, para julgar se uma dedução é boa, é preciso conhecer o gênero da obra a qual pertence e o gênero de espírito e leitor a que ela se destina. Uma dedução que é má num livro de elementos pode ser boa alhures.

Obras de Geometria são aquelas em que se podem mais facilmente encontrar boas deduções, pois os princípios dessa ciência têm evidência palpável, e as consequências deles extraídas são rigorosas. Por isso, se é preciso certo grau de paciência, de atenção **[730]** e mesmo de sagacidade para compreender a maior parte de nossos livros de Geometria tais como são, seria preciso pouquíssima, quase nenhuma, para compreendê-los tais como poderiam ser. Não há proposição matemática, por mais complicada que pareça, a respeito da qual não seja possível formar uma cadeia contínua até os primeiros axiomas. Esses axiomas são evidentes mesmo para os espíritos mais limitados, e a cadeia pode ser tão precisamente dividida que o espírito mais medíocre perceba imediatamente a ligação de cada proposição à seguinte. Cada proposição bem compreendida é, por assim dizer, um lugar de repouso, em que o espírito adquire forças para seguir adiante, deixando para trás, se assim se quiser, todas as proposições anteriores. Poder-se-ia dizer que, em matéria de ciências exatas, os espíritos diferem entre si apenas pelo tempo que cada um leva para compreender as verdades; digo *compreender*, pois falo aqui da faculdade de entender, e não do gênio da invenção, que é de um gênero totalmente diferente.

Alguém poderia perguntar se numa dedução o espírito percebe ou pode perceber muitas proposições ao mesmo tempo. É certo, para começar, que em toda dedução ele percebe ao menos duas proposições, pois de outro modo seria impossível que formasse um raciocínio qualquer. E por que o espírito não poderia perceber duas proposições ao mesmo tempo, assim como tem duas sensações, o tato e a visão, por exemplo, como prova a experiência? Perceberia de fato mais de uma proposição simultaneamente? É uma questão muito difícil de determinar, dada a rapidez das operações de nosso espírito. Como quer que seja, é suficiente, para uma dedução qualquer, que se possam perceber duas verdades ao mesmo tempo, como provamos.

Às qualidades que exigimos para uma boa dedução poder-se-ia acrescentar que, para que ela seja absolutamente perfeita, é necessário que seja a mais simples possível, vale dizer, que as proposições sejam arranjadas em sua ordem natural, de sorte que, seguindo-se outro caminho, seria necessário empregar um número maior de proposições para formar a mesma dedução. Os elementos de Euclides, por exemplo, são um bom exemplo de dedução, mas não de dedução perfeita, pois a ordem das proposições poderia ser mais simples e mais natural. Ver a respeito os diferentes artigos de Geometria e de arte de pensar; e também *Elementos de Geometria*, *Geometria* etc.

(PPP)

Definição (*Matemáticas*), d'Alembert [4, 748]

Definição, nas Matemáticas, é a explicação do sentido ou da significação de uma palavra; ou, se quisermos, é a enumeração de características suficientes para distinguir de uma coisa definida de toda outra.

Tal é, como tivemos a oportunidade de observar, a definição da palavra *quadrado*, pela qual deve-se entender uma figura encerrada entre quatro lados iguais, perpendiculares entre si.

Nunca é demais, nas Matemáticas, empenhar-se para oferecer definições exatas, pois a inexatidão impede que se apreenda corretamente a verdadeira significação das palavras e a cada instante o leitor corre o risco de se afastar do verdadeiro sentido das proposições.

Definições matemáticas, a rigor, não são como definições de nomes (para falarmos como os lógicos), pois se restringem a explicar o que se entende por uma palavra, sem pretender **[749]** explicar a natureza da coisa. Os matemáticos são mais reservados do que muitos filósofos, que creem dar definições das coisas, entendendo-se por definição a explicação da natureza da coisa, como se a natureza das coisas nos fosse conhecida, como se as palavras natureza e essência apresentassem ideias suficientemente nítidas. Ver mais à frente em que sentido as definições matemáticas podem ser tomadas por definições de coisas. Curioso em tudo isso é que as definições dos filósofos de que falamos e as do geômetra são muitas vezes as mesmas, apesar de pretensões tão diferentes. O geômetra diz: um triângulo retângulo é uma figura encerrada em três linhas retas; o filósofo diria a mesma coisa, mas, enquanto o primeiro apenas explica o que entende por triângulo, o segundo crê explicar a sua natureza, por mais que provavelmente não tenha uma ideia suficientemente nítida de espaço, de ângulo, de linha etc.

As definições dos matemáticos, consideradas como definições de nome, são totalmente arbitrárias, isto é, pode-se dar aos objetos matemáticos os nomes que se queira e às palavras o sentido que se queira. No entanto, é necessário, na medida do possível, conformar-se ao uso da língua e dos doutos. Seria ridículo, por exemplo, definir o triângulo como uma figura redonda, por mais que se possa fazer elementos de Geometria exatos (porém ridículos) chamando-se de triângulo o que de ordinário se chama de círculo. Ver *Dicionário*.

(PPP)

Demonstração (*a posteriori*), d'Alembert [4, 823]

Demonstração a posteriori é aquela em que uma causa é provada por seus efeitos ou na qual uma conclusão é provada por algo que lhe é posterior, seja como efeito, seja como mera consequência. Propriamente dizendo, demonstração *a priori* é uma demonstração direta, extraída da natureza da coisa que se quer provar; demonstração *a posteriori* é uma demonstração indireta, extraída de uma circunstância alheia ou propriedade secundária. Assim, demonstrar que existe um Deus chamando-se a atenção para a natureza do ser infinitamente perfeito e para seus atributos é demonstrar *a priori* a existência de Deus, com raciocínios extraídos da natureza mesma do objeto; demonstrar a existência de Deus por meio da existência do mundo e do Universo é demonstrá-la *a posteriori*. Essa última espécie de prova é em geral a mais admitida. Os filósofos, e mesmo os teólogos, dividem-se quanto a demonstrações *a priori*, e alguns chegam mesmo a rejeitá-las: essas demonstrações, dizem eles, supõem a ideia do infinito, que não é muito clara. Em todo caso, pouco importa que existam divisões a respeito de como provar essa verdade, desde que ela seja admitida. No fundo, provas sensíveis são as melhores do gênero. Aos olhos do povo, e mesmo do filósofo, um inseto é uma prova mais contundente da existência de Deus do que todos os raciocínios metafísicos, e, aos olhos do filósofo, as leis gerais são uma prova ainda melhor da existência de Deus do que um inseto: leis simples que derivam da forma mesma imprimida pelo Ser Supremo à matéria, que não mudam jamais e em virtude das quais o Universo é submetido a um mecanismo uniforme e regrado, resultante do primeiro movimento que lhe deu a inteligência soberana. Ver *Cosmologia*.

Dentre as *ciências naturais* (pois não falo aqui de objetos da fé), as Matemáticas são as únicas cujo objeto é absolutamente suscetível de demonstração. Isso se deve à simplicidade do objeto e às hipóteses sob as quais é considerado. Nas demais ciências, as provas são ou conjeturais ou parte demonstração, parte conjetura. Por exemplo, na Física, há demonstração da causa do arco-íris, mas não há senão conjeturas sobre a causa da luz. É que, em quase todas as ciências, as causas primeiras permanecem desconhecidas e os princípios primeiros permanecem obscuros; só há clareza nos efeitos, e nas consequências deles extraídas.

A situação da Metafísica é pior, pois nela, exceto por algumas verdades primordiais, tudo é obscuro e está sujeito a disputa. No entanto, viram-se autores empregar nessa matéria a forma geométrica, como se essa forma tornasse mais certo o que não o é. Como no livro *L'action de Dieu sur les créatures*, no qual os termos da Geometria se encontram em cada página; admira que o autor não tenha incluído figuras. Para julgar a força dessas pretensas demonstrações, leia-se o verbete *Grau* e o *Tratado dos sistemas*, do Sr. Condillac. Em suas demonstrações, o autor recorre ao testemunho de Vergílio e de outros autores antigos, como se esses escritores fossem padres da Igreja.

(**PPP**)

Figura (*Geometria*), d'Alembert [6, 748]

Em Geometria, toma-se *figura* em duas acepções diferentes.

Na primeira, significa em geral um espaço delimitado por todos os lados, seja por superfícies, seja por linhas. Se delimitada por superfícies, é um sólido; se terminada por linhas, é uma superfície. Nessas linhas, os ângulos não são figuras. A linha, seja reta, seja curva, é tanto mais término e limite de uma figura por não ser figura. A linha é desprovida de largura, é uma abstração do espírito, ao passo que a superfície existe, embora desprovida de profundidade, pois a superfície de um corpo é o que vemos de seu exterior. Um ângulo não é uma figura, é a mera [**749**] abertura de duas linhas retas, inclinadas uma em direção à outra, e essas linhas podem ser indefinidas. O ângulo não é o espaço contido entre essas duas linhas, pois a grandeza do ângulo é independente da grandeza do espaço de que se trata; o espaço aumenta quando as linhas crescem, o ângulo permanece o mesmo.

De resto, em Geometria, costuma-se aplicar o nome de figura com mais frequência às superfícies do que aos sólidos, que de ordinário mantêm o seu nome próprio. Ora, uma superfície é um espaço delimitado em todos os sentidos por linhas retas ou curvas. Pode-se assim, segundo a acepção ordinária da palavra, definir figura como um espaço delimitado em todos os sentidos por linhas.

Se a figura é delimitada em todos os sentidos por linhas retas, chama-se superfície plana. Essa condição é absolutamente necessária em todos os sentidos, pois é preciso que se possa em todos os sentidos aplicar uma linha reta a uma figura, para que esta seja plana. Com efeito, uma figura poderia ser exteriormente delimitada por linhas retas sem ser plana, como uma abóboda que tenha por base um quadrado.

Se uma linha reta não pode ser aplicada em todos os sentidos à superfície, chama-se figura curva, ou, o que é mais comum, superfície curva.

Figuras planas delimitadas por linhas retas chamam-se figuras planas retilíneas, ou simplesmente figuras retilíneas, tais como o triângulo, o paralelogramo, os polígonos em geral etc. Figuras planas delimitadas por linhas curvas, como o círculo, a elipse etc. chamam-se figuras planas curvilíneas. Chamam-se, às vezes, curvilíneas as superfícies curvas, como o triângulo esférico. Por fim, chamam-se figuras mistas as delimitadas em parte por linhas retas, em parte por linhas curvas.

Chamam-se lados de uma figura as linhas que a delimitam. Essa denominação se justifica sobretudo quando essas linhas são retas. Não serve para superfícies curvas, exceto para o triângulo esférico. Figura equilátera ou equilateral é aquela cujos lados são iguais. Figuras equilaterais são aquelas cujos lados são iguais, cada um tendo correspondente em outro. Figura equiangular é aquela cujos ângulos são exatamente iguais entre si. Figuras equiangulares entre si são aquelas cujos ângulos são iguais, cada um tem correspondente em outro. Figura regular é aquela cujos lados e ângulos são iguais. Figuras semelhantes são aquelas cujos ângulos são iguais e os lados são homólogos proporcionais. Diz-se que uma figura está inscrita em outra quando é contida por ela, e seus lados tocam a circunferência da figura em que está inscrita. Nesse caso, a figura é dita circunscrita.

Tomada na segunda acepção, figura significa, em Geometria, a representação que se faz, sobre papel, do objeto de um teorema, de um problema, para tornar a demonstração ou solução mais fácil de conceber. Nesse sentido, uma simples linha, um ângulo, são figuras, embora não o sejam na primeira acepção da palavra.

É uma arte traçar bem as figuras geométricas evitando-se pontos de intersecção equívocos ou muito próximos entre si, que não podem ser adequadamente distinguidos por letras; evitando-se disposições de linhas que possam induzir o leitor ao erro, como traçar como paralelas ou perpendiculares linhas que não necessariamente devem sê-lo; marcando-se com letras similares pontos correspondentes; desmembrando-se figuras excessivamente complicadas; designando-se com linhas pontuadas as linhas que não servem senão à demonstração; e mil outros detalhes, que somente o uso pode ensinar.

A dificuldade é ainda maior se houver sólidos ou planos diferentes a serem representados. A dificuldade de desenhar em relevo ou com perspectiva impede com frequência que essas figuras sejam bem feitas. Pode-se contornar essa carência com sombras que ponham em destaque as diferentes partes e marcam planos diferentes. Mas elas têm um inconveniente: muitas vezes são demasiadamente escuras e escondem as linhas que deveriam ser mostradas, bem como os pontos que designam essas linhas.

Figuras gravadas ao lado da demonstração, e repetidas a cada página, se a demonstração ocupar mais do que uma, são mais cômodas do que figuras dispostas em pranchas no fim do livro, mesmo que sejam destacáveis. Por outro lado, figuras gravadas têm a desvantagem de ser geralmente malfeitas e desprovidas de nitidez.

(**PPP**)

Filosofia de Newton, ou Newtonianismo (*Física*), d'Alembert [11, 122]

A *filosofia de Newton*, ou *Newtonianismo*, é a teoria do mecanismo do Universo, em particular do movimento dos corpos celestes, de suas leis, de suas propriedades, tal como ensinada por Newton.

A expressão *filosofia newtoniana* foi aplicada de modos diferentes, daí as diferentes noções a seu respeito.

Alguns autores entendem por ela a filosofia corpuscular, tal como reformada e corrigida pelas descobertas com que Newton a enriqueceu.

É nesse sentido que Gravesend denomina os elementos de Física em *Introductio ad philosophiam newtonianam*.

Nesse sentido, a filosofia newtoniana é a nova Filosofia, por diferença em relação às filosofias cartesiana e peripatética, e às antigas filosofias corpusculares.

Outros entendem por filosofia newtoniana o método observado por Newton em sua filosofia, método que consiste em deduzir os raciocínios e conclusões diretamente a partir dos fenômenos, sem qualquer hipótese antecedente, a começar pelos princípios simples, deduzir as leis primeiras da natureza a partir de um pequeno número de fenômenos selecionados, e servir-se dessas leis para explicar outros efeitos. Ver *Natureza* e *Leis da natureza*.

Nesse sentido, a filosofia newtoniana é a Física experimental, e opõe-se à antiga filosofia corpuscular. Ver *Experimental*.

Outros entendem por filosofia newtoniana aquela em que os corpos físicos são considerados matematicamente, e na qual a Geometria e a Mecânica são aplicadas à solução dos fenômenos.

A filosofia newtoniana, tomada nesse sentido, é a Filosofia Mecânica e Matemática. Ver *Mecânica* e *Ciências Físico-Matemáticas*.

Outros entendem por filosofia newtoniana a parte da Física tratada por Newton, ensinada e explicada em seus *Princípios*.

Outros, por fim, entendem por filosofia newtoniana os novos princípios com que Newton contribuiu para a Filosofia, o novo sistema que ele fundou sobre esses princípios, e as novas explicações dos fenômenos por ele deduzidas, em suma, o que caracteriza sua filosofia e a distingue de todas as outras. É principalmente nesse sentido que **[123]** iremos considerá-la.

Sua história é bastante curta. Os *Princípios* foram publicados pela primeira vez em 1686, quando o autor era membro do Trinity College, em Cambridge, e novamente em 1713, com acréscimos consideráveis.

Em 1726, um ano antes da morte do autor, houve ainda uma nova edição dos *Philosophiae naturalis principia mathematica*, obra imortal, das mais belas já produzidas pelo espírito humano.

Alguns autores tentaram tornar a filosofia newtoniana mais facilmente compreensível deixando de lado o que há de mais sublime nas pesquisas matemáticas e substituindo-o por raciocínios mais simples ou por experimentos. É o que fizeram principalmente Whiston, em *Preleções físico-matemáticas*, e Gravesand, em *Elementos e instituições*.

Pemberton, membro da Royal Society de Londres e editor da terceira edição dos *Princípios*, produziu uma obra intitulada *View of the Newtonian Philosophy*, ou *Ideia da filosofia de Newton*, espécie de comentário em que o autor tenta colocar essa filosofia ao alcance do maior número possível de geômetras e de físicos. Os padres Seur e Jacquier também ofereceram ao público, em três volumes in-quarto, o livro dos princípios de Newton com um comentário bastante exaustivo que pode ser muito útil aos que queiram ler a excelente obra do filósofo inglês. Deve-se acrescentar a essas obras a de Maclaurin, traduzida em francês como *Exposition des découvertes du chevalier Newton*, e o comentário que nos foi deixado pela senhora marquesa du Châtelet, com uma tradução da obra.

Não obstante o grande mérito dessa filosofia e a autoridade universal de que ela desfruta na Inglaterra, só se estabeleceu no exterior muito lentamente. O newtonianismo teve em outras nações dois ou três seguidores, se tanto, e sofreu forte oposição do cartesianismo e do leibnizianismo.

Newton expôs essa filosofia no livro terceiro de seus *Princípios*. Os dois livros precedentes servem para preparar a via, e para estabelecer os princípios matemáticos que servem de fundamento a essa filosofia.

Tais são as leis gerais do movimento, as forças centrífugas e centrípetas, da gravidade dos corpos, da resistência do meio.

Para tornar suas pesquisas menos áridas e menos tingidas de Geometria, o autor ornamentou-as com observações filosóficas que versam principalmente sobre a densidade e a resistência dos corpos, o movimento da luz e do som, o vazio etc.

No terceiro livro, o autor explica sua filosofia e os princípios por ele propostos. Em seguida, deduz a estrutura do Universo, a força da gravidade que faz que os corpos tendam para o Sol e para os planetas. Com essa mesma força ele explica também o movimento dos cometas, a teoria da Lua, e o fluxo e o refluxo.

Esse livro, denominado *De mundi systemate*, informa-nos o autor, foi escrito segundo uma forma comum. Considerou, no entanto, que leitores pouco acostumados a princípios como os seus poderiam não sentir a força das consequências e teriam dificuldades para se desfazer de seus antigos preconceitos. Para evitar esse inconveniente, e impedir que o seu sistema se tornasse objeto de eternas disputas, o autor deu a eles uma forma matemática, arranjando-o em proposições, de maneira que só pode ser lido e compreendido caso se esteja a par dos princípios que o precedem. Mas não é necessário compreender tudo. Muitas das proposições dessa obra colocariam dificuldades mesmo para os geômetras mais bem preparados. É suficiente ter lido as definições, as leis do movimento e as três primeiras seções do primeiro livro; em seguida, como recomenda o próprio autor, pode-se passar diretamente para o livro *De systemate mundi*.

Os diferentes pontos dessa filosofia são explicados neste *Dicionário*, nos artigos que lhes dizem respeito. Contentar-nos-emos aqui em dar uma ideia geral do todo, para mostrar ao leitor a relação entre as suas diferentes partes.

O grande princípio sobre o qual se funda essa filosofia é a gravitação universal. Esse princípio não é novo. Kepler, muito antes de Newton, esboçou-o em seu *Introductione ad motus martis*. Chegou mesmo a descobrir algumas propriedades dele resultantes, como os efeitos que a gravidade produziria no movimento dos planetas. Mas a glória de conduzir esse princípio até a demonstração física estava reservada ao filósofo inglês.

A prova desse princípio por fenômenos, unida à sua aplicação aos fenômenos da natureza e ao uso que o autor faz dele para explicá-los, constitui o sistema de Newton. Segue-se o seu resumo abreviado.

I. Os fenômenos são os seguintes. 1º) Os satélites de Júpiter descrevem ao redor desse planeta trajetórias proporcionais aos períodos, e os períodos de suas revoluções estão uns para os outros em razão sêxtupla da distância de cada um em relação ao centro de Júpiter, observação com que todos os astrônomos estão de acordo. 2º) O mesmo fenômeno ocorre nos satélites de Saturno, considerados em relação a Saturno, e na Lua, considerada em relação à Terra. 3º) Os períodos das revoluções dos planetas em torno do Sol estão em razão sêxtupla da distância média de cada um deles em relação ao Sol. 4º) Os planetas não percorrem em relação à Terra trajetórias proporcionais aos seus períodos: parecem às vezes estacionárias, outras vezes retrógradas.

II. A força que constantemente desvia os satélites de Júpiter do movimento retilíneo e que os retêm em suas órbitas está voltada para o centro desse planeta e é em razão inversa do quadrado da distância a esse centro. O mesmo ocorre nos satélites de Saturno em relação a Saturno, na Lua em relação à Terra e nos planetas em relação ao Sol. Essas verdades seguem-se da relação observada entre as distâncias e os períodos, e da proporção entre as trajetórias e os períodos. Ver os verbetes *Central* e *Força*, nos quais se encontram todos os princípios necessários para extrair essas consequências.

III. A Lua pende para a Terra e é retida em sua órbita pela força da gravidade. O mesmo ocorre na relação entre outros satélites e os seus planetas, e entre os planetas e o Sol.

Essa proposição é provada do seguinte modo. A distância média da Lua em relação à Terra é de 60 meio-diâmetros terrestres; seu período em relação às estrelas fixas é de 27 dias, 7 horas e 43 minutos; [**124**] por fim, a circunferência da Terra é de 123.149.600 pés franceses. Suponhamos que a Lua perdesse o seu movimento e pendesse em relação à Terra com força igual àquela que a retém em sua órbita. Ela percorreria, no intervalo de um minuto de tempo, 15 ½ pés franceses, pois o arco que descreve em seu movimento em torno da Terra, no intervalo de um minuto, tem um seno inclinado igual a 15 ½ pés franceses, como o cálculo mostra sem dificuldade. Ora, como a força da gravidade deve aumentar quanto mais próximo se estiver da Terra em razão inversa do quadrado da distância, segue-se que, perto da superfície da Terra, ela será 60 x 60 vezes maior do que a distância em que se encontra a Lua. Assim, um corpo em inércia que pende para a Terra próximo à sua superfície deve percorrer, no intervalo de um minuto, 60 x 60 x 15½ pés franceses, e 15½ pés franceses em um segundo.

Com efeito, tal é o espaço que os corpos inertes percorrem em um segundo, como Huyghens demonstrou em seus experimentos com pêndulos. A força que mantém a Lua em sua órbita é a mesma que chamamos de gravidade, pois, se não fosse a mesma, um corpo que pendesse para a Terra próximo à sua superfície, impulsionado pelas duas forças, deveria percorrer o dobro de 15½ pés num segundo, ou seja, 30 1/6 pés, pois, de um lado, a inércia faria ele percorrer 15 pés, de outro, a força que atrai a Lua, e que governa o espaço inteiro que separa a Lua da Terra, ao diminuir como o quadrado da distância, permitiria que ele percorresse 15 pés por segundo e acrescentaria o seu efeito ao da inércia. A proposição de que se trata aqui foi demonstrada no verbete *Gravidade*, embora com menos detalhes e de maneira um pouco diferente. Preferimos não a suprimir, para que nossos leitores vejam as diferentes maneiras que permitem chegar a essa verdade fundamental.

No que se refere aos satélites, como eles observam em relação a seus respectivos planetas as mesmas leis que a Lua em relação à Terra, a analogia é suficiente para mostrar que essas leis dependem das mesmas causas. De resto, a atração é sempre recíproca, isto é, a reação é igual à ação. Assim, os planetas gravitam em relação aos satélites, a Terra gravita em relação à Lua, e o Sol gravita em relação a todos os planetas ao mesmo tempo, e essa gravidade é em cada um dos planetas praticamente em razão inversa do quadrado da distância em relação ao centro comum de gravidade.

IV. Todos os corpos gravitam em relação a todos os planetas, e sua inércia, em relação a cada planeta, dadas distâncias iguais, está em razão direta da quantidade de sua massa.

A lei da queda dos corpos em inércia em relação à Terra, suprimidas resistências artificiais, é a seguinte: todos os corpos a iguais distâncias da Terra pendem igualmente, em períodos iguais.

Suponhamos, por exemplo, que corpos em inércia sejam levados até a superfície da Lua, e que, privados, ao mesmo tempo que a Lua, de todo movimento progressivo, pendam novamente para a Terra: estará demonstrado que, no mesmo intervalo de tempo, eles percorreriam o mesmo espaço que a Lua. E mais. Como os satélites de Júpiter realizam suas revoluções em intervalos de tempo em razão sêxtupla de sua distância em relação a Júpiter, e, assim, a distâncias iguais, a força da gravidade é em todos a mesma, segue-se que, pendendo de alturas iguais em tempos iguais, eles percorreriam espaços iguais, precisamente como pendem os corpos em inércia sobre a Terra. O mesmo raciocínio vale para os planetas, considerados em relação ao Sol. A força pela qual corpos desiguais são igualmente acelerados equivale à sua massa total. Assim, o peso do corpo em relação a cada planeta equivale à massa total de cada corpo, supondo-se as distâncias iguais. Do mesmo modo, o peso dos planetas e dos satélites em relação ao Sol equivale à massa total dos planetas e dos satélites.

V. A gravidade estende-se a todos os corpos, e a força com que um corpo atrai outro é proporcional à massa total de cada um deles.

Provamos que todos os planetas gravitam um em relação ao outro, e que a gravidade em relação a cada um em particular está na razão inversa do quadrado da distância ao seu centro, e, consequentemente, que a gravidade é proporcional à massa total de cada um. De resto, como todas as partes de um planeta A gravitam em relação a um planeta B, e a gravidade de uma parte está para a do todo como essa parte está para o todo, e como a reação é igual à ação, segue-se que o planeta B deve gravitar em relação a todas as partes do planeta A e sua gravidade em relação a uma parte deve estar para a sua gravidade em relação ao planeta inteiro, assim como a massa dessa parte está para a massa total.

A partir disso, pode-se deduzir um método para encontrar e comparar as gravidades dos corpos em relação a diferentes planetas e determinar a massa total de cada planeta e sua densidade. Com efeito, os pesos de dois corpos iguais que realizam suas respectivas revoluções ao redor de um planeta estão em razão direta dos diâmetros de suas órbitas e em razão inversa dos quadrados de seus períodos, e as suas inércias em relação a diferentes distâncias do centro do planeta estão em razão inversa do quadrado dessas distâncias. Ora, como as massas totais de cada planeta são iguais à força com que eles atuam em relação à distância dada de seu centro, e como os pesos de corpos iguais e homogêneos em relação a esferas homogêneas estão para a superfície dessas esferas na razão de seus diâmetros, segue-se que as densidades dos planetas são iguais ao peso de um corpo que estivesse colocado sobre esses planetas à mesma distância de seus diâmetros. Newton conclui disso que é possível encontrar a massa do Sol e dos planetas dotados de satélites, como a Terra, Júpiter e Saturno, pois a partir do período das revoluções dos satélites é possível conhecer a força com que eles são atraídos. Esse grande filósofo afirma que as massas totais do Sol, de Júpiter, de Saturno e da Terra equivalem a 1, e como os outros planetas não têm satélites, é impossível conhecer a quantidade de sua massa.

VI. O centro de gravidade comum ao Sol e aos planetas está em repouso; e o Sol, embora em movimento constante, afasta-se minimamente do centro comum de todos os planetas. Pois, como a massa total do Sol está para a de Júpiter na razão de 1.033 para 1, e a distância entre Júpiter e o Sol, medida a partir do meio-diâmetro do Sol, está em razão pouco maior do que a distância entre eles, medida a partir da superfície, segue-se que o centro comum de gravidade do Sol e de Júpiter está ligeiramente para além da superfície do Sol. O mesmo raciocínio mostra que o centro comum de gravidade de Saturno e do Sol é um ponto que está um pouco aquém da superfície do Sol, de sorte que o centro de gravidade comum ao Sol e à Terra e a todos os planetas está à distância do Sol em razão da grandeza de seus respectivos diâmetros. Ora, esse centro está sempre em repouso, pois em virtude da ação recíproca dos planetas sobre o Sol e deste sobre os planetas, o centro de gravidade comum ao Sol e aos planetas deve estar em repouso ou se mover uniformemente em linha **[125]** reta. Ora, se ele se movesse uniformemente em linha reta, nossa posição em relação às estrelas fixas mudaria sensivelmente; como isso não acontece, segue-se que o centro de gravidade de nosso sistema planetário está em repouso. Por conseguinte, qualquer que seja o movimento do Sol, num sentido ou em outro, segundo a diferente posição dos planetas, ele jamais se afasta significativamente desse centro. Logo, o centro comum da gravidade do Sol, da Terra e dos planetas pode ser tomado como o centro do mundo.

VII. Os planetas movem-se em elipses cujo centro é o centro do Sol e descrevem trajetórias proporcionais ao tempo de sua trajetória em torno do Sol.

Expusemos esse princípio *a posteriori* como um fenômeno. Agora que desvendamos o princípio dos movimentos celestes, podemos demonstrar *a priori* o fenômeno em questão da seguinte maneira. Como a massa de cada planeta em relação ao Sol está em razão inversa ao quadrado da distância, se o Sol estivesse em repouso e os planetas não atuassem uns sobre os outros, cada um deles descreveria em torno do Sol uma elipse, em que o Sol ocuparia o centro e as trajetórias seriam proporcionais ao tempo. Mas, como a atuação recíproca dos planetas é muito pequena e o centro do Sol pode ser considerado imóvel, é claro que se pode negligenciar o efeito da ação dos planetas e do movimento do Sol; portanto etc.

VIII. Deve-se levar em consideração, porém, que a ação de Júpiter sobre Saturno produz um efeito nada desprezível, e, segundo as diferentes posições e distâncias desses dois planetas, suas órbitas podem ser ligeiramente perturbadas.

A órbita do Sol é ligeiramente perturbada também pela ação da Lua sobre a Terra. O centro comum de gravidade desses dois planetas descreve uma elipse da qual o Sol é o centro e as trajetórias em torno do Sol são proporcionais ao tempo.

IX. O eixo de cada planeta, ou o diâmetro que conecta seus polos, é menor que o diâmetro de seu equador.

Se não tivessem movimento diurno ao redor de seu próprio centro, os planetas seriam esferas, pois a gravidade atuaria uniformemente sobre a sua superfície. Mas, em virtude de sua rotação, as partes afastadas do eixo se esforçam para se distender ao equador, e se distenderiam, se a matéria do planeta fosse fluida. Também Júpiter, que gira com rapidez considerável em torno de seu próprio eixo, é, segundo observações, bastante achatado nos polos. Pela mesma razão, se a nossa Terra não fosse mais distendida no equador do que nos polos, o mar se distenderia em direção ao equador e inundaria tudo ao redor.

Newton também prova *a posteriori* que a Terra é mais achatada nos polos, por meio das oscilações do pêndulo, que são de duração mais curta em direção ao equador do que aos polos.

X. Todos os movimentos da Lua e todas as desigualdades que nele observamos decorrem, segundo o Newton, dos mesmos princípios, a saber, de sua tendência ou gravitação em relação à Terra, combinada com sua tendência em relação ao Sol; por exemplo, em sua velocidade desigual, em seus nodos e em seu apogeu, nas sizígias e nas quadraturas, nas diferenças e variações de sua excentricidade etc.

XI. As irregularidades do movimento lunar podem servir para explicar muitas das irregularidades observadas no movimento dos outros satélites.

XII. De todos esses princípios, sobretudo da ação do Sol e da Lua sobre a Terra, segue-se que devemos ter um fluxo e um refluxo, ou seja, que o mar deve subir e descer duas vezes por dia.

XIII. A partir disso, pode-se deduzir a teoria completa dos cometas. Entre outras coisas, que eles estão numa região superior à da Lua, no espaço planetário; que seu brilho deriva do Sol, cuja luz eles refletem; que se movem em seções cônicas cujo centro é o centro do Sol, e descrevem em torno deste trajetórias proporcionais ao tempo; que suas órbitas ou trajetórias são quase parábolas; que seu corpo é sólido, compacto como o dos planetas, e que, por conseguinte, devem conter em seu periélio um calor imenso; que suas caudas são exalações que se desprendem deles e os envolvem como se fossem uma espécie de atmosfera.

As objeções feitas a essa filosofia voltam-se principalmente contra o princípio da gravitação universal. Alguns consideram que seria uma qualidade oculta; outros têm na conta de uma causa miraculosa e sobrenatural, a ser banida da sã filosofia; outros rejeitam-na por contrariar o sistema dos turbilhões; outros ainda supõem-no inócuo. Para a resposta dos newtonianos a essas objeções, ver os artigos *Gravidade*, *Atração*, *Turbilhão*.[1]

Quanto ao sistema de Newton sobre a luz e as cores, ver *Cor*, *Luz*; e também *Álgebra*, *Geometria* e *Diferencial*, para as descobertas realizadas por esse grande homem.

Nada temos a acrescentar a este artigo quanto à exposição da filosofia de Newton, a não ser a recomendação de que o leitor não deixe de consultar os verbetes *Atração* e *Gravidade*. Mais a Astronomia e a análise se aperfeiçoam, mais claramente percebe-se a concordância entre os princípios de Newton e os fenômenos. Os trabalhos dos geômetras de nosso século deram a esse admirável sistema um apoio inabalável. Para os detalhes, ver os verbetes *Lua*, *Fluxo* e *Refluxo*, *Nutação*, *Precessão* etc.

Newton tentou determinar a massa da Lua pela altura das marés; constatou-se que ela equivale a cerca da 39ª parte da massa da Terra. Ver a respeito o verbete *Lua*.

(PPP)

Finito (*Filosofia e Geometria*), d'Alembert [6, 817]

Chama-se *finita* a grandeza que tem limites; *número finito*, aquele cujo valor é atribuível e exprimível; *progressão finita*, a que tem um certo número de termos, por oposição a *progressão infinita*, cujos termos podem ser em número tão grande quanto se queira.

Só temos ideias distintas e diretas de grandezas finitas. Não conhecemos o infinito a não ser por uma abstração negativa e por uma operação por

1 As remissões finais deste verbete foram mantidas para preservar a integridade do raciocínio desenvolvido, ainda que sejam referentes a verbetes que não constam nesta edição. (N. E.)

assim dizer negativa de nosso espírito, que não dá atenção aos limites da coisa que consideramos infinita. A melhor prova de que a ideia que temos de infinito é puramente negativa, e não direta, é a própria denominação *infinito*. Esse nome, que significa negação do finito, mostra que concebemos primeiro o finito, e que o infinito é concebido negando-se os limites do finito. No entanto, houve filósofos que alegaram que teríamos uma ideia direta e primitiva do infinito e conceberíamos o finito a partir do infinito. Mas essa concepção tão extraordinária, para não dizer extravagante, quase não tem mais partidários, a não ser envergonhados, que defendam essa opinião relativamente aos sistemas de ideias inatas, que os conduzem a essa estranha consequência. Com efeito, se temos uma ideia inata de Deus, como querem esses filósofos, temos também uma ideia inata primitiva e direta do infinito, conhecemos Deus antes de conhecermos as criaturas, e só conhecemos as criaturas mediante a ideia que temos de Deus, passando do infinito ao finito. Essa consequência absurda seria suficiente, ao que me parece, para destruir o sistema das ideias inatas, se esse sistema já não estivesse inteiramente proscrito. Ver *Infinito*.

O Sr. Musschenbroeck, no segundo capítulo de seus *Essais de Physique*, afirma e tenta provar que o finito pode ser igual ao infinito, uma enunciação equivocada, para dizermos o mínimo; mais correto seria afirmar que *um espaço finito em todos os sentidos* pode ser igual a *um espaço finito num só sentido*. É uma verdade que os geômetras provam numa infinidade de casos, **[818]** como testemunham a curva logarítmica e uma infinidade de outras curvas. Entre as provas que oferece, Musschenbroeck menciona a hipérbole, no que se equivoca, se o que tem em mente é a hipérbole comum, pois está provado que o espaço contido entre a hipérbole comum e as assintóticas é de extensão e superfície infinitas. Ver *Infinito*.

(PPP)

Física (*Ordem enciclopédica, Entendimento, Razão, Filosofia ou Ciência, Ciência da Natureza, Física*), d'Alembert [12, 539]

Por vezes também chamada de Filosofia Natural, a *Física* é a ciência das propriedades dos corpos naturais, de seus fenômenos e efeitos, bem como de suas diferentes afecções, movimentos etc. Ver *Natureza*. Essa palavra vem do grego Φύσις, *natureza*.

Costuma-se atribuir a origem da Física aos gregos e mesmo aos bárbaros, aos braquimânios, aos magos, aos egípcios.

Transmitiu-se a partir destes para os sábios da Grécia, em particular Tales, que, segundo se diz, foi o primeiro a se aplicar, entre os gregos, ao estudo da natureza.

A partir de Tales, ela é transmitida para as escolas de Pitágoras, de Platão, dos peripatéticos, que a disseminam pela Itália e, a partir desta, por todo o resto da Europa. Observe-se que os druidas, os bardos etc. tinham uma física própria.

Encontram-se no *Sistema figurado* que se segue ao *Discurso preliminar* desta obra, bem como na "Explicação detalhada do sistema", as diferentes divisões e ramificações da Física. Para não nos repetirmos, recomendamos ao leitor esses textos, a exemplo do que fazemos no verbete *Matemáticas* a propósito das divisões dessa ciência.

Com relação à maneira como a Física foi tratada e às pessoas que a cultivaram, pode-se dividir essa ciência em:

Física Simbólica, que consistia exclusivamente de símbolos. Tal era a física dos antigos egípcios, pitagóricos e platônicos, que expunham as propriedades dos corpos naturais em caracteres aritméticos, geométricos e hieróglifos.

A *Física peripatética*, ou dos seguidores de Aristóteles, explicava a natureza das coisas pela matéria, por sua forma ou privação, por qualidades elementares e ocultas, por simpatias e antipatias etc.

A *Física experimental* procura descobrir as razões e a natureza das coisas por meio de experimentos, como os da Química, da Hidrostática, da Pneumática, da Ótica etc. Ver o artigo *Experimental*, em que se trata detalhadamente dessa espécie de Física, a rigor a única digna de nossas pesquisas.

A *Física Mecânica e Corpuscular* propõe-se explicar as razões dos fenômenos da natureza sem recorrer a outros princípios além da matéria, do movimento, da estrutura, da figura e das partes dos corpos, sempre em conformidade com leis da natureza e do mecanismo, devidamente verificadas. Ver *Corpuscular*.

A Física de Musschenbroeck tem três espécies de objetos: os corpos, o espaço vazio ou vácuo e o movimento. Chamamos de corpo tudo o que tocamos com as mãos e tudo o que ofereça alguma resistência ao ser pressionado. Damos o nome de espaço ou vácuo à extensão inteira do Universo, na qual os corpos se movem livremente. Movimento é o transporte de um corpo de uma parte a outra do espaço. Ver *Corpo*.

Chama-se fenômeno tudo o que descobrimos nos corpos com o auxílio de nossos sentidos. Fenômenos dizem respeito à posição, ao movimento, à alteração e ao efeito dos corpos.

Toda alteração que vemos incidir em corpos é efetuada unicamente por meio do movimento. Um mínimo de atenção é suficiente para que nos convençamos inteiramente disso. Um pedaço qualquer de madeira envelhece com o tempo, sofre rachaduras, resseca, apodrece e, enfim, é reduzido a pó, por mais que tenha permanecido no mesmo lugar sem nenhum movimento. Essa alteração é produzida porque o ar ou as partículas do fogo atuaram continuamente nesse corpo e introduziram-se nele. Uma bola de cera apertada e comprimida por todos os lados se torna plana, e sua figura altera-se, porque suas partes foram pressionadas e apertadas, e foram, por conseguinte, postas em movimento e deslocadas do lugar em que se encontravam. Poder-se-ia igualmente mostrar de que maneira uma alteração pode ser produzida quando o movimento cessa. O movimento é, assim, um dos principais objetos da Física.

Observa-se que todos os corpos se movem segundo certas leis ou regras, qualquer que seja a causa que os ponha em movimento. Todas as plantas e animais são produzidos a partir de sementes, sempre da mesma maneira e segundo as mesmas leis. Corpos que se chocam comunicam força de um para o outro, perdendo-a parcialmente ou integralmente, segundo leis constantes.

Se na Física só foram descobertas poucas leis, é porque os séculos precedentes não realizaram progressos significativos nessa ciência. Por conseguinte, é nosso dever realizar uma pesquisa tão exata quanto possível de suas leis. Para tanto, devemos observar cuidadosamente toda sorte de corpos terrestres, em seguida examiná-los e realizar a seu respeito todas as pesquisas e observações que pudermos.

Classificam-se os corpos terrestres em quatro classes diferentes: animais, vegetais, fósseis e corpos atmosféricos. Cada um desses gêneros divide-se em diversas espécies, e estas distribuem-se por sua vez em diversas outras, menos extensas que as primeiras. Após reunirem-se os corpos e classificá-los segundo gêneros e espécies, constatou-se que o número de cada um dos gêneros era bastante grande, de sorte que a Física seria inviável.

A primeira coisa a fazer é examinar todos esses corpos e nos empenharmos ao máximo para conhecer as propriedades de cada um em particular. Poderemos em seguida estabelecer primeiro as leis comuns segundo as quais constatamos que aprouve ao Todo-Poderoso dispor e fazer operar tudo o que Ele criou. Não devemos nos precipitar e tirar conclusões gerais a partir de umas poucas observações particulares; melhor é chegar a elas lentamente, e trabalhar muito para realizar pesquisas e descobertas. Quando se examina com toda a exatidão, constata-se que há mais leis particulares do que leis gerais.

Por essa razão, roga-se a todos os que amam a natureza que pesquisem e examinem com cuidado e com um máximo de exatidão todos os tipos de corpos, a fim de que possam os homens um dia chegar **[540]** ao mais perfeito conhecimento das leis da natureza. É inteiramente impossível chegar a esse ponto sem reunir as anotações e as descobertas dos doutos e, ao mesmo tempo, recorrer a experiências novas. Musschenbroeck, *Essai de Physique*, §3 ss.

Um dos grandes defeitos da Física é a mania de querer explicar tudo. Para mostrar que é preciso desconfiar mesmo das explicações mais plausíveis, recorrerei a um exemplo. Suponhamos que a neve caia no verão e o granizo no inverno (sabemos que é o contrário) e imaginemos que se tente explicar a razão disso. Alguém poderia dizer: a neve cai no verão porque as partículas dos vapores de que ela é formada não têm tempo suficiente para se congelar inteiramente antes de chegar à terra, o calor do ar que respiramos impede esse congelamento; no inverno, ao contrário, o ar que está próximo da terra, por ser muito frio, se congela e tem endurecidas as suas partes, e é isso que forma o granizo. Eis uma explicação que parece perfeitamente satisfatória e que poderia passar por demonstrativa. No entanto, o fato é que ela é falsa. Ousemos explicar desse modo outros fenômenos da natureza. Suponhamos ainda que o barômetro suba antes da chuva (sabe-se que é o contrário); pode-se, mesmo assim, explicá-lo muito bem, dizendo que, antes da chuva, os vapores de que o ar está carregado o tornam mais pesado e, por conseguinte, fazem o barômetro subir.

Se o comedimento e a circunspeção devem estar entre as principais características do físico, é preciso paciência e coragem para sustentá-los em seu trabalho. Qualquer que seja a matéria, há que não erguer barreiras entre a natureza e o espírito humano; por outro lado, ao nos precavermos contra o nosso próprio afinco, não o façamos ao extremo. Em meio à impotência que todos os dias sentimos de superar tantos obstáculos que se apresentam, dar-nos-íamos, sem dúvida, por satisfeitos se pudéssemos ao menos julgar, com um único golpe de vista, o ponto a que nossos esforços podem chegar. A força e a fraqueza de nosso espírito consistem em muitas vezes ser tão arriscado se pronunciar sobre o que ele pode quanto sobre o que não pode. Quantas descobertas modernas de que os antigos não tinham a mínima ideia! Quantas descobertas legítimas que contestamos precipitadamente! E quantas outras, que julgamos impossíveis, não estão reservadas à nossa posteridade!

(**PPP**)

Fórmula (*Álgebra*), d'Alembert [7, 183]

Fórmula é o resultado geral extraído de um cálculo algébrico, válido para uma infinidade de casos, e tal que, para ser obtido, não requer mais do que a substituição [**184**] de números por letras para encontrar o resultado particular de um caso qualquer proposto. Uma fórmula é, portanto, um método para operar com facilidade; torná-la absolutamente geral é a maior vantagem que dela se poderia extrair; e permite, muitas vezes, reduzir a uma única linha toda uma ciência. Mas, para que uma fórmula geral seja verdadeiramente útil e haja mérito em encontrá-la, é preciso que seja mais difícil encontrá-la do que a uma fórmula particular, quer dizer, é preciso que o problema enunciado em termos gerais contenha dificuldades maiores que as do problema particular que suscitou a busca pelo método geral. O falecido Varignon, geômetra da Academia de Ciências, gostava muito de generalizar fórmulas, mas suas fórmulas gerais, infelizmente, eram quase sempre desprovidas da vantagem de que falamos, e, nesse caso, uma fórmula geral não passa de uma puerilidade ou de uma charlatanice. Bernoulli, também geômetra, resolveu um problema difícil? Varignon não tardava a generalizar a solução, de maneira que o enunciado geral, embora contivesse aparentemente mais dificuldades, não tinha, na verdade, nenhuma que não constasse do particular, e não exigia que se acrescentasse o que fosse ao método deste. Por isso, Bernoulli costumava dizer, após ter resolvido um problema, "que deixaria a Varignon que o generalizasse".

(**PPP**)

Geometria[1] *(Ordem enciclopédica, Entendimento, Razão, Filosofia ou Ciência, Ciência da Natureza, Matemáticas, Matemáticas puras, Geometria)*, d'Alembert [7, 629]

A *Geometria* é a ciência das propriedades da extensão, considerada simplesmente como extensa e figurada.

A palavra é formada por duas palavras gregas, γῆ, ou γαῖα, terra, e μέτρον, medida. Essa etimologia parece nos indicar o que propiciou o nascimento da Geometria. Imperfeita e obscura em sua origem, como todas as ciências, começou por uma espécie de tatear, com mensurações e operações grosseiras, e elevou-se aos poucos ao grau de exatidão e sublimidade em que a encontramos.

Breve história da Geometria. Tudo indica que a Geometria, como a maioria das ciências, nasceu no Egito, que parece ter sido o berço do conhecimento humano, ou, para falarmos com mais exatidão, que é, de todos os países que conhecemos, o lugar em que as ciências parecem ter sido primeiro cultivadas. Segundo Heródoto e Estrabão, os egípcios, para poderem reconhecer os limites de suas terras, que se tornam confusos pelas cheias do Nilo, inventaram a arte de mensurá-las e dividi-las, a fim de distingui-las pela consideração de seu contorno e superfície. Teria sido essa, segundo se diz, a primeira aurora da Geometria. Flávio Josefo, historiador zeloso por sua nação, atribui sua invenção aos hebreus; outros a atribuem a Mercúrio. Sejam esses fatos verdadeiros ou não, parece certo que, quando os homens

1 Tradução parcial. (N. T.)

começaram a possuir terras e a viver sob diferentes leis, não demorou para que realizassem nos terrenos operações de mensuração, de extensão, bem como de superfície, integral ou parcialmente. Essa é a origem da Geometria.

Do Egito, ela passa à Grécia, para onde Tales supostamente a levou. Não contente com ensinar aos gregos o que recebera dos egípcios, acrescentou ao que aprendera e enriqueceu essa ciência com numerosas proposições. Depois veio Pitágoras, que também cultivou a Geometria com êxito, a quem se atribui a famosa proposição do quadrado da hipotenusa. Diz-se que essa descoberta o teria encantado a tal ponto que sacrificou cem bois às Musas, em sinal de agradecimento. Deve-se supor, comenta um autor moderno, que foram bois de cera ou de massa, pois Pitágoras era contrário a que se matassem os animais, de acordo com seu sistema de metempsicose, que (para um filósofo pagão) não chegava a ser uma opinião absurda. As aparências sugerem, porém, que esse fato não teria ocorrido; o que nos dispensa de explicá-lo. Depois de Pitágoras, os filósofos e suas escolas continuaram a cultivar o estudo da Geometria. Plutarco nos ensina que Anaxágoras se ocupou do problema da quadratura do círculo na prisão em que se encontrava, e teria redigido uma obra sobre o assunto. Anaxágoras havia sido acusado de impiedade por ter dito que os astros eram feitos de matéria, e teria sido condenado à morte, não fosse Péricles lhe salvar a vida. Vê-se por esse exemplo que não é de hoje que os filósofos são perseguidos por ter razão. Os sacerdotes gregos eram tão hábeis quanto certos teólogos modernos, quando se tratava de erigir em artigo de religião o que não o era.

Platão, que dedicou a Anaxágoras grandes elogios por sua habilidade em Geometria, os teria merecido ele mesmo. Sabe-se que encontrou uma solução bastante simples para o problema da duplicação do círculo. Sabe-se ainda que esse grande filósofo chamava Deus de *eterno geômetra* (ideia verdadeiramente justa e digna do Ser Supremo) e considerava a Geometria tão necessária ao estudo da Filosofia que fez gravar no pórtico de sua escola estas palavras memoráveis: *quem ignora a Geometria não será admitido*. Entre Anaxágoras e Platão encontra-se Hipócrates de Quio, que deve ser mencionado por sua famosa quadratura da lúnula. O falecido Cramer, professor de Filosofia em Genebra, nos oferece nas *Mémoires de l'Académie de Prusse pour l'année 1748* uma dissertação muito boa sobre esse geômetra, em que se pode ler que Hipócrates, numa viagem a Atenas, teve a oportunidade de ouvir os filósofos e tomou tanto gosto pela Geometria que logo realizou progressos admiráveis. Esse estudo desenvolveu seus talentos; para todo o resto, ele tinha o espírito lento e obtuso. O mesmo se diz de Clavius, bom geômetra do século XVI. Não há nada de espantoso em tudo isso; mas o cúmulo da inépcia é querer que se torne uma regra. Ver *Geômetra*.

Euclides, que viveu cinquenta anos após Platão e não deve ser confundido com Euclides de Megária, contemporâneo desse filósofo, reuniu o que seus predecessores haviam encontrado a respeito dos elementos da Geometria. Compôs a obra que conhecemos e que muitos modernos consideram como a melhor do gênero. Nos *Elementos*, ele considera somente as propriedades da linha reta e do círculo, e as das superfícies e dos sólidos retilíneos ou circulares. Não é que na época de Euclides não se conhecesse outra curva além do círculo. Os geômetras já haviam **[630]** percebido que, ao seccionar-se um cone de maneiras variadas, formam-se diferentes curvas do círculos, chamadas secções cônicas. As diferentes propriedades dessas curvas, que numerosos matemáticos sucessivamente descobriram, foram reunidas em oito livros por Apolônio de Perga, que viveu cerca de 250 a.C. Teria sido ele o autor dos nomes dados às três secções cônicas, *parábola*, *elipse* e *hipérbole*, cujas razões são explicadas nos artigos respectivos. Praticamente na mesma época que Apolônio, floresceu Arquimedes, que nos legou belas obras sobre a esfera e o cilindro, sobre as conoides e as esferoides, sobre a quadratura do círculo, que ele encontrou por meio de uma aproximação bastante simples e engenhosa, e sobre a quadratura da parábola, por ele determinada com exatidão. Legou-nos também um tratado sobre a espiral, que pode ser considerado uma obra-prima de sagacidade e penetração. As demonstrações que oferece nessa obra, embora bastante exatas, são tão difíceis que um douto matemático moderno, Bouillard, reconheceu não tê-las compreendido adequadamente, ao passo que um de nossos matemáticos mais fortes, o ilustre Viete, acusou-as injustamente de paralogismo. Ver o prefácio da *Analyse des infiniment petits*, de l'Hôpital. Nesse prefácio, escrito pelo Sr. Fontenelle, encontram-se as citações de Bouillard e de Viete a que nos referimos. Devem-se ainda a Arquimedes outros escritos não menos admiráveis, mais relacionados à Mecânica do que à Geometria, *De aequiponderantibus*, *De insidentibus humido* e outros que não cabe aqui mencionar.

Só nos referimos nesta história aos geômetras de que temos escritos, pois, se fosse necessário nomear todos aqueles que, na Antiguidade, distinguiram-se na Geometria, a lista seria demasiado longa, e teria que incluir Eudóxio de Cnídia, Arquitas de Tarento, Filolau, Eratóstenes, Aristarco de Samos, Dinóstrato, conhecido por sua quadratrícia, Menéquimo, seu irmão, discípulo de Platão, os dois Aristeus, o velho e o jovem, Trasídeo, Nicotelo, Leon, Teódio, Hermotimo, Nicomedes, inventor da conchoide, um pouco mais jovem do que Arquimedes, Apolônio e muitos outros.

Mesmo após terem sido subjugados pelos romanos, os gregos continuaram a cultivar a Filosofia, a Geometria e as Letras. A Geometria e as ciências em geral não desfrutaram de grande prestígio entre os romanos, que só pensavam em subjugar e governar o mundo. Mesmo a eloquência só foi cultivada por eles no período final da república. Mostrou-se no verbete *Erudição* a maneira leviana com que Cícero se refere a Arquimedes, que, no entanto, em nada lhe era inferior. Talvez seja injusto para com um gênio tão sublime como Arquimedes colocá-lo ao lado de um belo espírito, que, ao tratar de matérias filosóficas, não fez mais do que compor longos e belos discursos, expondo as quimeras que outros haviam pensado. A ignorância das Matemáticas em Roma era tão grande que se dava em geral o nome de matemáticos, como se vê em Tácito, a todos os que praticavam a adivinhação, embora a distância entre as quimeras da adivinhação e da Astrologia e as Matemáticas seja maior do que aquela entre a pedra filosofal e a Química. Esse mesmo Tácito, um dos maiores espíritos que já empunhou uma pena, oferece-nos em suas próprias obras uma prova da ignorância dos romanos em questões da Geometria e da Astronomia mais simples e elementar. Na *Vida de Agrícola*, quando descreve a Inglaterra, ele afirma que, na extremidade setentrional dessa ilha, os longos dias de verão quase não têm noites, e oferece a seguinte explicação: "a sombra lançada desde as extremidades planas da superfície da Terra não permitem que a escuridão se eleve a certa altura, e assim a noite não alcança o céu e as estrelas", *scilicet extrema & plana terrarum humili umbra non erigunt tenebras, infraque coelum & sydera nox cadit. Agrícola*, XII. Contrariamente ao hábito dos comentadores de Tácito, não tentaremos dar sentido ao que não tem; contentar-nos-emos em ter mostrado, com esse exemplo, que é bastante antiga a mania de exibir um falso saber e falar sobre o que não se compreende. Um tradutor de Tácito diz que nessa passagem o historiador considera a Terra como "uma esfera cuja base é cercada de água" etc. Não saberíamos dizer o que é a base de uma esfera.

Se os romanos mal cultivaram a Geometria nos tempos mais prósperos da república, não surpreende que ela tenha sido ainda menos cultivada na decadência do império. Os gregos eram diferentes; permaneceram geômetras hábeis mesmo após o início da era cristã, muito tempo após a transferência da capital do império. Ptolomeu, grande astrônomo e por conseguinte grande geômetra – uma coisa é impossível sem a outra –, viveu sob Marco Aurélio; encontram-se no verbete *Astronomia* os nomes de muitos outros. Temos as obras de Papus de Alexandria, que viveu no tempo de Teodósio; de Eutócio de Ascalonita, que viveu perto de 540 na era cristã e nos legou um comentário sobre a mensuração do círculo por Arquimedes. Proclo, que viveu no império de Anastásio, entre os séculos V e VI, demonstrou os teoremas de Euclides, e seu comentário sobre esse autor chegou até nós. É ainda mais famoso pelos enormes espelhos (verdadeiros ou não) de que teria se servido para incinerar a frota de Vitaliano, que cercava Constantinopla. Entre Eutócio e Papo deve-se situar Diócles, conhecido pela cissoide, a respeito de quem nada se sabe ao certo além do nome.

A ignorância profunda que recobriu a face da Terra, sobretudo o Ocidente, após a destruição do império pelos bárbaros, foi tão nociva para a Geometria quanto para os demais conhecimentos. Não se encontravam mais entre os latinos, nem mesmo entre os gregos, homens versados nessa ciência. Tudo o que havia eram homens chamados de doutos por serem menos ignorantes que os demais, dentre os quais alguns, como Gerbert, passavam por magos. Mesmo supondo que estivessem cientes das descobertas de seus antecessores, nada acrescentaram a elas, ao menos no que se refere à Geometria. Não conhecemos nenhum teorema importante com que tenham contribuído para essa ciência. Foi principalmente em relação à Astronomia que se estudou a Geometria. A Astronomia, por sua vez, foi estudada principalmente em relação ao calendário e ao cômputo eclesiástico. Com isso, o estudo da Geometria não foi muito longe. Encontram-se no verbete *Astronomia* os nomes dos principais matemáticos dos séculos de ignorância. Se há um de que não devemos esquecer é Vitélio, douto polonês do século XIII que redigiu um tratado de ótica bastante meritório, se considerarmos a sua época, que pressupõe conhecimentos de Geometria. Esse Vitélio lembra o árabe Alhazen, que viveu cerca de um século antes dele e também cultivou as Matemáticas com êxito. Os séculos de ignorância dos cristãos foram os séculos [**631**] de luz e saber dos árabes. Entre os séculos IX e XIV, essa nação produziu astrônomos, geômetras, geógrafos, químicos etc. Ao que tudo indica, devem-se aos árabes os primeiros elementos da Álgebra. Quanto a suas obras de Geometria, que é o que aqui nos interessa, poucas chegaram a nós, e muitas permaneceram em manuscrito. É a partir de uma tradução árabe de Apolônio que se realizou em 1661 a edição dos livros quinto, sexto e sétimo desse autor. A tradução árabe foi feita por um grande geômetra, chamado Abalphat, que viveu no final do século X. Provavelmente não havia nessa época um único cristão que fosse capaz de compreender Apolônio. Para traduzi-lo, seria necessário conhecer o grego e a Geometria, o que mesmo em nosso século não chega a ser comum.

No renascimento das letras, os homens praticamente limitaram-se a traduzir e a comentar as obras dos geômetras antigos, e essa ciência realizou poucos progressos antes de Descartes. Em 1637, esse grande homem publicou sua *Geometria*, começando pela solução de um problema que, segundo Papus, detivera o progresso dos matemáticos antigos. Ainda mais precioso do que a solução desse problema é o instrumento de que Descartes se serviu para resolvê-lo, pois abriu o caminho para a solução de uma infinidade de outras questões mais difíceis. Referimo-nos à aplicação da Álgebra à Geometria, cujo mérito e utilidade serão mostrados por nós na sequência deste artigo. Foi o grande passo dado pela Geometria depois de Arquimedes, e está na origem dos surpreendentes progressos realizados depois por essa ciência.

Deve-se a Descartes não somente a aplicação da Álgebra à Geometria como também os primeiros ensaios de aplicação da Geometria à Física, que tão longe chegaram nestes últimos tempos. Tais ensaios, que se veem principalmente em sua *Dióptrica*, e em passagens de seus *Meteoros*, levaram alguns a afirmar que toda a sua física não passava de uma geometria. Ela teria valor, mesmo se consistisse apenas nisso; infelizmente, porém, a física de Descartes era feita mais de hipóteses do que de cálculos, e estas foram posteriormente desmentidas pela análise. Assim, a Geometria, que tanto deve a Descartes, foi o que houve de mais nocivo à sua física. Mas esse grande homem não teve apenas a glória de ser o primeiro a aplicar com êxito a Geometria à ciência da natureza; teve também o mérito de ter sido o primeiro a pensar que havia leis do movimento, por mais que tenha se enganado a respeito delas.

Enquanto Descartes abria com sua *Geometria* uma via nova, outros matemáticos também realizavam avanços em outras áreas e preparavam, ainda que de modo vacilante, a Geometria do Infinito, que, auxiliada pela análise, realizaria numerosos progressos. Em 1635, dois anos antes da publicação da *Geometria* de Descartes, Boaventura Cavalerius, religioso da ordem dos jesuítas italianos, hoje destruída, oferecia sua *Geometria dos indivisíveis*. Nessa obra, ele considera os planos como sendo formados por sequências infinitas de linhas, por ele denominadas quantidades indivisíveis, e os sólidos, por sequências infinitas de planos. Encontrou assim a superfície de certas figuras e a solidez de certos corpos. Como o infinito, empregado à maneira de Cavalerius, era uma novidade em Geometria, sofreu grande oposição, e aquele religioso tentou minimizar o impacto do termo com o acréscimo de indefinidos, que na verdade significava exatamente a mesma coisa que indivisíveis. Malgrado essa espécie de paliativo, deparou com muitos adversários; mas teve também seus partidários. E estes, ao adotarem a sua ideia, tornaram-na mais exata. Substituíram as linhas que compunham os seus planos por paralelogramos infinitamente pequenos, e os seus planos indivisíveis, por sólidos de espessura infinitamente pequena; consideraram os cubos como polígonos de infinitos lados, e encontraram assim a superfície de certos espaços curvilíneos, a retificação de certas curvas, a medida de certos sólidos, os centros de gravidade destes e daquelas. Gregório de Saint-Vincent, e, sobretudo, Pascal, destacaram-se. O primeiro, num tratado intitulado *Quadratura circuli & hyperbolae*, de 1647, em que se alternam paralogismos e belos teoremas; o segundo, em seu tratado *De la roulette ou cycloïde*, que para ser lido exigiu grandes esforços, pois ainda não se encontrara um meio para tornar a Geometria do Infinito mais fácil, aplicando-se a ela o cálculo.

O momento dessa venturosa descoberta, no entanto, estava próximo. Fermat foi o primeiro a conceber o método das tangentes pelas diferenciais; Barrow o aperfeiçoou, imaginando um pequeno triângulo diferencial e servindo-se do cálculo analítico para descobrir as relações entre os pequenos lados desse triângulo e, por esse meio, a subtangente das curvas.

Ao mesmo tempo, viu-se que os planos ou sólidos infinitamente pequenos, cujas superfícies ou sólidos podem ser supostos como formados, crescem ou decrescem em cada superfície ou sólido segundo leis diferentes, e, assim, a pesquisa da mensuração dessas superfícies ou sólidos se reduziria a conhecer a soma de uma série ou sequência infinita de quantidades crescentes ou decrescentes. Daí a pesquisa da soma das sequências, chamada *Aritmética dos Infinitos*: somam-se muitas e aplicam-se às figuras geométricas os resultados obtidos. Wallis, Mercator, Brouncker, Jacques Grégori, Huyghens e outros destacaram-se no gênero. Fizeram mais, reduziram certos espaços e arcos de curvas a séries convergentes, quer dizer, cujos termos diminuem progressivamente, e encontraram assim o meio para obter o valor desses espaços e desses arcos, se não exatamente, ao menos por aproximação. Mais próximo se estará do valor verdadeiro quanto maior for o número de termos tomados da sequência ou série infinita por ele expressa.

Os materiais do Cálculo Diferencial estavam dispostos. Restava apenas um passo. Leibniz foi o primeiro a publicar, em 1684, as regras desse cálculo, que Newton já encontrara por conta própria. Discutimos no verbete *Diferencial* se Leibniz pode ou não ser considerado o inventor desse cálculo. Os ilustres irmãos Bernoulli obtiveram as demonstrações das regras dadas por Leibniz, e Jean Bernoulli acrescentou a elas, alguns anos depois, o método de diferenciação das quantidades exponenciais.

A contribuição de Newton à Geometria pura não foi menor. Numa obra intitulada *Quadratura curvarum*, ele ensina a maneira de obter a quadratura das curvas pelo Cálculo Integral, que é o inverso do Diferencial, e de reduzir a quadratura das curvas, quando isso é possível, à de outras curvas mais simples, principalmente do círculo e da hipérbole. Em outra obra, chamada *Enumeratio linearum tertii ordinis*, em que teve a felicidade de aplicar o cálculo a curvas cuja equação [632] é de terceiro grau, ele dividiu essas curvas em gêneros e espécies, e enumerou-as.

Mas esses escritos, por admiráveis que sejam, não são nada, por assim dizer, comparados à imortal obra do mesmo autor, intitulada *Philosophiae naturalis principia mathematica*, que pode ser considerada a mais extensa, mais admirável e mais afortunada aplicação da Geometria à Física. Esse livro tornou-se bem conhecido, e não é necessário entrar em maiores detalhes a seu respeito. Representou uma revolução na Física. Fez desta uma ciência nova, inteiramente fundada na observação, na experimentação e no cálculo. Ver *Filosofia de Newton ou newtonianismo*, *Gravitação*, *Atração* etc. Não mencionamos a *Ótica*, do mesmo autor, não menos digna de elogios, mas que não diz respeito a este artigo, nem outros escritos de Geometria, menos consideráveis, mas todos de primeira linha, repletos de sagacidade e invenção, como *Analysis per aequationes numero terminorum infinitas*; *Analysis per aequationum series, fluxiones & differentias*; *Método das fluxões*; *Método diferencial* etc. Quando consideramos esses monumentos imortais do gênio desse autor, e lembramos que ele realizou suas principais descobertas aos 24 anos, somos quase tentados a subscrever o dito de Pope segundo o qual a sagacidade de Newton espantou as inteligências celestiais, que o tornaram um mensageiro seu entre os homens. Sem dúvida cabe dizer, *homo homini quid praesiat*! Que enorme diferença não há, entre um homem e outro!

Mas o edifício erguido por Newton até essas imensas alturas ainda não estava terminado. O Cálculo Integral recebeu acréscimos dos Bernoulli, de Cotes, Maclaurin e outros matemáticos que vieram depois. Foram feitas aplicações ainda mais sutis, e, se ousamos dizer, mais difíceis, acertadas e exatas, da Geometria à Física. Houve grandes acréscimos ao que foi iniciado por Newton, a respeito do sistema do mundo. É sobretudo nessa parte que foi corrigida e aperfeiçoada a sua obra *Princípios matemáticos*. A maioria dos matemáticos que contribuíram para enriquecer a Geometria com suas descobertas e aplicá-la à Física e à Astronomia ainda vive, e nós mesmos, por termos contribuído para esses trabalhos, deixaremos à posteridade que avalie cada um conforme o seu mérito. Terminaremos aqui esta pequena história da Geometria. Os que buscam por uma instrução mais profunda no assunto poderão consultar os diversos autores que escreveram a respeito. Dentre eles, alguns não muito exatos, como Wallis, que é parcial em relação aos ingleses, devem ser lidos com precaução. Ver *Álgebra*. Cremos, no entanto, que tudo o que se possa querer saber a respeito se encontra na *Histoire des Mathématiques*, organizada por Montucla, da *Académie Royale des Sciences et Belles-Lettres* da Prússia, conhecido entre nós por sua *Histoire de la quadrature du cercle*, publicada em 1754, citada no verbete *Duplicação*.

Essa breve história é suficiente numa obra como esta, em que devemos nos dedicar principalmente a divulgar os inventores, não os que contribuíram para a Geometria com proposições particulares e isoladas, mas os espíritos verdadeiramente criadores, os grandes inventores que abriram caminhos, aperfeiçoaram o instrumento das descobertas e imaginaram métodos. Porém, antes de terminarmos esta história, não podemos deixar de mencionar, para honra de nossa nação, que se a nova Geometria é de autoria principalmente dos ingleses e dos alemães, é aos franceses que se devem as duas grandes ideias que levaram a ela. A Descartes se deve a aplicação da Álgebra à Geometria, sobre a qual se funda o Cálculo Diferencial; e a Fermat, a primeira aplicação do cálculo às quantidades diferenciais, para obter as tangentes, que é o método de generalização da nova Geometria. Se acrescentarmos a isso o que os franceses atualmente contribuem para a Geometria, há que se convir que essa ciência não deve menos à nossa nação do que às outras.

Objeto da Geometria. Pedimos ao leitor que se lembre do que dissemos a respeito no *Discurso preliminar*. Começamos considerando os corpos com todas as suas propriedades sensíveis; realizamos em seguida, aos poucos, com o espírito, a separação e abstração dessas diferentes propriedades, e consideramos os corpos como porções de extensão penetráveis, divisíveis e figuradas. Assim, o corpo geométrico é propriamente uma porção de extensão circunscrita em todos os sentidos. Começaremos por considerar essa porção de extensão em suas três dimensões, e em seguida, para determinar mais facilmente suas propriedades, consideraremos uma única dimensão, o comprimento, depois uma segunda, a superfície, por fim as três dimensões reunidas na solidez. Assim, as propriedades das linhas, das superfícies e dos sólidos constituem o objeto e a divisão natural da Geometria.

Por uma simples abstração do espírito, as linhas são consideradas sem largura, e as superfícies, sem profundidade. A Geometria aborda os corpos num estado de abstração em que na realidade não se encontram. As verdades que ela descobre e demonstra sobre os corpos são, portanto, verdades de pura abstração, verdades hipotéticas. Mas nem por isso são menos úteis. Na natureza, por exemplo, não há círculo perfeito; mas, quanto mais um círculo se aproxima de sê-lo, mais se aproxima de ter, exata e rigorosamente, as propriedades do círculo perfeito demonstradas pela Geometria, e poderá aproximar-se de ter todas essas propriedades, se não a rigor pelo menos num grau suficiente para nosso uso.

Há em Geometria muitas curvas que se aproximam continuamente de uma linha reta sem jamais encontrá-la, mas que, uma vez traçadas no papel, se confundem sensivelmente com ela, ao cabo de um espaço bem pequeno. O mesmo vale para verdades geométricas. São, de certa maneira, o limite, e, se podemos falar assim, o *assíntoto* das verdades físicas, o termo de que estas podem se aproximar o quanto quisermos, sem jamais atingi-lo precisamente. Mas, se os teoremas matemáticos não ocorrem com exatidão na natureza, servem ao menos para que se encontre, com uma precisão suficiente para a prática, a distância inacessível de um lugar a outro, a medida de uma superfície dada, a metragem de um sólido para calcular o movimento e a distância dos astros e que se prevejam os fenômenos celestes. Para demonstrar verdades com máximo rigor, quando se trata da figura dos corpos, é obrigatório considerar esses corpos num estado de perfeição abstrata que eles na realidade não têm. Com efeito, se não nos contentássemos em considerar, por exemplo, o círculo como perfeito, seriam necessários tantos teoremas diferentes sobre o círculo quantas fossem as diferentes figuras imaginadas, mais ou menos próximas do círculo perfeito; e essas figuras, por seu turno, também poderiam ser absolutamente hipotéticas, **[633]** sem um modelo correspondente na natureza. As linhas consideradas pela Geometria não são nem perfeitamente retas nem perfeitamente curvas, as superfícies não são nem perfeitamente planas nem perfeitamente curvilíneas. Mas, quanto mais se aproximam de sê-lo, mais próximas estão de ter as propriedades demonstradas a propósito de linhas exatamente retas ou curvas, de superfícies exatamente planas ou curvilíneas. Parece-me que essas reflexões serão suficientes para responder a duas espécies de censores da Geometria. Uns são os céticos, que acusam os teoremas matemáticos de serem falsos por suporem o que na realidade não existe, linhas sem largura, superfícies sem profundidade; os outros são os físicos, que, por ignorarem a Matemática, consideram que as verdades da Geometria estariam fundadas em hipóteses inúteis e seriam jogos de espírito sem aplicação alguma.

Divisão da Geometria. Pode-se dividir a Geometria de diferentes maneiras.

1º) Em *elementar* e *transcendente*. A Geometria Elementar não considera senão as propriedades das linhas retas, das linhas circulares, das figuras e dos sólidos mais simples, vale dizer, das figuras retilíneas ou circulares e dos sólidos circunscritos por elas. O círculo é a única figura curvilínea de que se fala nos elementos da Geometria. A simplicidade de sua descrição, a facilidade com que suas propriedades se deixam deduzir, e a necessidade de recorrer a ele para realizar diferentes operações bastante simples, como elevar uma perpendicular, medir um ângulo etc., todas essas razões determinam que o círculo, e somente ele, entre nos elementos de Geometria. No entanto, algumas curvas, como a parábola, têm uma equação mais simples que a do círculo; outras, como a hipérbole equilateral, têm uma equação tão simples quanto a dele. Sua descrição, porém, é muito menos fácil que a do círculo, e suas propriedades não se deixam deduzir com a mesma naturalidade. Cabe também à Geometria Elementar a solução de problemas de segundo grau por recurso à linha reta e ao círculo.

A Geometria Transcendente é a que tem como objeto todas as curvas diferentes do círculo, como as secções cônicas e as curvas de gênero mais elevado.

Ela se ocupa ainda da solução de problemas de terceiro e quarto graus, e de graus superiores. Os primeiros, como se sabe, são resolvidos por meio de duas secções cônicas, ou, mais simplesmente e em geral, por meio de um círculo e de uma parábola; os demais são resolvidos por linhas de terceira ordem ou acima. A parte da Geometria Transcendente que aplica o Cálculo Diferencial e Integral à pesquisa das propriedades das curvas é a que propriamente se chama Geometria Transcendente, e poderia ser denominada, como querem alguns autores modernos, Geometria Sublime, distinguindo-se não somente da Geometria Elementar como também da Geometria das Curvas, que não emprega os cálculos Diferencial e Integral e se restringe à síntese dos antigos ou à simples aplicação da análise ordinária. Teríamos assim uma tríplice divisão na Geometria: Geometria Elementar, ou das linhas retas e do círculo; Geometria Transcendente, ou das curvas; e Geometria Sublime, ou dos novos cálculos.

2º) Divide-se ainda a Geometria em *antiga* e *moderna*. Entende-se por Geometria antiga a que não emprega o cálculo analítico ou emprega apenas o cálculo analítico ordinário, sem se servir dos cálculos Diferencial e Integral; por Geometria moderna, a que emprega a análise de Descartes na pesquisa das propriedades das curvas ou a que se serve de novos cálculos. Assim, a Geometria, restrita à análise de Descartes, pode ser antiga ou moderna, dependendo das relações sob as quais é considerada: moderna em relação à de Apolônio e de Arquimedes, que não empregavam o cálculo; antiga em relação à Geometria dita *Sublime*, que Leibniz e Newton nos ensinaram, e que seus sucessores aperfeiçoaram. **[637]**

Dos elementos de Geometria. No verbete *Elementos das ciências* foram apresentados os princípios que se aplicam naturalmente aos elementos de Geometria e tratou-se de questões particularmente relacionadas a esses elementos, por exemplo, se se deve seguir, nos elementos de uma ciência, a ordem dos inventores, ou preferir a facilidade ao rigor exato etc. Remetemos o leitor a esse verbete. Observaremos aqui apenas que, da lista de obras de elementos de Geometria oferecida pelo Sr. de La Chapelle, não consta a do Sr. Camus, da Academia de Ciências, composta para o uso dos engenheiros, e que merece uma menção honrosa; tampouco a *Géometrie* do Sr. Le Blond, um de nossos colegas. Acrescentemos a seguir algumas reflexões que podem vir a propósito sobre a maneira de tratar os elementos de Geometria.

Começaremos com uma observação pouco importante, porém útil. A divisão mais comum da Geometria Elementar em Longimetria, Planimetria e Estereometria não é exata, rigorosamente falando, pois estas medem não somente linhas retas, planos e sólidos, mas também linhas circulares e superfícies esféricas. Quanto à divisão natural da Geometria Elementar em Geometria das Linhas Retas e das Linhas Circulares, Geometria das Superfícies e Geometria dos Sólidos, só podemos aprová-la.

Encontra-se no verbete *Curva* a definição de linha reta e linha curva que nos parece a mais adequada. Embora a linha reta seja mais simples do que a circular, é o caso de tratá-las, em elementos de Geometria, em conjunto, e não separadamente, pois as propriedades da linha circular são infinitamente úteis para demonstrar de maneira simples e fácil tanto as propriedades de linhas retas comparadas entre si quanto a suas respectivas posições. A medida de um ângulo é um arco de círculo que descreve um raio a partir do vértice do ângulo. Vimos no verbete *Grau* por que o círculo é a medida natural dos ângulos. Isso se explica pela uniformidade das partes e da curvatura do círculo. Quando se diz que a medida de um ângulo é um arco de círculo descrito a partir do vértice, isso significa tão somente que, se dois ângulos são iguais, os arcos descritos a partir do seu vértice e com o mesmo raio também serão iguais. Do mesmo modo, quando se diz que um ângulo é o dobro de outro, isso significa tão somente que o arco descrito a partir do vértice de um deles é o dobro do descrito a partir do vértice do outro, pois como, de acordo com a definição, o ângulo não é mais do que uma abertura simples, e não uma extensão, é incorreto dizer, abstração feita de toda consideração de extensão, que um ângulo seja o dobro de outro, pois isso vale apenas para uma dada quantidade comparada a outra quantidade homogênea, e a abertura de duas linhas, por não ter ponto de partida, não é, propriamente dizendo, uma quantidade. Também quando se diz que um ângulo tem a circunferência do círculo como medida da metade do arco contido entre os seus dois lados, isso significa que esse ângulo é igual a um ângulo cujo vértice estaria no centro e que contivesse a metade desse arco. E assim por diante. **[634]**

Essas pequenas observações podem ser úteis para dar aos iniciantes noções distintas da medida dos ângulos, e para que percebam, como dissemos no verbete *Elementos*, o sentido que deve ser dado a certos modos de falar abreviados, dos quais todas as ciências se servem, que foram imaginados pelos inventores para evitar circunlocuções.

A proposição, de resto muito simples, sobre a medida dos ângulos a partir de um arco descrito a partir de seu vértice, unida ao princípio da superposição, pode servir, se não me engano, para demonstrar todas as proposições relacionadas à Geometria Elementar das Linhas. O princípio da superposição, contrariamente ao que afirmam alguns geômetras modernos, não é um princípio mecânico e grosseiro, pelo contrário, é um princípio rigoroso, claro e simples, extraído da verdadeira natureza da coisa. Quando se quer demonstrar, por exemplo, que dois triângulos com bases iguais e ângulos com bases iguais são iguais em tudo, emprega-se com êxito o princípio da superposição. Da suposta igualdade das bases e dos ângulos conclui-se com razão que essas bases e ângulos, aplicados uns aos outros, coincidiriam. Em seguida, da coincidência dessas partes conclui-se, evidentemente e por uma consequência necessária, a coincidência do resto, e, por conseguinte, a igualdade de ambos, como um artesão que aplica seu pé a uma distância para medi-la. Esse princípio consiste em imaginar uma figura superposta a outra e em concluir: 1º) da igualdade pressuposta entre as partes dadas, a coincidência dessas partes; 2º) dessa coincidência, a coincidência do resto, e por conseguinte a igualdade total e a similitude perfeita das duas figuras. Pode-se, pela mesma razão, empregar o princípio da superposição para provar que duas figuras não são iguais. De resto, por superposição entendo aqui não somente a aplicação de uma figura a outra, como também a de uma parte a outra e de uma figura a uma parte de si mesma, com a intenção de compará-las entre si. Esta última maneira de empregar o princípio da superposição se presta a um uso infinito, e extremamente simples, em elementos de Eeometria.

Após ter tratado da Geometria das Linhas consideradas em relação à posição, creio que devemos tratar da Geometria das Linhas consideradas a partir da relação que podem ter entre si. Tal relação está inteiramente fundada sobre o teorema segundo o qual uma linha paralela à base de um triângulo corta os lados deste proporcionalmente. Para prová-lo, é suficiente mostrar que, se essa paralela passar pelo ponto mediano de um dos lados, ela passará pelo ponto mediano do outro, e ficará evidente que as partes cortadas serão proporcionais sempre que a parte cortada seja comensurável à linha tomada como um todo; caso contrário, demonstrar-se-á a mesma proposição por redução ao absurdo, mostrando-se que a relação não pode ser nem maior nem menor e que, assim, ela é igual. Se dizemos *por redução ao absurdo*, é porque a maior parte das proposições referentes aos incomensuráveis só se deixa demonstrar dessa maneira, e não diretamente. A ideia de infinito entra ao menos implicitamente na noção dessa espécie de quantidade, e como não temos de infinito uma ideia senão negativa, concebendo-o unicamente pela negação do finito, não se pode demonstrar diretamente e *a priori* tudo o que envolva o infinito matemático. Ver *Demonstração* e *Infinito*. Apenas indicamos esse gênero de demonstração; há tantos exemplos dela nas obras de Geometria que mesmo os matemáticos principiantes compreenderão facilmente o que dizemos. Para evitar a dificuldade dos incomensuráveis, costuma-se demonstrar a proposição em questão supondo-se que dois triângulos de mesma altura estão um para o outro na mesma proporção de suas bases. Mas esta última proporção, para ser rigorosamente demonstrada, pressupõe que se mencionem os incomensuráveis; e pressupõe ainda a medida dos triângulos, por conseguinte a Geometria das Superfícies, que é de ordem superior à Geometria das Linhas. Alguém poderia dizer que a consideração dos incomensuráveis torna a Geometria Elementar mais difícil, e pode ser que sim. Mas eles entram necessariamente nessa Geometria, e é preciso abordá-los, cedo ou tarde, quanto antes melhor, considerando-se que a teoria das proporções das linhas conduz naturalmente a isso. A teoria inteira dos incomensuráveis exige uma única proposição, que concerne os limites das quantidades, qual seja: *grandezas que são o limite de uma mesma grandeza ou grandezas que têm um mesmo limite são iguais entre si*. Esse princípio presta-se a um uso universal na Geometria, e por isso deve constar dos elementos dessa ciência, de preferência logo no início.

A Geometria das Superfícies se reduz à sua medição, e essa medição está fundada num princípio único, o da medida do paralelogramo retângulo que se sabe ser o produto de sua altura por sua base. Explicamos o que isso significa na parte final do verbete *Equação*, e mostramos como essa proposição deve ser enunciada nos elementos de modo que não pairem dúvidas no espírito do leitor. Da medida do paralelogramo retângulo extrai-se a dos outros paralelogramos; a dos triângulos, que são a sua metade, como mostra o princípio da superposição; e, por fim, a de todas as figuras planas retilíneas, que podem ser consideradas como compostas de triângulos. Em relação à medida do círculo, pode-se encontrá-la com o princípio dos limites ou da exaustão. É suficiente, para tanto, mostrar que o produto da circunferência pela metade do raio é o limite da área dos polígonos inscritos e circunscritos; e como a área do círculo é também a do limite, segue-se que a área do círculo é o produto da circunferência pela metade do raio ou do raio pela metade da circunferência.

É possível aproximar a teoria da proporção das linhas da teoria das superfícies, mediante o teorema segundo o qual, quando quatro linhas são proporcionais, o produto das extremas é igual ao produto das medianas, teorema que pode ser demonstrado pela Geometria sem qualquer cálculo algébrico, que não facilita a exposição dos elementos da Geometria e, portanto, não deve ser mobilizado. Aproximando-se a teoria das proporções da teoria das superfícies, pode-se mostrar como cada uma delas, tomada em separado, se presta a demonstrar diferentes proposições, por exemplo a do quadrado da hipotenusa. Demonstrar de diferentes maneiras, em elementos de Geometria, certas proposições principais, não é tão inútil quanto parece; por esse meio, o espírito estende-se e se fortifica, ao ver de que maneira as diferentes verdades se interpenetram.

Na Geometria dos Sólidos seguir-se-á o mesmo método que na das Superfícies. Tudo será reduzido **[635]** à medida do paralelepípedo retangular. A única dificuldade consistirá em provar que uma pirâmide é um terço de um paralelepípedo com a mesma base e altura que ela. Para tanto, começar-se-á mostrando algo muito fácil, pelo método da exaustão: que pirâmides de mesma base e altura são iguais; em seguida, o que pode ser feito de diferentes maneiras, como se vê nos diferentes elementos de Geometria, provar-se-á que uma pirâmide determinada é o terço de um prisma de mesma base e altura. Com isso, estarão superadas as dificuldades. Por esse meio, ter-se-á obtido a medida de todos os sólidos delimitados por figuras planas. Restará apenas aplicar à superfície e à solidez da esfera as proposições encontradas a partir da medida das superfícies e dos sólidos, ao que se pode chegar facilmente com o método da exaustão, como na medição do círculo. Talvez seja aconselhável, por uma questão de ordem e método, tratar da superfície esférica na Geometria de Superfícies.

Uma observação importante, que não deve ser esquecida. O princípio do método de exaustão é simples; mas sua aplicação às vezes torna as demonstrações longas e complicadas. Por isso, pode ser conveniente substituir o princípio da exaustão pelo dos infinitamente pequenos, uma vez tenha sido mostrada a identidade desses dois princípios e assinalado que o segundo é um modo abreviado de exprimir o primeiro, dado que não há na natureza infinitos atuais nem tampouco algo como os infinitamente pequenos. Ver *Infinito*. Por esse meio, as demonstrações tornam-se mais fáceis sem nada perder em matéria de rigor.

Eis aí, ao que me parece, um possível plano a ser adotado para tratar de Geometria Elementar. Esse plano e as reflexões gerais que fizemos no final do verbete *Elementos das ciências* são o suficiente para que se perceba que poucos geômetras estão à altura dessa empreitada que, para ser executada, requer matemáticos de primeira ordem, embora, para fazer excelentes elementos de Geometria, não se exija um Descartes, um Newton, um Leibniz, um Bernoulli etc. E, no entanto, provavelmente em nenhuma outra ciência foram propostos tantos elementos quanto na Geometria, sem contar os que sem dúvida estão por vir. Porém, esses elementos são obra de matemáticos medíocres, cujos conhecimentos de Geometria não vão além de seu próprio livro, e que são incapazes, por isso, de tratar a matéria adequadamente. Acrescentemos que praticamente não há autor que, no prefácio, a seus elementos de Geometria, não desdenhe os que o precederam. Uma obra do gênero que seja do agrado de todos é algo que ainda não foi feito, mas talvez seja uma quimera acreditar que ela seja possível. Os que estudam Geometria nem sempre têm a mesma intenção. Uns se restringem à prática, e para eles um bom tratado de Geometria prática pode ser suficiente, talvez com o acréscimo de raciocínios que esclareçam as operações, até certo ponto, retirando-os do que de outro modo seria uma rotina cega. Outros querem adquirir uma tintura de Geometria especulativa, mas sem ir muito longe; para estes, não é preciso ter muito rigor nos elementos, podem-se supor verdadeiras várias proposições cuja verdade se percebe suficientemente por si mesma ou é demonstrada em elementos ordinários. Há, por fim, estudantes carentes da força de espírito necessária para abarcar de uma só vez todos os ramos de uma demonstração complicada, que precisam de demonstrações mais fáceis, ainda que menos rigorosas. Mas, para os espíritos verdadeiramente capacitados para essa ciência, que estão destinados a contribuir para o seu progresso, cremos que só há uma maneira de tratar elementos: a que conjuga rigor e nitidez, ao mesmo tempo que põe no caminho de novas descobertas, pela maneira como apresenta as demonstrações. Para tanto, é preciso propor a eles, na medida do possível, antes problemas a serem resolvidos do que teoremas a serem provados, desde que esse método não prejudique a genealogia natural das ideias e das proposições e não leve a supor como verdadeiro o que a rigor precisa ser provado.

Viu-se no verbete *Axioma* que esses princípios são inúteis, em qualquer ciência que seja. Deve-se, portanto, suprimi-los dos elementos de Geometria, contrariando a prática atual de adotá-los quase universalmente. Que necessidade haveria, para ver que a metade de uma linha é menor que a linha inteira, de axiomas sobre o todo e a parte? Quanto às definições, embora sejam necessárias numa obra como esta, parece-nos pouco filosófico e pouco conforme à marcha natural do espírito apresentá-las bruscamente, já no início, sem alguma espécie de análise, dizendo-se, por exemplo, que a superfície é a extremidade de um corpo e é desprovida de profundidade. Melhor considerar o corpo tal como é, e mostrar como, por abstrações sucessivas, chega-se a tomá-lo como simplesmente extenso e figurado, e, por novas abstrações, a considerar nele, sucessivamente, a superfície, a linha e o ponto. Sem mencionar que por vezes, se não em elementos, ao menos num curso completo de Geometria, o único lugar adequado para certas definições é após a análise do seu objeto. Como acreditar que uma simples definição do que é a Álgebra poderia dar a ideia desse objeto para quem ignorasse a ciência? É recomendável que se comece um tratado de Álgebra pela explicação clara da marcha segundo a qual o espírito chegou ou pode chegar a encontrar as suas regras, e a obra termine com estas palavras: *a ciência que acabamos de ensinar é a que se chama Álgebra*. O mesmo vale para a aplicação da Álgebra à Geometria e para o Cálculo Diferencial e Integral, cuja definição verdadeira só pode ser corretamente apreendida após a compreensão de sua metafísica e de seu uso.

Retornemos aos elementos de Geometria. Um inconveniente talvez ainda maior do que abandonar o rigor exato que recomendamos é a tentativa quimérica de buscar um rigor imaginário. Deve-se pressupor a extensão tal como todos os homens a concebem, sem perder tempo com sofismas acerca das ideias que formamos; e assim como na Mecânica o movimento é pressuposto sem que se tenha que responder às objeções de Zenão de Eleia, deve-se pressupor, por abstração, que as superfícies são planas e as linhas são retas, sem se dar ao trabalho de provar sua existência ou imitar um geômetra moderno, que acreditou ser possível demonstrar, a partir da mera ideia de um fio esticado, as propriedades da linha reta, independentemente do plano, e que não admitia a hipótese que imagina que a reta vai de um ponto a outro sobre uma superfície plana, como se a ideia de um fio esticado para representar a linha reta fosse mais simples e mais rigorosa do que a hipótese em questão, ou pior, como se essa ideia não tivesse o inconveniente **[636]** de representar, com uma imagem física, grosseira e imperfeita, uma hipótese abstrata e matemática. [...]

Encerraremos com algumas *reflexões gerais*. O verbete *Aplicação* apresentou observações acerca do uso da análise e da síntese em Geometria. A propósito desse verbete foram-nos feitas algumas questões, que ocasionaram as seguintes observações.

1º) O cálculo algébrico não deve em absoluto ser aplicado às proposições da Geometria Elementar, pois só se deve empregá-lo para facilitar as demonstrações, e não parece haver na Geometria Elementar nenhuma demonstração que realmente possa ser facilitada por esse cálculo. Uma exceção a essa regra é a solução dos problemas de segundo grau por meio da linha reta e do círculo (supondo que se queira manter esses problemas dentro da Geometria Elementar e não tomá-los como passagem da Geometria Elementar à Transcendente), pois o cálculo algébrico simplifica ao extremo a solução das questões desse gênero e abrevia as demonstrações. Para se convencer disso, basta considerar alguns problemas de segundo grau que são resolvidos na *Application de l'Algèbre à la Géométrie*, de Guisnée. Após ter posto um problema em forma de equação, o autor extrai da equação a construção necessária para satisfazer a equação encontrada, e em seguida demonstra sinteticamente, à maneira dos antigos, que a construção empregada resolveu o problema. Ora, a maior parte dessas demonstrações sintéticas é demasiado complicada e deveras inútil, e serve apenas para exercitar o espírito, pois é suficiente mostrar que a construção satisfaz a solução da equação final para provar que ela oferece a solução do problema.

2º) Acreditamos que é ridículo demonstrar com a síntese o que pode ser tratado mais simples e facilmente com a análise, como as propriedades das curvas, suas tangentes, seus pontos de inflexão, suas assíntotas, suas ramificações, sua retificação, sua quadratura. As propriedades da espiral, que os maiores matemáticos tiveram tanta dificuldade de acompanhar em Arquimedes, podem hoje ser demonstradas com um traço da pena. Não haveria em Geometria, muitas coisas para aprender, muitas dificuldades para superar, muitas descobertas a fazer, para desperdiçarmos as forças do espírito com conhecimentos que podem ser adquiridos com menos esforço? Quantas não são as pesquisas geométricas a que somente a análise pode nos levar? Os ingleses, grandes partidários da síntese, fiam-se por Newton, que a utilizou para recobrir seus passos, mas empregou a análise para se conduzir. Por essa razão, esses mesmos ingleses parecem não ter realizado, em Geometria, depois desse grande homem, os progressos que seriam de esperar. Deve-se a outras nações, aos franceses e aos alemães, mas sobretudo aos primeiros, o mérito de terem realizado novas pesquisas sobre o sistema do mundo, a figura da Terra, a teoria da Lua, a precessão dos equinócios, estendendo assim prodigiosamente a Astronomia Física. Que se tente aplicar a síntese a essas pesquisas e ver-se-á o quanto ela se tornaria inviável. Somente os geômetras medíocres rebaixam a análise como quem rebaixa uma arte que ignora. É uma espécie de consolo chamar de inútil o que não se pode compreender. Expusemos, é verdade, alguns inconvenientes da Álgebra. Se a síntese puder evitar esses inconvenientes nos casos em que eles ocorrem, conviremos que ela deve ser preferida à análise, ao menos nesses casos; mas é duvidoso, para dizer o mínimo, que a síntese tenha de fato essa vantagem. Os que têm outra opinião que nos desmintam.

3º) Em Matemática, há uma diferença entre Álgebra e Análise. Álgebra é a ciência do cálculo das grandezas em geral, Análise é o meio de empregar a Álgebra à solução de problemas. Refiro-me aqui à Análise matemática. O modo como ela emprega a Álgebra para encontrar desconhecidos em meio a conhecidos é o que a distingue da Análise lógica, que em geral é a arte de descobrir o que se desconhece, por meio do que se conhece. Os antigos geômetras dispunham, sem dúvida, em suas pesquisas, de uma espécie de análise, mas era uma análise de tipo lógico. Todo algebrista se serve dela para começar a calcular; posteriormente, o recurso à Álgebra facilita enormemente o uso e a aplicação da Análise à solução dos problemas. Portanto, acreditamos ter oferecido uma definição bastante justa quando afirmamos, no verbete *Análise*, que a Análise matemática ensina a resolver problemas reduzindo-os a equações. Essa expressão é o caráter essencial que distingue a análise matemática de toda outra, e não fizemos mais do que nos conformar à linguagem universalmente aceita em nossos dias pelos geômetras algebristas.

4º) Pode-se chamar a Álgebra de Geometria Simbólica, por causa dos símbolos de que ela se serve na solução dos problemas. No entanto, o nome Geometria Metafísica, dado à Álgebra (ver *Álgebra*) parece ao menos tão conveniente, pois o que é próprio da Metafísica é generalizar ideias, e a Álgebra não somente exprime os objetos da Geometria por meio de caracteres gerais como pode facilitar a aplicação da Geometria a outros objetos. Com efeito, é possível, na Mecânica, representar a relação entre as partes do tempo pela relação entre as partes de uma linha, e o movimento de um corpo pela equação de uma curva, cujas abscissas representam o tempo e as ordenadas, as velocidades correspondentes. A Geometria, sobretudo quando auxiliada **[638]** pela Álgebra, é aplicável às demais partes das matemáticas, pois em Matemática não se trata jamais de outra coisa além da comparação de grandezas entre si. Não sem razão, alguns geômetras filosóficos definiram a Geometria como ciência da grandeza em geral, enquanto é ou pode ser representada por linhas, superfícies e sólidos.

Sobre a aplicação da Geometria às diferentes ciências, ver *Aplicação*, *Mecânica*, *Ótica*, *Física*, *Ciências físico-matemáticas* etc.

(PPP)

Impenetrabilidade (*Metafísica e Física*), Formey [8, 585]

Impenetrabilidade é a qualidade do que não se deixa penetrar, propriedade dos corpos que ocupam certo espaço de tal maneira que outros não podem ocupá-lo. Ver *Matéria*.

Alguns autores definem impenetrabilidade como o que distingue uma substância extensa de outra ou o que faz da extensão de uma coisa ser diferente da extensão de outra, de sorte que duas coisas extensas não podem estar no mesmo lugar e excluem-se necessariamente uma à outra. Ver *Solidez*.

Não há nenhuma dúvida acerca dessa propriedade com relação aos corpos sólidos, não há quem não a tenha experimentado por si mesmo, pressionando uma parcela de metal, de pedra, de madeira etc. Quanto aos líquidos, há provas de que eles a demonstram, caso alguém queira duvidar de sua existência. Por exemplo, uma porção de água numa bacia de metal não pode ser comprimida, qualquer que seja a força a ela aplicada. O mesmo vale para o mercúrio, os óleos e os espíritos em geral. Quanto ao ar, preso numa bomba, ele pode, de alguma maneira, ser comprimido, quando se aperta para baixo o pistão. Mas, por maior que seja a força empregada, o pistão jamais chegará ao fundo da bomba.

Com efeito, desde que suficientemente comprimido, o ar oferece tanta resistência quanto uma pedra.

Os cartesianos alegam que a extensão é impenetrável por natureza. Outros filósofos distinguem a extensão das partes penetráveis e imóveis que constituem o espaço, das partes penetráveis e móveis que constituem os corpos. Ver *Matéria*.

Se nunca tivéssemos comprimido um corpo, mesmo que víssemos que ele é extenso seria impossível formar qualquer ideia de impenetrabilidade. Com efeito, não temos outra ideia de corpo, quando o vemos, senão que ele é extenso, da mesma maneira que quando encontramos um espelho de figura esférica e côncavo, percebemos entre o espelho e nossos olhos outros objetos, representados no ar, que jamais poderíamos distinguir de objetos sólidos e verdadeiros, se não procurássemos tocá-los com as mãos e não descobríssemos, assim, que são meras imagens. Um homem que só tivesse visto ao longo de sua vida semelhantes fantasmas, e nunca tivesse tocado um corpo, poderia ter uma ideia de extensão, mas não de impenetrabilidade. Os filósofos que derivam a impenetrabilidade da extensão o fazem porque querem estabelecer a extensão como natureza e essência mesma dos corpos. E assim um erro leva a outro. Tomam por fundamento o seguinte raciocínio. Onde quer que se encontre uma extensão de um pé cúbico, não pode haver ali outra extensão igual, a menos que a primeira seja aniquilada. Conclui-se que a extensão opõe à extensão uma resistência infinita, o que mostra que ela é impenetrável. Contudo, isso não passa de uma petição de princípio, que pressupõe o que está em questão, ou seja, que a extensão é a única noção primitiva de corpo, e que, uma vez posta, conduz a todas as outras propriedades dos corpos.

(**PPP**)

Infinito (*Geometria*), d'Alembert [8, 703]

Geometria do *Infinito* é propriamente a nova Geometria dos Infinitamente Pequenos, que contém as regras do Cálculo Diferencial e Integral. O Sr. Fontenelle ofereceu ao público, em 1727, uma obra intitulada *Elémens de la Géométrie de l'Infini*. O autor propõe ali expor a metafísica dessa Geometria, e deduzir dessa metafísica, praticamente sem recorrer ao cálculo, a maioria das propriedades das curvas. Alguns geômetras se pronunciaram contra os princípios dessa obra. Ver o *Traité des fluxions*, do Sr. Maclaurin, liv.II, em que esse autor ataca em nota o princípio fundamental da obra do Sr. Fontenelle. Ver também o prefácio do Sr. Buffon à tradução do *Método das fluxões*, de Newton.

O Sr. Fontenelle parece ter acreditado que o Cálculo Diferencial suporia necessariamente quantidades atuais infinitamente grandes e infinitamente pequenas. Persuadido da verdade desse princípio, quis estabelecer, na abertura de seu livro, que é possível supor que a grandeza aumentaria ou diminuiria atualmente ao infinito. Essa proposição é o fundamento de sua obra. É ela que o Sr. Maclaurin fez por bem atacar. Segue-se o raciocínio do Sr. Fontenelle, e o que nos pareceu necessário lhe opor.

"Sendo a grandeza suscetível de aumento sem fim, segue-se que é lícito supor que ela realmente aumenta sem fim, pois é impossível que uma grandeza suscetível de aumento sem fim seja a mesma que seria se não fosse suscetível de aumento sem fim. Ora, se ela não fosse suscetível de aumento sem fim, permaneceria sempre finita; portanto, a propriedade essencial que distingue a grandeza suscetível de aumento sem fim da grandeza que não é suscetível desse aumento é que esta última permanece sempre finita, e não se pode supô-la senão desse modo; portanto, a primeira dessas espécies de grandeza deve ser suposta como atualmente infinita."

A resposta a esse argumento é que uma grandeza que não é suscetível de aumento sem fim não somente permanece sempre finita como jamais poderá passar de certa grandeza finita, ao passo que uma grandeza suscetível de aumento sem fim permanece sempre finita, mas pode ser sempre aumentada de modo a ultrapassar a grandeza finita dada. Portanto, o que distingue a grandeza suscetível de aumento sem fim da que não é suscetível dele não é a possibilidade de se tornar infinita, mas sim a possibilidade de ultrapassar uma grandeza finita dada (permanecendo, porém, sempre finita). Se reduzíssemos o raciocínio do Sr. Fontenelle a um silogismo, veríamos que a expressão utilizada não se conforma a um termo médio, é uma expressão vaga, que apresenta vários sentidos diferentes, e que, assim, o silogismo viola a regra que exige que o termo médio seja único. Ver o verbete *Diferencial*, no qual é provado que o Cálculo Diferencial, ou a nova Geometria, de modo algum, supõe a rigor, grandezas atualmente infinitas ou infinitamente pequenas.

Quantidade infinita é uma quantidade maior que toda grandeza atribuível. Como tal quantidade não existe na natureza, segue-se que a quantidade infinita só se encontra propriamente em nosso espírito, e existe nele em virtude de uma espécie de abstração, por meio da qual descartamos os limites de grandeza. A ideia que temos de infinito é, assim, absolutamente negativa, e provém de uma ideia do finito, como mostra a própria palavra *infinito*, que é negativa. Ver *Finito*. Há uma diferença entre infinito e indefinido. Na ideia de infinito faz-se abstração de todo limite, na ideia de indefinido faz-se abstração de tal ou qual limite em particular. Linha infinita é a que se supõe não ter limite; linha indefinida é a que se supõe limitada onde quer que se queira, sem que a extensão e, por conseguinte, seus limites sejam fixados.

(PPP)

Matemática ou Matemáticas (*Ordem enciclopédica, Entendimento, Razão, Filosofia ou Ciência, Ciência da Natureza, Matemáticas*), d'Alembert [10, 188]

Matemática, ciência que tem por objeto as propriedades da grandeza enquanto calculáveis ou mensuráveis. Ver *Cálculo* etc.

Matemáticas, no plural, é hoje em dia o termo mais utilizado do que Matemática no singular. Quase não se diz mais Matemática, prefere-se Matemáticas.

A opinião mais comum deriva a palavra matemática de uma palavra grega que significa ciência, pois, com efeito, pode-se considerar as Matemáticas como a ciência por excelência, pois contêm os únicos conhecimentos certos concedidos às nossas luzes naturais; dizemos às nossas luzes naturais, para que não se incluam aqui as verdades da fé e os dogmas teológicos.

Outros atribuem à palavra matemática uma origem diferente, sobre a qual não insistiremos, e que pode ser encontrada em Montucla, *Histoire des Mathématiques*, p.2, 3 etc. No fundo, pouco importa qual origem se dê a essa palavra, desde que se tenha uma ideia justa do que são as Matemáticas. Ora, essa ideia está incluída na definição dada, e que agora passaremos a esclarecer.

As Matemáticas dividem-se em duas classes. A primeira, que chamamos de Matemáticas Puras, considera as propriedades da grandeza de maneira abstrata. Desse ponto de vista, a grandeza é ou calculável ou mensurável. No primeiro caso, é representada por números; no segundo, pela extensão. No primeiro caso, as Matemáticas Puras **[189]** chamam-se Aritmética, no segundo, Geometria. Ver *Geometria*.

A segunda classe é chamada de Matemáticas Mistas, que têm por objeto as propriedades da grandeza concreta, enquanto mensuráveis ou calculáveis. Quando dizemos grandeza concreta, isso significa a grandeza tal como encontrada em certos corpos ou em objetos particulares.

Contam entre as Matemáticas Mistas a Mecânica, a Ótica, a Astronomia, a Geografia, a Cronologia, a Arquitetura Militar, a Hidrostática, a Hidráulica, a Hidrografia, a Navegação etc. Ver os artigos correspondentes; e também o *Sistema dos conhecimentos humanos*, que se encontra na abertura desta obra, e a sua *Explicação*, imediatamente após o *Discurso preliminar*. Todas as divisões das Matemáticas são ali detalhadas, o que nos dispensa de retomá-las aqui.

Dispomos de numerosos cursos de Matemáticas, sendo o mais admirado o de Wolff, em cinco volumes in-quarto, que apresenta, no entanto, algumas deficiências. Ver *Elementos das ciências*. Com respeito à história dessa ciência, tudo o que se pode dizer a respeito foi coligido por Montucla, *Histoire des Mathématiques*, que chega até fins do século XVII.

Quanto à utilidade das Matemáticas, ver os diferentes verbetes mencionados, e, além deles, *Geometria* e *Geômetra*.

Acrescentaremos apenas que se muitos escritores quiseram contestar às Matemáticas sua utilidade real, amplamente comprovada pelo prefácio da *História* publicada pela Academia de Ciências, outros buscaram nessas ciências objetos úteis, porém frívolos ou ridículos. É o que se vê em detalhe na *Histoire des Mathématiques*, de Montucla, tomo I, p.37-38. Isso me lembra a anedota de um cirurgião que quis provar a necessidade dos cirurgiões serem letrados alegando que aquele que não estudou a sua retórica não estaria em condição de persuadir um doente a se submeter a uma intervenção necessária.

Não nos estenderemos aqui sobre os diferentes objetos e os diferentes ramos da Matemática para não repetirmos o que já dissemos alhures e o que diremos mais à frente. Ver *Ciências físico-matemáticas*.

Diferentes ramos da Matemática se dividem ainda em especulativo e prático. Ver *Geometria* etc.

(PPP)

Matéria (*Metafísica, Física*), d'Alembert [10, 189]

Substância extensa, sólida, divisível, móvel e passiva, princípio primeiro de todas as coisas naturais, que por seus diferentes arranjos e combinações forma todos os corpos. Ver *Corpo*.

Aristóteles estabeleceu três coisas: *matéria*, forma e privação. Os cartesianos rejeitaram privação, outros rejeitam, além dela, também a forma.

Conhecemos algumas propriedades da matéria; raciocinamos sobre sua divisibilidade, solidez etc.

Mas qual é, afinal, a sua essência, ou em que objeto suas propriedades residem? É isso o que nos falta. Aristóteles definiu a matéria como *o que não é nem essência, nem quantidade, nem qualidade, nec quid, nec quantum, nec quale,* não é qualquer coisa determinada, o que levou muitos de seus discípulos a pensar que a matéria não existiria. Ver *Corpo*.

Os cartesianos tomam a extensão pela essência da matéria e defendem que, por serem as propriedades mencionadas as únicas essenciais à matéria, algumas dentre elas necessariamente constituem a sua essência; e como a extensão é concebida antes de qualquer outra, e é a propriedade sem a qual nenhuma outra poderia ser concebida, concluem que a extensão constitui a essência da matéria. Essa conclusão, porém, não é muito exata, pois, segundo esse princípio, a existência da matéria, como observou o Dr. Clarke, teria mais direito a constituir a sua essência do que as demais propriedades, dado que a existência é concebida anteriormente a todas as propriedades, e mesmo à própria extensão.

Portanto, como a palavra extensão parece dar ensejo a uma ideia mais geral do que matéria, esse mesmo doutor crê que teríamos mais razão em designar como essência da matéria essa solidez impenetrável que é essencial a toda matéria e da qual todas as suas propriedades decorrem evidentemente.

Mais ainda, se a extensão fosse a essência da matéria, e por conseguinte matéria e espaço fossem a mesma coisa, seguir-se-ia disso que a matéria é infinita e eterna, um ser necessário que não pode ser criado ou aniquilado, o que é absurdo. De resto, a natureza mesma da gravidade, os movimentos dos cometas, as oscilações dos pêndulos, tudo isso parece sugerir que o espaço vazio e sem resistência é distinto da matéria, e, por conseguinte, que a matéria não é simples extensão, é extensão sólida, impenetrável e dotada do poder de resistência.

Muitos filósofos antigos defenderam que a matéria é eterna e supuseram que tudo teria se formado a partir dela, pois não concebiam que uma coisa pudesse se formar a partir do nada. Platão atribui à matéria a existência eterna, e afirma que teria sido concomitante a Deus na produção de todas as coisas, como um princípio passivo ou uma espécie de causa colateral.

A matéria e a forma, princípios simples e originários de todas as coisas, compõem, segundo os antigos, naturezas simples, denominadas por eles elementos; a partir de diferentes combinações entre esses elementos, todas as coisas teriam sido formadas. [**190**]

O Dr. Woodward parece ter uma opinião diferente. Segundo ele, as partes da matéria são originária e realmente diferentes entre si; a matéria, no momento de sua criação, foi dividida em diversas ordens ou gêneros de corpúsculos, diferentes entre si por substância, gravidade, dureza, flexibilidade, figura, grandeza etc.; das diversas composições e combinações desses corpúsculos resultam todas as variações de corpos, seja quanto a cor, dureza, peso, sabor etc. Para Newton, porém, todas essas diferenças resultam dos diferentes arranjos de uma mesma matéria, que ele acredita ser homogênea e uniforme em todos os corpos.

Às propriedades da matéria até aqui concebidas, Newton acrescenta uma nova, a atração, que consiste na força atrativa de que cada parte da matéria é dotada, uma tendência em relação às demais, força que é maior no ponto de contato entre elas do que em outros pontos e que decresce tão rapidamente que deixa de ser sensível num ponto muito próximo ao do contato. Desse princípio, ele deduz a explicação da coesão das partículas dos corpos.

Ele observa que todos os corpos, inclusive a luz e as partes mais voláteis dos fluidos, parecem ser compostos por partes duras, de sorte que a dureza pode ser considerada como uma propriedade de toda matéria tão essencial esta quanto a impenetrabilidade, pois todos os corpos que conhecemos são suficientemente duros por si mesmos ou suscetíveis de endurecimento. Ora, se os corpos compostos são duros, ainda que sejam porosos e compostos de partes dispostas uma após a outra, ainda mais duras são as suas partes destituídas de poros e indivisíveis. Tais partes duras, se condensadas numa massa, dificilmente poderão tocar-se umas às outras a não ser mediante um número reduzido de pontos, e, desse modo, é necessária uma força muito menor para separá-las do que seria preciso para romper um corpúsculo sólido cujas partes se tocassem sem poros nem interstícios que enfraquecessem a coesão. Mas essas partes duras, dispostas simplesmente umas após as outras, tocando-se em poucos pontos, poderiam, pergunta Newton, aderir tão fortemente umas às outras se não fosse uma causa que as atraísse ou as pressionasse umas contra as outras?

Esse mesmo autor observa ainda que as menores partes podem ser ligadas entre si pela mais forte atração e serem compostas de partes mais grosseiras e com menos virtudes, e que muitas destas, por sua coesão, podem compor outras ainda mais grosseiras e com virtude decrescente, e assim sucessivamente, até que a progressão termine nas partículas mais grosseiras, das quais dependem as operações da Química e as cores dos corpos naturais, e que, por sua coesão, compõem os corpos de grandeza sensível. Se o corpo é compacto e se dobra ou cede interiormente à pressão, de maneira que reverte, a seguir, para a figura inicial, ele é elástico. Se suas partes podem ser deslocadas, mas não se restabelecem, é ou maleável ou mole; se se movem facilmente entre si, e têm volume apropriado para serem agitadas pela aplicação de calor, suficientemente forte para mantê-las em agitação, é fluido; e, se tem maior aptidão para se ligar a outros corpos, é úmido. As gotas de todo e qualquer fluido, segundo o Sr. Newton, adquirem figura arredondada graças à atração recíproca entre suas partes, a exemplo do que acontece com o globo terrestre e o mar que o circunda. As partículas de fluidos que não se encontram ligadas umas às outras e são suficientemente pequenas para serem suscetíveis às agitações que mantêm os licores em estado de fluidez são mais facilmente separáveis e se prestam a ser rarefeitas em vapores, ou, para falarmos na língua dos químicos, são *voláteis*; não é preciso senão um leve calor para que se tornem rarefeitas e um pouco de frio para que se condensem. Mas as partes mais grosseiras, menos suscetíveis de agitação, e que se mantêm umas às outras por meio de uma atração mais forte, também só podem ser separadas umas das outras por meio do mais intenso calor, ou mesmo recorrendo-se à fermentação. Esses dois últimos tipos de corpos são denominadas *fixos* pelos químicos. O Sr. Newton observa ainda que, tudo considerado, é provável que Deus, no instante da criação, tenha formado a matéria em partículas sólidas, maciças, duras, impenetráveis, móveis, dotadas de volume, figura e proporção convenientes, numa palavra, com as propriedades mais apropriadas ao fim para o qual a formou; que essas partículas primitivas, por serem sólidas, são incomparavelmente mais duras do que qualquer corpo poroso composto por elas; que seriam tão sólidas que não poderiam ser desgastadas ou rompidas, pois não há força ordinária que seja capaz de dividir o que Deus fez indivisível no instante da criação. Enquanto permanecerem inteiras, tais partículas podem compor corpos de uma mesma natureza e textura. Mas, se vierem a se desgastar ou a se romper, a natureza dos corpos que elas compõem necessariamente mudará. A água e a terra compostas por partículas desgastadas pelo tempo e por fragmentos delas não teriam mais a mesma natureza que a água e a terra compostas por partículas inteiras no instante da criação. Por conseguinte, para que o Universo possa subsistir, é preciso que as mudanças das forças corporais dependam exclusivamente de diferentes separações, de novas associações, e de diversos movimentos de partículas permanentes; se os corpos compostos se rompem, a ruptura não acontece na partícula sólida, mas nas regiões em que as partículas sólidas se reúnem entre si tocando-se umas às outras num reduzido número de pontos.

Ainda segundo Newton, essas partículas têm não somente a força da inércia e estão sujeitas às leis passivas dos movimentos que dela resultam naturalmente como também são movidas por certos princípios ativos, a gravidade e o que causa a fermentação e coesão dos corpos. Não se deve ver esses princípios como qualidades ocultas supostamente resultantes das formas específicas das coisas, e sim como leis gerais da natureza, por meio das quais as coisas foram formadas. Os fenômenos nos revelam a verdade, por mais que as causas ainda não tenham sido descobertas.

Hobbes, Espinosa e outros defendem que todos os seres do Universo seriam materiais, e que as diferenças entre eles adviriam exclusivamente de suas respectivas modificações, movimentos etc. **[191]**; imaginam ainda que uma matéria extremamente sutil, agitada por um movimento muito rápido, poderia pensar. Ver no verbete *Alma* a refutação dessa opinião. Sobre a existência da matéria, ver *Corpo* e *Existência*.

(**PPP**)

Mecânica (*Ordem enciclopédica, Entendimento, Razão, Filosofia ou Ciência, Ciência da Natureza, Matemáticas, Matemáticas mistas, Mecânica*), d'Alembert [10, 222]

Mecânica, parte das Matemáticas mistas que considera o movimento e as forças motrizes, sua natureza, leis, e efeitos em máquinas. Essa palavra vem do grego μηχανή.

A parte da Mecânica que considera o movimento dos corpos na medida em que ele depende da inércia chama-se *Estática*, por oposição à parte que considera as forças moventes e sua aplicação, chamada de *Mecânica* por esses mesmos autores. Mais apropriado, porém, é chamar de *Estática* a parte da Mecânica que considera os corpos e as forças em estado de equilíbrio, e de *Mecânica* a parte que as considera em movimento.

Newton, no prefácio aos seus *Princípios*, observa que se devem distinguir duas espécies de Mecânica, uma prática, a outra racional ou especulativa. Esta procede em suas operações a partir de demonstrações exatas, aquela contém todas as artes manuais que recebem o seu nome. Mas, como os artesãos costumam operar com pouca exatidão, Newton pensou que seria bom distinguir a Mecânica da Geometria, remetendo à esta última tudo o que seja exato, deixando o menos exato à Mecânica. Assim, esse ilustre autor observa que as descrições de linhas e de figuras na Geometria pertencem à Mecânica, e que o verdadeiro objeto da Geometria é somente demonstrar as suas propriedades, uma vez feita a descrição. Por conseguinte, acrescenta, a Geometria funda-se em práticas mecânicas, e outra coisa não é do que essa Mecânica universal que explica e demonstra a arte de medir com exatidão. Mas, como a maioria das artes manuais têm como objeto o movimento dos corpos, aplicou-se o nome de Geometria à parte cujo objeto é a extensão, reservando-se o nome de Mecânica àquela que considera o movimento. Tomada neste último sentido, a Mecânica racional é a ciência dos movimentos que resultam de toda força necessária para produzir qualquer movimento que seja. Acrescenta Newton que os antigos somente consideravam as forças que têm relação com as artes manuais, a saber, a alavanca, a polia etc., e tomavam a inércia apenas como força aplicada a um peso a ser deslocado por meio de uma máquina. A obra desse célebre filósofo intitulada *Princípios matemáticos da Filosofia Natural* é a primeira em que a Mecânica foi tratada sob outro aspecto e com alguma amplitude, levando em consideração as leis da inércia, do movimento, das forças centrais e centrífugas, a resistência dos fluidos etc. De resto, assim como a Mecânica racional se beneficia grandemente da Geometria, também a Geometria se beneficia às vezes da Mecânica, que permite abreviar a solução de certos problemas. Por exemplo, o Sr. Bernouilli mostrou que a curva formada por uma corda fixada sobre um plano vertical em suas duas extremidades é a que forma a maior superfície curva ao girar em torno de seu próprio eixo, pois é aquela cujo centro gravitacional é mais alto. Ver nas *Mémoirs de l'Académie des Sciences de 1714* a contribuição do Sr. Varignon, intitulada *Réflexions sur l'usage que la Méchanique peut avoir en Géometrie.*

(**PPP**)

Método (*Matemática*), d'Alembert [10, 446]

Chama-se *método* em Matemática o caminho a ser tomado para a resolução de um problema. Essa expressão aplica-se em particular ao caminho encontrado e explicado por um geômetra para resolver diferentes questões de um mesmo gênero, contidas como que numa mesma classe. Quanto mais extensa a classe, mais valioso o método. Métodos gerais, por resolverem simultaneamente, por um mesmo meio, um grande número de questões, são infinitamente preferíveis a métodos limitados e particulares para resolver questões isoladas. Contudo, às vezes é fácil generalizar um método particular, e então o principal ou mesmo único mérito da invenção se encontra nele. Ver *Fórmula* e *Descoberta*.

(**PPP**)

Natureza (*Filosofia*), d'Alembert [11, 440]

Termo utilizado de muitas maneiras diferentes. Há em Aristóteles um capítulo inteiro sobre os diferentes sentidos dados pelos gregos à palavra φύσις, *natureza*. Entre os latinos, os seus diversos sentidos são tão numerosos que um autor conta catorze ou quinze deles. Boyle, num breve tratado sobre os diferentes sentidos vulgarmente atribuídos à palavra natureza, conta oito principais.

Natureza significa por vezes o sistema do mundo, a máquina do universo ou a reunião de todas as coisas criadas. Ver *Sistema*.

É nesse sentido que nos referimos ao *autor da natureza*, que chamamos o Sol de *olho da natureza*, pois ilumina o Universo, e de *pai da natureza*, pois torna a terra fértil ao aquecê-la, assim como dizemos da fênix ou da quimera, que elas não existem na natureza.

Boyle gostaria que, em vez de se empregar a palavra natureza nesse sentido, se preferissem, para evitar a eventual ambiguidade ou abuso desse termo, as palavras mundo ou Universo.

Num sentido mais amplo, natureza aplica-se a cada uma das diferentes coisas, criadas ou não criadas, espirituais e corporais.

É nesse sentido que dizemos *natureza humana*, entendendo com isso, geralmente, todos os homens que têm uma alma espiritual e racional. Dizemos também *natureza dos anjos, natureza divina*. É nesse mesmo sentido que os teólogos dizem *natura naturans* e *natura naturata*; chamam Deus de *natura naturans*, como o que deu o ser e a natureza de todas as coisas, para distingui-lo das criaturas, que eles chamam de *natura naturata*, pois receberam a sua natureza das mãos de um outro.

Em sentido ainda mais limitado, chama-se natureza a essência de uma coisa, ou o que os filósofos da escola chamam de quididade, vale dizer, o atributo que faz que uma coisa seja como de fato é.

É nesse sentido que os cartesianos dizem que a natureza da alma é pensar e que a natureza da matéria consiste na extensão. Ver *Matéria*. Boyle prefere que se utilize a palavra essência em lugar de natureza.

A palavra natureza é utilizada em particular para significar a ordem e o curso natural das coisas, a sequência das causas secundárias ou as leis do movimento estabelecidas por Deus.

É nesse sentido que se diz que os físicos estudam a natureza.

São Tomás definiu a natureza como uma espécie de arte divina comunicada aos seres criados, para levá-los ao fim a que são destinados. Tomada nesse sentido, natureza outra coisa não é que o encadeamento das causas e dos efeitos, ou a ordem que Deus estabeleceu em todas as partes do mundo criado.

É também nesse sentido que se diz que os milagres estão acima do poder da natureza; que a arte força ou ultrapassa a natureza por meio de máquinas, quando por esse meio produz efeitos que ultrapassam os que vemos no curso ordinário das coisas. Ver *Arte*.

Chama-se também de natureza a reunião das potências ou faculdades de um corpo, sobretudo de um corpo vivente.

É nesse sentido que os médicos dizem que a natureza é forte, fraca ou debilitada, ou que, em certas doenças, a natureza, deixada a si mesma, opera a cura.

Toma-se ainda natureza num sentido menos extenso, para significar a ação da Providência, o princípio de todas as coisas, vale dizer, essa potência ou ser espiritual que atua e opera sobre nossos corpos para lhes dar certas propriedades ou produzir certos efeitos.

Tomado nesse sentido, o predileto de Boyle, o termo natureza não é senão o próprio Deus, atuando segundo certas leis que Ele mesmo estabeleceu.

O que parece estar de acordo com a opinião, que era a de muitos antigos, de que a natureza seria o deus do universo, o τὸ πᾶν que presidiria a tudo e a tudo governaria. Outros consideravam esse pretenso ser como imaginário, e não entendiam pela palavra natureza mais do que as qualidades ou virtudes dadas por Deus às suas criaturas, que os poetas e os oradores personificam em suas obras.

O padre Malebranche pretende que tudo o que se diz nas escolas sobre a natureza tende a conduzir-nos à idolatria, alegando que com essas palavras os antigos pagãos entendiam qualquer coisa que, sem ser Deus, atuaria continuamente no Universo. **[441]**

Assim, o *ídolo da natureza* seria, segundo eles, um princípio de fato, em concorrência com Deus, a causa secundária e imediata de todas as mudanças sofridas pela matéria. É o que parece implícito no sentimento daqueles que admitem uma *anima mundi* e consideram a natureza como um substituto da divindade, uma causa colateral, uma espécie de ser intermediário entre Deus e as criaturas.

Os aristotélicos definiram a natureza como "o princípio e a causa do movimento ou descanso de uma coisa, em que se encontra necessariamente, e não acidentalmente", *principium et causa motus et quietis eius in quo est per se et non secundum accidens*, definição tão obscura que, malgrado todas as glosas dos comentadores, nenhum conseguiu torná-la inteligível.

Esse princípio, que os peripatéticos chamavam de natureza, atuava, segundo eles, necessariamente, e era, por conseguinte, destituído de conhecimento ou de liberdade.

Os estoicos também conceberam a natureza como certo princípio ou virtude disseminada pelo Universo, que daria a cada coisa seu movimento, de modo que tudo seria conduzido pela ordem invariável de uma natureza cega e por uma necessidade inevitável.

Quando se fala em *atuação da natureza* entende-se a ação dos corpos uns sobre os outros, conforme as leis do movimento estabelecidas pelo Criador.

Consiste nisso o sentido completo dessa palavra, que é um modo abreviado de exprimir a ação dos corpos e que poderia quiçá ser exprimido mais adequadamente pela expressão *mecanismo dos corpos*.

Há aqueles, segundo observação de Boyle, que entendem pela palavra natureza apenas a lei que cada coisa recebeu do Criador, e segundo a qual atua em todas as ocasiões; esse sentido, porém, ligado à palavra natureza, é inapropriado, e figurado.

O mesmo autor propõe uma definição da palavra natureza mais justa e mais exata, segundo ele, do que todas as outras, e em virtude da qual podem-se compreender com facilidade todos os axiomas e expressões relacionados à palavra. Para tanto, ele distingue entre *natureza particular* e *natureza geral*.

Boyle define *natureza geral* como a reunião dos corpos que constituem o estado atual do mundo, considerado como um princípio em virtude do qual eles atuam e recebem a ação segundo as leis do movimento estabelecidas pelo autor de todas as coisas.

A *natureza particular* de um ser subordinado ou individual é a *natureza geral* aplicada a uma porção distinta qualquer do Universo; é uma reunião das propriedades mecânicas (como grandeza, figura, ordem, posição e movimento local) convenientes e suficientes para constituir a espécie e a denominação de uma coisa ou de um corpo particular, sendo o concurso de todos os seres considerado como o princípio do movimento, do repouso etc.

(PPP)

Natureza, leis da, d'Alembert [11, 41]

Leis da natureza são axiomas ou regras gerais de movimento e repouso observadas pelos corpos naturais, na ação que exercem uns sobre os outros e nas modificações que incidem em seu estado natural.

Embora as leis da natureza sejam, propriamente dizendo, as mesmas do movimento, alguns consideram que haveria diferenças entre elas. Com efeito, há autores que dão o nome de leis do movimento às leis particulares do movimento e chamam de *leis da natureza* as leis mais gerais e mais extensas, que são como axiomas das quais as outras são deduzidas.

Dessas últimas leis, Newton estabeleceu três.

1ª) Cada corpo se mantém por si mesmo em estado de repouso ou de movimento retilíneo uniforme, a menos que seja forçado a deixá-lo, pela ação de uma causa estrangeira.

Assim, os projéteis se mantêm em movimento até que este seja detido pela resistência do ar e pela gravidade. Igualmente, uma tupia cujas partes são continuamente desviadas de seu movimento retilíneo por sua aderência mútua não cessa de girar em torno de si a não ser por causa da resistência do ar e da fricção do plano sobre o qual ela se move. Do mesmo modo, massas enormes de planetas e cometas que se movem num meio sem resistência conservam por longo tempo seu movimento sem alteração.

2ª) A alteração ocorrida no movimento é sempre proporcional à força que o produz e ocorre na direção em que ela atua.

Se certa força produz certo movimento, uma força dupla produz um movimento duplo, uma força tripla, um movimento triplo, seja esse movimento imprimido de uma só vez, sucessivamente ou de maneira gradual. E como a direção desse movimento deve ser sempre a da força motriz, segue-se que se, anteriormente à atuação dessa força, o corpo tiver um movimento, deve-se lhe acrescentar o novo movimento, se ele ocorrer do mesmo lado, ou refreá-lo, se ele ocorrer do lado oposto, ou acrescentá-lo obliquamente, se ele for oblíquo, e buscar pelo movimento composto por esses dois movimentos, considerando-se a direção de cada um.

3ª) A reação é sempre contrária e igual à ação, vale dizer, as ações de dois corpos um sobre o outro são equivalentes e em direções contrárias.

Todo corpo que pressione ou desloque outro é pressionado e deslocado por ele. Quando pressiono uma pedra com meus dedos, estes também são pressionados pela pedra.

Do mesmo modo, se um corpo que se choca com outro altera o movimento deste, ele também recebe, por meio do outro corpo, uma mesma alteração em seu próprio movimento, decorrente da igual de pressão.

Em todas as ações dos corpos, as alterações são iguais de parte a parte, não na velocidade, mas no movimento, supondo-se os corpos livres de todo obstáculo. Em relação às alterações de velocidade, elas devem ser em razão inversa das massas, desde que as alterações de movimento sejam iguais. Essa mesma lei verifica-se também nas atrações.

(PPP)

Probabilidade[1] (*Filosofia, Lógica matemática*), Lubières [13, 393]

Considerada em si mesma, toda proposição é verdadeira ou falsa. Mas, relativamente a nós, pode ser certa ou incerta. Percebemos bem ou mal as relações existentes entre duas ideias, ou uma conveniência entre elas, fundada sobre certas condições que as ligam, e que, quando conhecidas integralmente, dão-nos a certeza de uma verdade ou proposição. Se, porém, só conhecemos uma parte das relações, não temos mais do que uma simples *probabilidade*, e esta é tão mais verossímil quanto maior a nossa garantia a respeito de um maior número de condições. Formam-se assim os graus de probabilidade, cuja justa estima e exata medida perfazem o sumo da sagacidade e da prudência.

Os geômetras julgaram que o seu cálculo seria suficiente para avaliar esses graus de probabilidade, ao menos até certo ponto, e recorreram à Lógica, ou arte de raciocinar, para descobrir os seus princípios e estabelecer a sua teoria. Consideraram a certeza como um todo, as probabilidades como as partes desse todo. Por conseguinte, conheceram exatamente qual o justo grau da probabilidade de uma proposição, na medida em que puderam afirmar e provar que essa probabilidade valia um meio, um quarto ou um terço da certeza. Com frequência, contentaram-se em supô-la; o seu cálculo em si mesmo permaneceu igualmente justo; e o seu modo de falar, que à primeira vista pode parecer um pouco bizarro, nem por isso é menos significativo. Exemplos tomados de jogos, apostas ou apólices seriam suficientes para esclarecê-lo. Suponhamos, a título de ilustração,

---

1 Tradução parcial.

que alguém me diga que ganhei na loteria um prêmio de dez mil libras; eu duvido da veracidade da notícia. Um outro que esteja presente na ocasião me pergunta que soma eu lhe daria em troca da garantia de que a informação é verdadeira. Ofereço-lhe a metade, vale dizer, avalio a probabilidade de a notícia ser verdadeira como uma meia certeza. Se tivesse lhe oferecido mil libras, significaria que eu teria nove vezes mais razão para crer na verdade da notícia do que para não crer nela. Ora, isso equivaleria a elevar a probabilidade a nove graus, de tal maneira que, se tomo a certeza tem dez, não faltaria senão um grau para que eu desse inteira credibilidade à notícia recebida.

No uso comum, chama-se provável algo que tenha mais de meia certeza verossímil ou a ultrapasse consideravelmente, e moralmente certo o que resvala numa certeza integral. Só falaremos aqui da certeza moral, e não da certeza matemática, pois embora aquela coincida com esta, não é suscetível das mesmas provas. A evidência moral é assim, propriamente falando, uma probabilidade tão grande, que a um homem sábio cabe pensar e agir, caso tenha uma certeza como essa, tal como deveria pensar e agir, se tivesse uma certeza matemática. É uma evidência moral que existe uma cidade chamada Roma; o contrário não implica contradição; não é impossível que todos os que a tenham visto tenham se combinado para enganar-me, que os livros que a mencionam não tenham esse objetivo expresso, que os documentos a respeito dela não sejam forjados; contudo, se eu me recusasse a aceitar uma evidência apoiada em provas que tenho da evidência de Roma, simplesmente porque elas não são suscetíveis de demonstração matemática, poderia ser tratado, com justa razão, como um insensato, pois a probabilidade de que exista uma cidade chamada Roma se impõe com tanta força, frente à suspeita de que ela não existiria, que dificilmente se poderia exprimir essa diferença numericamente, ou seja, o valor dessa probabilidade. Esse exemplo é suficiente para que se conheçam a evidência moral e os seus graus, que **[394]** são tantas probabilidades. Uma meia certeza forma o incerto propriamente dito, pois o espírito, ao constatar que as razões são iguais de parte a parte, não sabe qual juízo emitir nem qual partido tomar. Nesse estado de equilíbrio, a mais ligeira prova é suficiente para nos determinar. E como é extremamente difícil, nos muitos casos em que as razões opostas quase que se igualam, determinar quais devem prevalecer, os homens mais sábios distendem o ponto de incerteza, e não mais o fixam somente no estado da alma em que ela é igualmente atraída por uma parte e por outra, dado o peso das razões; levam-no ainda a toda situação que se aproxime tanto desse estado que se torna impossível perceber uma desigualdade. Do que resulta que o campo da incerteza é mais ou menos vasto, segundo a maior ou menor falta de luzes, de lógica e de coragem. É mais estreito para os que são mais sábios, bem como para os que são menos sábios, e o medo os restringe mais do que a prudência, pela precipitação de suas decisões. Abaixo dessa meia certeza ou do incerto estão a desconfiança e a dúvida, que se resolvem por fim na certeza de que uma proposição é falsa. Uma coisa é falsa, relativamente à evidência moral, quando a probabilidade de sua existência é tão fortemente inferior à probabilidade contrária que há dez mil, cem mil a apostar contra uma chance de que não o seja.

Eis os graus de probabilidade entre duas evidências opostas. Antes de investigar as fontes da probabilidade, pode ser útil, num artigo como este, que não se contenta com o simples cálculo geométrico, estabelecer algumas regras gerais, que costumam ser observadas pelas pessoas sábias e prudentes.

1º É contrário à razão buscar por probabilidades e contentar-se com elas quando se pode chegar a evidências. Seria considerado ridículo um matemático que, para provar uma proposição de geometria, recorresse a opiniões e a verossimilhanças, quando pudesse realizar uma demonstração, ou um juiz que preferisse adivinhar, pela vida pregressa de um criminoso, se ele é culpado ou não, em vez de ouvir dele a confissão de seu crime.

2º Não é suficiente examinar uma ou duas provas que se ofereçam de saída, é preciso pesar na balança do exame todas as de que se possa ter conhecimento e que sirvam à descoberta da verdade. Se se pergunta qual a probabilidade de que um homem de 50 anos venha a morrer neste ano, não é suficiente considerar que em geral de cada 100 pessoas com 50 anos, 3 ou 4 morram por ano, e concluir que há uma paridade de 96 contra 4, ou de 24 contra 1; é preciso ainda prestar atenção ao temperamento desse homem, ao seu estado de saúde, ao seu estilo de vida, à sua profissão, à região em que ele vive, enfim a todas as circunstâncias que influem na duração de sua vida.

3º Não é suficiente ter provas que sirvam para estabelecer uma verdade, é preciso ainda examinar as que a combatam. Pergunta-se se uma pessoa conhecida, ausente de seu país por 25 anos, da qual não se teve mais notícia, deve ser considerada como morta. De um lado se diz que, malgrado investigações de toda sorte, não se obteve nenhuma informação a respeito dela; que, como viajante, tal pessoa pode ter passado por mil perigos, que uma doença pode tê-la atingido numa localidade em que ela não era conhecida; que, se estivesse viva, não teria deixado de dar notícias, sobretudo no caso de ter uma herança ou por outras razões quaisquer. A essas considerações, porém, opõem-se outras, que não devem ser negligenciadas. Diz-se que a pessoa em questão é um homem indolente, que em outras ocasiões não deu notícias, que talvez suas cartas tenham se extraviado, que ele pode não estar em condições de escrevê-las ou enviá-las. É o suficiente para que se veja que em todas as coisas é preciso pesar as provas e as probabilidades de parte a parte, e opô-las umas às outras, pois uma proposição muito provável pode ser falsa, e em matéria de probabilidade não há alguma que seja tão forte que não possa ser combatida e destruída por outra ainda mais forte. Daí a oposição, que se vê todos os dias, entre os juízos dos homens. Daí a maior parte das disputas, que logo terminaria se não insistíssemos em considerar como evidente o que só é provável, e escutássemos e pesássemos as razões que se opõem à nossa opinião.

4º Nunca é demais lembrar que em nossos juízos só é prudente aquiescer a uma proposição se ela tiver um grau suficiente de verossimilhança. Quem observasse essa regra geral teria toda a justeza de espírito, toda a prudência, toda a sabedoria possível. Mas quão longe não estamos disso! Espíritos mais comuns podem, com atenção, discernir o verdadeiro do falso. Outros, que tenham mais penetração, sabem distinguir o provável do incerto e do duvidoso. Somente os gênios, que se destacam por sua sagacidade, é que podem atribuir a cada proposição o justo grau de verossimilhança e dar a ela o seu assentimento. Mas como estes são raros!

5º O homem sábio e prudente não considera somente a probabilidade do êxito, pesa ainda a dimensão do bem ou do mal que se pode esperar da escolha de um partido, do partido contrário ou da indeterminação em relação a ambos. Sendo assim, ele escolhe aquele em que encontra uma aparência ligeira de êxito; vê, ao mesmo tempo, que o risco que corre é mínimo ou inexistente; e vê também, que se tiver êxito, poderá obter um bem considerável.

6° Como não é possível fixar os graus de probabilidade com toda a precisão desejável, contentemo-nos com o que mais se aproxime dela e esteja ao nosso alcance. Às vezes, por uma sutileza equivocada, expomo-nos a nós mesmos e à sociedade a males ainda maiores do que os que queríamos evitar. É uma arte saber se afastar da perfeição em certos artigos para aproximar-se dela em outros, mais essenciais e mais interessantes.

7° Finalmente, desnecessário acrescentar que, em caso de incerteza, deve-se suspender a determinação, e só agir até o ponto em que alcançarem as luzes; mas que, se a situação for tal que não permita hesitação, é preciso deter-se no que parece mais provável; e uma vez tomado o partido que julga ser o mais sábio, não cabe arrependimento, mesmo que o desfecho não corresponda ao que esperávamos. Se em meio a um incêndio não podemos escapar senão saltando pela janela, é preciso tomar esse partido, por ruim que possa parecer, pois a incerteza seria ainda pior. Qualquer que seja o desfecho, tomou-se o partido mais sábio, e não há porque se arrepender.

Após essas regras gerais, de fácil aplicação, passemos às fontes da probabilidade. Reduziremo-las a duas espécies. Uma contém as probabilidades extraídas da consideração da natureza e do número de causas ou razões que podem influir na verdade da proposição em questão. A outra está fundada na experiência do passado, que nos permite extrair com segurança conjecturas acerca do futuro, desde que tenhamos ao menos a certeza de que as mesmas causas que produziram o passado continuaram a existir e estão prestes a produzir o futuro. **[395]**

A atenção que se dá ao passado, a fidelidade com que a memória retém o acontecido, a exatidão com que os registros conservam os eventos, tudo isso perfaz o que no mundo se chama experiência. Um homem que tem experiência é aquele que, tendo visto muitas coisas e refletido sobre elas, poderá vos dizer praticamente (pois não chegamos aqui à precisão matemática) qual a probabilidade de que, acontecendo tal evento, um outro se siga. Assim, mantendo-se as mesmas condições, quanto mais se realizam testes ou experimentos, mais garantia se adquire acerca da relação precisa entre o número de causas favoráveis e o número de causas contrárias.

Poder-se-ia perguntar se essa probabilidade, aumentando ao infinito por uma sequência de experimentos repetidos, não poderia enfim se tornar uma certeza moral, ou se esses acréscimos não são tão limitados que, diminuindo gradualmente, não reduziriam ao infinito uma probabilidade finita. Sabe-se que há aumentos que, embora perpétuos, mesmo assim não perfazem, no infinito, senão uma soma finita. Como neste exemplo. Se um primeiro experimento produzisse uma probabilidade não maior do que 1/3 de certeza, e o segundo uma probabilidade de 1/3, desse 1/3, um terceiro uma probabilidade de 1/3 dessa segunda, um quarto de 1/3 dessa terceira, e assim ao infinito, seria fácil ver, por intermédio do cálculo, que todas essas probabilidades reunidas não perfariam senão meia certeza, de sorte que poderiam ser realizadas uma infinidade de experimentos sem que com isso se pudesse chegar a uma probabilidade que se confundisse com a certeza moral. A conclusão inevitável é que a experiência é inútil e que o passado nada prova acerca do futuro.

O Sr. Bernoulli, que foi o geômetra que melhor compreendeu essa espécie de cálculo, considerou essa objeção e encontrou uma resposta para ela. Está em seu livro *De arte conjectandi*, p.4. Trata-se, segundo ele, de um problema tão difícil de resolver quanto a quadratura do círculo. Ele mostra que a probabilidade que nasce da experiência repetida vai num crescendo constante, tal que ela se aproxima indefinidamente da certeza. Seu cálculo nos ensina a determinar, sendo a questão proposta de maneira fixa, quantas vezes seria preciso reiterar a experiência para que se chegasse a um grau determinado de probabilidade. Assim, por exemplo, numa urna repleta de bolas brancas e bolas pretas, caso se queira assegurar, pela experiência, qual a relação entre as brancas e as pretas, o Sr. Bernoulli constata que, para que seja mil vezes mais provável haver duas pretas para cada três brancas e não qualquer outra suposição é preciso tirar da urna 25.550 bolas; que para que essa relação fosse dez mil vezes mais provável, seria preciso realizar 31.250 tentativas; e que, por fim, para que ela fosse cento e vinte mil vezes mais provável, seriam necessários 36.966 sorteios. A dificuldade e a extensão do cálculo não permitem que ele seja exposto aqui por inteiro; pode-se consultar o livro mencionado.

Fica assim demonstrado que a experiência do passado é um princípio de probabilidade para o futuro, que temos razão para esperar eventos conformes aos que vimos suceder, e que quanto mais os vejamos suceder com frequência, mais razão teremos para esperar que eles novamente sucedam. Uma vez aceito esse princípio, percebe-se a utilidade que não teriam, em Física, em Política, e mesmo na vida comum, tabelas exatas que fixassem, numa longa série de eventos, a proporção entre os que acontecem de certo modo e os que acontecem de outro. Os usos possíveis de registros de nascimento e de morte são tão extensos que deveriam nos convencer não somente a aperfeiçoá-los, assinalando-se, por exemplo, a idade, a condição, o temperamento, a causa da morte da pessoa, como também a utilizar o mesmo método para outros eventos, que muito inapropriadamente se diz serem efeito do acaso. Poder-se-ia então formar tabelas, que assinalassem quantos incêndios aconteceram num determinado período de tempo, quantos surtos de doenças epidêmicas aconteceram em determinado período, **[396]** quantos navios afundaram etc., o que contribuiria em muito para resolver uma infinidade de questões úteis e daria aos jovens atentos uma experiência equivalente à dos mais velhos.

Subentende-se aqui que não se deve abusar, como de costume, das provas de experiência; que não se deve estabelecer, sobre um pequeno número de fatos, uma grande probabilidade; que não é legítimo opor ou mesmo preferir uma probabilidade tênue a uma certeza contrária a ela; que não se deve ceder à fraqueza desses jogadores que dizem só receber cartas boas ou cartas más, pois é evidente, pela natureza mesma dos jogos de azar, que os lances precedentes em nada influem sobre os que se seguem a eles. Esta superstição é, no entanto, bem mais perdoável do que muitas outras, que, com base na experiência mais ligeira ou no raciocínio menos consequente, costumam intrometer-se com demasiada frequência na vida comum.

A esses dois princípios gerais de probabilidade podemos acrescentar princípios mais particulares, tais como o da *igual possibilidade de muitos eventos*, o do *conhecimento das causas*, o do *testemunho*, o da *analogia*, e o das *hipóteses*.

(PPP)

Solidez[1] (*Física*), Formey [15, 322]

Ideia que adquirimos pelo tato, causada pela resistência que experimentamos ou notamos num corpo até que ele deixe o lugar que ocupa e outro corpo passe a ocupar esse mesmo lugar em ato.

Segue-se o artigo que o Sr. Formey houve por bem nos comunicar a respeito.

De todas as ideias que recebemos por meio da sensação, nenhuma é tão constante como a de *solidez*. Estejamos em movimento ou em repouso, qualquer que seja a situação em que nos encontremos, sentimos sempre algo que nos sustenta e nos impede de ir mais para baixo, e vemos todos os dias, ao lidarmos com os corpos, que quando se encontram em nossas mãos eles impedem, por uma força invencível, a aproximação das partes de nossas mãos que os pressionam. O que assim impede a aproximação de dois corpos que se movem um em direção ao outro é o que chamamos solidez, e poderia também ser denominado impenetrabilidade. De todas as ideias que temos, a de solidez é a que parece estar mais essencial e estreitamente unida ao corpo, de sorte que não pode ser encontrada ou imaginada em outra parte além da matéria.

Onde quer que imaginemos um espaço qualquer ocupado por uma substância sólida, concebemos que essa substância ocupa esse espaço de tal sorte que exclui dele toda outra substância sólida e impede que dois corpos que se movem em linha reta, um em direção ao outro, venham a se tocar.

Essa resistência, que impede que um corpo encontre-se no espaço ocupado por outro, é tão grande que força alguma, por mais potente que seja, é capaz de sobrepujá-la. Mesmo que todos os corpos do mundo pressionassem por todos os lados uma gota d'água, jamais poderiam vencer a resistência oferecida por ela. Por mole que ela seja, não poderiam se aproximar um do outro, pois esse pequeno corpo permanecerá em seu caminho.

Os partidários do espaço puro concluem disso que a solidez é diferente desse espaço, que não tem nem resistência nem movimento. Ora, é incontestável que a solidez não é um atributo do espaço puro, pois este não é mais do que uma simples abstração, obtida da consideração do espaço real,

1 Tradução parcial. (N. T.)

que em si mesmo só tem realidade em virtude dos corpos que o ocupam. A estes pertencem a impenetrabilidade, a solidez e muitas outras propriedades. Uma vez suprimidos os corpos, não resta nada além da possibilidade da produção de outros corpos, cuja existência renovará o espaço suprimido com os corpos precedentes. Trata-se, portanto, de uma distinção quimérica (aduz o Sr. Formey, autor deste artigo) que amiúde se introduz, entre extensão dos corpos e extensão do espaço, como se a primeira fosse uma união ou continuidade de partes sólidas divisíveis e capazes de movimento, e a outra fosse uma continuidade de partes não sólidas, indivisíveis e imóveis.

A solidez de um corpo implica apenas que este corpo preencha o espaço que ocupa, de sorte a excluir qualquer outro corpo, ao passo que a dureza consiste na união cerrada entre certas partes da matéria que compõem massas de grandeza sensível, de sorte que a massa como um todo dificilmente muda de figura. Duro e mole são nomes que damos às coisas em relação à constituição particular de nosso corpo. Assim, damos em geral o nome de duro a tudo de que não podemos alterar a forma sem esforço, pressionando-o com alguma parte de nosso corpo; e, ao contrário, chamamos de mole o que altera a disposição dessas partes quando é tocado por nós, sem que realizemos um esforço considerável ou doloroso. Mas a dificuldade de alterar a disposição das diferentes partes sensíveis de um corpo ou alterar a forma de todo corpo não confere mais solidez às partes mais duras da matéria do que às mais moles; um diamante não é mais sólido do que a água. Embora seja mais fácil ligar entre si duas placas de mármore se houver entre elas água ou ar do que se houver diamante, se isso acontece não é porque as partes do diamante sejam mais sólidas do que as da água ou mais resistentes do que elas, e sim porque as partes da água podem mais facilmente ser separadas umas das outras, são afastadas mais facilmente por um movimento oblíquo que permite às duas peças de mármore se aproximarem entre si. Mas se as partes da água não pudessem ser afastadas por esse movimento oblíquo, elas impediriam indelevelmente, tanto quanto o diamante, que as duas peças de mármore se aproximassem, e seria tão impossível sobrepujar a sua resistência por uma força qualquer quanto vencer a resistência das partes do diamante.

Mesmo que houvesse entre dois corpos porções de matéria mais moles e mais flexíveis, se elas não fossem afastadas e permanecerem entre eles, resistiriam tão indelevelmente à aproximação desses corpos quanto como se fossem os corpos mais duros que se pudesse encontrar ou imaginar. Basta encher de água ou de ar um corpo maleável e mole para que se sinta a resistência que ele oferece ao ser pressionado. Quem imagina que somente os corpos duros podem impedir a aproximação entre suas mãos será convencido do contrário por um balão de ar. O experimento realizado em Florença com um globo de ouro côncavo cheio d'água e hermeticamente fechado mostrou que a água é sólida, apesar de líquida. Esse globo foi submetido a uma prensa, e a água em seu interior passou pelos poros desse material metálico compacto, transbordando aos poucos.

A solidez é uma propriedade não somente comum como também essencial a todos os corpos. Para ver que isso é verdade, considerem-se os corpos como um todo ou apenas as suas partes mais simples. É também o signo menos equívoco de sua existência. Ilusões de ótica às vezes se impõem aos nossos olhos, e somos tentados a tomar fantasmas por realidades. Mas o tato assegura-nos do verdadeiro pela persuasão interna de que tudo o que é corpo é sólido, e é capaz, por conseguinte, de resistência; não poderíamos encostar o dedo ou outra coisa num lugar ocupado por uma matéria qualquer sem empregar uma força que o desloque para outro lugar. Toda resistência anuncia, assim, uma solidez real maior ou menor. Essa verdade é a tal ponto aceita que não requer outra prova além do hábito que temos de confundir essas duas ideias, embora, para falarmos com exatidão, uma represente a causa e a outra o efeito. Mas há casos em que a solidez e a resistência escapam aos nossos sentidos ou a nossa atenção. [**323**]

Certos corpos nos tocam incessantemente, e igualmente por toda parte, e o hábito tornou o seu contato tão familiar que temos necessidade de refletir para reconhecer a impressão que realizam sobre nós. Em circunstâncias normais, poucas pessoas pensariam que têm a vencer continuamente a resistência de um corpo cuja solidez se opõe aos seus movimentos. Se deixássemos a atmosfera e depois retornássemos a ela, sentiríamos o ar mediante o tato sem qualquer reflexão, assim como sentimos a água quando mergulhamos nela. O que contribui ainda para que a solidez dos fluidos escape a nossa atenção é o fato de suas partes serem independentes umas das outras e dotadas de uma pequenez que ultrapassa em muito a delicadeza de nossos sentidos, cedendo a nossos mínimos esforços. Quando nossa ação é mínima, não pensamos que estamos agindo. É apenas em virtude do preconceito que nos faz considerar como vazio tudo o que é preenchido pelo ar que cremos que bastaria a um líquido que se apresentasse à abertura de uma vasilha para ter acesso a ela; mas é preciso considerar que sua capacidade é naturalmente preenchida pelo ar, como estaria de água, se tivesse sido fabricada submersa num tanque e ali permanecesse.

Dissemos que solidez não se confunde com impenetrabilidade. A palavra deve ser explicada, para impedir objeções extraídas de certos experimentos em que a mistura de materiais parece confundir suas respectivas grandezas, como se eles se interpenetrassem. Uma esponja, por exemplo, recebe em seu interior uma quantidade de água que, ao penetrá-la, parece ser privada de seu volume, pois a esponja aparentemente não sofre nenhum aumento sensível. Um recipiente cheio de cinzas ou de areia comporta ainda uma grande quantidade de líquido; partes iguais de vinagre e de água misturadas no mesmo recipiente ocupam menos espaço do que quando separadas. Seria a matéria penetrável? Ou, se não é, em que sentido se deve compreender a sua impenetrabilidade? Deve-se distinguir cuidadosamente a grandeza aparente dos corpos de sua solidez real. As partes simples ou primeiros elementos, se é que existem, são absolutamente impenetráveis. Mesmo os corpos de ordem inferior, com um grau mínimo de composição, não são na verdade penetráveis por nenhuma matéria. Em suma, em todos os corpos, quaisquer que sejam, há uma certa quantidade de partes que ocupam sozinhas um espaço e necessariamente excluem dele qualquer outro corpo. Mas essas partes sólidas e impenetráveis, que respondem pela verdadeira materialidade do corpo, reúnem-se de tal modo que deixam entre si espaços vazios, que podem ser preenchidos por outra matéria, sem ligação com o resto. Admitindo-se esses interstícios, cuja existência não é difícil provar, concebe-se que a impenetrabilidade dos corpos deve necessariamente ser derivada de partes sólidas que se encontram ligadas em conjunto num mesmo todo, e não do composto daí resultante. Ver abade Nollet, *Leçons de Physique Expérimentale*, tomo I, p.65 ss.

(PPP)

II – História Natural

Anatomia das plantas (*Jardinagem*), d'Argenville, Diderot [1, 437]

Anatomia das plantas é a investigação de sua estrutura interna. Não poderíamos fazer melhor do que citar as palavras do autor da *Théorie et pratique du jardinage*, parte III, p.176, edição de 1747: "Tudo o que é dotado de vida necessita de respiração; e é certo que as plantas respiram tanto quanto os animais e têm, como estes, os órgãos necessários à vida, veias e fibras, para transportar os nutrientes até as partes mais elevadas e remetê-los até as raízes. Outros órgãos, como traqueias e pulmões, respiram e inspiram incessantemente, e absorvem a influência do sol. O ar é tão necessário ao crescimento das plantas que uma gota de óleo derramada sobre a extremidade das raízes bloqueia a entrada do ar nas fibras e nos canais e leva à morte a parte das raízes que foi molhada. Dependendo do calor da terra, o deslocamento da seiva é mais ou menos acelerado, o ar é mais ou menos rarefeito e pode ser levado às partes mais altas, realizando assim a sua função e mostrando a sua força".

Haveria algo mais admirável do que o mecanismo das plantas? Encontram-se nelas diferentes crisóis e moldes para a formação de casca, madeira, espinhos, pelos, medula, algodão, folhas, flores, frutos e grãos. Os sucos da terra, que passam pela película dos grãos e são filtrados por ela, adquirem assim as qualidades necessárias para o suco nutritivo que entra nas plantas e nelas se diversifica, por fermentação, de mil maneiras diferentes. O calor do sol e a fermentação da terra aperfeiçoam a obra. As plantas serão compostas pela infiltração na terra de pequenos canais separados; esses canais aos poucos agrupam-se em pequenos maços; reúnem-se então num mesmo cilindro e formam um tronco, que numa extremidade produz raízes e na outra, ramos; e aos poucos, tendo subdividido os maços maiores em menores, adquire figura definitiva, com o desabrochar de flores. (d'Argenville)

A anatomia das plantas é tão digna do estudo do filósofo quanto a anatomia dos animais e mostra com tanta evidência quanto esta a sabedoria do Criador. Com efeito, quantas maravilhas ela não oferece, nas obras de Malpighi, do Dr. Grew ou na *Statique des végétaux*! Os antigos parecem não ter feito nenhum progresso considerável nesse conhecimento, e não admira.

A organização de uma planta é um arranjo de filamentos tão delicados, de corpúsculos tão mínimos, de vasos tão estreitos, de poros tão cerrados, que os modernos não teriam ido muito longe sem o auxílio do microscópio. Quanto ao que eles aprenderam com o uso desse instrumento, e as reflexões que realizaram, ver *Planta, Árvore, Arbusto, Arvoredo, Erva, Grão, Raiz, Caule, Bulbo, Ramo, Folha, Flor, Fruto* etc., e também *Animal*. (**Diderot**)

(PPP)

Anfíbio (*História Natural*), Daubenton [I, 375]

Anfíbio é o animal que vive alternadamente na terra e na água, ou seja, no ar e na água, como o castor, a foca etc. O homem, e numerosos outros animais que não são considerados anfíbios, de algum modo o são mesmo assim, pois vivem na água enquanto permanecem no ventre de sua progenitora e começam a respirar ao nascer; posteriormente, só conseguem sobreviver sem ar por alguns instantes, a exemplo dos mergulhadores humanos. É verdade que há pessoas capazes de permanecer sob a água por um tempo considerável; e quem sabe se animais que desde cedo se acostumassem a mergulhar não poderiam manter a circulação do sangue por algum tempo, sem mobilizar os pulmões?

Os animais foram divididos em *terrestres, aquáticos* e *anfíbios*. Esse método, porém, mostrou-se bastante defectivo, pois de um lado separa espécies do mesmo **[376]** gênero e gêneros da mesma classe, e de outro agrupa espécies de diferentes gêneros e gêneros de diferentes classes, ou seja, é um método que não coaduna com outros. Tal inconveniente é inevitável, em se tratando de métodos abstratos. Ver *Método*.

Gesner incluiu um artigo sobre anfíbios em sua divisão dos animais, *Ordem II. Dos animais d'água doce, parte V. Anfíbios*: o castor, a lontra, o rato d'água, o hipopótamo, o crocodilo, o grande lagarto da América, a tartaruga d'água, o sapo, a rã, a salamandra, a cobra d'água etc. Considera também como anfíbios os pássaros que se alimentam de seres aquáticos. *Nomenclator aquatilium animantium, p.352 ss.*

O Sr. Lineu faz dos anfíbios uma classe à parte em sua distribuição dos animais. *Systema natura, regnum animalium, classis III*. A primeira ordem contém os répteis, como a tartaruga, o sapo, a rã, o crocodilo, o lagarto, a salamandra, o camaleão etc., e a segunda, as serpentes. Ver *Animal.*

(**PPP**)

Animal (*Ordem enciclopédica, Entendimento, Razão, Filosofia ou Ciência, Ciência da Natureza, Zoologia, Animal*), Diderot, Daubenton [1, 468]

O que é o *animal?* Eis uma dessas questões que se torna mais embaraçosa quanto mais crescem a nossa filosofia e os nossos conhecimentos de História Natural. Se percorrermos todas as propriedades conhecidas do animal, não encontraremos nenhuma que não falte a algum ser a que somos forçados a dar o nome de animal ou que não pertença a outro a que não poderíamos concedê-lo. E se é verdade, como não se pode duvidar, que o Universo é uma única e mesma máquina em que tudo se encontra ligado e em que os seres se encontram acima ou abaixo uns dos outros em graus imperceptíveis, de sorte que não há intervalos na cadeia, e a fita colorida do jesuíta Castel, na qual, de nuance em nuance, se passa imperceptivelmente do branco ao preto, é uma imagem verídica das progressões da natureza, então parece-nos muito difícil fixar os dois limites em que a animalidade, se nos é permitido falar assim, começa e termina. Uma definição de animal seria demasiado genérica ou insuficientemente extensa, abarcaria seres que talvez devesse excluir e excluiria outros que deveria abarcar. Quanto mais se examina a natureza, mais se é convencido de que, para exprimi-la exatamente, seriam necessárias quase tantas denominações diferentes quantos são os indivíduos, e que a necessidade, e somente ela, inventou os nomes gerais. Estes, por sua vez, são mais ou menos extensos, têm sentido ou não segundo se realizem mais ou menos progressos no estudo da natureza. Contudo, *o que é o animal?* É, diz o Sr. Buffon, "a matéria vivente e organizada que sente, age, move-se, nutre-se e se reproduz. Consequentemente, o vegetal é a matéria vivente e organizada que se nutre e se reproduz, mas não sente, não age nem se move; e o mineral é matéria morta e bruta que não sente, não age, não se move, não se nutre nem se reproduz. Do que se segue, ainda, que o sentimento é o principal grau diferencial do animal". Mas seria mesmo certo que não há animais sem o que se chama de sentimento? A nos fiarmos pelos cartesianos, não há outros animais além de nós que sejam dotados de sentimento. As feras, dizem eles, dão signos ao sentimento, mas somente o homem é dotado da coisa mesma. De resto, o próprio homem não perde às vezes o sentimento, sem deixar de viver ou de ser um animal? O pulso bate, o sangue circula, cada uma das funções é executada, mas o homem não se sente nem a si mesmo nem aos outros seres. Pergunta-se então, *o que é o homem?* Se nesse estado ele continua sendo animal, quem disse que não há uma passagem do vegetal mais perfeito ao animal mais estúpido? Quem disse que essa passagem não estaria repleta de seres mais ou menos letárgicos, mais ou menos dormentes, de tal sorte que a única diferença que haveria entre essa classe e a dos outros animais como nós é que eles dormem e nós estamos despertos, somos animais que sentem e eles, animais que não sentem? Afinal, *o que é o animal?*

Escutemos o Sr. Buffon explicar-se mais detidamente a respeito. "A palavra *animal*", diz ele (*História Natural*, II, p.260), "na acepção em que de ordinário a tomamos, representa uma ideia geral formada por ideias particulares de alguns animais em particular. Todas as ideias gerais contêm ideias diferentes que se aproximam ou se distanciam umas das outras, e por conseguinte nenhuma ideia geral pode ser exata ou precisa. A ideia geral que formamos do animal será, se quiserdes, tomada principalmente da ideia particular do cão, do cavalo e de outras feras, que nos parecem ter inteligência e vontade, que parecem se mover e determinar-se a si mesmas segundo essa vontade, que são compostas de carne e de sangue, que buscam e obtêm nutrição, que têm sentidos, sexo e a faculdade de se reproduzir. Acrescentamos a esse conjunto uma grande quantidade de ideias particulares quando formamos a ideia geral que exprimimos pela palavra *animal*, mas deve-se observar que do grande número dessas ideias particulares não há uma só que constitua por si mesma a essência da ideia geral. Segundo a opinião geral, há animais que parecem não ter nenhuma inteligência, nenhuma vontade, nenhum movimento progressivo; há os que não têm nem carne nem sangue, que não parecem ser mais do que barro resfriado. Há os que não conseguem obter sua própria nutrição e recebem-na do meio que habitam. Há, por fim, **[469]** os desprovidos de sentidos, mesmo do tato, ao menos até onde podemos perceber; os que não têm sexo, outros que têm ambos. De modo que só resta de geral ao animal o que ele tem em comum com o vegetal, vale dizer, a faculdade de se reproduzir. Essa ideia geral é, assim, composta do todo em conjunto, e por ser esse todo composto por partes diferentes, há necessariamente, entre essas partes, graus e nuances. Um inseto, nesse sentido, é menos animal que um cão; uma ostra é menos animal que um inseto; uma urtiga do mar ou um pólipo de água doce é menos animal que uma ostra; e como a natureza procede por nuances insensíveis, encontraremos animais que são menos animais que uma urtiga do mar ou um pólipo. Nossas ideias gerais não passam de métodos artificiais, que formamos para poder reunir uma grande quantidade de objetos a partir de um mesmo ponto de vista, e, na condição de métodos artificiais, têm o defeito de não poder compreender tudo. Ademais, opõem-se à marcha da natureza, que se realiza uniformemente, insensivelmente e sempre no particular, de sorte que é por querermos compreender um número demasiado grande de ideias particulares sob uma mesma palavra que deixamos de ter uma ideia clara do que essa palavra significa. Por se tratar de uma palavra de uso corrente, imagina-se que seria uma linha que poderia ser traçada entre as produções da natureza, que tudo o que está acima dela é de fato animal e tudo o que está abaixo não pode ser senão *vegetal*, aliás outra palavra tão geral quanto a primeira e que se emprega, por sua vez, como uma linha de separação entre os corpos organizados e os corpos brutos. Mas essas linhas de separação simplesmente não existem na natureza. Há seres que não são nem animais, nem vegetais, nem minerais, e seria vão tentar remetê-los uns ou a outros. Por exemplo, quando o Sr. Trembley, autor que se tornou célebre pela descoberta dos animais que se multiplicam por descolamento, corte ou separação de suas partes, observou pela primeira vez o pólipo da lentilha d'água, quanto tempo ele não empregou tentando reconhecer se esse ser seria um animal ou uma planta! Quantas dúvidas e incertezas não assomaram em seu espírito! Mas talvez o pólipo da lentilha não seja nem uma coisa nem outra, e tudo o que se possa dizer dele é que se aproxima um pouco mais do animal do que do vegetal. Ora, é visível que todo ser vivente é ou animal ou planta, e acredita-se por isso que um ser organizado não foi devidamente conhecido se não tiver sido remetido a algum desses nomes gerais, quando na verdade deve haver, e há efetivamente, uma grande quantidade de seres organizados que não são nem uma coisa nem outra. Os corpos moventes que encontramos nos licores seminais, nos interstícios da carne dos animais, nos grãos e nos interstícios das plantas, são dessa espécie. Não se pode afirmar que sejam animais; não se pode afirmar que sejam vegetais e, seguramente, ninguém diria que são minerais".

Portanto, deve-se afirmar, sem risco de errar, que a grande divisão das produções da natureza em animais, vegetais e minerais não contém todos os seres materiais. Existem corpos organizados, como vimos, que não estão incluídos nessa divisão. Dissemos que a marcha da natureza se faz por graus nuançados e muitas vezes imperceptíveis; por nuances imperceptíveis ela passa do animal ao vegetal, mas do vegetal ao mineral a passagem é brusca, e essa lei de proceder apenas por nuances parece se desmentir. Isso levou o Sr. Buffon a suspeitar que, examinando-se de perto a natureza, poder-se-ia descobrir seres intermediários, corpos organizados que, por exemplo, sem ter o poder de se reproduzir como os animais e os vegetais, teriam mesmo assim uma espécie de vida e de movimento; outros, sem serem animais ou vegetais, poderiam entrar na constituição de uns e de outros; e, por fim, seres que não seriam mais do que uma primeira reunião de moléculas orgânicas.

Para não nos determos na definição do animal, que é, como se vê, no estado atual, bastante imperfeita, defeito que se torna cada vez mais perceptível com o passar dos séculos, vejamos as luzes que podemos extrair da comparação entre animais e vegetais. É praticamente desnecessário advertir que, exceto por algumas reflexões que ousamos dispersar ao longo deste artigo, ela é inteiramente extraída da *Histoire Naturelle générale et particulière*. O tom e o conteúdo, de resto, mostram-no suficientemente.

"Na multidão de objetos que nos apresenta este vasto globo", diz o Sr. Buffon (*Histoire Naturelle générale et particulièr*, p.I), "em meio ao infinito número de diferentes produções que recobrem e habitam a sua superfície, os animais ocupam o primeiro lugar, tanto pela conformidade que têm conosco quanto pela superioridade em relação aos seres vegetais ou inanimados. Por sua forma, por seu movimento, os animais têm muito mais relações com as coisas ao seu redor do que os vegetais. Mas não se deve perder de vista que o número dessas relações varia ao infinito, que há menos relações no pólipo que na ostra, menos na ostra que no macaco; e que os vegetais, por seu desenvolvimento, por sua figura, por seu crescimento e por suas diferentes partes, têm um número maior de relações com objetos exteriores do que os minerais ou as pedras, que não possuem nenhuma espécie de vida ou de movimento. Observai ainda que nada impede que essas relações também possam variar, que seu número seja maior ou menor, de sorte que se pode dizer que há minerais menos mortos do que outros. No entanto, é graças a esse maior número de relações que o animal realmente está acima do vegetal, e o vegetal, acima do mineral. Nós mesmos, considerando-se apenas a parte material do nosso ser, não estamos acima dos animais a não ser em virtude de algumas relações adicionais, tais como as que nos dão a língua e as mãos, a língua sobretudo. Uma linguagem pressupõe uma sequência de pensamentos, e por essa razão os animais não têm linguagem. Mesmo que se conceda a eles algo similar a nossas primeiras apreensões e a nossas sensações grosseiras e mais maquinais, parece certo que são incapazes de formar a associação de ideias que unicamente pode ser produzida pela reflexão, em que consiste a essência do pensamento. Por não poderem reunir ideias, os animais não pensam nem falam, e, pela mesma razão, não inventam nada e nada aperfeiçoam. Se fossem dotados do poder de reflexão, mesmo no grau mais ínfimo, seriam capazes de alguma espécie de progresso; adquiririam mais indústria; os castores de hoje construiriam com mais solidez que os de outrora; as abelhas tornariam a cada dia mais perfeita a colmeia que habitam. Pois, se supusermos que essa colmeia é tão perfeita quanto poderia ser, daremos a esse inseto mais espírito do que nós mesmos temos, concederíamos a ele uma inteligência superior à nossa, por meio da qual ele perceberia, de um só golpe, o ponto último de perfeição a que sua obra deve ser levada, ao passo que nós jamais vemos com clareza esse ponto, precisando de muitas reflexões, **[470]** de tempo e hábito para aperfeiçoar a menor de nossas artes. De onde viria, contudo, essa uniformidade nas obras dos animais? Por que cada espécie faz sempre a mesma coisa, do mesmo modo? Por que cada indivíduo não faz nem melhor nem pior que outro? Haveria prova mais contundente de que as suas operações não são mais do que resultados mecânicos e puramente materiais? Se tivessem a menor centelha da luz que nos esclarece, encontrar-se-ia ao menos variedade, se não se visse perfeição em suas obras; cada indivíduo da mesma espécie faria algo um pouco diferente do que o feito por outro indivíduo. Mas não, todos trabalham sobre o mesmo modelo; a ordem de suas ações se encontra traçada na espécie inteira, não pertence ao indivíduo; e caso se quisesse atribuir uma alma aos animais, seria necessário fazer apenas uma para cada espécie, e dela os indivíduos compartilhariam igualmente. Essa alma seria, então, necessariamente divisível; por conseguinte, seria material, e muito diferente da nossa. Por que introduzimos, ao contrário, tanta diversidade e variedade em nossas produções e obras? Por que a imitação servil nos custa mais do que um novo desenho? Porque nossa alma nos pertence, é independente da de outro, e não temos nada em comum com nossa espécie além da matéria de nosso corpo. Qualquer que seja a diferença entre nós e os animais, é inegável que nos aproximamos deles por nossas faculdades mais baixas.

"Pode-se, assim, afirmar que, embora as obras do Criador sejam todas em si mesmas igualmente perfeitas, o animal, segundo o nosso modo de percepção, é a obra mais completa, e o homem é a obra-prima.

"Antes de passarmos ao homem, comecemos pelo animal, que é aqui o nosso objeto principal. Que recursos, que forças, que máquinas e movimentos não estão contidos nessa pequena porção de matéria que compõe o corpo de um animal! Que relações, que harmonia, que correspondência entre as partes! Quantas combinações, quantos arranjos de causas, efeitos e princípios não concorrem para um mesmo fim, que só conhecemos por resultados tão difíceis de compreender que só perderam o lustre do maravilhoso porque o hábito nos levou a deixar de refletir sobre eles!

"No entanto, por admirável que essa obra nos pareça, não é no indivíduo que reside a grande maravilha, é na sucessão, na renovação e na durabilidade das espécies que a natureza escapa à nossa compreensão", ou melhor, é remontando ao mais alto, à ordem instituída entre as partes e o todo por uma sabedoria infinita e uma mão todo-poderosa. Uma vez instituída essa ordem, os efeitos, por surpreendentes que sejam, serão consequência necessária e simples das leis do movimento. A máquina está feita, e as horas são marcadas sob o olhar do relojoeiro. Mas, das consequências do mecanismo, é preciso convir que a faculdade de produzir seu semelhante, que se encontra nos animais e nos vegetais, essa espécie de unidade sempre subsistente que parece eterna, essa virtude procriadora que se exerce perpetuamente sem jamais se destruir, não tem para nós, quando a consideramos em si mesma, qualquer relação com a ordem instituída pelo todo-poderoso, é um mistério cujas profundezas não me parece que nos seja permitido sondar.

A matéria inanimada, essa pedra, essa argila que está sob nossos pés, tem algumas propriedades. Sua existência pressupõe um bom número delas, e a matéria menos organizada não deixa de ter, em virtude de sua própria existência, uma infinidade de relações com as demais partes do Universo. Não chegaremos a dizer, conforme alguns filósofos, que a matéria, sob qualquer forma que seja, conhece sua própria existência e suas faculdades relativas. É uma opinião que resvala em questões de Metafísica, discutidas no verbete *Alma*. Ser-nos-á suficiente que se perceba que, por não termos conhecimento de todas as relações que podemos ter com todos os objetos exteriores, não devemos duvidar que a matéria só poderia tê-lo num grau infinitamente menor. De resto, como nossas sensações não se assemelham de modo algum aos objetos que as causam, devemos concluir por analogia que a matéria inanimada não tem sentimento, sensação ou conhecimento de sua própria existência, e que atribuir a ela alguma dessas faculdades seria lhe dar o pensar, o agir e o sentir, na mesma ordem e do mesmo modo que pensamos, agimos e sentimos, o que é tão repugnante para a razão quanto para a religião. No entanto, uma consideração que está de acordo com ambas, e que nos é sugerida pelo espetáculo da natureza nos indivíduos, é que o estado dessa faculdade de pensar, agir e sentir, encontra-se em alguns homens em grau eminente, menos eminente em outros, enfraquece à medida que descendemos na cadeia dos seres, e aparentemente se apaga em algum ponto da cadeia, muito distante. Localizado entre o reino animal e o vegetal, aproximamo-nos desse ponto cada vez mais com nossas observações, mas ele há de nos escapar. Os experimentos permanecerão sempre aquém dele, e os sistemas sempre o ultrapassarão: a experiência marcha a pé, o espírito de sistema procede sempre por saltos e pulos.

"Diremos assim que, tendo sido formados de terra e compostos de pó, temos com a terra e o pó relações comuns que nos ligam à matéria em geral, como a extensão, a impenetrabilidade, o peso etc. Mas, como não percebemos essas relações puramente materiais, como elas não realizam nenhuma impressão em nós, subsistem sem que participemos delas, e, após a morte ou antes da vida, existem sem nos afetar, não se pode dizer que façam parte de nosso ser. Portanto, é a organização, a vida, a alma, que faz propriamente a nossa existência. Considerada desse ponto de vista, a matéria é menos o sujeito do que o acessório, é um invólucro estrangeiro, cuja união desconhecemos e cuja presença nos é perniciosa; e a ordem de pensamentos que constitui o nosso ser talvez seja inteiramente independente dela." Parece-me que aqui o historiador da natureza concede aos metafísicos muito mais do que ousariam lhe pedir. Qualquer que seja a maneira que pensemos quando nossa alma se livra do invólucro, deixa o estado de crisálida, consta que esse casulo desprezível que a detém por algum tempo influi prodigiosamente na ordem dos pensamentos que constituem o seu ser e, malgrado as consequências às vezes bastante nocivas dessa influência, nem por isso ela deixa de atestar a sabedoria da providência, que se serve desse aguilhão para nos convocar incessantemente à conservação de nós mesmos e de nossa espécie.

"Existimos, portanto, sem saber como, e pensamos sem saber por quê." Essa proposição parece-me evidente. Mas deve-se observar, quanto à segunda parte, que a alma se encontra submetida a uma espécie de inércia, em consequência da qual permaneceria perpetuamente aplicada a um mesmo pensamento, talvez a uma mesma ideia, se não fosse retirada desse estado por algo exterior a ela, que a adverte, sem no entanto prevalecer sobre a sua liberdade. Graças a esta última faculdade, a alma detém-se numa contemplação ou passa ligeiramente de uma a outra. Quando cessa o exercício dessa faculdade, ela permanece fixa na mesma contemplação; [471] talvez seja esse o estado de quem se prepara para dormir, dorme ou medita profundamente. Se acontece a esse indivíduo de percorrer sucessivamente diferentes objetos, não é por um ato de sua vontade que a sucessão se realiza, é a ligação dos objetos mesmos que o arrasta. Não conheço nada tão maquinal quanto um homem absorvido em meditação profunda, a não ser um homem mergulhado em sono profundo.

"Qualquer que seja, no entanto, a nossa maneira de ser ou de sentir, qualquer que seja a verdade ou falsidade, a aparência ou realidade de nossas sensações, os resultados dessas mesmas sensações não são menos certos em relação a nós. Essa ordem de ideias, essa sequência de pensamentos que existe fora de nós, embora muito diferente dos objetos que a causam, não deixa de ser a afecção mais real de nosso indivíduo, e não deixa de nos propiciar relações com os objetos exteriores, relações que podemos considerar como reais, pois são invariáveis e se mantêm sempre as mesmas relativamente a nós. Não se deve, assim, duvidar que as diferenças ou semelhanças que percebemos entre os objetos sejam certas e reais na ordem de nossa existência em relação a esses mesmos objetos. Podemos atribuir a nós mesmos, portanto, o primeiro lugar entre os seres naturais; o segundo, devemos atribuir aos animais; o terceiro aos vegetais; o último, por fim, aos minerais. Por mais que não possamos distinguir adequadamente as qualidades que possuímos em virtude de nossa animalidade das qualidades que possuímos em virtude da espiritualidade de nossa alma, ou melhor, da superioridade de nosso entendimento em relação ao das feras, não se deve duvidar que os animais, por serem dotados dos mesmos sentidos que nós, por possuírem os mesmos princípios de vida e de movimento, e por realizarem uma infinidade de ações semelhantes às nossas, têm, com os objetos exteriores, relações de mesma ordem que as nossas, e sob muitos aspectos assemelham-se a nós. Somos muito diferentes dos vegetais, e no entanto nos assemelhamos mais a eles do que aos minerais. Isso porque eles têm uma espécie de *forma* vivente, uma organização animada, de algum modo similar à nossa, ao passo que os minerais não têm nenhum órgão.

"Para fazer, portanto, a história do animal, é preciso começar reconhecendo com exatidão a ordem geral das relações que lhe são próprias e distinguir em seguida as relações comuns a ele e aos vegetais e aos minerais. O animal só tem em comum com o mineral as qualidades da matéria tomada em geral; sua substância tem as mesmas propriedades virtuais que ela, tem extensão, peso, impenetrabilidade, como a matéria em geral. Sua economia, porém, é inteiramente diferente. O mineral é matéria bruta, insensível, que atua meramente por constrição das leis da Mecânica e obedece às leis disseminadas pelo Universo, sem organização, sem poder, desprovido de todas as faculdades, mesmo a de se reproduzir; substância informe, feita para ser pisada pelos homens e pelos animais, e que, malgrado o nome *metais preciosos*, é desprezada pelo sábio e tem valor unicamente arbitrário, subordinado à vontade e dependente da convenção dos homens. O animal reúne todas as potências da natureza; as fontes que o animam lhe são próprias e particulares; ele quer, age, determina-se a si mesmo, opera, comunica-se através dos sentidos com os objetos mais distantes; o indivíduo animal é um centro a que tudo se refere, um ponto em que o Universo inteiro se reflete, um mundo em miniatura. Eis as relações que lhe são próprias; as que ele tem em comum com o vegetal são as faculdades de crescer, desenvolver-se, reproduzir-se e se multiplicar." Entende-se que no limiar entre um reino e outro essas verdades se tornam obscuras, e haveria muita dificuldade para percebê-las distintamente na passagem do reino mineral ao vegetal e do reino vegetal ao animal. É preciso portanto, no que precede e no que se segue, instituir a comparação entre um animal, um vegetal e um mineral, estando cada um deles bem delimitado, se o naturalista não quiser se expor a percorrer eternamente um labirinto sem saída.

O observador é forçado a passar de um indivíduo a outro; o historiador da natureza, porém, é obrigado a abarcá-los em grandes massas, e essas massas ele divide nos pontos da cadeia em que as nuances lhe parecem mais vivamente talhadas, precavendo-se de imaginar que essas divisões sejam obra da natureza.

"A diferença mais clara entre os animais e os vegetais parece ser a faculdade de se mover e de mudar de lugar, de que os animais são dotados e que não é dada aos vegetais. Não conhecemos nenhum vegetal dotado de movimento progressivo, mas vemos numerosas espécies de animais, como as ostras, as quais esse movimento parece ter sido recusado. Portanto, essa diferença não é geral e tampouco necessária.

"Uma diferença mais essencial parece advir da faculdade de sentir, que seria impossível recusar aos animais e de que os vegetais parecem estar privados. Mas a palavra *sentir* contém um número tão grande de ideias que não se deve pronunciá-la sem antes tê-la analisado. Se por sentir entendermos não mais do que realizar uma ação de movimento por ocasião de um choque ou resistência, constataremos que a planta chamada sensitiva é capaz dessa espécie de sentimento tanto quanto os animais. Se, ao contrário, se disser que sentir significa perceber e comparar percepções, não estamos certos de que os animais teriam essa espécie de sentimento, e se concedemos algo assim aos cães, aos elefantes etc., cujas ações parecem ter as mesmas causas que as nossas, recusamo-las a uma infinidade de espécies de animais, principalmente aos que nos parecem imóveis e inativos. Caso se conceda às ostras, por exemplo, sentimento tal como os cachorros, embora num grau bastante inferior, por que não conceder aos próprios vegetais esse mesmo sentimento, num grau ainda mais baixo? A diferença entre os animais e os vegetais a esse respeito não é geral, nem é bem resolvida." Mas seriam essas as duas únicas maneiras de sentir, mover-se por ocasião de um choque ou resistência, perceber e comparar percepções? Parece-me que isso que em mim se chama sentimento de prazer, de dor etc., sentimento de minha existência etc., não é nem movimento nem percepção ou comparação de percepções. Parece-me que sentimento, tomado nesse terceiro sentido, é como pensamento, que não se pode comparar a nada, pois a nada se assemelha, e que, assim, poderia muito bem haver nos animais algo desse sentimento.

"Uma terceira diferença reside na maneira de nutrição. Os animais, por meio de alguns órgãos exteriores, capturam as coisas que lhes convêm, buscam por pasto, escolhem seus alimentos. As plantas, ao contrário, parecem restringir-se a receber a nutrição que a terra lhes fornece. Essa nutrição parece ser sempre a mesma; nenhuma diversidade na maneira de obtê-la; nenhuma escolha quanto à espécie; a umidade da terra é o seu único alimento. No entanto, se prestarmos atenção à organização e à ação das raízes e das folhas, logo veremos que tais são os órgãos exteriores de que os vegetais [472] se servem para absorver os nutrientes. Veremos que as raízes se desviam de um veio de terreno ruim para buscar boa terra, que elas se dividem, multiplicam-se e chegam mesmo a mudar de forma para obter nutrientes para a planta. A diferença entre animais e vegetais não pode, portanto, repousar sobre a maneira de sua nutrição." É bem possível que seja assim, tanto mais se considerarmos que os ares de espontaneidade que nos impressionam nos animais que se movem quando buscam por uma presa ou em outras ocasiões, e que não vemos nos vegetais, talvez sejam um preconceito, uma ilusão de nossos sentidos, ludibriados pela variedade de movimentos dos animais, que poderiam ser cem vezes mais variados sem que por isso os animais fossem mais livres. Mas por que, afinal, alguém perguntaria, esses movimentos são tão variados nos animais e tão uniformes nos vegetais? Isso decorre, ao que me parece, dos vegetais serem movidos apenas pela resistência e pelo choque, ao passo que os animais, por terem olhos, orelhas e todos os órgãos da sensação, como nós, e por terem esses órgãos afetados em conjunto ou separadamente, as múltiplas combinações de resistência e choque, quando o animal permanece puramente passivo, agitam-no de maneiras infinitamente diversas, de sorte que não conseguimos observar uniformidade em sua ação. Por isso dizemos que a pedra cai necessariamente, e que o cão, quando o chamamos, vem por livre e espontânea vontade; por isso não nos queixamos de uma telha que nos atinge e fere o nosso braço, e culpamos um cão por nos ter mordido a perna, embora talvez a única diferença entre a telha e o cão seja que a queda de todas as telhas é sempre igual e os movimentos de um cão nunca são precisamente os mesmos, ao longo de sua vida. Não temos outra ideia de necessidade além da que nos vem da permanência e uniformidade do evento.

"Esse exame nos conduz a reconhecer com clareza que não há diferença alguma que seja absolutamente essencial e geral entre os animais e os vegetais, e que a natureza descende, por graus e nuances imperceptíveis, de um animal que nos parece o mais perfeito ao que parece ser menos, e deste ao vegetal. O pólipo de água doce, se quisermos, é o último dos animais e o primeiro dos vegetais.

"Após termos examinado as diferenças, se buscarmos agora pelas semelhanças entre os animais e os vegetais, de saída encontraremos uma bem geral e essencial, a faculdade de se reproduzir, comum a ambos, que implica mais analogias e similaridades do que poderíamos imaginar, e nos leva a crer que, na natureza, os animais e os vegetais são seres quase de mesma ordem.

"Uma segunda semelhança pode ser encontrada no desenvolvimento de suas partes, que é propriedade comum a animais e vegetais. Pois estes, tanto quanto aqueles, têm a faculdade de crescimento, e se a maneira pela qual se desenvolvem é diferente, não o é nem total nem essencialmente, pois há nos animais partes bastante consideráveis, como os ossos, os cabelos, as unhas, os chifres etc. cujo desenvolvimento é uma verdadeira vegetação. No período de sua formação, o feto mais vegeta do que vive.

"Uma terceira semelhança é que há animais que se reproduzem como as plantas e através dos mesmos meios; a multiplicação dos pulgões, que se realiza sem acasalamento, é similar à de plantas por grãos; e a dos pólipos, que se realiza por divisão, é similar à de árvores por enxerto.

"Pode-se assim afirmar, com mais fundamento, que os animais e os vegetais são seres de mesma ordem, e que a natureza parece passar de uns aos outros por nuances insensíveis, pois têm entre si semelhanças essenciais e gerais e sem diferenças equivalentes.

"Se compararmos agora os animais aos vegetais sob outros aspectos, como número, lugar, grandeza, forma etc., extrairemos novas induções.

"O número das espécies animais é muito maior que o das espécies de plantas. Só no reino dos insetos há talvez um número maior de espécies, a maioria das quais escapa aos nossos olhos, do que o número de espécies de plantas visíveis sobre a superfície da Terra. Os animais assemelham-se muito menos entre si do que as plantas, e a semelhança entre as plantas impõe uma dificuldade de reconhecê-las e classificá-las. Esse problema gerou os métodos da Botânica, que, por essa razão, desenvolveram-se muito mais do que os da Zoologia, pois, como há entre os animais diferenças mais sensíveis do que entre as plantas, é mais fácil reconhecê-los e distingui-los, nomeá-los e descrevê-los.

"De resto, há uma facilidade adicional para se reconhecer as espécies de animais e distingui-las umas das outras. Deve-se considerar como de uma mesma espécie animais que, por meio da copulação, perpetuam e conservam similaridade, e como de espécies diferentes os que, pelos mesmos meios, não produzem nada de igual, de sorte que uma raposa será uma espécie diferente de um cão se o resultado da copulação entre um macho e uma fêmea de cada uma dessas espécies for nulo; ou, mesmo que resulte um animal misto, uma espécie de mula, como essa mula nada produzirá, será suficiente para estabelecer que a raposa e o cão não são da mesma espécie, pois supomos que, para constituir uma espécie, é necessária uma produção contínua, perpétua, invariável, semelhante à de outros animais. Não se encontra nas plantas uma vantagem como essa. Apesar da pretensão de identificar os diferentes sexos e de terem sido estabelecidas divisões de gênero a partir de órgãos de fecundação, como isso não é nem tão certo nem tão evidente como nos animais, e como, de resto, a produção se realiza de muitos outros modos, sem participação dos sexos ou de órgãos sexuais, essa ideia fracassou, e é com base numa analogia equivocada que se alegou que o método sexual permitiria distinguir as espécies das diferentes plantas.

"O número de espécies de animais é, portanto, maior que o de espécies de plantas. O mesmo não vale, porém, para os indivíduos de cada espécie. Assim como nas plantas, o número de indivíduos de pequeno porte é muito maior que as de grande porte, a espécie das moscas é talvez cem milhões de vezes mais numerosa que a dos elefantes. Do mesmo modo, há muito mais ervas do que árvores. Se compararmos, porém, a quantidade de indivíduos dos animais e das plantas, espécie por espécie, veremos que cada espécie de planta é mais abundante do que cada espécie de animal. Por exemplo, os quadrúpedes produzem um pequeno número de filhotes, em intervalos consideráveis. As árvores, ao contrário, produzem uma grande quantidade de indivíduos de sua espécie."

O Sr. Buffon reconhece que a comparação [473] não é exata, e que, para que fosse, seria preciso comparar a quantidade de grãos produzidos por uma árvore com a quantidade de germes que o sêmen de um animal pode conter. Então talvez se constatasse que os germes animais são mais abundantes que os vegetais. Ao que ele responde, "que se levarmos em consideração que é possível, reunindo-se cuidadosamente todos os grãos de uma árvore, por exemplo de um olmo, e, semeando-os, obter anualmente centenas de milhares de pequenas plantas de olmo, veremos que, quando se tem o cuidado de fornecer a um cavalo todas as éguas que ele possa fornicar em um ano, os resultados da produção serão muito diferentes no animal e no vegetal. Não levo em consideração, portanto, a quantidade de germes, primeiro porque não temos como medi-la nos animais, segundo porque nos vegetais pode haver germes seminais, e o grão não é um germe, mas sim um produto tão perfeito quanto um feto de animal, e, a exemplo deste, desenvolve-se consideravelmente".

O Sr. Buffon reconhece que se deve levar em consideração a prodigiosa multiplicação de certas espécies de insetos, como as abelhas, cujas fêmeas produzem, cada uma, de 30 a 40 mil indivíduos por ano. Mas observa que suas considerações se referem "aos animais em geral, comparados às plantas em geral, e, de resto, o exemplo das abelhas, que talvez seja o da maior multiplicação que conhecemos nos animais, não constitui uma prova, pois, dentre os 30 ou 40 mil indivíduos produzidos pela abelha-rainha, o número de fêmeas é bem pequeno, 1.500 ou 2 mil são machos, e o restante são mulas, ou melhor, abelhas neutras, desprovidas de sexo e incapazes de se reproduzir.

"É preciso reconhecer que há espécies de insetos, de peixes e de crustáceos que parecem ser extremamente produtivas. As ostras, os arenques, as pulgas, os besouros etc. são talvez tão numerosos quanto os musgos e outras plantas mais comuns. Mas observa-se, no geral, que a maioria das espécies animais é menos abundante em indivíduos que as espécies de plantas. E mais, observa-se, ao comparar entre si a multiplicação das espécies das plantas, que as diferenças no número de indivíduos não são tão grandes quanto nas espécies de animais, uns engendram muitos filhotes, outros produzem um número muito pequeno deles, ao passo que nas plantas o número das produções é sempre bastante grande, em todas as espécies.

"Parece-me claro, pelo dito, que as espécies de animais ou de plantas mais vis e mais abjetas, as menores aos nossos olhos, são as mais abundantes em indivíduos. Quanto mais perfeitas nos pareçam as espécies de animais, mais vemos reduzir-se o número de seus indivíduos. Seria o caso de crer que certas formas de corpos, como as dos quadrúpedes e dos pássaros, que certos órgãos, que contribuem para a perfeição do sentimento, custariam mais à natureza do que a produção do vivente e do organizado, que nos parece tão difícil de conceber?" Não, não se deve crer em algo assim. Para explicar, na medida do possível, o fenômeno proposto, é preciso remontar à ordem primitiva das coisas e supô-la tal que a produção dos grandes animais fosse tão abundante quanto a dos insetos. É óbvio à primeira vista que esse reino monstruoso logo devoraria os outros e ocuparia sozinho a face da Terra, em breve não restariam sobre os continentes senão insetos, pássaros e elefantes, e nas águas não haveria senão baleias e peixes pequenos, que escapassem à voracidade destas. Essa ordem de coisas certamente não seria comparável à que existe atualmente. A Providência parece assim ter feito as coisas para o melhor.

Passemos agora, com o Sr. Buffon, à comparação entre os animais e os vegetais quanto a lugar, grandeza e forma. "A terra firme é o único lugar em que os vegetais podem subsistir. A maioria eleva-se a partir do solo e se firma nele por meio de raízes que o penetram até pequena profundeza. Alguns, como as trufas, são inteiramente recobertos de terra, outros, mais raros, crescem sob as águas; mas todos precisam, para sobreviver, da superfície do solo. Os animais, ao contrário, encontram-se mais bem distribuídos, uns habitam a superfície, outros o interior do solo, há os que habitam águas profundas e os que preferem as mais rasas. Há animais nos ares, no interior das plantas, no corpo do homem e de outros animais, nos licores; encontram-se até em pedras.

"O uso do microscópio propiciou a descoberta de um grande número de novas espécies de animais muito diferentes entre si. Pode parecer surpreendente que, quando muito, tenham sido reconhecidas uma ou duas novas espécies de planta por meio desse instrumento. O pequeno musgo produzido pelo bolor é talvez a única planta microscópica de que se tem notícia. Parece lícito crer que a natureza se recusou a produzir plantas demasiadamente pequenas, dedicando-se profusamente a produzir animálculos. Correria o risco de se enganar, no entanto, quem adotasse essa opinião sem examiná-la, e o erro poderia vir do fato das plantas se assemelharem mais entre si do que os animais, o que torna mais difícil reconhecê-las e distinguir suas espécies, de sorte que esse bolor que tomamos por um mofo infinitamente pequeno poderia ser uma espécie de bosque ou de jardim, habitado por um grande número de plantas muito diferentes entre si, cujas diferenças escapariam aos nossos olhos.

"É verdade que, comparando-se a estatura dos animais à das plantas, elas poderiam parecer muito desiguais. A distância entre uma baleia e um desses pretensos animais microscópicos é muito maior do que entre um cão adulto e o bolor de que falamos; e embora a estatura seja um atributo puramente relativo, mesmo assim é útil considerar os termos extremos nos quais a natureza parece encontrar seu limite. O grande parece bastante igual nos animais e nas plantas; uma baleia grande e uma árvore grande têm um volume que não chega a ser desigual. Já no pequeno, parece haver animais que, reunidos mil indivíduos, não equivalem a uma pequena planta de musgo.

"A diferença mais geral e mais sensível entre os animais e os vegetais se encontra na forma. A dos animais, apesar de variada ao infinito, em nada se assemelha à das plantas; e embora os pólipos, que se reproduzem como plantas, possam ser considerados como introduzindo uma nuance entre os animais e os vegetais, não somente por seu modo de reprodução como também por sua forma exterior, pode-se afirmar que a figura de um animal, qualquer que ele seja, é suficientemente diferente da forma exterior de uma planta para que nos enganemos a respeito. Os animais são capazes, na verdade, de realizar produções semelhantes às de plantas ou flores, mas uma planta nunca produziu algo semelhante a um animal. [474] Os admiráveis insetos que produzem e aperfeiçoam os corais jamais teriam sido tomados por flores se um preconceito sem fundamento não tivesse levado à crença de que os corais seriam plantas. Assim, os erros em que se poderia incorrer comparando-se a forma das plantas à dos animais dizem respeito somente a um pequeno número de objetos que introduzem a nuance entre eles, e quanto mais se observe mais se ficará convencido de que o Criador não interpôs fronteiras fixas entre os animais e os vegetais, que esses dois gêneros de seres organizados têm muito mais propriedades comuns do que diferenças reais, que a produção do animal não custa mais à natureza, talvez custe menos que a do vegetal, que a produção de seres organizados em geral não lhe custa nada, e que, por fim, o vivente e animado não é um grau metafísico dos seres, senão uma propriedade física da matéria".

Realizamos assim, com ajuda da profunda metafísica e das grandiosas ideias do Sr. Buffon, a primeira parte de um artigo muito importante e muito difícil. Passaremos agora à segunda parte, de autoria do Sr. Daubenton, seu ilustre colega na *Histoire Naturelle générale et particulière*.

Os animais, diz o Sr. Daubenton, ocupam o primeiro lugar na divisão geral da História Natural. Distribuem-se os objetos compreendidos por essa ciência em três classes, chamadas de reinos. O primeiro é o reino animal. Colocamos os animais nessa posição, pois eles têm mais relações conosco do que os vegetais, que estão contidos no segundo reino; e os minerais, por terem menos relação ainda, estão no terceiro. Em muitas obras de História Natural, no entanto, o reino mineral é o primeiro, e o animal é o último. Seus autores acreditam que deveriam começar pelos objetos mais simples, que são os minerais, e em seguida elevar-se, como que gradualmente, percorrendo o reino vegetal e chegando enfim aos objetos mais compostos, que são os animais.

Os antigos dividiam os animais em duas classes, a primeira compreendia os que têm sangue, a segunda, os que não têm. Esse método era conhecido no tempo de Aristóteles, talvez mesmo antes desse grande filósofo, e foi adotado, quase sem exceções, até o presente. Objetou-se a essa divisão que todos os animais têm sangue, pois todos têm um licor que circula pelo seu corpo e é o sustento da vida, que a essência do sangue não consiste na cor avermelhada etc. Mas essas objeções nada provam contra o método em questão. Se todos os animais ou só parte deles têm sangue, se o nome sangue convém ou não ao licor que circula em seus corpos, pouco importa, é suficiente que esse licor não seja vermelho para ser diferente do sangue de outros animais, ao menos pela cor. Essa diferença oferece assim um meio para que se distingam uns dos outros, e constitui uma característica para cada uma das classes. Há outra objeção, porém, para a qual não há resposta. Dentre os animais que se diz não terem sangue ou não terem sangue vermelho, encontram-se alguns que têm sangue, e bem vermelho: são os vermes de solo. Eis um fato que põe o método em questão; mas, mesmo assim, ele parece ser melhor que outros.

A primeira classe, dos animais que têm sangue, é subdividida em duas, uma compreende os animais que têm um pulmão como órgão da respiração, a outra os que têm guelras.

O coração dos animais dotados de pulmão tem dois ventrículos ou um só; aqueles cujo coração tem dois ventrículos são vivíparos ou ovíparos. Os vivíparos são terrestres ou aquáticos; os terrestres são os quadrúpedes vivíparos. Os aquáticos são os peixes cetáceos. Os ovíparos, cujo coração tem dois ventrículos, são os pássaros.

Os animais cujo coração tem um só ventrículo são quadrúpedes ovíparos ou serpentes.

Os animais que têm guelras são peixes, exceto pelos cetáceos.

Distinguem-se os animais que não têm sangue em grandes e pequenos.

Os grandes dividem-se em três espécies. 1º) Os que se movem e são dotados de uma substância mole no exterior e uma dura no interior, como o pólipo, o choco, o calamar. 2º) Os crustáceos. 3º) Os testáceos.

Os pequenos animais que não têm sangue são insetos. Ver *Ray, Sinopse anim. quad.*

Há outras distribuições menos complicadas. Dividiram-se os animais em quadrúpedes, pássaros, peixes e insetos. As serpentes foram incluídas entre os quadrúpedes, pois acredita-se que não seriam muito diferentes dos lagartos, embora não tenham pés. Uma das principais objeções a esse método é que ele refere ao mesmo gênero os vivíparos e os ovíparos.

Dividiram-se ainda os animais em terrestres, aquáticos e anfíbios. Mas essa distribuição foi contestada, por consignar os vivíparos a classes diferentes e incluir alguns vivíparos e ovíparos numa mesma classe; os insetos terrestres estão numa classe, os aquáticos em outra etc.

Um exame detalhado não deixará dúvida de que há muitas outras exceções às regras estabelecidas por esses métodos. Mas não se deve esperar por um método arbitrário que esteja perfeitamente de acordo com a natureza. Trata-se, assim, de escolher os menos defeituosos, pois defeituosos todos o são, em maior ou menor medida. Ver *Método*.

Os animais crescem, têm vida, têm sentimento. Partindo dessa definição, o Sr. Lineu os distingue dos vegetais, que crescem e vivem sem ter sentimento, e dos minerais, que crescem sem ter vida nem sentimento. O mesmo autor divide os animais em seis classes. A primeira compreende os quadrúpedes; a segunda, os pássaros; a terceira, os anfíbios; a quarta, os peixes; a quinta, os insetos; a sexta, os vermes. *Systema naturae*.

(**PPP**)

Árvore (*História Natural, Botânica*), Daubenton [1, 580]

As *árvores* são os mais altos, os maiores e, por conseguinte, os mais vistosos de todos os vegetais. São plantas estriadas, longilíneas, dotadas de tronco único e principal, que se eleva, divide-se e se estende por numerosos galhos e ramos, cujo volume e aparência variam em razão da idade, do clima, do terreno, do cultivo e principalmente da natureza de cada árvore. Comparando-se a altura e a consistência de todas as plantas, chega-se por nuances imperceptíveis do hissopo ao cedro do Líbano, ou seja, da planta de menor estatura à árvore mais alta, da erva mais tenra à madeira mais espessa. Assim, embora as ervas sejam as menores plantas, é possível confundir com árvores certas espécies de ervas, se não se quiser dar os nomes de *arbusto* e *semiarbusto* a plantas de grandeza e consistência intermediária entre as ervas e as árvores. Apesar dessas designações, é muito difícil distinguir árvores de arbustos. Que diferença haveria entre a menor árvore e o maior arbusto? É impossível determinar com precisão. Mas pode-se dizer, em geral, que uma árvore deve ter mais do que 3 ou 3,5 m de elevação. Essa altura é bem inferior à de um carvalho, cuja cúpula pode se elevar a mais de 30 m. Por isso, é melhor dividir as árvores em grandes, médias e pequenas. O carvalho, o abeto etc. pertencem à primeira classe, o amieiro, a ameixeira etc. podem ser considerados da segunda, o pessegueiro, o loureiro etc. contam na classe das árvores pequenas.

Os botânicos remetem as diferentes espécies de árvores a diferentes gêneros, caracterizados por eles, assim como as demais plantas, pelo número, figura e posição de certas partes, principalmente as flores e os frutos. Nesses arranjos, grande parte confunde ervas e árvores. Colocam-se numa mesma ordem, ou na mesma seção, a capuchinha e o bordo, a filipêndula e a pereira, a beldroega e a tília etc. Esses métodos podem propiciar uma ideia falsa de muitas árvores, ao mostrá-las no mesmo gênero, ou seja, sob um nome comum a outras plantas que, na verdade, são arbustos. Por exemplo, o carvalho e o salgueiro são árvores de grande porte; mas, segundo os métodos de Botânica, haveria carvalhos e salgueiros nanicos. Os adeptos de tais métodos não hesitam em mudar os nomes das plantas mais conhecidas, substituindo-os por outros de sua lavra, quando fariam melhor em dar a certos arbustos nomes diferentes dos de árvores de grande porte. Por esse meio, evitar-se-ia todo equívoco na significação da palavra árvore; caso contrário, só pode haver confusão. Pois se quando se trata de um exemplar de carvalho ou de salgueiro necessariamente temos a ideia de uma árvore, a nos fiarmos pelas convenções dos adeptos do método e pela sua linguagem seria preciso tomar pequenos arbustos por carvalhos e salgueiros e dar o nome de árvore a plantas que deveriam ser consideradas como meros arbustos de baixa estatura. Todo método arbitrário necessariamente induz ao erro. O método divisado pelo Sr. Tournefort para a distribuição das plantas é um dos melhores de que dispomos; expõe o ridículo dos métodos que misturam indiferentemente as ervas e as árvores, e trata de evitar esse erro, classificando as árvores e os arbustos em classes separadas. No entanto, como o seu método continua sendo arbitrário, amiúde viu-se obrigado, ao adotá-lo, a se afastar da ordem natural, por exemplo ao reunir sob o mesmo gênero o ébulo e o sabugueiro, a *althoea frutex* e a alteia. A natureza simplesmente rejeita tais convenções, não se submete a elas, nem mesmo ao melhor dos métodos, quando arbitrário. Ver *Método*.

Os jardineiros e os que se dedicam ao cultivo das árvores não prestam atenção a cálices e pétalas, tampouco a pistilos e a estames de flores, contentam-se a observar cuidadosamente a natureza das diferentes árvores para saber como cultivá-las e empenham-se em multiplicar as que merecem sê-lo, pela qualidade da madeira, pela abundância de frutos, pela beleza das flores ou da folhagem. Distinguem assim as árvores em *robustas* e *delicadas*, as que trocam a folhagem, as sempre verdes, as de floresta, as frutíferas, as floridas, as de bosques, de avenidas, de paliçadas etc.

Nem todas as árvores sobrevivem no mesmo clima. Para árvores estrangeiras, o clima da França é o maior obstáculo à multiplicação. Poucas não se adaptam ao terreno, mas a maioria não resiste ao frio. As estufas são insuficientes para compensar esse clima em que as árvores mais delicadas só vegetam languidamente.

Árvores que trocam a folhagem são muito mais numerosas do que as que estão sempre verdes; as primeiras crescem mais rápido e multiplicam-se mais facilmente do que as outras, das quais apenas um pequeno número produz frutos apropriados para o consumo.

Para multiplicar as árvores, nem sempre é recomendável semeá-las, outros procedimentos são preferíveis conforme o caso. O enxerto permite aperfeiçoar a flor e o fruto, a expensas da altura e do estado natural da árvore. O enxerto com estaca costuma dar mais resultados em arbustos do que **[581]** em árvores. O replantio é um meio simples e rápido, mas só funciona com árvores mais comuns e de pequeno porte. Outros procedimentos empregados são o tronco afundado e a mergulhia, que se mostram, porém, inconvenientes para árvores de grande porte, cujas raízes tornam-se fracas, escassas, e às vezes só se desenvolvem de um lado. Menciono ainda a multiplicação por meio de raízes e folhas, mais curiosa do que útil. Nem todas as árvores se prestam a esse modo de multiplicação, algumas só se multiplicam por um deles e muitas não se reproduzem em climas estrangeiros.

Árvores de floresta não são as mesmas em toda parte. O carvalho predomina em geral nos climas temperados e em terrenos planos; a faia é encontrada nas encostas se o terreno for gredoso; o castanheiro, em solo escorregadio e úmido; a carpa, onde quer que a terra seja dura e o terreno pedregoso; o freixo prospera próximo a fontes. Árvores úmidas como o álamo, o amieiro, o salgueiro etc. encontram-se em terrenos pantanosos; árvores resinosas, como o pinheiro, o abeto etc., estão em montanhas mais altas e lugares similares.

Distinguem-se em geral as árvores frutíferas cujos frutos têm caroço daquelas cujos frutos têm pevides. O esforço para multiplicar umas e outras é contínuo, mas ocorre menos pela semeação, que propicia novas espécies, do que pelo enxerto, que aprimora o fruto. É por meio do talhe, a operação mais difícil da arte da jardinagem, que se dá às árvores frutíferas longevidade, abundância e porte. Árvores ornamentais servem para decorar avenidas e alamedas, em que geralmente se encontram o olmo, a tília, a castanheira, o choupo, a epícea e o plátano, que, para esse fim, é a mais bela e mais conveniente de todas as árvores. Outras árvores são empregadas para fazer plantações, decorar bosques, formar pórticos, berços e paliçadas, para ornar platibandas, anfiteatros, terraços etc. Em todo caso, a variedade da folhagem, das flores e das formas dadas às árvores agrada e produz um belo espetáculo, desde que tudo isso seja disposto com bom gosto.

(**PPP**)

Arbusto (História Natural, Botânica), *Daubenton* [I, 592]

Planta estriada de cujo tronco despontam diversos caules ramificados que formam naturalmente uma moita. Não é possível determinar precisamente o que distingue um arbusto de uma árvore. É certo que um arbusto é menos alto que uma árvore; mas que diferença haveria, quanto ao tamanho, entre um arbusto grande e uma árvore pequena? Há arbustos maiores do que árvores. Pode-se estimar que, em geral, a altura de um arbusto é entre 1,8 m e 3,5 m– como no caso do espinheiro, da romãzeira e de outros.

(**PPP**)

Semiarbusto

Planta estriada que produz, a partir de um mesmo tronco, pequenos ramos que formam uma pequena moita. Semiarbustos são menores que arbustos, como indica o nome. Podem-se considerar semiarbustos as plantas estriadas que se veem abaixo da linha de mão, quando se está em pé, como as groselheiras, as urzes etc.

(**PPP**)

Botânica (*Ordem enciclopédica, Entendimento, Razão, Filosofia ou Ciência, Ciência da Natureza, Física geral, Física particular, Botânica*), Daubenton [2, 340]

Botânica é a parte da História Natural cujo objeto é o conhecimento do reino vegetal como um todo. Assim, a Botânica é a ciência que trata de todos os vegetais e de tudo o que tenha relação imediata com eles.

O estudo da vegetação compõe a primeira parte dessa ciência e é a base de todas as outras. Deve-se começar pelo exame da natureza dos vegetais em geral antes de tratar cada planta em particular, pois só é possível chegar ao conhecimento da economia vegetal caso se saiba como os germes das plantas se desenvolvem, como elas crescem, quais os meios de multiplicá-las, qual a sua organização geral, a estrutura de cada parte, sua maneira de reprodução, o movimento e a qualidade da seiva, e, por fim, como o terreno e o clima podem influir nelas. Tais são os princípios gerais que constituem os fundamentos da Botânica. Esses conhecimentos dependem da Física, e formam o nexo que une essas duas ciências.

Em seu pormenor, a Botânica divide-se em muitas partes, sendo três as principais: nomenclatura das plantas, cultivo e propriedades. A última é a única de importância quanto à utilidade que dela extraímos, e as duas primeiras só devem nos ocupar na medida em que possam contribuir para valorizar a terceira, aprimorando o conhecimento das propriedades. Deve-se entender por *propriedades das plantas* todos os seus usos, inclusive o puro agrado. As árvores de floresta e as ervas têm, nesse sentido, as suas propriedades, tanto quanto as plantas utilizadas na Medicina.

A partir do momento em que o conhecimento das plantas tomou corpo de ciência, o enunciado de sua nomenclatura antecedeu na exposição a história do seu cultivo e das suas propriedades. É certo que o primeiro conhecimento que se teve das plantas foi o dos usos para os quais eram empregadas. Elas foram utilizadas antes de receber nomes. Frutos fornecem nutrição; folhas e cortiças, vestimenta; cabanas são construídas com árvores das florestas, antes de serem nomeadas as macieiras e as pereiras, o cânhamo e o linho, os carvalhos e os olmeiros etc. O homem teve que satisfazer suas necessidades mais prementes se orientando unicamente pelo sentimento, independentemente de qualquer conhecimento adquirido. O perfume das flores foi desfrutado desde a primeira vez em que alguém se aproximou delas, o odor da rosa ou do jasmim foi investigado sem que se indagassem os seus nomes. Os usos das plantas que pressupõem mais experiência nunca foram indicados pelo nome ou pela aparência exterior de planta alguma; um golpe de sorte forneceu instrução em relação à eventual utilidade do arroz ou do trigo, do café ou da vinha. Em suma, tudo leva a crer que as plantas utilizadas na Medicina e nas artes só foram nomeadas após ser conhecida a sua eficácia. Até hoje, muitas trazem em seus nomes a referência a suas propriedades. [341]

A nomenclatura das plantas não é necessária à descoberta de suas propriedades. Essa verdade é tão óbvia que seria ridículo colocá-la em questão, se o estado atual da Botânica e sua experiência prévia não mostrassem que a nomenclatura tem sido estudada em detrimento das outras partes dessa ciência. Realizam-se mais observações e ensaiam-se mais combinações na tentativa de reduzir a nomenclatura das plantas a um sistema do que talvez seriam necessários experimentos para a aquisição de fatos que permitiriam descobrir uma quantidade considerável de propriedades novas e úteis. Essa conduta equivocada no estudo da Botânica é um obstáculo ao avanço dessa ciência, pois nos afasta do seu objetivo principal. Há razões para crer que, caso se continue a trilhar essa rota falsa, talvez se chegue a perdê-lo de vista. Para se convencer disso, basta examinar qual a utilidade extraída da nomenclatura das plantas, levada ao ponto de perfeição pelo empenho dos botânicos, ao que essa nomenclatura serve na Botânica, e qual seria o seu efeito nocivo, supondo-se que esse conhecimento seja reduzido a um sistema constante e quiçá infalível.

A nomenclatura permitiu que se identificassem cerca de 20 mil espécies de plantas, segundo a estimativa dos botânicos, contando-se as observadas no Novo Mundo. Se mais observadores percorressem a Terra, o número de espécies de plantas dobraria ou triplicaria, seriam talvez encontradas 100 mil outras ou mais, dependendo dos princípios de contagem. Que segurança, porém, nos oferece essa contagem? O resultado não é o mesmo para todos os observadores, cada um conta à sua maneira, uns multiplicam desnecessariamente, separando em diferentes espécies indivíduos similares, outros misturam indivíduos diferentes e com essa confusão diminuem o número das espécies. Ainda não foi encontrado um princípio infalível para verificar esse número; empregou-se uma arte considerável, não foram poupados cuidados nem fadiga, mas sempre de modo infrutífero. O que não surpreende, pois é fácil identificar a origem desse erro. Quiseram fazer da nomenclatura das plantas uma ciência, quando ela não é mais do que uma arte, e uma arte exclusiva da memória.

Trata-se de imaginar um meio que permita retraçar sem confusão a ideia e o nome de cada planta realmente vista na natureza ou descrita e ilustrada em livros. Cem meios permitem chegar a esse fim. Se um objeto foi bem observado e se tornou familiar, pode-se reconhecê-lo, nomeá-lo e distingui-lo de todo outro com uma facilidade que só surpreenderá os que não estiverem habituados a exercitar os olhos e a memória. É verdade que como o número de plantas é, por assim dizer, excessivo, deve ter sido mais difícil encontrar um meio de nomeá-las e distingui-las umas das outras, arte que foi inventada, e é tão mais engenhosa quanto mais fácil de reter na memória. Uma vez estabelecida, essa arte permitiria recordar o nome de qualquer planta que se quisesse ou a ideia da planta cujo nome se soubesse, sempre supondo, porém, num caso como no outro, que a planta mesma fosse conhecida por quem empregasse a nomenclatura, pois esta só vale para coisas cujo conhecimento é inequívoco. O conhecimento em geral independe totalmente do nome. Para provar que é assim, examinemos como deve proceder um homem que queira conhecer uma planta que ele vê pela primeira vez e cujo nome desconhece. Se começar por se informar acerca do nome dessa planta, não extrairá disso nenhuma luz, pois o nome de uma coisa desconhecida não pode evocar ideia alguma. Deve observar a planta, examiná-la e formar dela uma ideia distinta. Chegaria a tanto vendo-a, e, se expusesse e descrevesse tudo o que viu, poderia comunicar a outros o conhecimento adquirido. Então o nome serviria como signo para recordar a ideia dessa planta não somente para ele mesmo como também para os que lessem a descrição. Mas é impossível que um nome ocupe o lugar de descrição; esse signo pode evocar a ideia de uma coisa conhecida, jamais dar a ideia de uma coisa desconhecida.

E, no entanto, fizeram-se inúmeras tentativas para tornar compreensíveis os nomes das plantas e compô-los e combiná-los de modo a propiciar uma ideia distinta delas, sem que seja preciso vê-las ou ler a sua descrição completa. Esse projeto, se bem-sucedido, corresponderia à formação de uma ciência da nomenclatura das plantas; mas a execução fracassou a cada vez que foi tentada, pois as descrições não podem ser reduzidas à nomenclatura, nomes e frases não podem equivaler às descrições.

Os praticantes da nomenclatura entreviram essa objeção e, para superar a dificuldade, uniram ao nome uma pequena parte da descrição. A esse composto chamaram frase. Tentaram utilizar, para tanto, caracteres específicos. Mas, como essas frases ou nomes de espécies poderiam comportar apenas uma parte da descrição, em todo caso insuficiente para dar uma ideia da planta, quiseram suprir essa dificuldade consignando ao nome genérico outra parte da descrição. Como, porém, a designação dessas duas partes pelos nomes do gênero e pela frase da espécie permanecesse demasiado imperfeita para permitir o reconhecimento da planta, outras partes da descrição foram incluídas no enunciado da ordem e da classe. Apesar de toda a arte empregada para combinar essas partições, não foi possível dar uma ideia distinta da planta, pois não se pôde referir a descrição em sua integridade.

A descrição completa é absolutamente necessária para caracterizar uma planta de modo a distingui-la de todas as outras; essa é uma lei constante para todos os objetos da História Natural, principalmente para os que são numerosos, como as plantas. Para contornar essa dificuldade, insuperável para a nomenclatura, buscaram-se nas plantas partes cuja descrição pudesse suprir a descrição integral da planta, partes que fossem tão constantes que não faltariam a nenhuma planta, tão variadas que fornecessem caracteres a cada espécie e suficientemente evidentes para serem reconhecidas com facilidade. Por meio desses atributos imaginários, pretendeu-se reduzir a nomenclatura a um sistema, a um método, a uma distribuição metódica, e, a crermos nos maiores entusiastas da nomenclatura, tal sistema é o próprio sistema da natureza. Mas a natureza desmente esses sistemas a cada instante. Não se encontram nas plantas partes que se manifestem em todas as espécies. As flores e as sementes, que parecem ser as partes mais essenciais, e, por conseguinte, mais constantes, não são reconhecíveis em diversas espécies. E, mesmo assim, é nas partes da frutificação que os sistemas mais inócuos se baseiam. [**342**]

Mas o fundamento desse sistema não é mais firme que o de outros, é tão ou mais frágil que o deles, e nenhum se aproxima de um verdadeiro sistema da natureza. Ver *Método*.

Como esperar que a natureza se submetesse a leis arbitrárias? Seríamos capazes de distinguir, num indivíduo que ela nos apresenta, as partes principais das acessórias? Vemos espécies de plantas, indivíduos perfeitamente semelhantes entre si; se os identificamos com segurança, é porque os comparamos por inteiro. Mas, a partir do momento em que se elaboram convenções para distinguir uma espécie de outra e estabelecer gêneros e classes, incorre-se inevitavelmente em erro, pois perdem-se de vista os indivíduos reais, e persegue-se o objeto quimérico que se formou em seu lugar. Daí a incerteza dos adeptos da nomenclatura a respeito do número de espécies, gêneros e classes, e a consequente multiplicação dos nomes de plantas. Por isso, todas as tentativas de reduzir a nomenclatura das plantas a corpo de ciência tornaram o conhecimento das plantas mais difícil e mais defectivo do que ele seria, se apenas os olhos fossem utilizados para reconhecê-las e a arte mnemônica fosse empregada sem o auxílio de qualquer aparato científico. Tais sistemas só serviram ao avanço da Botânica quando ofereceram descrições exatas das diversas partes das plantas e realizaram observações sobre essas mesmas partes, para assim estabelecer caracteres metódicos.

A isso serviram os métodos de nomenclatura de plantas até aqui imaginados. Vejamos agora o que se poderia esperar de tais métodos, supondo que fossem levados à perfeição tão desejada pelos que os praticam. Quem quer que se instrua devidamente nesse pretenso sistema da natureza adquire, é verdade, um meio infalível para reconhecer todas as espécies de plantas e distingui-las umas das outras. Mas, no detalhe, a aplicação desse sistema seria uma enormidade. Relacionar sem equívoco 20 mil nomes e 20 mil plantas das quais mal se tem algum conhecimento constituiria uma verdadeira obra-prima de combinação e de memória, ao alcance de poucos. De resto, um sistema de nomenclatura como esse, um saber tão vasto de nomes e de frases, não poderia de modo algum nos instruir acerca do cultivo e das propriedades das plantas, partes da Botânica que requerem observações inteiramente diferentes das supostas pela nomenclatura. Um adepto do método observa escrupulosamente a posição, o número e a forma de certas partes de cada planta, mas não consegue extrair disso consequência alguma para o seu cultivo, pois, segundo o seu sistema, o número, a posição e a forma das partes devem ser os mesmos, independentemente do clima em que se encontre a planta e da maneira que seja cultivada. Essas observações tampouco podem lançar alguma luz sobre as propriedades das plantas. A prova disso é conhecida. Sabemos perfeitamente que nem todas as plantas que remetemos ao mesmo gênero têm as mesmas propriedades. Esse fato foi constatado em todos os sistemas de nomenclatura até aqui elaborados, e infelizmente é o caso de dizer que será confirmado por todos os sistemas vindouros. Mesmo assim, os adeptos do método, arduamente dedicados à descoberta do pretenso sistema da natureza, anunciam que é possível indicar as propriedades das plantas por meio de caracteres verdadeiramente genéricos, e alegam que muitos desses verdadeiros caracteres, que eles chamam de naturais, já estariam estabelecidos e seriam confirmados pela maioria dos métodos. Se for mesmo assim, trata-se do efeito de um verdadeiro acaso, pois os adeptos do método não podem alterar as propriedades das plantas como alteram a ordem da nomenclatura.

É desejável que um sistema como esse fosse estabelecido. Seria para o gênero humano uma descoberta mais proveitosa que a do próprio sistema do mundo. Mas ela não nos dispensaria de realizar novas descobertas sobre as propriedades das plantas, pois muitos gêneros seriam formados por espécies cujas propriedades desconhecemos. Por mais que não se possa obter uma indicação sobre a propriedade geral atribuída à classe, seria preciso adquirir novas luzes para inferir o grau de eficácia das plantas a partir de um único gênero; então todas as espécies de um mesmo gênero seriam igualmente ativas, requereriam a mesma preparação etc. Não insistirei nessa suposição quimérica. É suficiente notar que, assim como a natureza é independente de nossas convenções, as propriedades das plantas independem de sua nomeação. Talvez descrições completas de plantas possam fornecer algumas indicações de suas propriedades; mas o que esperar da descrição imperfeita de umas poucas partes? Concebe-se que a descrição exata de um animal, tanto exterior como interior, dê uma ideia de suas qualidades; mas, se forem observados apenas os seus órgãos de geração, como se costuma fazer com as plantas, o que se poderia concluir a respeito? Quando muito, descobrir-se-ia se um indivíduo é mais fértil ou não do que outro. Se é verdade que certas plantas com flores e frutos similares têm as mesmas propriedades, isso é um acaso, um fato sem qualquer constância, que não se verifica em outras plantas. Tais combinações fortuitas podem ocorrer em todos os sistemas de nomenclatura. Mas não penso que seja possível encontrar um suposto sistema natural subjacente, não mais do que é possível julgar a respeito das qualidades dos frutos sem tê-los provado.

Não somente a nomenclatura das plantas não traz qualquer contribuição ao conhecimento de seu cultivo ou de suas propriedades como é prejudicial a ele e retarda o avanço dessas duas partes da Botânica. A maioria dos que se ocuparam dessa ciência após a renovação das letras se aplicaram de preferência à nomenclatura. Quantos métodos não foram deduzidos, um após o outro! Quantos esforços vãos, para chegar a um fim imaginário! Essas tentativas exigiram muito empenho, sutileza e sagacidade da parte dos que adotaram tais métodos. Mas eles poderiam ter poupado o seu suor ou tê-lo empregado para um fim melhor, se tivessem se aplicado ao cultivo das plantas ou ao estudo de suas propriedades. Um único método teria sido suficiente para estabelecer a nomenclatura; trata-se apenas de criar uma espécie de memória artificial para reter a ideia e o nome de cada planta, pois o número delas é grande demais para que se abra mão desse recurso. Todo método que responda a esse fim é bom. Atualmente, há tantos métodos diferentes, e os nomes de plantas se multiplicaram a tal ponto, que seria desejável que se apagasse para sempre o rastro desses nomes supérfluos que tornam a nomenclatura das plantas uma ciência fútil, prejudicial à obtenção das reais vantagens que poderíamos esperar de uma Botânica dedicada ao cultivo das plantas e ao estudo de suas propriedades.

Em vez de nos ocuparmos com uma série de nomes inúteis e superabundantes, apliquemo-nos à multiplicação de um bem verdadeiro e necessário, e tentemos fazer que cresça a ponto de fornecer objetos suficientes para o comércio. Tal é o fim que nos oferece a Botânica [343] em sua segunda parte, o cultivo das plantas. Não depende somente de nós descobrir as suas propriedades, e não poderíamos alterá-las a bel-prazer; mas está ao nosso alcance multiplicar o número das plantas úteis, e por conseguinte enriquecer a fonte de nossos bens e torná-la inesgotável, graças aos nossos cuidados. Os antigos nos dão o melhor exemplo disso. Em vez de perder o seu tempo com pesquisas inúteis acerca dos caracteres distintivos do trigo, do centeio, da cevada, do arroz, da aveia, do milho, e de muitas outras espécies pretensamente relacionadas a cada um desses gêneros, dedicaram-se exclusivamente a plantas de reconhecida utilidade. Por força de trabalho e dedicação, chegaram a torná-las suficientemente abundantes para servir às necessidades dos homens e dos animais domésticos. Ao aperfeiçoar o cultivo das plantas, encontraram meios para distribuí-las sobre a superfície da Terra na ordem mais conveniente à sua multiplicação e crescimento. Semearam os terrenos que poderiam produzir colheitas abundantes, plantaram vinhas nos lugares próprios à maturação da uva, bateram pastos, plantaram florestas; enfim, descobriram como ajudar a natureza, reunindo as plantas úteis nos lugares mais convenientes e suprimindo deles, na medida do possível, as inúteis. Tal é a ordem mais necessária e o arranjo mais sábio que se poderia introduzir na divisão das plantas. Foi um arranjo como esse que os homens primeiro perceberam, e por ele primeiro buscaram, em benefício próprio. Ver *Agricultura*.

O princípio fundamental da agricultura é o conhecimento da índole do terreno e da temperatura do clima. Da inteligência desse princípio e do detalhamento de suas consequências depende o êxito das práticas utilizadas no cultivo das plantas. Mas, para orientar o reconhecimento dos diferentes terrenos, não há senão experimentos grosseiros. Os habitantes do campo têm a esse respeito uma espécie de tradição, que receberam de seus pais e transmitiram a seus filhos. Cada um em seu cantão, eles supõem, sem qualquer conhecimento de causa, ou sem qualquer conhecimento preciso, que tal ou tal terreno convém ou não a tal ou tal planta. Esses preconceitos, tenham ou não fundamento, ainda não foram examinados. Seria preciso verificá-los. Mas o objeto, apesar de sua importância, parece indigno dos melhores físicos. Teremos algum dia sistemas razoados, distribuições metódicas de terreno, de clima, relativamente à produção, ou seja, aos sistemas fundados na experiência?

A conveniência do clima é menos equívoca que a do terreno, e é fácil determiná-la pela maturidade dos frutos ou pelos efeitos de uma geada. Mas ainda não se observou suficientemente em que medida a conveniência do clima é alterada por vicissitudes. As duas principais causas dessas alterações são o corte de florestas ou de árvores esparsas, que reduz o número de indivíduos, e a elevação de pequenos vales ou das margens de rios e riachos, que resseca o terreno e diminui a frequência das inundações. Concebem-se sem dificuldade as alterações que essas duas causas poderiam ocasionar na temperatura do clima, em relação às plantas. O assunto é demasiado longo para ser desenvolvido em detalhes. Contentar-me-ei com a observação de que não se deve abdicar do cultivo de tal planta em tal lugar só porque não se obtiveram resultados durante algum tempo. Não se deve recear a multiplicação de experimentos em agricultura: um êxito mínimo desmente taxativamente todas as tentativas vãs.

Podem-se distinguir dois objetivos principais no cultivo das plantas: multiplicá-las de modo a permitir o maior crescimento possível, e aperfeiçoar sua natureza, alterando suas qualidades.

O primeiro só poderia ser notado por homens vivendo em uma sociedade numerosa. Os ensaios realizados nesses primeiros tempos foram sem dúvida bastante grosseiros, mas são tão necessários que surpreende ver que até hoje não tenham havido progressos ulteriores. Não sabemos quantos meios diferentes foram empregados para o cultivo da terra desde o surgimento dos homens. Mas não poderíamos duvidar de que os que empregamos poderiam ser aprimorados ou mesmo que outros melhores possam ser encontrados. A carroça é a mesma ao longo dos séculos, enquanto o estilo de nossa mobília e de nossa equipagem muda praticamente de ano para ano e chegamos a um grau de comodidade que quase não deixa o que desejar. Que se compare uma carroça a uma carruagem, e ver-se-á que, enquanto aquela é uma máquina grosseira, abandonada em mãos não menos grosseiras, esta, ao contrário, é uma obra-prima para a qual concorreram todas as artes. Nossa carroça não é melhor que a dos gregos e romanos, mas foi preciso muito mais indústria e invenção para fabricar nossas carruagens do que para os carros de triunfo de um Alexandre ou de um Augusto. A arte do cultivo da terra foi negligenciada, sendo exercida somente por habitantes do campo; mesmo na agricultura, prevaleceram objetos de luxo. Fazemos canteiros belos como tapetes, erguemos paliçadas decorativas, conhecemos a arquitetura dos jardins, mas a mecânica do lavrador não realizou nenhum progresso. Os meios para multiplicar as plantas e estimular seu crescimento parecem estar ao alcance de todos os homens, e não duvido que, com o tempo, possamos chegar a um alto grau de perfeição, desde que os capazes de instruir outros se dignem a se ocupar dessa tarefa.

Mais difícil é produzir alterações na natureza das plantas e dotá-las de qualidades superiores às naturais. Chegou-se a isso por meio do enxerto e da poda de árvores. Essas artes são conhecidas há tempos, e sobreviveram, por assim dizer, à maioria de seus próprios efeitos. Sabemos que os antigos detinham o segredo de como obter frutos deliciosos da macieira e da pereira selvagens. Esse segredo não chegou a nós, mas sabemos produzir maçãs e peras que não trocaríamos pelas dos romanos, e sabemos, tão bem quanto eles, como semear, enxertar e podar as árvores. Os resultados dessa arte preciosa parecem inesgotáveis. Quantas experiências não restam por fazer, das quais poderiam resultar novos frutos, quem sabe ainda melhores que aqueles de que dispomos? O que fizemos pelas árvores e pelos arbustos não poderia, da mesma maneira, ser feito pelas outras plantas, principalmente quando descobrirmos o segredo do seu mecanismo de geração e pudermos substituir as partículas de fecundação de uma planta pelas partículas de outra, de espécie diferente? O número de variações a que a natureza se presta é quase infinito; dessas variações são extraídos os melhores frutos.

Se nossas ameixas, pêssegos, damascos etc. não são espécies estáveis, ao menos são preferíveis à maioria das espécies estáveis, e, por sua utilidade, seriam muito dignas da ocupação dos botânicos, que no entanto parecem desdenhá-las, relegando-as aos cuidados dos jardineiros.

A transmigração de plantas é um dos principais objetivos de seu cultivo. Trazendo do estrangeiro uma planta útil, apropriamo-nos de um bem que pode se mostrar superior a outros de que usufruíamos. O plátano, o olmo, o pessegueiro, o damasqueiro, a roseira e tantos outros, trazidos de países muito distantes, foram por assim dizer naturalizados entre nós. Em tais casos, a natureza favoreceu as primeiras tentativas. Muitas plantas que parecem delicadas demais para resistir ao nosso clima poderiam, no entanto, sobreviver a ele, desde que fossem devidamente preparadas, e, em vez de serem bruscamente transpostas do calor para o frio, fossem depositadas em climas de temperatura mediana e tivessem tempo de se fortalecer antes de serem expostas ao rigor de nossos invernos. Pode ser necessário esperar por sucessivas gerações da mesma planta, em cada entreposto, e dedicar-se com afinco ao seu cultivo, para que se tornem mais robustas; mas que vantagens esses experimentos não trariam, mesmo supondo que apenas um deles prosperasse! Estou ciente de que é impossível suprir o calor do sol para plantas que crescem ao ar livre; mas não raro se confunde a ausência de calor com fatores que só dependem do solo, e creio que é possível adaptá-lo à planta a ser cultivada.

Os diferentes objetos da agricultura são dignos da ocupação de todos os homens, em especial dos botânicos. As propriedades das plantas que mais diretamente nos dizem respeito são o maior bem que a agricultura poderia propiciar. Deveríamos concentrar todos os nossos esforços para usufruir dele, aplicando-nos de preferência à descoberta de novas propriedades.

A maioria de nossos conhecimentos a esse respeito deve-se sem dúvida ao acaso; quanto aos demais, sua aquisição remonta a data tão antiga que ignoramos como se chegou a eles. A julgarmos os tempos passados pelos atuais, é muito provável que os primeiros conhecimentos das propriedades das plantas tenham sido obtidos de maneira fortuita. Como não dispomos de princípios que nos permitam avançar nesses conhecimentos, mais comum é tomarmos plantas saudáveis por venenosas e utilizarmos regularmente outras que, se bem examinadas, se mostrariam nocivas. É difícil conceber que os homens tenham preconceitos contra seus próprios interesses; mas não faltam exemplos disso. Com frequência mostramos uma inclinação, favorável ou contrária, sem razão alguma, por remédios dos quais dependem a vida ou a morte dos enfermos. Cada um emprega-os segundo sua própria prescrição, sem se preocupar em determinar as verdadeiras propriedades. Como explicar essa indiferença por coisas que nos interessam tão de perto? Nosso amor pela vida não tem nada de incerto, e mesmo assim parecemos negligenciar o que poderia conservá-la. Sabemos que as propriedades das plantas são o meio mais suave e muitas vezes mais certo para restabelecer a saúde ou prevenir doenças, mas está para nascer a arte que nos conduza a identificar essas propriedades. Quantas artes frívolas não foram levadas à perfeição! Quantos conhecimentos vãos não se acumularam, a ponto de formar ciências! Entrementes, contentamo-nos com uma lista das plantas mais utilizadas na Medicina e distinguimos suas propriedades segundo uma ordem metódica que as reparte em classes e gêneros. Reunimos numa classe as plantas digestivas, noutra as interventivas; as purgantes, as eméticas, são gêneros da primeira classe; a segunda é dividida em cefálicas, béquicas, cardíacas, diuréticas, diaforéticas etc.

Esse método é extremamente defectivo. Exceto pelo gênero das purgantes, que se divide em fortemente e moderadamente purgantes, nenhum outro gênero tem subdivisões. E, como as espécies não são determinadas, as plantas são reunidas a esmo, sem serem caracterizadas de modo que se possam distinguir as suas propriedades das de outras plantas do mesmo gênero. Esse método, porém, é tão arbitrário quanto qualquer outro de História Natural. Seus caracteres dependem dos efeitos produzidos pelas plantas no corpo humano, tão constantes quanto a natureza das plantas e a natureza humana. Ademais, essa ordem metódica tem a vantagem de permanecer sem alteração até agora, e creio que valeria mais desenvolvê-la integralmente e em detalhe do que pensar na realização de outras. O abuso dos métodos de nomenclatura de plantas deve servir para nos alertar em relação a um abuso similar na classificação de suas propriedades, que só pode ser resultado de nossas observações.

Dois objetivos principais apresentam-se às observações cujo intuito é nos conduzir ao conhecimento das propriedades das plantas: determinar o efeito das propriedades conhecidas e modificá-lo em diferentes circunstâncias, e encontrar meios para descobrir novas propriedades.

O primeiro vem sendo perseguido por observadores diligentes, no que se refere aos remédios de atuação interna, bem como aos tópicos de cirurgia que dependam do reino vegetal. A essas observações deve-se também a maioria de nossos conhecimentos em matéria de tratamento, sem dúvida uma das partes em que a Medicina é mais precisa. Essas mesmas observações, porém, são imperfeitas quanto à contribuição da Botânica e da Farmácia, ou seja, à determinação do estado da planta a ser empregada e do modo de sua preparação. Não se sabe ao certo qual a diferença entre as propriedades de uma raiz colhida na primavera e as da mesma raiz colhida no inverno, no outono ou no verão; entre folhas ressecadas de uma cortiça extraída ou de um tronco cortado em diferentes estações; em que proporção a eficácia de uma planta aumenta ou diminui conforme o tempo pelo qual é armazenada após ter sido colhida; qual a modificação ocasionada por uma reidratação mais ou menos instantânea ou pelo armazenamento num lugar mais ou menos fechado; em que medida as propriedades das plantas dependem de sua idade, do terreno, do clima em que crescem etc. Se há algum conhecimento dos efeitos produzidos por essas diferentes circunstâncias, ele é muito vago, e está longe da precisão exigida pela matéria. Ainda não foram realizadas experiências suficientemente monitoradas, que pudessem produzir observações confiáveis a respeito desses diferentes objetos. Tais observações poderiam nos propiciar o conhecimento do melhor modo de preparado das plantas para modificar a sua eficácia neste ou naquele ponto, ou ao menos para saber que alteração é produzida na propriedade de uma planta por uma infusão mais ou menos longa ou por outras preparações.

Sem dúvida é mais fácil determinar o efeito das propriedades conhecidas das plantas e modificá-las [345] por meio de diferentes procedimentos do que encontrar meios para descobrir novas virtudes. Os químicos dedicaram-se a essa pesquisa e acreditaram que ela poderia ser bem-sucedida mediante a decomposição das plantas seguida de uma análise exata. Mas mesmo os artesãos mais hábeis fracassaram nessa empreitada, e os resultados da análise não se coadunaram com as propriedades mais conhecidas das plantas analisadas. De início, acreditaram que plantas com as virtudes mais opostas se reduziriam ao mesmo princípio; por fim, abandonaram a via da análise, convencidos de que ela não poderia conduzir a nenhum conhecimento certo sobre as propriedades de plantas. Quanto trabalho infrutífero! A maioria das plantas mais utilizadas foi analisada; foram caracterizadas pelo princípio a que haviam sido reduzidas; e esperava-se que, mediante os resultados de sua análise, esse método desse a conhecer as propriedades de uma planta recém-descoberta.

Essa via, por sedutora que pareça, deve ser abandonada. Mas não é porque as tentativas até aqui realizadas se mostraram inúteis que se deve ser desencorajado a persistir num assunto tão importante. É preciso substituir a análise das plantas por um meio qualquer que permita descobrir suas propriedades. E se, após uma longa série de experimentos, os resultados forem negativos, nunca é demais multiplicá-los, por mais que o êxito pareça improvável. Recentemente foi feita uma descoberta que pode lançar luz sobre essas pesquisas. O Sr. Buffon nos ensinou a ver corpos em movimento não somente no sêmen dos animais como também nas sementes das plantas. Quando mantemos em infusão, durante algum tempo, sementes maceradas ou outras partes de uma planta, vemos pelo microscópio que as partículas orgânicas se desenvolvem, movem-se de diferentes maneiras e adquirem figuras variadas. Ver *História Natural*, tomo II. Essa bela descoberta, que por assim dizer desvendou, para os olhos de seu autor, o mistério da reprodução de animais e plantas, poderia talvez tornar as propriedades das plantas perceptíveis aos nossos olhos. Pelo menos foi a reflexão que me ocorreu quando o Sr. Buffon me mostrou esses corpos. Após esses experimentos, ele concluiu que se há partículas orgânicas sensíveis no sêmen dos animais, deve haver igualmente nas sementes das plantas. Essa indução, que só poderia vir de um gênio talhado para as mais grandiosas descobertas, foi confirmada por todos os experimentos depois realizados. O Sr. Needham, por sua vez, fez descobertas importantes relativas à vegetação. Ver *Nouvelles observations microscopiques*. Eu mesmo fiz outras, relativas às propriedades das plantas, e creio que há muitas a serem realizadas até que se possa chegar à determinação das diferenças entre as propriedades conhecidas e à descoberta de novas propriedades. O desenvolvimento, a posição, a figura, o movimento, a duração desses corpos, poderiam servir como regra e medida para julgar as propriedades da planta e avaliar sua eficácia. Ver *História Natural*.

(**PPP**)

Camadas da Terra (*História Natural, Mineralogia*), d'Holbach [16, 169]

Chamam-se *camadas da Terra, strata telluris*, os diferentes leitos ou bancos de terra, pedras, cascalhos, areia etc., de que é composto o solo do nosso globo. Por pouco que se observe a natureza, percebe-se que o globo que habitamos é recoberto por um grande número de diferentes substâncias, dispostas em camadas horizontais e paralelas entre si, quando uma causa extraordinária não impôs um obstáculo a esse paralelismo. Tais camadas variam de lugar para lugar, pelo número, pela espessura e pela qualidade dos materiais que contêm. Em alguns terrenos, se escavarmos em profundidade considerável, encontraremos duas, três ou quatro camadas, em outros trinta ou quarenta, dispostas umas sobre as outras. Algumas camadas são formadas exclusivamente por terras, como a argilosa, a calcária, a ocre etc.; outras são formadas por areia e brita; outras ainda são repletas de cascalhos e seixos ou de pedras arredondadas, similares às encontradas à beira de mares e rios; outras há que contêm fragmentos de rochas oriundas de outros lugares e reunidas naqueles em que atualmente se encontram; por fim, há camadas formadas por uma única rocha contínua, que se estende por um terreno às vezes bastante extenso. Tais rochas não são em toda parte feitas de pedras de mesma natureza, ora são de pedra cal, ora de gesso, de mármore, de alabastro, de xisto ou de ardósia, e não raro acontece da rocha que forma a camada ser ela mesma formada por diferentes bancos ou leitos de pedras; encontram-se camadas preenchidas por matéria betuminosa, como as de minas de carvão de terra; outras são depósitos de materiais **[170]** salinos, como o natrão, o sal-gema; muitas camadas, por fim, são depósitos de substâncias metálicas e minérios, que as águas parecem ter transportado para os lugares em que as encontramos, após tê-las extraído de seus lugares de origem. Por vezes, essas camadas são repletas de conchas, corais, corpos marinhos, madeira e outras substâncias vegetais, esqueletos de peixes e de quadrúpedes, ou de um bom número de corpos estranhos à terra firme.

Em todos os tempos, as circunstâncias relativas às camadas da Terra excitaram a imaginação dos físicos, que procuraram dar uma razão para o arranjo que observaram nelas e para outros fenômenos correlatos. A disposição horizontal e paralela que se observa nas camadas sugere que nada, a não ser as águas, poderia lhes ter dado esse arranjo uniforme. Uma experiência bastante simples parece suficiente para confirmar essa ideia. Se mergulharmos punhados de terra, areia, cascalho etc. numa vasilha cheia d'água, cada uma dessas substâncias se depositará em seu fundo, mais cedo ou mais tarde, em razão de seu peso específico, e o todo formará camadas paralelas. Conclui-se assim que as camadas da Terra também devem ter sido formadas por substâncias que foram dispersas num fluido imenso, depositando-se a seguir sucessivamente.

Como a história não conservou qualquer recordação de uma inundação mais universal do que o Dilúvio, os naturalistas não tiveram dificuldade para considerá-lo como o único autor das camadas da Terra. Entre os que adotaram essa opinião, destaca-se Woodward. Ele supõe que as águas do Dilúvio dissolveram e diluíram todas as partes de nosso globo, e, quando recuaram, as substâncias por elas dissolvidas se depositaram e formaram os diferentes leitos pelos quais a Terra, como se vê, é formada. Essa hipótese, mais engenhosa do que verdadeira, teve um bom número de seguidores. Mas mesmo o seu exame superficial há de mostrar que a pretensa dissolução da massa de nosso globo como um todo é uma ideia inteiramente quimérica. De resto, não é verdade que as camadas da Terra tenham se depositado em razão do peso específico de seus respectivos materiais, haja vista que algumas delas, formadas por substâncias mais leves estão abaixo de outras, formadas por materiais mais pesados.

Mas o Dilúvio não é uma razão geral apropriada para explicar a formação das camadas de que falamos. É inegável que pode ter produzido algumas delas, mas seria uma ilusão atribuir-lhe todas, indiferentemente, como fazem alguns autores. Como conceber que uma inundação passageira, que, segundo o relato de Moisés, não durou sequer um ano, tenha produzido as camadas, formadas por substâncias tão diferentes, de que se encontram em diferentes partes de nosso globo?

A opinião mais verossímil acerca da formação das camadas da Terra é a que atribui a maioria delas à presença dos mares, que por vários séculos recobriram os continentes que hoje habitamos. No fundo de tais mares depositaram-se, pouco a pouco, as diferentes substâncias dissolvidas pela água. As correntes marinhas transportam continuamente um lodo, que a longo prazo não poderia deixar de formar depósitos imensos, que elevariam o leito dos mares e os forçariam a se deslocar para outros lugares. As contínuas revoluções a que nosso globo se expôs devem ter alterado o seu centro gravitacional, o que teria feito variar a inclinação de seu eixo, deslocamento suficiente para trazer à superfície algumas porções de terra e submergir outras. A disposição e a natureza de algumas camadas da Terra fornecem provas convincentes de que as águas do mar recobriram e descobriram, sucessivas vezes, as mesmas porções de terra. Ver *Fóssil*.

Mas seria um equívoco atribuir somente ao mar a formação de todas as camadas de terra que vemos. Inundações de rios depositariam sobre os terrenos atingidos uma prodigiosa quantidade de lodo que, ao cabo de séculos, teria formado colchas, que o olho pode ler sem dificuldade, e que permitem estipular o número de tais inundações.

Alguns países oferecem aos olhos camadas de natureza muito diferente das de que falamos até aqui. São grandes depósitos de cinzas, de pedras calcificadas e vitrificadas, de pedras esponjosas etc. Percebe-se facilmente que camadas como essas não poderiam ter sido produzidas pelas águas, são obra de convulsões subterrâneas e vulcões, que em diferentes erupções expeliram esses materiais em intervalos às vezes muito distantes uns dos outros. Tais são as camadas que se encontram na Sicília perto do monte Vesúvio, na Islândia perto do monte Hecla etc. A inspeção dessas camadas levou Lazzaro Moro a crer que todas as camadas da Terra teriam sido produzidas por vulcões, pelo que se vê que ele estendeu ao globo como um todo fenômenos que existiam somente nos lugares por ele examinados ou em outros, submetidos a revoluções similares.

Muitas montanhas são formadas exclusivamente por sucessivas camadas de terra, de pedra, de areia etc., dispostas umas sobre as outras. Mostramos em outra parte no que elas diferem das montanhas primitivas, tão antigas quanto o mundo. As montanhas formadas por camadas de terra são mais recentes do que as montanhas primitivas, e não raro contêm detritos delas. Montanhas formadas por camadas podem ser bastante altas. O Sr. Sulzer realizou na Suíça uma observação que prova que, outrora, os Alpes estiveram submeros em águas. Esse douto naturalista constatou, efetivamente, que o monte Rigi era recoberto por uma camada formada por cascalhos e pedregulhos de toda espécie, amalgamados por um glúten arenoso e lodoso, que formava uma massa única.

Quanto aos depósitos que formaram as camadas da Terra, eles nem sempre ocorreram do mesmo modo. Se ocorreram em águas tranquilas ou em profundas e calmas, as camadas produzidas são horizontais e contínuas. Onde o depósito ocorreu em águas agitadas, essas camadas são desiguais, o que explica esses leitos em que se encontram como que bossas e ondulações, formadas por substâncias desordenadamente misturadas entre si. Quando o depósito de materiais dissolvidos e transportados pelas águas ocorreu contra a encosta de uma montanha primitiva, as camadas ali depositadas adquiriram necessariamente a mesma inclinação que a do terreno que lhes serviu de apoio. Daí a inclinação que se observa em certas camadas de terra. [171]

Observa-se que a continuidade das camadas da Terra é por vezes interrompida ou quebrada. Parece natural atribuir essas interrupções aos abalos causados pelos tremores de terra e pelos desmoronamentos de porções de terra, ocasionados pela infiltração de águas subterrâneas.

(**PPP**)

Caractere (*Botânica*), Jaucourt [2, 668]

Termo da Botânica moderna. O *caractere* de uma coisa é o que a distingue essencialmente de outra. Segundo essa definição, o caractere de uma planta é o que a distingue bem de todas as eventualmente relacionadas com ela. Para que não se confunda com estas, deve-se prestar atenção às marcas essenciais que a distinguem. Ora, esse caractere distintivo, segundo muitos botânicos, deve ser formado após o exame das partes que compõem a flor. Ver *Botânica*, *Método*.

Chama-se *caractere incompleto*, ou, segundo o Sr. Lineu, *caractere artificial*, aquele em que se descrevem apenas algumas partes da flor, silenciando-se sobre outras que, segundo o método adotado, não teriam importância. Já por *caractere natural* entende-se aquele em que se designam todas as partes da flor, considerando-se número, disposição, figura e proporção.

(**PPP**)

Classe (*História Natural*), Daubenton [3, 505]

Termo relativo a *reino* e *gênero*. Dividem-se ou subdividem-se os objetos abarcados pela História Natural, criam-se, por assim dizer, diversas coleções, designadas pelos nomes *reino*, *classe*, *gênero* e *espécie*, conforme as relações mais gerais ou mais particulares sob as quais são considerados. A distribuição mais geral dos objetos da História Natural, em três reinos, é estabelecida a partir das diferenças mais sensíveis que se encontram na natureza. Cada reino é dividido em numerosas partes, chamadas *classes*. Por conseguinte, os caracteres que constituem as classes não pertencem a um número tão grande de objetos quanto os que constituem os reinos, mas são mais extensos do que aqueles pelos quais os gêneros são determinados. *Classe* é, portanto, um termo [**506**] intermediário entre reino e gênero. Por exemplo, os animais, tomados em conjunto e considerados relativamente aos vegetais e aos minerais, compõem o reino animal. Os quadrúpedes, os pássaros, os peixes etc. são consignados a diferentes classes desse reino, os animais solípedes, os de patas bífidas e os fissípedes são gêneros da classe dos quadrúpedes. Assim, o caractere dos quadrúpedes extraído do seu número de patas é menos geral que aquele pelo qual esses animais são distinguidos dos pássaros e dos peixes, mas é mais extenso do que o extraído do número de dedos de suas patas, pelo qual são divididos em diferentes gêneros. Começa-se por determinar os caracteres essenciais dos animais criando-se um reino para eles; em seguida, consideram-se as diferenças e semelhanças mais gerais entre eles, e criam-se classes; as semelhanças e diferenças menos extensas que as de classes determinam os gêneros; as espécies, por fim, são contidas no gênero. Eis quatro termos de gradação, reino, classe, gênero e espécie. É fácil ver, porém, que essas divisões poderiam ser multiplicadas a bel-prazer, diminuindo-se o intervalo entre os termos e expondo-se uma série maior de caracteres, seja para as semelhanças, seja para as diferenças que se observam na comparação entre produções da natureza. Daí as ordens, as tribos, as legiões, as coortes, as famílias acrescentadas aos reinos, às classes, aos gêneros, às espécies, nos diferentes métodos de História Natural. Ver *Método*, *Reino*, *Gênero*, *Espécie* e *Botânica*.

(**PPP**)

Cristal, Cristais, Cristalizações (*História Natural, Mineralogia*), d'Holbach [4, 523]

Na História Natural, denominam-se *cristais* todas as substâncias minerais que assumem por si mesmas, sem auxílio da arte, uma figura constante e determinada. Haverá, portanto, tantas diferentes espécies de cristais quantas forem as substâncias dotadas de figura regular. Incluem-se nesse caso, e assumem uma forma distinta facilmente identificável, um grande número de pedras calcárias, gipsíferas, vitrificáveis, refratárias metálicas ou semimetálicas, além das piritas e do enxofre.

Tudo leva a crer que esse fenômeno ocorre na natureza do mesmo modo e segundo as mesmas leis que a cristalização do sal no laboratório do químico. E não admira que seja assim, visto que há na natureza um solvente geral, propício para a dissolução de um sem-número de substâncias terrosas, argilosas, metálicas etc., que pode formar com elas um grande número de combinações diferentes. Esse solvente é o ácido sulfúrico. A Química oferece no sal vulgarmente chamado selenitoso um exemplo inegável dessas combinações, que nos permite julgar numerosas outras. Esse sal, como se sabe, é formado pela união do ácido sulfúrico com uma terra porosa, e produz cristais difíceis de dissolver, a ponto de, segundo as observações do Sr. Rouelle, para tanto, exigirem uma quantidade de água quinhentas ou seiscentas vezes superior ao seu peso.

Além do ácido sulfúrico, que é próprio do reino mineral, o ácido nitrito, do reino vegetal, produz efeitos similares quando introduzido acidentalmente no solo. O ácido de sal marinho também se encontra ali, a exemplo do sal-gema extraído das minas. Não é impossível que se encontre um dia um sal animal, a julgar pela prodigiosa quantidade de quadrúpedes e aves tragados pela terra, por causa de dilúvios ou de outras revoluções ocorridas no globo. Ver *Revoluções da Terra*.

Tudo leva a crer que a natureza, cujos caminhos são infinitamente variados, encontra meios para que os diferentes solventes atuem sobre uma infinidade de substâncias e produzam uma prodigiosa variedade de fenômenos e combinações que a arte não poderia imitar. Esses fenômenos provavelmente dependem da força dos solventes, da quantidade de água envolvida, da base ou da matéria a que os ácidos se ligam, da evaporação mais ou menos lenta e mesmo da natureza do filtro pelo qual a matéria em dissolução passou, circunstâncias que parecem todas concorrer para a formação dos diferentes cristais.

O que prova incontestavelmente que o estado inicial dos cristais era fluido são os materiais estrangeiros que neles se encontram, como gotas d'água, insetos, plantas etc. Essa conjetura é confirmada pelo experimento do Sr. Rouelle, que, tendo encontrado água no interior de pedras, coletou-a cuidadosamente e, por meio de evaporação, obteve cristais perfeitamente similares aos que se formam naturalmente.

A figura dos cristais varia consideravelmente no reino mineral; sua enumeração seria longa demais. Sempre que se mencione uma substância suscetível de cristalização, deve-se mostrar a sua figura mais comum, uma vez cristalizada.

Os naturalistas se dividem quanto à causa dessas variedades. O Sr. Lineu afirma que os cristais seriam tributários dos diferentes sais que entram em sua composição, e que estes determinariam a sua figura. Com base nesse princípio, ele dá a cada um dos cristais o nome do sal com que ele tem mais analogia. É assim, por exemplo, que ele denomina o cristal de rocha *nitrum quartzosum album*, por causa da conformidade entre a sua figura e a do cristal do nitrito.

Esse sistema é refutado pelo Sr. Wallerius, que suspeita que o que determina a figura dos cristais é a base, isto é, a substância terrosa ou metálica a que o ácido se liga. Ele apoia sua conjetura no fato de a maioria dos metais mergulhados em solução nos diferentes ácidos darem constantemente aos cristais uma figura uniforme, própria do metal a que o ácido foi combinado. Esse mesmo mineralogista lembra ainda que um grande número de metais assume sempre, por ocasião de sua mineralização, uma figura certa e determinada. É assim que o chumbo, na mina, toma sempre uma forma cúbica, o estanho uma forma poligonal etc.

Sem discutir essas diferentes opiniões, diremos apenas que ainda não temos observações suficientes para decidir a questão. Mas há razão para crer que ora uma causa, ora outra, às vezes as duas ao mesmo tempo, ou por fim acidentes, contribuam para a forma dos cristais.

Assim como os cristais diferem entre si pela figura, observa-se neles também uma grande variedade de cores. Os naturalistas costumam chamar de flúores os cristais coloridos, independentemente da sua natureza. Não resta dúvida de que as cores que vemos nos diferentes cristais vêm de substâncias metálicas postas em solução no solo e envolvidas por águas ou precipitadas sob a forma de vapores que vêm se juntar à matéria ainda líquida de que os cristais são formados. A Química, com efeito, é suficiente para nos convencer de que a maioria dos metais dá aos cristais a sua cor. É assim que o cobre, em contato com certos solventes, produz o verde, e com outros, o azul; que o chumbo produz o amarelo, o ferro, o vermelho etc. Por vezes, a cor penetra por inteiro nos cristais, outras vezes liga-se a eles superficialmente e forma uma espécie de sedimento que os recobre; outras vezes ainda, por não haver quantidade suficiente para colorir o cristal por inteiro, há partes que permanecem brancas e transparentes, ao lado de outras perfeitamente coloridas. É comum encontrar piritas, terrosas ou metálicas, ligadas à superfície dos cristais. [524] Há razão para crer que essas substâncias venham se reunir ao cristal após a formação deste, ou então que já haviam adquirido uma consistência demasiado sólida para que as partes coloridas pudessem penetrar em seu interior.

Pelo que foi dito neste artigo, vê-se que haverá tantos cristais quantas forem as pedras e substâncias minerais propícias para lhes dar uma figura regular e determinada. Os cristais conservam as propriedades das pedras do gênero a que pertencem. É assim que, por exemplo, os cristais calcários têm a propriedade de ser modificados pelo cálcio, por meio de calcinação, e dissolver-se em ácidos; as pedras gipsíferas cristalizadas são modificadas pelo gesso, mediante a ação do fogo etc. Na cristalização, pedras assumem uma figura determinada sem que se alterem as suas qualidades essenciais.

Diferentes espécies de cristais são formadas em quase todas as partes do globo, especialmente em minas e em cavernas na encosta de montanhas, onde a matéria que os compõe se incrustou por ação das águas, que, passando por fendas, formaram pedras côncavas, às vezes entremeadas por conchas fósseis ou preenchendo as cavidades destas. Encontram-se cristais solitários; o mais comum, porém, é que formem um grupo e tenham uma base ou raiz comum. Pode ser que dois ou mais se confundam, e apresentem, por isso, uma figura extraordinária, mas puramente acidental.

(PPP)

Descrição (*História Natural*), Daubenton [4, 878]

Descrever as diferentes produções da natureza é traçar o seu retrato, é compor um quadro que as represente, tanto o seu interior quanto o seu exterior, sob aspectos e em estados diferentes. As *descrições* não teriam limites, se as estendêssemos indistintamente a todos os seres da natureza, a todas as variedades de suas formas e a todos os detalhes de sua conformação ou de sua organização. Um livro que contivesse tantas e tão longas descrições, longe de nos dar ideias claras e distintas dos corpos que recobrem a superfície da Terra ou a compõem, não apresentaria ao espírito nada além de figuras disformes e gigantescas, dispersas sem ordem e traçadas sem proporção. Os maiores esforços da imaginação não seriam suficientes para percebê-los, e a atenção mais profunda não permitiria conceber neles arranjo algum. Um livro como esse seria um amálgama enorme e confuso, formado pelos detritos de uma multidão de máquinas, e só se reconheceriam ali partes desconectadas, sem que se vissem as suas relações e a sua montagem.

Assim, descrições só podem ser úteis se estiverem restritas a justos limites e forem submetidas a certas leis. Esses limites e essas leis devem variar segundo a natureza da coisa e o objeto da ciência nos diferentes reinos da História Natural. Quanto mais composto um corpo, mais necessário é descrever os detalhes de sua organização para expor o seu funcionamento e a sua mecânica. É preciso, portanto, que as descrições de animais sejam mais extensas do que as de vegetais, e que as de minerais, que são os corpos mais brutos, sejam mais breves do que as de vegetais. Desse modo, cada coisa é tratada segundo a sua importância, e o autor não abusa nem de seu próprio tempo nem da atenção do leitor.

Por mais perfeita que seja uma descrição, ela não passa de uma pintura vã e de um objeto de curiosidade frívola, se não é proposto um objeto relevante para o avanço de nossos verdadeiros conhecimentos em História Natural. Quando se descreve um ser, é preciso observar as relações entre ele e outros seres da natureza. Comparando-os, podem-se descobrir semelhanças e diferenças entre eles, e estabelecer uma série de fatos que proporcionem conhecimentos gerais. Por isso, descrições devem ser realizadas segundo um plano. É preciso que este seja o mesmo no interior dos diferentes reinos da História Natural, mas é necessário alterá-lo quando se passa de um reino a outro. Para nos convencermos disso, basta refletir sobre a diferença entre os principais conhecimentos que podem ser adquiridos por meio da descrição de objetos de cada reino em particular. Quando descrevemos animais, propomo-nos a conhecer a economia animal; as plantas nos conduzem a descobrir o mecanismo da vegetação; consideram-se nos minerais a formação, e a combinação de suas partes constitutivas, para conceber a mineralização. Fins tão diferentes não poderiam ser alcançados por uma via única; cada um deles tem a sua, e exige meios particulares para nos conduzirmos com êxito. Por isso, o plano das descrições deve ser relativo ao objeto da ciência em cada reino. Mas é absolutamente indispensável que, dentro de um mesmo reino, esse plano seja uniforme, para que assim se possa realizar uma comparação exata e detida entre os indivíduos que o compõem, buscando-se identificar suas semelhanças bem como suas diferenças. Ver *História Natural*.

(PPP)

Elefante (*História Natural, Zoologia*), Daubenton [5, 499]

Elefante, Elephas, o maior de todos os animais quadrúpedes e também um dos mais singulares, quanto à conformação de muitas das partes do corpo. Considerando-se o elefante relativamente à ideia que temos de proporções justas, ele parece desproporcional e por assim dizer mal desenhado, por causa de seu corpo grande e compacto, de suas pernas rígidas e malformadas, de suas patas redondas e contorcidas, de sua enorme cabeça, de seus pequenos olhos e grandes orelhas. Deve-se acrescentar que o traje que parece cobri-lo tem um talhe ainda pior e mais malfeito. Sua tromba, suas presas e suas patas o tornam tão extraordinário quanto as dimensões de seu talhe. A descrição de suas partes e a história de seu uso causará uma admiração não menor que a surpresa causada por seu aspecto.

Em 1688, o rei de Portugal presenteou o rei da França com um elefante oriundo do reino do Congo, de 17 anos de idade e seis pés e meio de altura, medindo-se desde o chão até a extremidade do dorso. Esse indivíduo viveu na *ménagerie* de Versalhes por cerca de treze anos, durante os quais cresceu apenas um pé, sem dúvida porque a mudança de clima e dieta prejudicou o processo. Não tinha mais do que sete pés e meio, quando foi descrito pelos honoráveis membros da Academia Real de Ciências.

O corpo desse espécime media doze pés e meio de diâmetro, seu comprimento era quase igual à sua altura. Da frente até o início da cauda ele media oito pés e meio; três pés e meio separavam o seu ventre do chão. Medindo-se suas pernas pelo esqueleto, constatou-se que as dianteiras tinham quatro pés e meio, as traseiras quatro pés e oito polegadas, e que no animal revestido de carne e pele as pernas traseiras pareciam ser mais curtas do que as dianteiras, pois se destacavam menos da massa do corpo. Suas pernas assemelham-se mais às do homem que às da maioria dos quadrúpedes, pois a sola é espalmada e as patas são curtas. As patas do elefante em questão eram tão pequenas que não se distinguiam das pernas, que caíam de uma só peça até o solo e cuja pele recobria os dedos dos pés. A planta das patas traseiras media doze polegares de comprimento, a das dianteiras catorze; eram adornadas por um casco em forma de sola, duro, sólido e com espessura de um polegar, que se espalhava como se tivesse sido pressionado pelo peso do corpo e formasse unhas mal configuradas. Havia apenas três unhas em cada pata, embora se encontrassem cinco dedos no esqueleto. Estes eram recobertos pela epiderme, e não tinham relação alguma com as unhas. O casco, que comparamos a uma sola, formava ainda outros prolongamentos, que poderiam ser tomados por unhas. Há motivo para crer que essa parte varia de indivíduo para indivíduo, como mostraremos a seguir. A cauda era curta e pontiaguda, media dois pés e meio de extensão e terminava com um espesso tufo de três ou quatro polegadas. O elefante em questão era uma fêmea. O orifício exterior da matriz encontrava-se no meio do ventre, próximo ao umbigo, na extremidade de um canal em relevo que se estendia do ânus até a vulva. Esta continha um clitóris de dois pés e meio de extensão e duas polegadas de diâmetro, e, após a dissecção, poderia ser tomada por um pênis, pois, tal como na maioria dos quadrúpedes, essa parte está disposta da mesma maneira que aquele. Havia sobre o peito duas mamas, os seios eram pequenos. A cabeça era grande, tinha duas protuberâncias na parte inferior e uma cavidade entre elas. O pescoço era curto, a frente ampla, os olhos eram pequenos, a boca era estreita, quase se escondia sob a tromba; o maxilar inferior era acentuadamente pontiagudo, as orelhas eram duas vezes maiores que as de um asno, mediam três pés de altura, dois de largura e apenas duas linhas de espessura, sua figura era próxima à de uma oval e eram dispostas lateralmente, como as do homem, projetando-se para trás. Vê-se por essas dimensões que nenhum animal tem orelhas proporcionalmente tão grandes quanto as de um elefante. A tromba media cinco pés de comprimento após a morte do animal, nove polegadas de diâmetro na raiz, três perto da extremidade, onde alargava-se como a boca de um vaso, formando uma borda cuja parte inferior era mais espessa do que as laterais. Essa borda se alongava para baixo à maneira da extremidade de um polegar, e formava como que uma pequena taça, no fundo da qual estavam as narinas. A raiz da tromba saía do lugar correspondente ao das narinas em outros quadrúpedes. As presas mediam dois pés de comprimento e quatro polegares de diâmetro, próximas à raiz, e eram levemente curvadas para o alto e desprendiam-se da mandíbula superior, cinco polegadas abaixo da borda do lábio. Havia apenas oito dentes, quatro em cada mandíbula, o comprimento do mais grosso era de quatro polegadas, a largura era de um polegar e meio. Encontravam-se sob a pele crinas mais espessas que as de javalis, de cor negra reluzente e de espessura homogênea desde a raiz até a extremidade, que parecia cindida. Eram poucas, distribuídas por algumas partes, a saber, a tromba, as pálpebras e a cauda, de uma extremidade a outra, do corpo até o tufo. As cerdas da tromba mediam um polegar e meio de extensão. A pele tinha rugas de duas espécies, linhas cruzadas, como as das palmas de nossas mãos, ou verticais, como as que vemos nas mãos de pessoas idosas ou muito magras. Além de muito feia, por causa das rugas, a pele do elefante era recoberta por uma epiderme cinza-amorenada, espessa em diversos lugares, calosa, coberta de sujeira e como que lacerada por uma infinidade de feridas. Ver as *Mémoires pour servir à l'histoire naturelle des animaux*, colhidas pelo Sr. Perrault, terceira parte.

Há elefantes na Ásia e na África. Os da Ásia são os maiores. Alega-se que teriam treze, quatorze, até quinze pés de altura, do solo à extremidade do dorso. Viram-se presas com 160 libras de peso. Eram, sem dúvida, oriundas de elefantes da Ásia e, segundo se diz, chegam a pesar duzentas libras. **[500]**

Alguns afirmam ter encontrado na África presas com 125 libras. Ingleses relatam presas com mais de oito pés de comprimento e 90 libras. Diz-se que os elefantes na África têm em média nove ou dez pés de comprimento e onze ou doze pés de altura. Há na ilha do Ceilão um grande número de elefantes, segundo o relato do capitão Ribeiro, *Histoire du Ceylan*, 1701. Os maiores medem nove côvados desde a ponta da pata até a espádua. Muitos autores concordam que os elefantes dessa ilha são mais benfeitos, mais corajosos e têm mais instinto do que os demais, embora sejam menores. Sua coloração é marrom. Há elefantes brancos nas Índias, mas são muito raros.

O elefante estica e enrola a tromba, volta a sua ponta para o alto, para baixo, para os lados, para trás. Ela é flexível em todos os sentidos, ele a move à vontade e segundo suas necessidades, servindo-se dela como se fosse um braço ou uma mão. Com ela, apanha tudo o que queira levantar ou carregar, por meio de um rebordo na ponta e do prolongamento desse rebordo, que, similar a uma espécie de dedo, lhe permite apanhar os menores objetos. Sobretudo graças a esse dedo, ele mostra uma destreza de que não acreditaríamos ser capaz um animal tão maciço. Com essa mesma tromba, leva à boca os alimentos, sólidos ou líquidos. Para compreender a mecânica empregada para esse efeito, é preciso lembrar que os dois orifícios nasais se encontram no fundo da cavidade que se abre na extremidade da tromba. Com esse órgão, o elefante respira, e muitos viram na tromba uma espécie de nariz alongado. O ar que passa pela tromba na inspiração e na expiração a torna própria para a sucção e lhe dá força para expelir o que quer que esteja em sua cavidade. Quando o animal aplica as bordas da extremidade da tromba a um corpo qualquer e ao mesmo tempo inspira o ar, o corpo adere à tromba e acompanha os seus diferentes movimentos. É assim que o elefante ergue coisas muito pesadas, de até 200 libras. Quando tem sede, mergulha a ponta de sua tromba na água, e, aspirando-a, preenche com água a cavidade inteira. Em seguida, ele a curva para baixo, levando-a até a boca, e então consegue, sem dificuldade, engolir com a boca a água que está na tromba. Mas não poderia engoli-la sem que entrasse na laringe, pois esse movimento de expiração supõe necessariamente que a epiglote esteja vazia. Quando o elefante enfia sua tromba até a garganta, para lá da epiglote, ouve-se o ruidoso som da água que sai pela tromba e desce pelo esôfago. Não ocorre qualquer movimento de sucção dos lábios, o que prova que a água é ingerida por aspiração, não por sucção. De modo semelhante, quando o elefante apanha a grama, ele a arranca com sua tromba e faz bolos, que insere em sua boca. Essas observações levaram à suposição de que ele também mamaria com sua tromba, mas nunca se viu um elefante mamar, assim como nunca se viu um elefante abocanhar algo diretamente. Ele jorra água ao longe e dirige à vontade o jato d'água que sai de sua tromba. Diz-se que esta teria capacidade equivalente a muitos baldes. Em situação de combate, costuma-se atar à extremidade da tromba uma corrente ou um sabre, que ele habilmente maneja contra o inimigo.

O elefante é um animal instintivo e dócil. É tão fácil domá-lo, ele submete-se a tantos exercícios diferentes, que surpreende que uma fera tão pesada adquira com tanta facilidade os hábitos que lhe são impostos. Para conduzi-lo, monta-se, a cavalo, em seu pescoço. Com uma das mãos, segura-se uma espessa haste de ferro, pontiaguda de um lado, com um gancho de outro. A ponta é utilizada como espora e o gancho como rédea. Uma vez que o condutor esteja sentado sobre o seu dorso, o animal é espetado nas orelhas e nas ventas, o que permite dirigir sua marcha. Mulheres também podem montá-lo. Segundo se diz, montar um elefante é bastante desconfortável, e seria preferível percorrer dez milhas a cavalo do que uma única com um elefante. Elefantes podem carregar torres, com homens armados, para a guerra. Essas torres, ao menos as de que fala Pietro della Valle em suas *Voyages*, compridas e largas como um grande leito, são dispostas transversalmente sobre o dorso do elefante. Podem carregar seis ou sete pessoas, sentadas à maneira dos levantinos, e há mesmo as que comportam dez ou doze combatentes. Para o transporte de mulheres de distinção e grandes senhores, os elefantes trazem tendas ricamente ornamentadas, em que é possível se sentar e mesmo dormir. Elefantes carregam todo tipo de carga. De acordo com o relato de Thevenot, *Voyage au Lévant*, a carga máxima que um elefante suporta é 3 mil libras. O passo desse animal é tão firme que ele quase nunca tropeça. Com suas longas pernas, percorre longas distâncias em pouco tempo. Apertando o passo, alcança um homem que corre. Se atiçado, é capaz de realizar num dia um percurso de seis dias. Corre a galope, como o cavalo, e atravessa as águas com tanta rapidez quanto uma chalupa de dez remos. Quando se é perseguido por esse animal, só é possível evitá-lo por desvios, pois não mostra a mesma prontidão ao dar a meia volta do que ao caminhar para a frente. Os elefantes dobram as pernas dianteiras, e também as traseiras. Nessa posição pode-se montá-lo, com o auxílio de sua tromba. Quando estão viajando, raramente dormem. Em outras situações, dormem à noite e têm o sono leve. São bastante convenientes e úteis, pelos serviços que prestam, mas sua alimentação é cara. Thevenot diz que em Déli, além da carne com que são alimentados e da aguardente que bebem, dá-se a eles ainda uma pasta de farinha, açúcar e manteiga, da qual cada um consome diariamente ao menos meia pistola. O padre Pierre de Laval relata em suas viagens que um elefante consome cem libras de arroz por dia. Aceitam tudo o que lhes é dado, principalmente farináceos. Um único elefante pode comer num dia o suficiente para alimentar trinta homens por uma semana. Conseguem ficar sem comer por oito ou dez dias. Elefantes selvagens vivem de capim, frutas e folhas de árvores.

Esses animais tranquilos só se irritam quando agredidos. Então, com a tromba, eles derrubam homens ou os atiram para longe, arrancam árvores e destroem tudo o que se interponha à sua frente. Em estado de fúria, podem derrubar um homem, capturá-lo com a tromba, pisoteá-lo com as patas dianteiras ou perfurá-lo com as presas. Com golpes sucessivos de suas presas, derrubam muros e capturam [501] objetos que sua tromba não poderia apanhar. Têm medo do fogo. Seu ímpeto é detido segurando-se diante deles uma tocha acesa. Esse animal tão grande e tão forte está exposto a ser agredido pelos insetos mais vis. As moscas perturbam-no, picando-o nas feridas abertas em sua pele. Por isso, ele tem a precaução de jogar poeira sobre o corpo com a tromba ou rolar na terra ao sair de um riacho. Banha-se com frequência, seja para retirar a crosta de poeira formada sobre sua pele, seja para umedecer a epiderme, que resseca com facilidade. Para evitar esse incômodo, costuma-se besuntá-lo com óleo. Coçando a pele com a tromba, ele expulsa as moscas que se alojam nas feridas. Seus inimigos mais ameaçadores são o rinoceronte, o leão, o tigre e as serpentes, mas principalmente o tigre, que o apanha pela tromba e a destroça em pedaços. Os negros caçam-no para vender suas presas e se alimentar de sua carne.

Quando estão no cio, os elefantes tornam-se furiosos, o que não ocorre, segundo Tavernier, com os domesticados. Diz-se que a fêmea reúne folhas para fazer com elas uma espécie de leito, deita-se sobre o dorso para receber o macho e o chama aos gritos. O acasalamento ocorre em lugares recônditos e solitários. Alguns autores afirmam que a gestação dura dez anos; outros, que a fêmea só concebe a cada sete anos, que a gestação dura entre um ano e dois anos e meio, e que apenas um elefante nasce por vez. Outros afirmam ainda que a gestação leva três ou quatro anos e que a mãe dá à luz a cada sete ou oito anos. Esses fatos são muito incertos; não foram observados em elefantes domésticos, que não acasalam, e é impossível acompanhar elefantes selvagens de perto por muito tempo. A duração de sua vida é igualmente desconhecida. Alguns dizem que eles vivem trezentos, quatrocentos, até quinhentos anos, e cresceriam até a metade desse período; outros afirmam que não viveriam mais do que 120, 130 ou 150 anos. E assim por diante.

Nas divisões metódicas de quadrúpedes, o elefante é classificado entre os animais fissípedes. Tem cinco dedos em cada pata, mas não estão separados, e são recobertos pela epiderme. Suas unhas não são de fato unhas, não têm dedos, como já foi dito, e seu número varia. O elefante de Versalhes tinha três em cada pata, ao passo que outro exibido em Paris, vindo das Índias, tinha quatro. O padre Tachard observa que os elefantes que viu no Sião tinham cinco unhas.

São diversas as opiniões sobre as presas do elefante. Creem alguns que a maioria das fêmeas não as têm, e que seriam curtas em outras; que sairiam da mandíbula inferior e cairiam uma vez por ano. Mas as presas da fêmea de Versalhes encaixavam-se na mandíbula superior, eram longas e não caíram ao longo dos treze anos em que ela permaneceu na *ménagerie*. Alguns autores alegam que essas presas seriam dentes; outros sustentam que são uma espécie de chifre. Com efeito, o marfim, substância de que são feitas, derrete, quando exposto ao fogo (ver *Marfim*), o que não ocorre com dentes, e o osso do qual partem as presas é distinto e separado daquele de que saem os dentes. Isso prova que elas, na verdade, são chifres.

Seria possível fazer uma longa história do elefante, caso se relatasse tudo o que foi dito a respeito do seu instinto e se reconstituíssem todos os detalhes dos cerimoniais dos diferentes povos que veneram esse animal. Ver-se-ia então que o gosto pelo maravilhoso levou à crença de que o elefante tem virtudes e vícios, é casto e modesto, orgulhoso e vingativo, adora elogios, compreende o que lhe é dito etc. Nações inteiras travaram guerras longas e cruéis, milhares de homens se degolaram pela conquista do elefante branco. Cem oficiais cuidam de um elefante como esse no Sião, servem-no com vasilhas de ouro, passeiam com ele protegido por um dossel, e dão-lhe repouso num magnífico pavilhão com motivos em ouro. Muitos reis do Oriente preferem a qualquer outro o título de *proprietário de um elefante branco*. Mas tais considerações não devem nos ocupar, pois são alheias à história natural do elefante.

Os elefantes selvagens andam em bandos. Há muitas maneiras de capturá-los e aprisioná-los. No reino do Sião, por exemplo, os homens montam elefantes-fêmeas e se recobrem com folhas para não serem percebidos pelos elefantes selvagens pelos quais buscam nas florestas. Quando se aproximam de um espécime, atiçam as fêmeas sobre as quais estão montados, os machos respondem aos seus gritos com uivos estridentes e aproximam-se das fêmeas, que os homens põem em marcha e introduzem numa alameda cercada por estacas. O macho segue-as, e no momento em que adentra a alameda caem duas corrediças, uma à sua frente, outra atrás, de modo que ele não consegue se mover. O animal emite gritos terríveis e faz um esforço espantoso para se libertar, mas em vão. É então acalmado: lançam-se punhados de areia sobre seu corpo, derrama-se óleo sobre as orelhas, e introduzem-se elefantes cativos, machos e fêmeas, que o acariciam com suas trombas. Entrementes, seu ventre e suas pernas são amarrados e aproxima-se dele um elefante cativo, montado por um homem que o faz avançar e recuar, dando o exemplo ao elefante selvagem. Em seguida, a corrediça que o detém é erguida, e ele avança até o fim da alameda. Ali chegando, dispõem-se ao seu lado dois elefantes domesticados, que são amarrados a ele; um terceiro marcha à sua frente e o puxa por uma corda, um quarto o segue, incitando-o a marchar com golpes de cabeça em seu lombo. E assim o elefante selvagem é conduzido até uma espécie de cativeiro, onde é amarrado a um grosso pilar, que gira como um cabrestante de navio. Ali é deixado, para que tenha tempo de apaziguar seu furor. Já no dia seguinte, passa a conviver com os elefantes cativos; quinze dias depois, encontra-se inteiramente domesticado.

O rei do Sião tem ainda outro método para capturar elefantes, que exige, no entanto, um grande aparato. Começa-se por atrair o maior número possível de elefantes selvagens para um campo cercado, delimitado por estacas altas e espessas, separadas umas das outras por intervalos amplos. São atraídos por uma fêmea, ou então atiçados pelo som de trombetas, tambores, e sobretudo pelo fogo, em diversos locais da floresta, para que venham ao campo. Uma vez tenham adentrado esse espaço, faz-se um anel exterior com elefantes de guerra, para impedir que os elefantes selvagens ultrapassem o perímetro das estacas; em seguida, elefantes domesticados dentre os mais fortes são introduzidos, quase no mesmo número que o de elefantes selvagens. Os primeiros são montados cada um por dois caçadores, que empunham espessas cordas, amarradas numa extremidade ao animal montado e com laços na outra. Os condutores tocam o elefante montado **[502]** contra um elefante selvagem, que foge assustado e tenta deixar o campo, mas é impedido pelos elefantes de guerra que formam o anel. À medida que, desnorteados, correm pelo campo, os caçadores lançam suas cordas com tanta precisão, nos lugares que o animal pisará, que logo não resta um elefante selvagem que não tenha sido capturado. Isso feito, são soltos entre os elefantes domesticados e conduzidos ao cativeiro.

Em Bago, a captura de elefantes selvagens é feita com mais arte e menos recursos. Fêmeas domesticadas são levadas à floresta para atrair machos, após terem sido besuntadas com um óleo bastante cheiroso, cujo perfume se sente de longe. Elefantes selvagens não demoram a vir de todas as partes, em seu encalço. Então, elas dirigem-se para um campo cercado por grossas estacas, fincadas a tal distância uma da outra que um homem poderia passar entre elas, mas não um elefante, exceto pela entrada do campo, onde há uma abertura que pode ser fechada por um rastrilho. Encontram-se entre as estacas portas sucessivas, que dão para estribarias e podem ser fechadas por meio de corrediças. Quando as fêmeas domesticadas adentram o campo, com os elefantes selvagens atrás de si, o rastrilho desce e a abertura se fecha; em seguida, as fêmeas entram nas estrebarias, e desce a corrediça das portas. Os elefantes, sozinhos e cercados, são tomados de fúria; perseguem os homens que entram em campo para realizar as manobras necessárias, mas estes escapam pelos espaços entre os estacas, contra os quais os elefantes investem com suas presas, em vão; o mais frequente é que se firam e não consigam derrubar as estacas. Emitem gritos sonoros, choram, gemem e fazem esforços de toda espécie, durante duas ou três horas. Por fim, perdem as forças, param, o suor escorre por todas as partes de seu corpo, voltam a tromba para o chão, e dela sai uma grande quantidade de água. As fêmeas são soltas, e misturam-se a eles. Logo elas se dirigem a outras estrebarias, e eles seguem-nas. Mas logo vêem-se sozinhos, pois a fêmea já se encaminhou à estrebaria seguinte. O elefante selvagem é então preso na estrebaria, que é bastante apertada. Ali, é amarrado; permanece quatro ou cinco dias sem beber ou comer; enfim, acostuma-se a sua escravidão, e em oito dias é um animal domesticado.

Em Patana, que é um reino dependente do Sião, leva-se um elefante doméstico de grande porte à floresta. Quando um elefante selvagem apercebe-se de sua presença, vem atacá-lo. Os dois animais enlaçam-se as trombas, e esforçam-se para derrubar um ao outro. Quando a tromba do elefante selvagem estiver enroscada à do elefante doméstico, suas pernas dianteiras são amarradas, e ele para de se mexer, com medo de cair. Permanece nessa posição por um longo tempo, e assim é domado pela fome.

Também dispõem-se armadilhas, para que os elefantes selvagens caiam em fossas, das quais são depois retirados com o auxílio de cordas.

O elefante é domesticado em pouco tempo: três dias são suficientes, se não forem alimentados nem puderem dormir. É mais fácil aprisioná-los quando ainda são jovens.

Ver *Premier voyage de Siam*, Padre Tachart; as já citadas *Mémoires pour servir à l'histoire naturelle des animaux*; e os diversos relatos de viagem citados neste artigo.

(**PPP**)

Espécie (*Metafísica*), Formey [5, 955]

Noção universal formada pela abstração das mesmas qualidades encontradas em indivíduos diferentes. Examinando os indivíduos e comparando--os entre si, vejo certos aspectos pelos quais eles se assemelham, que separo daqueles pelos quais se diferenciam, e essas qualidades comuns, assim separadas, formam a noção de uma *espécie*, que compreende os indivíduos em que essas qualidades se encontram. A divisão dos seres em gênero e espécie não é obra da Filosofia, mas da necessidade. Os homens sentem que seria impossível reconhecer e determinar todas as coisas se fosse preciso que cada indivíduo tivesse uma denominação particular e independente, e prontificam-se a formar classes, indispensáveis ao uso e essenciais ao raciocínio. Mas se a Filosofia não inventou essas noções, é ela que as depura, e, de vagas na boca do vulgo, as torna fixas e determinadas, seguindo o método dos geômetras, na medida em que este é aplicável a seres reais e físicos cuja essência não é acessível, a exemplo do que acontece com abstrações e noções universais.

A definição de espécie exprime de ordinário a do gênero superior a ela. As novas determinações são, por isso, chamadas de específicas. Atentos à produção ou geração das figuras, os geômetras descobrem e demonstram a possibilidade de novas espécies. As qualidades essenciais e os atributos servem para determinar as espécies; na falta deles, modos possíveis podem servir para determiná-las. Euclides começa definindo a figura como gênero supremo; em seguida, após apresentar a ideia de círculo, passa às figuras retilíneas, que considera como um gênero inferior. A partir daí, sempre descendo, divide as figuras retilíneas em trilaterais, quadriláteras e multilaterais. As figuras trilaterais dividem-se novamente em equiláteros, isósceles, escalenos etc., e as quadriláteras em quadrado, romboide, trapézio etc. É bom que essa precisão reine no desenvolvimento de objetos reais e físicos. Como só conhecemos sua aparência, é preciso identificar nelas, tão bem quanto possível, o que pareça mais próprio para caracterizá-las. Ora, na falta de conhecimento da essência desses objetos, não se segue a mesma via em suas definições do que a tomada na Geometria; daí haver em todas as ciências as disputas e embaraços que os geômetras desconhecem, sem os quais as controvérsias não existiriam ou ao menos não durariam. Se lançardes os olhos sobre todas as outras ciências, por exemplo a Botânica, vereis que suas definições são descrições compostas, decompostas em partes, nas quais se indicam o arranjo e a figura de plantas. Como cada botânico escolhe o que mais lhe impressiona, não reconhecereis a mesma planta em diferentes descrições, ao passo que a noção de triângulo ou de quadrado permanece invariável nas mãos de qualquer geômetra. Mas, como não temos nem podemos esperar ter nada melhor do que essas descrições de objetos físicos, devemos nos empenhar para torná-las cada vez mais completas e distintivas, por meio de observações e experimentos. Ver *Botânica*, *Método* etc.

Objetos que têm os mesmos atributos e os mesmos modos possíveis se referem à mesma espécie. Nos seres compostos, as qualidades das partes e a maneira como estas são ligadas servem para determinar a espécie. Ver a seguir *Espécie (História Natural)*.

(PPP)

Espécie (História Natural), *Autor desconhecido* [5, 956]

"Todos os indivíduos similares existentes na superfície da Terra são considerados os componentes de sua *espécie*. Contudo, não é o número ou a coleção dos indivíduos similares que perfaz a espécie; o que a constitui é a sucessão constante e a renovação ininterrupta desses indivíduos. Um ser que durasse para sempre faria uma espécie tanto quanto 1 milhão de seres similares que também durassem para sempre. Espécie é, portanto, uma palavra abstrata e geral, cuja coisa só existe considerando-se a natureza na sucessão do tempo, a destruição constante e a renovação igualmente constante dos seres. Comparando-se a natureza de hoje à de outros tempos, os indivíduos atuais aos passados, adquirimos uma ideia nítida disso que se chama espécie. A comparação do número de indivíduos e da semelhança entre eles é uma ideia acessória, muitas vezes independente da primeira. O asno se parece mais com o cavalo do que o cão d'água com a lebre, que, no entanto, perfazem uma mesma e única espécie, [957] pois juntos produzem indivíduos capazes de produzir outros, ao passo que o cavalo e o asno são certamente espécies diferentes, pois juntos não produzem senão indivíduos defeituosos e inférteis.

Assim, é na diversidade característica das espécies que os intervalos de nuances da natureza são mais perceptíveis e se encontram mais bem demarcados. Pode-se dizer que os intervalos entre as espécies são os mais constantes e menos variáveis de todos, pois é sempre possível traçar uma linha de separação entre duas espécies, vale dizer, entre duas sucessões de indivíduos que se reproduzem e podem se misturar, assim como é possível reunir numa só espécie duas sucessões de indivíduos que se reproduzem e se misturam. É o ponto mais fixo de que dispomos na História Natural. Toda outra semelhança ou diferença que se possa apreender na comparação dos seres não é tão constante, real ou certa como essa.

Não sendo a espécie, portanto, nada mais do que uma sucessão constante de indivíduos similares que se reproduzem entre si, é claro que essa denominação não deve se estender para além dos animais e dos vegetais, e é por um abuso de termos ou de ideias que os adeptos da nomenclatura empregam essa palavra para designar as diferentes sortes de minerais. Não se deve, portanto, considerar o ferro como uma espécie, o chumbo como outra, mas somente como dois materiais diferentes." Buffon, *Histoire Naturelle, générale et particulière*, tomo IV, p.784 ss.

(**PPP**)

Fera, Animal, Bruto (*Gramática*), Diderot [2, 214]

Fera é um termo às vezes tomado por oposição a homem. Assim, costuma-se dizer: *o homem tem uma alma, mas alguns filósofos não reconhecem que as feras a tenham*. *Bruto* é um termo de menosprezo que só se aplica às feras e ao homem em mau sentido: *como um bruto, ele entrega-se por inteiro ao furor de suas inclinações*. *Animal* é um termo genérico que convém a todos os seres organizados vivos: *o animal vive, atua, se move por si mesmo etc.* Se se considera o animal como pensante, desejante, atuante, reflexionante etc., restringe-se a significação da palavra à espécie humana; considerado como limitado em todas as funções que assinalam inteligência e vontade, que ele parece compartilhar com a espécie humana, restringe-se a significação da palavra a *fera*; considerada a *fera* em seu grau ulterior de estupidez, desobrigada das leis da razão e da honestidade segundo as quais devemos regrar nossa conduta, chamamo-la de *bruto*.

Não se sabe ao certo se as feras são governadas pelas leis gerais do movimento ou por uma moção particular; ambas as opiniões oferecem dificuldades. Se atuam segundo uma moção particular, se pensam, têm uma alma etc., então o que é essa alma? Não se pode supô-la material: supô-la-íamos espiritual? Afirmar que não têm alma e não pensam é reduzir as feras à condição de máquinas; mas isso parece tão legítimo quanto alegar que um homem cuja língua não compreendemos é um autômato. O argumento extraído da perfeição introduzida pelas feras em suas obras é forte; seria de esperar, a julgar por seus primeiros passos, que pudessem ir bastante longe; e, no entanto, todas sempre se detêm, num ponto determinado, o que na prática constitui o caráter maquinal. Já o argumento extraído da uniformidade de suas produções não me parece tão forte. Os ninhos das andorinhas ou as habitações dos castores assemelham-se tanto entre si quanto as casas dos homens. Se a andorinha constrói seu ninho num ângulo qualquer, a circunferência deste será o arco contido entre os lados do ângulo; se, ao contrário, ela ergue-o contra um muro, ele terá por medida o semicírculo. Se desalojardes castores do seu terreno e eles se estabelecerem alhures, como será impossível que retornem ao mesmo terreno, haverá necessariamente uma variação nos meios de que se servirão e também nas habitações que construirão.

Seja como for, não é lícito pensar que as feras teriam com Deus uma relação mais íntima do que outras partes do mundo material; pois, se fosse assim, quem de nós ousaria pôr as mãos sobre elas e derramar o seu sangue?

Quem poderia, em sã consciência, matar um cordeiro? O sentimento das feras, qualquer que seja a sua natureza, serve-lhes apenas para que tenham relações, consigo mesmas, com outros seres particulares ou com os de sua própria espécie. Pela atração do prazer, conservam seu ser particular; pela mesma atração, conservam sua espécie. Se digo *atração do prazer*, é por falta de outra expressão mais exata, pois se as feras fossem capazes dessa mesma sensação a que chamamos prazer, seria de uma crueldade inaudita fazer-lhes mal. Têm leis naturais, pois são unidas por necessidades, interesses etc., mas não têm leis positivas, pois de modo algum as une o conhecimento. Não parecem, contudo, seguir invariavelmente as leis naturais que lhes pertencem; as plantas, nas quais não admitimos nem conhecimento nem sentimento, são mais constantes na submissão a suas respectivas leis naturais.

As feras, se não possuem nenhuma das supremas vantagens de que usufruímos, têm outras de que fomos privados. Não têm nossas esperanças, não têm nossos medos; submetem-se como nós à morte, mas a desconhecem; a maioria delas preserva-se melhor do que nós, e não faz um uso tão ruim de suas paixões. Ver *Animal*.

(PPP)

Feroz, Diderot [6, 541]

Feroz, epíteto inventado pelo homem para designar animais que compartilham a terra com ele; disposição natural para atacá-lo, que todos os animais a justo título lhe atribuiriam, se dispusessem de uma língua. Haveria na natureza animal mais feroz do que o homem? O homem transpôs essa denominação para o homem que comete contra o seu semelhante a mesma violência e a mesma crueldade exercida pela espécie humana como um todo em relação aos seres sensíveis e vivos. Mas, se o homem é um animal feroz que imola para si os animais, que fera não é o tirano que devora os homens? Entre ferocidade e crueldade, ao que me parece, há esta diferença: a crueldade, por pertencer a um ser que raciocina, é peculiar ao homem, ao passo que a ferocidade, por pertencer a um ser que sente, pode ser comum ao homem e ao animal.

(PPP)

Flor (*Botânica, História Natural*), Jaucourt [6, 853]

Flor, produto natural que precede o fruto e produz a pevide, ou, se se quiser, parte da planta que contém as partes próprias para a multiplicação da espécie.

Segundo Ray, a flor é a parte mais tenra da planta, destaca-se pela cor, pela forma, ou por ambas, e geralmente adere aos rudimentos do fruto. O Sr. Jussieu diz que se deve chamar propriamente de flor a parte da planta composta por filamentos e por um pistilo, e utilizada na geração. Mas muitas flores não têm pistilo, e outras não têm filamentos. O Sr. Tournefort define flor como a parte da planta que de ordinário se destaca das outras por sua cor particular, no mais das vezes ligada a embriões de frutos, que na maioria das plantas parecem ter sido feitos para preparar os sucos que primeiro nutrirão o embrião e darão início ao desenvolvimento de suas partes.

Por fim, o Sr. Vaillant considera as flores como órgãos que constituem os diferentes sexos das plantas; as folhas das flores seriam invólucros, que servem para recobrir e proteger os órgãos da geração. A esses invólucros ou túnicas ele dá o nome de flores, qualquer que seja sua estrutura, qualquer que seja sua cor, envolvam elas em conjunto os órgãos de ambos os sexos, contenham somente o de um deles ou apenas parte de um deles; a única condição é que a figura da túnica não seja a mesma das folhas da planta, supondo que as tenha. Com base nesse princípio, denomina falsas flores, ou flores nuas, os órgãos de geração desprovidos de túnicas, e flores verdadeiras os órgãos revestidos por elas; e exclui assim, do grupo das flores verdadeiras, as flores com estames.

Distinguem-se nas flores as folhas, ou pétalas, os filamentos, os vértices, o pistilo e o cálice. Acrescento que as flores, conforme o número de pétalas, são denominadas monopétalas, dipétalas, tripétalas, tetrapétalas etc., quer dizer, têm uma, duas, três, quatro folhas etc.

De acordo com Ray, toda flor perfeita tem pétalas, estames, vértices e um pistilo, em forma própria ou como fruto, maduro ou verde. Ele considera imperfeitas as flores desprovidas de alguma dessas partes.

As flores dividem-se em masculinas, femininas e hermafroditas. Flores masculinas são dotadas de estames, mas não produzem frutos. Flores femininas são as que contêm um pistilo, que é sucedido pelo fruto. Flores hermafroditas são aquelas em que se encontram os dois sexos; são as mais comuns, como o narciso, a lis, a tulipa, o gerânio, a sálvia, o tomilho, o alecrim etc.

A estrutura das partes é a mesma nas flores em que o sexo é dividido. A única diferença entre elas e as demais é que os estames e os vértices, ou seja, as partes masculinas, são separadas dos pistilos e encontram-se ora na mesma planta, ora em indivíduos diferentes. Entre as plantas que têm parte masculina e feminina, mas em indivíduos à parte, contam-se o pepino, o melão, a abóbora, o trigo da Turquia, o girassol, a nogueira, o carvalho, a faia etc.

(**PPP**)

Fóssil (*História Natural, Mineralogia*), d'Holbach [7, 209]

Chama-se *fóssil* toda substância encontrada no solo. Os nomes fóssil e mineral são às vezes utilizados indiscriminadamente para designar as mesmas substâncias. Mas o uso prescreve que se diga reino mineral e não reino fóssil. Este último modo de falar é de fato mais exato, desde que se observe que a palavra fóssil é mais abrangente e compreende substâncias de que os minerais não são senão uma classe. Ver *Minerais*.

Distinguem-se duas espécies de fósseis: 1ª) os que se formaram no interior da terra e lhe pertencem propriamente, chamados fósseis nativos, como argilas, pedras, cristais, pedras preciosas, metais; 2ª) os que não pertencem propriamente à terra, chamados fósseis estrangeiros, corpos que pertencem aos reinos animal ou vegetal, como conchas, esqueletos de peixes e de quadrúpedes, troncos, plantas etc., que se encontram depositados nas entranhas do solo, aonde chegaram por acidente.

A palavra fóssil é utilizada ainda como adjetivo, adicionado ao nome de um material qualquer que, sem dever sua origem à terra, se encontre em seu seio. O epíteto fóssil serve então para distingui-lo de um material natural que se encontre em outra parte que não o solo. É assim que dizemos marfim fóssil, madeira fóssil, conchas fósseis etc.

De todos os fenômenos apresentados pela História Natural, nenhum chama tanto a atenção dos naturalistas como a prodigiosa quantidade de corpos estranhos ao solo que se encontram nele depositados ou estão espalhados por sua superfície. Muitas hipóteses e conjeturas foram elaboradas para explicar como essas substâncias, originariamente pertencentes a outros reinos, tornaram-se por assim dizer exiladas e emigraram para o reino mineral. Parece especialmente desconcertante a enorme quantidade de conchas e corpos marinhos dispostos em camadas sucessivas por toda parte no globo terrestre, não raro a uma distância considerável do mar, do cume das mais altas montanhas às camadas mais profundas do solo. Sem que se saia da Europa, há exemplos impressionantes desse fenômeno na França, na Inglaterra, na Alemanha, na Itália etc. Nos arredores de Paris, encontra-se uma quantidade inesgotável de pedras próprias à mineração, que parecem formadas quase exclusivamente por conchas. Em geral, tudo leva a crer que as argilas e pedras calcárias, que são os materiais mais apropriados a ser trabalhados pela ação do fogo, devem sua origem a conchas, que provavelmente foram destruídas e se decompuseram no interior do solo, e que, ligadas por uma espécie de glúten, adquiriram a solidez e a consistência com que as encontramos. **[210]**

Essas grandes camadas de conchas fósseis são via de regra paralelas à linha do horizonte. Por vezes, encontram-se diferentes camadas em sucessão, separadas entre si por leitos intermediários de terra ou de areia. Nada indica que elas tenham se depositado ao acaso em diferentes partes de nosso continente; é comum encontrá-las juntas, formando espessas mantas. Parece que os animais que ali habitaram viveram em família e formaram uma espécie de sociedade. Especialmente digno de observação é o fato, respaldado pelas observações dos melhores naturalistas, de que as conchas e os corpos marinhos encontrados nesses países não pertencem a mares de nossos climas; seus análogos vivos estão nos mares das Índias e de países mais quentes. Exemplares encontrados na Europa dentro dessas conchas não desmentem a observação geral. Há muitos cujos análogos vivos nos são absolutamente desconhecidos, como os chifres de mamute, os belemnites, as anomias etc. O mesmo vale para outras plantas, troncos, ossificações etc., que tampouco parecem pertencer a nossos climas.

Já na Antiguidade mais remota observou-se que o solo continha uma quantidade considerável de corpos marinhos, o que levou a pensar que outrora ela teria sido o leito do mar. Foi essa, ao que parece, a opinião de Xenófanes, pai da ciência eleática; Heródoto observou conchas encontradas nas montanhas do Egito e cogitou se outrora o nível do mar não teria sido mais alto do que em seu tempo. Tal era igualmente, segundo Estrabão, a opinião de Eratóstenes, que viveu na época de Ptolomeu Filopator e Ptolomeu Epifânio. Ovídio, numa conhecida passagem do liv. XV (170) de suas *Metamorfoses*, diz o seguinte: "O chão, outrora sólido, eu vi ser um canal;/ Terras eu vi surgidas dos mares", *Vidi ego, quod fuerat quondam solidissima tellus, Eise fretum. Vidi factas ex aequore terras, Et procul a pelago conchoe jacuere marinae &c.*

Compartilhavam essa opinião Avicena e outros árabes doutos. Embora disseminada quase que universalmente pelos antigos, ela logo foi esquecida, e as observações de História Natural foram inteiramente ignoradas nos séculos que se sucederam. Quando foram retomadas, os doutos, que graças à Filosofia peripatética e às sutilezas da Escola, haviam adotado um modo de raciocínio bastante bizarro, alegavam que as conchas e outros fósseis estrangeiros à terra teriam sido formados por uma força plástica (*vis plastica*) ou por um sêmen universalmente distribuído (*seminium & vis seminalis*). Consideravam os fósseis de corpos marinhos como meros jogos da natureza, sem prestar atenção à perfeita analogia que havia entre esses mesmos corpos extraídos do interior da terra e outros, presentes no mar ou pertencentes aos reinos animal ou vegetal, analogia que teria sido suficiente para dissuadi-los. Perceberam, não obstante, que havia corpos fósseis aos quais não se podia atribuir essa formação, pois se notava claramente que tinham uma estrutura orgânica. Daí a opinião dos autores que consideraram as ossificações fósseis encontradas em diversas localidades pelo globo terrestre como pertencentes aos gigantes de que fala a Sagrada Escritura. Mas um conhecimento mínimo de anatomia teria sido suficiente para convencê-los de que essas ossificações, apesar do tamanho às vezes desmesurado, teriam pertencido a peixes e a quadrúpedes, não a homens. Essas pretensas forças plásticas, e essas explicações, por mais absurdas e ininteligíveis que sejam, tiveram e continuam a ter os seus partidários, dentre os quais Lister, Langius e outros naturalistas, de resto esclarecidos.

No século XVI, numerosos doutos, tendo à frente Fracastoro, consideraram as substâncias fósseis como estrangeiras à terra e descobriram que elas tinham uma semelhança tão perfeita com outros corpos da natureza que era indubitável que o mar as trouxera para o continente. E, como não viam nenhuma causa mais provável desse fenômeno do que o Dilúvio Universal, atribuíram a ele a presença de corpos marinhos nas diferentes partes da superfície do globo. Burnet, adotando o sistema de Descartes, pretendeu explicar como essa grande revolução teria ocorrido e de onde teria vindo a imensa quantidade de água que produziu a **[211]** catástrofe. A hipótese de Burnet, ao oferecer uma razão da maneira pela qual o Dilúvio poderia ter sido produzido, não explicava, porém, como ele poderia ter depositado corpos marinhos na terra. Woodward acreditou remediar a deficiência e suprir as falhas da teoria de Burnet por meio de uma ideia assaz engenhosa, mas que, infelizmente, não concordava com observações já então realizadas. Supunha que todas as partes não organizadas do globo terrestre teriam sido perfeitamente dissolvidas e diluídas pelas águas do Dilúvio Universal, e que as substâncias organizadas, após permanecerem por um tempo suspensas nessas águas, teriam sido aos poucos corroídas até que por fim se precipitassem, cada uma em razão de seu peso específico. Essa opinião foi adotada por numerosos naturalistas, entre outros o célebre Scheuchzer. No entanto, é difícil conceber que o período de duração do Dilúvio tenha sido suficiente para dissolver uma massa tal como o globo terrestre, como alega Woodward. A experiência prova que os corpos marinhos encontrados no solo não foram depositados ao acaso, há indivíduos encontrados constantemente com outros. Além disso, esses corpos não se dispõem como se houvessem caído em razão de seu peso específico; não raro, nas camadas superiores de um extrato de terra há corpos marinhos muito mais pesados do que outros abaixo deles; sem mencionar os corpos pesados misturados aos mais leves.

Muitos naturalistas, sem adotar as opiniões de Burnet ou a hipótese de Woodward, nem por isso deixaram de considerar o Dilúvio como a causa que teria trazido para a terra os corpos estrangeiros a ela; acreditam que, por causa de uma mudança de posição do eixo da Terra, o mar poderia ter sido lançado com violência sobre o continente, a ponto de submergi-lo e trazer consigo as produções e os animais que lhe são próprios.

A realidade do Dilúvio é indubitável, qualquer que tenha sido a via escolhida por Deus para efetuar essa grande revolução. No entanto, e sem faltar com o respeito pelas Sagradas Escrituras, parece lícito ao naturalista examinar se o Dilúvio teria sido realmente a causa dos fenômenos de que falamos, dado que o Gênesis guarda um profundo silêncio acerca dessa questão. De resto, nada impede que se conjeture se a Terra, independentemente do Dilúvio, não teria passado por outras revoluções. Isso posto, há razão para crer que o Dilúvio de que fala Moisés, um fenômeno passageiro, não explica os corpos marinhos que se encontram no interior do solo. Com efeito, as conchas e os corpos marinhos de que o solo está repleto, as montanhas quase que inteiramente compostas deles, as densas camadas, sempre paralelas, de conchas e corpos, as prodigiosas massas de pedras conquíferas, tudo isso parece sugerir uma permanência bastante longa das águas do mar, por muitos séculos, não uma inundação passageira de poucos meses, como, segundo o Gênesis, foi o Dilúvio. De resto, se as conchas fossilizadas tivessem sido trazidas por uma inundação súbita e violenta como o Dilúvio ou mesmo por correntes d'água, como querem outros autores, os corpos teriam sido lançados em confusão sobre a superfície da terra, o que, como notamos, contraria as observações. Por fim, se de fato tivessem sido trazidos dessa maneira, deveriam ser encontrados principalmente no fundo dos vales, não no interior das montanhas, quando o que se constata é quase sempre o contrário. Pode-se ver, pelo que foi dito, que a opinião mais provável é a dos antigos, que acreditavam que o mar outrora teria ocupado a superfície dos continentes hoje habitados. Os demais sistemas encontram dificuldades insuperáveis, das quais é impossível se livrar.

Não entraremos em maiores detalhes sobre os fósseis estrangeiros ao solo. Os principais dentre estes, como dissemos, são as conchas de toda espécie, às vezes tão bem conservadas que se encontra nelas um esmalte tão brilhante e mesmo cores tão vivas quanto as das que se coletam nos mares; outras são mais degradadas e decompostas; há as que têm as bordas corroídas e estão perfuradas; outras, por fim, encontram-se num estado tão desgastado que é impossível observar qualquer traço de estrutura orgânica. As obras de um sem-número de naturalistas estão repletas de descrições desses corpos marinhos, e muitos enumeraram os que se encontram em seus respectivos países. O Sr. Rouelle, da Academia Real de Ciências, publicou um livro sobre o assunto. É fruto das pesquisas e observações que realizou em numerosas viagens, com o intuito de verificar suas suspeitas. Esse hábil naturalista observou que em determinados lugares certos corpos marinhos se encontram sempre junto com outros, o que o levou a pensar que o mais natural seria dividir as conchas fossilizadas em famílias e classes, por ele chamadas agregados. Procura descrever os indivíduos que se encontram sempre juntos num mesmo agregado, apresentar a sua figura e provar que certas conchas, embora de espécies diferentes, vivem sempre juntas em certos lugares do mar e perfazem uma espécie de sociedade, similar à que se observa nos animais terrestres bem como em plantas que crescem em vizinhança recíproca. Esse método só pode ser infinitamente vantajoso. Promete poupar-nos de muitas pesquisas inúteis e facilitar a descrição dos fósseis de um mesmo distrito, pois não entra nos detalhes minuciosos de todas as conchas encontradas e evita assim repetir o que já foi dito por outros. É suficiente conhecer dois ou três indivíduos para saber quais outras conchas se encontrarão. Se, por acaso, algumas escaparam ao autor, poder-se-á, sem dificuldade, dar em suplemento as que ele não descreveu ou que, num determinado país, constituem exceção à regra geral. Essas vantagens, unidas a numerosas observações interessantes, incitarão sem dúvida no público curioso pelo assunto o desejo de pôr as mãos na obra do Sr. Rouelle.

Além de corpos marinhos, como conchas, corais etc. há muitos outros fósseis estrangeiros entalhados na terra, como dentes de peixes, esqueletos de animais petrificados, em estado natural, que não sofreram decomposição, e também troncos, plantas etc. Ver *Pedras figuradas*.

(PPP)

Gabinete de História Natural, Daubenton, Diderot [2, 489]

A palavra *gabinete* deve ser tomada aqui em acepção diferente da comum, já que um *gabinete de História Natural* é normalmente composto de várias salas, e pode-se dizer que nunca é grande demais. A sala ou cômodo principal deve ser suficientemente espaçosa para abrigar coleções de todos os gêneros das diferentes produções da natureza. Que imensa e maravilhosa combinação!

Como não ter uma ideia justa do espetáculo que nos é oferecido por toda espécie de animais, vegetais, minerais, quando se encontram reunidas num mesmo lugar e são vistas, por assim dizer, com um só golpe de vista? Esse quadro, variado por infinitas nuances, não poderia ser oferecido por nenhuma outra expressão além dos próprios objetos de que é composto. Um gabinete de História Natural é, pois, um resumo da natureza inteira.

Não sabemos se os antigos fizeram gabinetes de História Natural. Se houve algum, surgiu na Grécia, ordenado por Alexandre e formado por Aristóteles. Esse famoso naturalista, querendo tratar seu objeto de todas as perspectivas de um grande filósofo, obteve da magnificência de Alexandre somas consideráveis, empregou-as para reunir animais de todas as espécies, e mandou buscá-los em todas as partes do mundo conhecido. Seus livros sobre o reino animal provam que ele observou em detalhe quase todos os animais, e não deixam dúvida de que tinha à disposição uma coleção completa, o que é o melhor gabinete que se poderia ter para a história dos animais. Aliás, os cadáveres de tantos animais e suas diferentes partes dissecadas teriam sido mais do que suficientes para fazer um gabinete de História Natural muito rico. Não há dúvida de que Aristóteles dissecou animais com cuidado, já que nos deixou resultados de observações anatômicas e atribuiu a certas espécies qualidades particulares, das quais são dotadas à exclusão de toda outra espécie. Para extrair essas consequências, deve-se, por assim dizer, ter visto tudo. Se por vezes somos tentados a crer que essas consequências são casuais, talvez seja porque os conhecimentos que adquirimos sobre os animais desde o renascimento das letras ainda não são muito extensos, e as maiores coleções de animais são muito imperfeitas, se comparadas às de Aristóteles.

A ciência da História Natural progride à medida que os gabinetes se tornam mais completos; o edifício só se eleva através dos materiais nele empregados, e não se pode ter um todo a não ser quando todas as partes de que é composto se encontram dispostas em conjunto. Foi apenas neste século que nos aplicamos ao estudo da História Natural com bastante vigor e sucesso para avançar a grande passos nesta carreira. A nosso século também pode ser atribuído o surgimento de estabelecimentos mais dignos do nome de gabinete de História Natural.

O gabinete do jardim do rei é um dos mais ricos da Europa. Para que se tenha uma ideia dele, mencionaremos as coleções de que é composto, segundo a ordem dos reinos.

Reino animal. Há no gabinete do rei diferentes esqueletos humanos de todas as idades, e uma numerosa coleção de ossos marcados por cortes, fraturas, deformidades e doenças; peças de anatomia injetadas e ressecadas; fetos de diferentes idades e outras peças singulares conservadas em líquido; belíssimas peças de anatomia, representadas em cera, em madeira; partes embalsamadas e cálculos empedrados, tirados do corpo humano; numerosas bainhas de armas, utensílios de selvagens etc., trazidos da América e de outras partes do mundo. Ver *Description du Cabinet du roi, Histoire Naturelle*, tomo III.

Em relação aos quadrúpedes, há uma numerosa série de esqueletos e outras peças de Osteologia, uma boa quantidade de animais e partes de animais conservadas em líquidos, há peles empalhadas, uma coleção de chifres de quadrúpedes, há bezoares, egagropilos etc.

Há belos esqueletos dos maiores e mais raros pássaros; pássaros inteiros, conservados em líquido, outros empalhados etc.

Há uma numerosa coleção de peixes de mar e de água doce.

Há um bom número de diferentes espécies de serpentes, lagartos etc. recolhidos em todas as partes do mundo.

Há uma série de conchas, crustáceos etc.

Por fim, há uma boa quantidade de insetos de terra e aquáticos, uma série quase completa de borboletas e uma coleção de falsas plantas marinhas de todas as espécies.

Reino vegetal. O gabinete conta com herbários bastante completos, montados pelo Sr. Tournefort e pelo Sr. Vaillant; com uma série de numerosas raízes, cascas de árvores, sementes e frutos de plantas; com uma coleção quase completa **[490]** de borrachas, resinas, bálsamos, e outros sumos de vegetais.

Reino mineral. O gabinete tem coleções de terras, pedras comuns e figuradas, petrificações, incrustações, resíduos pedregosos, estalactites; uma bela coleção de seixos, pedras finas, brutas, polidas, formadas em placas, talhas em vasos etc., pedras preciosas e cristais; toda espécie de sais e betumes, matérias minerais e fósseis, semimetais e metais. Enfim, uma numerosa coleção de minerais do reino e de todas as partes da Europa, sobretudo dos países do Norte, de outras partes do mundo e principalmente da América.

Essas coleções estão todas dispostas em ordem metódica, distribuídas da maneira mais favorável ao estudo da História Natural. Cada peça traz a respectiva denominação, e é protegida por vidro etiquetado ou do modo que seja o mais conveniente. (**Daubenton**)

Para formar um gabinete de História Natural não basta reunir sem escolha e amontoar sem ordem e gosto todos os objetos de História Natural que porventura se possa encontrar. É preciso saber distinguir o que merece ser guardado do que deve ser jogado fora, e dispor cada coisa no arranjo mais adequado. A ordem de um gabinete não pode ser como a ordem da natureza. A natureza oferece por toda parte uma desordem sublime. De qualquer lado que a consideremos, são massas que nos entusiasmam de admiração, grupos que se impõem da forma mais surpreendente. Mas um gabinete de História Natural é feito para instruir, e devemos encontrar nele, em detalhe e em ordem, o que o universo nos apresenta em bloco. Trata-se de expor os tesouros da natureza segundo uma distribuição relativa, seja quanto à maior ou menor importância dos seres, seja quanto ao interesse que devemos ter por eles, seja, por fim, quanto a outras considerações menos doutas e talvez mais razoáveis, entre as quais deve-se preferir as que dão um arranjo que agrade às pessoas de gosto, interesse aos curiosos, instrua os amadores e sugira perspectivas aos doutos. Mas satisfazer a esses diferentes fins sem sacrificá-los em demasia uns aos outros, conceder às distribuições científicas o que for preciso, sem se afastar das vias da natureza, esse não é um empreendimento fácil, e, entre tantos gabinetes de História Natural feitos na Europa, se é que existem alguns bem organizados, deve também haver muitos que talvez tenham o mérito da riqueza, mas não o da ordem. E o que é uma coleção de seres naturais, sem o mérito da ordem? Para que serve ter reunido em tantos edifícios, com grande dificuldade e despesas, uma multidão de produções, para oferecê-las em desordem, sem nenhuma consideração pela natureza das coisas ou pelos princípios da História Natural? Eu não hesitaria em dizer a esses naturalistas que não têm gosto nem gênio: *Devolvei todas essas conchas ao mar; restituí à terra suas plantas e seus adubos, e limpai vossos apartamentos desta multidão de cadáveres, pássaros, peixes, insetos, se não podeis fazer com eles mais do que um caos, no qual não percebo nada distintamente, a não ser um amontoado no qual os objetos esparsos ou empilhados não me dão nenhuma ideia clara e precisa. Não sabeis valorizar a opulência da natureza, sua riqueza perece em vossas mãos. Ficai no fundo da pedreira talhando pedras, mas deixai a outros o cuidado de ordenar o edifício.* Que me perdoem essa invectiva, motivada pela tristeza que tenho ao ver nos gabinetes, mesmo nos célebres, as produções mais preciosas da natureza como que atiradas num poço. Seguis a multidão, procurais penetrar nas trevas que cobrem tantas raridades, mas elas são por demais espessas, vós vos fatigais em vão, e teríeis apenas o sofrimento de ser privado de tantas riquezas, seja por indolência daquele que as possui, seja pela negligência daqueles a quem seus cuidados são confiados.

Se fôssemos empreender a crítica ou o elogio de todas as coleções de História Natural que se encontram na Europa, não terminaríamos este verbete. Vamos nos deter somente na mais florescente de todas, quero dizer, o *gabinete do rei*. Parece-me que não se negligenciou nada para valorizá-lo ou para tornar útil o que ele contém. Desde o seu nascimento, começou a interessar o público, por sua limpeza e elegância. Em seguida, tomaram-se tantos cuidados para completá-lo que as aquisições feitas em todos os gêneros são surpreendentes, sobretudo se as comparamos com os poucos anos que se contam desde a sua instituição. Para lá afluíram, de todos os cantos do mundo, as coisas mais belas e mais raras. E felizmente essas coisas aí encontraram mãos capazes de reuni-las com tanta conveniência, de colocá-las juntas com tanta ordem, que não haveria nenhuma dificuldade para prestar contas à natureza de suas riquezas de modo claro e fiel. Um estabelecimento tão considerável e tão bem conduzido não poderia deixar de se tornar célebre e atrair espectadores. Por essa razão, eles vêm de todos os estados, de todas as nações, em tão grande número que na alta estação, quando o mau tempo não os impede de ficar nas salas do gabinete, o espaço quase não é suficiente para todos. São recebidas entre 1.200 e 1.500 pessoas todas as semanas. O acesso é fácil; cada um pode entrar à vontade, divertir-se, instruir-se. As produções da natureza lá são expostas sem artifício, sem outro preparativo a não ser os que o bom gosto, a elegância e o conhecimento dos objetos devem sugerir. As perguntas feitas em relação à História Natural são respondidas com amabilidade. O pedantismo, que choca as pessoas honestas, e o charlatanismo, que retarda o progresso da ciência, estão longe desse santuário. Percebeu-se, por meio de uma impulsão particular às almas de certa espécie, que seria uma baixeza que particulares que tivessem algumas coleções de História Natural pretendessem se atribuir um mérito próprio e se esforçassem para inflá-lo, seja exibindo-as faustosamente, seja vangloriando-as para além do seu justo valor, seja ainda fazendo mistério a respeito dos procedimentos adotados no arranjo da coleção. Sentiu-se que tal conduta não estaria de acordo com um grande estabelecimento, onde não deve haver outras pretensões além do bem de uma instituição que, ao tornar públicos os procedimentos adotados, proporciona novas luzes e difunde o gosto pelas mesmas ocupações. Tal é o objetivo que o Sr. Daubenton, guardião e superintendente do *gabinete do rei*, se propôs em seu trabalho, com as descrições realizadas na *Histoire Naturelle*, e no próprio gabinete, em que introduziu uma ordem tão bela. Não poderíamos fazer melhor que inserir aqui suas observações sobre a maneira de organizar e manter um gabinete de História Natural; elas estão à altura de um objeto tão grandioso.

"O arranjo mais favorável ao estudo da História Natural", diz o Sr. Daubenton, "é a ordem metódica que distribui em classes, gêneros e espécies as coisas que essa ciência comporta. Assim, os animais, os vegetais e os minerais deveriam estar separados com exatidão uns dos outros. Cada reino teria o seu lugar à parte. A mesma ordem subsistiria entre os gêneros e as espécies: colocar-se-iam os indivíduos de uma mesma espécie uns após os outros, sem que nunca fosse permitido afastá-los. Ver-se-iam as espécies em seus gêneros, [491] os gêneros em suas classes. Tal é o arranjo indicado pelos princípios imaginados para facilitar o estudo da História Natural, tal é a única ordem capaz de realizá-lo. Com efeito, dessa maneira tudo se torna instrutivo. Num golpe de vista, não somente toma-se conhecimento real do objeto que se considera, como descobrem-se as possíveis relações entre ele e os objetos que o rodeiam. As semelhanças indicam o gênero, as diferenças assinalam a espécie. Características mais ou menos parecidas, mais ou menos diferentes, comparadas umas às outras, apresentam ao espírito e gravam na memória a imagem da natureza. Acompanhando-a na variedade de suas produções, passa-se insensivelmente de um reino a outro; as gradações nos preparam pouco a pouco para essa grande mudança, que só se torna sensível pela comparação entre os dois extremos. Apresentados nessa ordem, os objetos da História Natural nos ocupam suficientemente para que nos interessemos pelas relações entre eles, sem nos cansar ou mesmo nos dar o desgosto que normalmente vem da confusão e da desordem.

"Esse arranjo parece tão vantajoso que seria natural esperar encontrá-lo nos gabinetes em geral; mas não há sequer um em que tenha sido adotado com rigor. Há espécies e mesmo indivíduos que, embora dependentes do mesmo gênero e da mesma espécie, são tão desproporcionais pelo volume, que não se pode dispô-los uns ao lado dos outros. Ocorre o mesmo com gêneros e por vezes com classes. Aliás, com frequência, somos obrigados a interromper a ordem das séries, por não conseguirmos conciliar o arranjo do método com a adequação da exibição. Esse inconveniente costuma acontecer quando o espaço total não é proporcional ao número de coisas que compõem as coleções. Essa irregularidade, porém, não chega a ser um obstáculo ao estudo da História Natural, pois é impossível confundir coisas que pertencem a diferentes reinos e diferentes classes. É apenas no detalhe dos gêneros e das espécies que o menor equívoco pode causar um erro.

"A ordem metódica, que nesse gênero de estudos tanto agrada ao espírito, quase nunca é a melhor para os olhos. Aliás, embora tenha muitas vantagens, não deixa de ter alguns inconvenientes. Com frequência se crê conhecer as coisas, embora não se conheçam senão o seu número e a sua localização. É bom se precaver em relação a coleções que só adotam a ordem da simetria e do contraste. O gabinete do rei é suficientemente vasto para que se adotem ambos esses arranjos. Assim, em cada um dos gêneros suscetíveis a eles, começou-se por escolher uma série de espécies, e mesmo de indivíduos, para mostrar as variedades, bem como as espécies constantes, organizadas metodicamente por gêneros e classes. O excedente de cada coleção foi distribuído nos lugares que pareceram mais favoráveis, para fazer deles um conjunto agradável e variado aos olhos pelas diferenças de formas e cores. Os objetos mais importantes da História Natural são apresentados em prol da visão. Pode-se julgá-los sem ser constrangido pela ordem metódica, pois, por meio desse arranjo, ocupamo-nos somente das qualidades reais do indivíduo, sem considerar os caracteres arbitrários do gênero e da espécie. Se tivéssemos sempre diante dos olhos séries metodicamente ordenadas, seria de recear que nos deixássemos influenciar pelo método e viéssemos a negligenciar o estudo da natureza, para nos entregarmos a convenções com frequência pouco naturais. Tudo o que se puder reunir em matéria de produções naturais em um gabinete de História Natural deve ser distribuído na ordem que mais se aproxime da seguida pela natureza, quando deixada a si mesma. Embora constrangida, poder-se-ia ainda reconhecê-la, depois de ter reunido num pequeno espaço produções dispersas sobre a Terra em lugares afastados. Mas, por pouco numerosos que sejam esses objetos, acredita-se que mesmo assim é obrigatório dividi-los em classes, gêneros e espécies, para facilitar o estudo de sua história. Esses princípios arbitrários são, em sua maioria, falíveis; não se deve segui-los às cegas, mas como se fossem índices que conduzem a observar a natureza, nas coleções em que ela aparece, quase sem outro aparato a não ser os que a tornem agradável aos olhos. Gabinetes grandes não serão suficientes, se se quiser imitar escrupulosamente as disposições e progressões naturais. Seremos obrigados, a fim de evitar a confusão, a empregar um pouco de arte, para obter simetria e contraste.

"Na ampliação de um gabinete de História Natural só se pode manter a ordem deslocando-se constantemente tudo o que esteja contido nele. Por exemplo, quando se quer incluir uma espécie que falta numa série, se essa espécie pertence ao primeiro gênero, é preciso que todo o resto seja deslocado para que ela seja inserida em seu lugar. Embora esse tipo de ocupação exija atenção, e um tempo considerável, os que reúnem coleções de História Natural não devem negligenciá-la. Não será uma tarefa tediosa, nem infrutífera, se acrescentar-se ao trabalho da mão o espírito de observação. Aprende-se sempre algo novo ao ordenar-se metodicamente uma coleção, pois, nesse gênero de estudo, quanto mais se vê mais se sabe. Os arranjos feitos unicamente por prazer também requerem tentativas inúteis; após várias combinações é que se chega a um resultado satisfatório em matéria de gosto. Esse trabalho é mais do que recompensado pelo prazer que se sente quando se acredita ter tido sucesso. O que há de mais desagradável são os cuidados necessários para conservar peças sujeitas a perecer. Nunca é demais ter atenção a tudo o que possa contribuir para a sua conservação; a menor negligência pode ser desastrosa. Felizmente, nem todas as peças de um gabinete exigem tantos cuidados quanto outras, e as estações do ano não são igualmente críticas.

"Minerais geralmente não exigem mais que uma rápida limpeza e que se evite o contato entre eles. Há alguns que não devem ser expostos à umidade, como os sais, que se fundem facilmente, e as piritas, que fluorescem, ou seja, se tornam poeira. Os animais e os vegetais estão mais ou menos sujeitos à corrupção. Só se pode preveni-la mantendo-os secos ou submergindo-os em preparações líquidas. Nesse último caso, deve-se impedir que o líquido se evapore ou se corrompa. Peças ressecadas exigem ainda mais cuidado. Insetos que nascem nelas e delas se alimentam as corroem por dentro antes que o estrago seja percebido. Vermes, escaravelhos, cupins, borboletas, ácaros etc. se alojam no que lhes for mais conveniente. Roem carnes, cartilagens, peles, pelos e plumas, **[492]** atacam plantas, mesmo as ressecadas. Vermes podem reduzir madeira a pó. O estrago feito pelas borboletas não é tão grande se comparado ao dos escaravelhos: reproduzem-se de tal forma que o seu número se torna prodigioso, quando não são eliminados por diferentes meios. A maioria desses pequenos animais normalmente surge no mês de abril, na alta primavera, ou em maio, com a entrada do verão. É então que é preciso realizar uma vistoria e examinar se há vestígios de insetos, de ordinário assinalados por uma pequena poeira que eles expelem dos lugares em que se alojam. Quando isso acontece, o mal já está feito; algo foi roído. Por isso, não se deve perder tempo, é preciso destruí-los. A atenção em relação a esses pequenos animais deve se prolongar até o fim do verão. Com a entrada do outono, não põem mais ovos, e são paralisados ou enrijecidos pelo frio. Durante esses cinco meses, nossa vigilância deve ser incessante; mas não podemos nos descuidar no resto do ano.

"Geralmente, é suficiente que se proteja o interior do gabinete de um frio muito forte, do calor excessivo e da umidade. Se os animais ressecados, particularmente os marinhos, que ficam impregnados de sal, fossem expostos durante o período das geadas ou do degelo, certamente seriam danificados ou se decomporiam, em parte pela ação do gelo, em parte pela mudança abrupta de temperatura. Por essa razão, durante o fim do outono e todo o inverno, nada melhor do que manter todos os gabinetes bem fechados. Não é preciso temer que a qualidade do ar piore, por não ter sido renovado; não há nada tão prejudicial como a umidade. Aliás, as salas dos gabinetes costumam ser suficientemente grandes para que o ar circule facilmente. No tempo seco, pode-se abri-los no meio do dia. Durante o verão, a ação da umidade é menor, mas o calor produz efeitos nocivos, como a fermentação e a corrupção. Quanto mais quente o ar, mais vigorosos os insetos; quanto mais fácil e abundante a sua multiplicação, mais consideráveis serão os estragos. É preciso, pois, evitar os raios do sol por todos os meios possíveis, e não permitir jamais a entrada de ar, a não ser que esteja mais fresco fora do que dentro. Seria preferível que somente a ala norte dos gabinetes de História Natural fosse aberta; é o mais conveniente para preservá-los da umidade do inverno e do calor do verão.

"Por fim, em relação à distribuição e às proporções do interior, como os pisos não devem ser muito elevados, as salas não podem muito grandes. Para decorar um gabinete com mais proveito deve-se mobiliar as paredes por inteiro e guarnecer também o teto. É o único meio de garantir a continuidade do conjunto. Há coisas que ficam melhores quando suspensas, mas não muito alto, do contrário nos cansaríamos inutilmente ao olhá-las, sem poder distingui-las bem. Um objeto que só se deixa perceber pela metade é sempre o que mais atiça a nossa curiosidade. Dificilmente se poderia contemplar um gabinete de História Natural sem uma certa aplicação, que por si mesma é cansativa. Embora a maioria dos que visitam gabinetes não pretenda fazer disso uma ocupação séria, a multiplicidade e a singularidade dos objetos cativam a sua atenção.

"Quanto à maneira de dispor e apresentar de modo vantajoso as diferentes peças de História Natural, creio que há muitas possibilidades de fazê-lo. Um mesmo objeto admite maneiras diferentes, que podem ser tão convenientes quanto outras. O bom gosto deve ser a regra."

O Sr. Daubenton não pretende entrar numa discussão a respeito. Contenta-se, em sua descrição do gabinete do rei, em relatar o modo como as coisas de diferentes gêneros estão nele dispostas, recomendando, ao mesmo tempo, os meios de conservá-las.

Seja-me permitido encerrar este verbete pela exposição de um projeto que não seria menos vantajoso do que honorável para a nação: elevar à natureza um templo que fosse digno dela. Imagino-o composto de vários corpos de edifícios, proporcionais à grandeza dos seres que conteria. O do meio seria espaçoso, imenso mesmo, destinado aos monstros da terra e do mar. Que espanto não nos atingiria ao entrarmos nesse lugar, habitado por crocodilos, elefantes e baleias? De lá, passaríamos a outras salas contíguas, em que a natureza seria contemplada em toda sua variedade e em todas suas gradações. Empreendem-se todos os dias viagens a diferentes países para admirar suas raridades; um tal edifício não poderia deixar de atrair homens curiosos de todas as partes do mundo. Como poderia um estrangeiro minimamente letrado não visitar ao menos uma vez a natureza em seu palácio? Que espetáculo não seria encontrar exposto, num mesmo lugar, tudo o que a mão do Todo-Poderoso espalhou sobre a face da Terra! Se eu pudesse julgar o gosto dos homens pelo meu, parece-me que, para gozar desse espetáculo, ninguém se queixaria de realizar uma viagem de cinco ou seis léguas. Não se percorre, todos os dias, metade desse caminho para ver as peças de Rafael e Michelangelo? Os milhões que esse estabelecimento custaria ao Estado seriam pagos com sobra pela multidão de estrangeiros que ele atrairia em todos os tempos. A história conta que o grande Colbert cobrou seus convidados pela magnificência de uma festa pomposa. Que comparação poderia haver entre um carrossel e o projeto a que me refiro? Que tributo não nos seria prestado, pela curiosidade de todas as nações agradecidas? (**Diderot**)

(Tradução: Maria das Graças de Souza)[1]

Gênero (*História Natural*), Daubenton [7, 594]

Nas distribuições metódicas das produções da natureza, a palavra *gênero* designa semelhanças entre objetos de espécies diferentes. Por exemplo, o cavalo, o asno e a zebra, animais de três espécies diferentes, referem-se a um mesmo gênero, pois têm entre si mais semelhança do que com animais de qualquer outra espécie. Esse gênero é o dos solípedes, pois os animais nele

1 Doravante MGS.

compreendidos têm um único dedo em cada pata. Aqueles, ao contrário, cuja pata é dividida em duas partes, como o touro, o carneiro, o bode etc., são de outro gênero, chamado gênero dos animais de pata bífida, pois estão mais estreitamente relacionados entre si do que com animais solípedes ou com fissípedes, que têm mais de dois dedos em cada pata e são reunidos num terceiro gênero. Do mesmo modo que se estabelecem gêneros mediante a reunião de espécies, criam-se classes reunindo-se gêneros. Animais solípedes, de pata bífida ou fissípedes são todos compreendidos na classe dos quadrúpedes, pois têm entre si mais semelhança do que com os pássaros e os peixes, que formam classes diferentes. Ver *Classe, Espécie, Método.*

(**PPP**)

História Natural, Daubenton [8, 225]

O objeto da *História Natural* é tão extenso quanto a natureza, abrange todos os seres que vivem em terra firme, que se projetam nos ares ou que habitam as profundezas das águas, [**226**] todos os que recobrem a superfície da terra ou se escondem em suas entranhas. A História Natural, em sua extensão completa, abarcaria o Universo inteiro, pois os astros, a atmosfera e os meteoros são parte tão integrante da natureza quanto o globo terrestre. Um dos maiores filósofos da Antiguidade, Plínio, ofereceu uma História Natural sob o título de história do mundo, *historia mundi*. Quanto mais conhecimentos se adquirem, mais se é levado, por necessidade, a dividi-los em diferentes gêneros de ciência. Mas essa divisão nem sempre é exata, pois as ciências não chegam a ser tão distintas entre si que não tenham relações umas com as outras, que não se aliem e não se confundam em muitos pontos, gerais ou particulares.

A Astronomia, que, segundo as ideias em voga a respeito dessas ciências, parece estar muito afastada da História Natural, pertence a esta, por meio da teoria da Terra, e estaria ainda mais próxima dela, se o telescópio e as lentes de longo alcance viessem a produzir um efeito como o do microscópio, esse instrumento maravilhoso que nos permite perceber coisas infinitamente pequenas, tão afastadas de nossa visão quanto as infinitamente distantes. Se algum dia chegássemos a ver os objetos que compõem os planetas com distinção suficiente para julgar sua figura, seu movimento, suas mudanças, sua forma etc., não tardaríamos a adquirir os rudimentos da História Natural dos corpos celestes. Ela seria, sem dúvida, muito diferente daquela de nosso globo, mas os conhecimentos de uma não seriam infrutíferos para a outra. É suficiente ter indicado as relações entre a História Natural e a Astronomia. Insistir nesse ponto seria ocupar-se de uma quimera. Não deixemos o nosso globo; há nele outras ciências, mais próximas da História Natural, e nem sempre é fácil reconhecer os limites que as separam entre si.

Os animais, os vegetais e os minerais constituem as três partes principais da História Natural, e são objeto de muitas ciências derivadas, à maneira de ramos que partem do tronco de uma árvore. Observemos essa árvore de ciências e notemos com que força o caule infunde a seiva em cada um dos ramos.

A descrição das produções da natureza é a base de sua história, é o único meio para reconhecer cada uma delas em particular e dar uma ideia justa de sua conformação. Há duas espécies de descrição, as incompletas e as completas. Nas primeiras, o único fim é caracterizar cada coisa a ponto de distingui-la das outras. Essa descrição é como uma denominação, no mais das vezes bastante equívoca, apesar de toda a arte que se empregue para exprimir os caracteres distintivos de cada objeto. As produções da natureza são demasiado numerosas e variadas, a maioria não difere de outras a não ser por nuances tão pouco sensíveis que não se deve esperar que sejam pintadas numa frase. Um retrato assim costuma ser infiel. Para se convencer disso, basta passar os olhos sobre os sistemas de nomenclatura propostos em História Natural. São todos defeituosos. No entanto, se percorrermos a lista dos autores desses sistemas, não duvidaremos que os teriam feito com mais exatidão se tivesse sido possível levar a alguma perfeição essas descrições, cujo único fim é a nomenclatura, e que abarcam partes dos objeto. Descrições completas exprimem os objetos integralmente, e não somente permitem reconhecê-los sem equívoco, como também indicam as relações entre suas partes constitutivas.

As descrições compreendem as partes interiores de cada objeto bem como as partes exteriores, e exprimem, na medida do possível, as proporções de figura e massa, as dimensões de extensão e todas as qualidades que possam dar uma ideia justa da conformidade entre as principais partes de cada coisa. Mediante tais descrições, pode-se comparar um objeto a outro e julgar a semelhança ou diferença entre suas respectivas conformações, reconhecer os diferentes meios que a natureza emprega para produzir um mesmo efeito, e obter resultados gerais, que são os fatos mais preciosos da História Natural. Ver *Descrição*.

Se o naturalista considera uma coisa, é para compará-la a outras. Observa de preferência os caracteres que as distinguem e faz o que está ao seu alcance para contemplar a marcha da natureza em suas produções. O anatomista, ao contrário, contempla cada coisa em si mesma, desenvolve suas partes para descobrir os meios aparentes, e emprega toda a sua arte a fim de reconhecer os primeiros agentes materiais e os recursos que a natureza emprega para mover os corpos animados. Ver *Anatomia*.

Até o presente, a Anatomia praticamente não teve outro objeto além do homem, que é, sem dúvida, o seu objeto principal. Mas o corpo humano não contém todos os modelos do mecanismo da economia animal. Há nos animais conformações bem diferentes daquelas do homem e partes mais desenvolvidas do que as nossas. Comparando-os entre si e referindo-os ao homem, conhecer-se-á melhor o homem em particular e a mecânica da natureza em geral. Esse grande objeto é o da Anatomia Comparada, que tem uma relação mais imediata com a História Natural do que Anatomia simples. Tudo o que se extrai desta são observações de detalhe; aquela oferece resultados e fatos gerais, que respondem pelo corpo da História Natural dos animais.

A Medicina é outro ramo da História Natural que deve à Anatomia uma parte de sua substância. Uma boa teoria de Medicina é inconcebível sem a História Natural, pois a economia animal do homem jamais poderia ser conhecida sem o conhecimento das diferentes conformações dos animais. A Medicina prática realizaria progressos muito mais rápidos se se estabelecesse, a partir dos animais, uma Medicina Comparada, e uma Cirurgia Comparada com base na Anatomia Comparada.

A Botânica é um dos principais e mais extensos ramos da História Natural. Mas, ao percorrermos as obras dos botânicos, vemos esse ramo secar, por causa de um galho excessivamente grande, que absorve quase toda a sua subsistência. A nomenclatura das plantas, que é uma parte bem pequena da História Natural, tornou-se o principal objeto dos botânicos, que em sua maioria se aplicam quase exclusivamente a denominações. Ver *Botânica*. A significação dos nomes e a explicação dos termos são as preliminares de todas as ciências, e essas preliminares talvez sejam ainda mais necessárias na Botânica do que em outras ciências, pois o número de plantas é tão grande que sem essa precaução só poderia haveria equívoco e erro na aplicação de seus nomes. Seria, assim, necessário dispor, na Botânica, de um vocabulário que contivesse os nomes e descrições **[227]** completas de todas as plantas comuns e servisse para que se interpretassem todas as outras. Qualquer que fosse o método empregado no arranjo de tal obra, ele seria mais útil do que todos os sistemas até aqui propostos para a distribuição metódica das plantas. Com as descrições completas contidas nesse vocabulário, haveria a garantia de encontrar o nome de todas as plantas que se tivesse sob os olhos. Se os métodos de nomenclatura não chegaram a tanto, é porque só contêm descrições incompletas, insuficientes para que se possam reconhecer todas as plantas indicadas por esses métodos. Quem sabe se, uma vez estabelecido esse vocabulário, os botânicos não abririam mão da pretensão quimérica de seguir em seus métodos a ordem inteligível da natureza, que, de resto, só pode ser concebida pelo Criador.

Reduzindo-se a nomenclatura das plantas a seus justos limites, ver-se-ia que o mais difícil e mais importante para essa ciência não é nomear as plantas, mas conhecer suas propriedades, saber como cultivar as plantas úteis e extirpar as nocivas, observar a sua conformação e determinar as partes que concorrem para a economia vegetal. Tal é o limite da Botânica e da História Natural das plantas. A Botânica contém grande parte dos materiais da Medicina, e o estudo destes compete à História Natural Geral, ciência que compreende não somente as plantas como também os animais e minerais dotados de virtudes medicinais. Essas propriedades são tão preciosas que, no intuito de descobri-las, os naturalistas deveriam aliar seus conhecimentos aos dos médicos. Até o presente, o acaso teve um papel mais preponderante do que as luzes do espírito humano na realização dessas descobertas. Testes com animais, submetidos ao efeito de certas plantas, poderiam revelar propriedades úteis ao homem. Essas descobertas não seriam tão difíceis se houvesse elementos de uma Medicina Comparada, estabelecidos com base nos animais, considerados em estado saudável e em estado enfermo. Quantas novas propriedades não haveria a descobrir nas plantas, relativamente às artes, se os botânicos tivessem empregado com testes o tempo que perderam com a sua denominação! Coisas cujas propriedades são conhecidas não podem permanecer sem nome. Os camponeses sabem os nomes de todas as plantas que lhes são úteis ou nocivas, e, além de conhecê-las melhor que os botânicos, são praticamente os únicos que se ocupam de cultivá-las.

As primeiras noções de História Natural foram sem dúvida noções de agricultura e de domesticação dos animais. Começou-se por cultivar as plantas e criar animais comestíveis. Satisfeitas as necessidades, veio a aplicação às pesquisas, do que posteriormente nasceriam as ciências. À força de muito trabalho e meditação, e com o auxílio dos séculos, estas foram elevadas a um alto grau de perfeição. É surpreendente que, em meio a tantas descobertas surpreendentes em todos os gêneros, a agricultura tenha avançado tão pouco. Ver *Botânica*. A lavoura e o plantio permanecem quase que inalterados, passados tantos séculos. Mas não há dúvida de que há meios mais frutuosos de lavoura e plantio; resta-nos descobrir quais. A arte de multiplicar florestas só foi conhecida recentemente. Haveria pesquisas mais importantes do que as que contribuíssem para tornar a terra fecunda e multiplicassem o que é mais necessário aos homens? Esses objetos são os mais dignos dos naturalistas, dos sábios de todo gênero e dos bons cidadãos. Nunca é demais aplaudir os trabalhos dos que se dedicam a pesquisar a natureza dos terrenos, a aperfeiçoar a carroça, a conservar os grãos, a purificar ou preservar as sementes do contágio de pragas, a plantar florestas, a adaptar árvores estrangeiras etc.

Há na agricultura circunstâncias que merecem toda a atenção dos botânicos, e que eles, com seus conhecimentos a respeito de plantas em geral, estão mais preparados para aperfeiçoar do que pessoas com conhecimentos limitados a uma arte em particular. O cultivo de legumes e de árvores frutíferas, a arte do enxerto, tudo isso é digno da consideração dos botânicos, pois é possível variar a produção e aumentar nossas riquezas no gênero. Pode-se alterar as qualidades dos legumes a ponto de melhorá-los, ou mesmo, sob certos aspectos, modificá-los. Os adeptos da nomenclatura diriam que a alface batávia é uma variedade da alface selvagem, que a rúcula é uma variedade do agrião selvagem. Mas tais variedades são bens reais, pelos quais devemos agradecer aos homens laboriosos e inventivos que os forneceram a nós; mas a denominação característica de uma planta inútil é por si mesma um conhecimento vão, e a definição de um novo gênero de planta não passa de uma quimera.

O cultivo das flores e árvores agradáveis pertence à Botânica tanto quanto às demais partes da agricultura, e pode ter sua utilidade independentemente do prazer inocente que nos proporciona. Os floristas identificam, entre tulipas de diferentes cores, as que produzirão tulipas variegadas, e preveem as mudanças de cores que ocorrerão a cada ano nestas últimas. Caso se tivesse refletido sobre essa sucessão ordenada de tons naturais nas flores, caso ela tivesse sido devidamente observada nas folhas do azevinho e de outras árvores com folhas variegadas, ter-se-iam extraído novas luzes em relação à mistura das cores, à mudança de cores, à gradação de tons etc. Tais conhecimentos seriam tão mais seguros quanto mais consoantes fossem em relação às operações da natureza. O cultivo das flores requer um cuidado assíduo. É preciso estar atento à índole de cada planta para prevenir doenças e impedir sua degeneração. Desse modo, podem-se reconhecer as diferentes qualidades, por assim dizer, de seu temperamento, as doenças hereditárias e outras peculiaridades da economia vegetal.

O conhecimento dessa economia é a finalidade última da Botânica. Para chegar a ele, é preciso começar pelo exame detalhado das partes das plantas. Essa espécie de Anatomia, mais simples que a dos animais, exige pesquisas igualmente refinadas e procedimentos igualmente delicados. Grandes pesquisadores realizaram progressos rápidos no gênero; a invenção do microscópio deu-lhes meios para descobrir as partes menos aparentes dos vegetais. A exposição anatômica das plantas, ou das que diferem entre si pela conformação, lançou nova luz sobre o mecanismo da vegetação. Foram feitas importantes descobertas acerca do papel do desenvolvimento dos germes no crescimento das plantas, da sucção realizada por raízes e folhas, do curso e da evaporação da seiva, da reprodução dos vegetais etc. É preciso explorar essas descobertas para que elas venham a contribuir para o avanço [**228**] da ciência da economia vegetal, que, apesar de menos complicada que a animal, desenvolveu-se menos que esta. O avanço dessas ciências permitirá que se descubram mais relações entre esses gêneros de economia. Sabe-se, por exemplo, que os ossos são formados pelo periósteo, assim como a madeira é formada pela cortiça. Pode-se comparar a seiva das plantas ao sangue dos animais ou ao líquido dos animais que não têm sangue. As plantas obtêm nutrição pela sucção realizada por raízes e folhas, assim como os animais pela boca ou por sugadores. Ocorre nas plantas digestão, secreção, evacuação. Elas têm sexos, distinguidos por órgãos apropriados a formar, fecundar e nutrir embriões, os germes de plantas. Enfim, o pólipo tem tanta analogia com as plantas quanto com os animais.

Entre animais e vegetais há muito mais relações do que entre esses reinos e o dos minerais. A estrutura dos minerais é mais simples, sua substância é menos composta, é mais fácil descrevê-los e distingui-los uns dos outros, e formar o plano de sua História Natural. O corpo dessa história, composto pela explicação da formação dos minerais, é inseparável da teoria da Terra, pois damos o nome de mineral a todas as partes de que nosso globo é composto. A História Natural dos minerais compreende ainda a enumeração de seus usos e propriedades. Sua definição exata depende, porém, da Química.

Essa ciência começa no ponto em que a História Natural termina. O naturalista pesquisa as produções da natureza em seu seio, ergue cuidadosamente o véu que as recobre, observa-as com olhar atento e mãos delicadas; se é obrigado a tocá-las, tem o cuidado de não deformá-las; se é forçado a penetrar no seu interior, abre o corpo contrariado, rompe sua união para melhor conhecer as ligações e ter uma ideia completa da estrutura interior e da forma exterior. O químico, ao contrário, não vê as operações da natureza mais do que procedimentos da arte, decompõe todas as produções naturais, dissolve-as, rompe-as, submete-as à ação do fogo para chegar até as pequenas moléculas de que são compostas, para descobrir seus elementos e princípios primeiros.

Feliz do século em que as ciências tenham chegado a um ponto de perfeição tão elevado que cada uma das partes da História Natural tenha se tornado objeto de outras ciências que concorrem para o bem-estar dos homens! Há motivo para crer que a História Natural esteja nos primórdios de todas as ciências e tenha surgido antes delas. Sua origem, porém, encontra-se encoberta pela noite dos tempos.

Em nosso século, a História Natural é mais cultivada do que nunca. Não somente a maioria dos letrados a toma como objeto de estudo ou de distração, como o gosto por essa ciência se disseminou entre o público e a cada dia se torna mais vivo e mais generalizado. Dentre os que trabalham com História Natural ou se ocupam de seus materiais, uns observam as produções da natureza e meditam sobre sua observação, com o objetivo de aperfeiçoar a ciência e conhecer a verdade; outros recolhem essas mesmas produções da natureza e as admiram, com o objetivo de expor essas maravilhas e torná-las admiradas. Estes provavelmente contribuem tanto para o avanço da História Natural quanto aqueles, pois tornam as observações mais acessíveis, ao reunir as produções da natureza nos gabinetes, que se multiplicam a cada dia não somente nas capitais como também nas províncias dos estados da Europa.

O grande número de gabinetes de História Natural é prova manifesta do gosto do público por essa ciência. O único meio de formá-los é com pesquisas árduas, e a um custo considerável, pois o preço das curiosidades naturais é atualmente bastante alto. Tal emprego de tempo e dinheiro implica o desejo de se instruir em História Natural ou ao menos de mostrar por essa ciência um gosto que se sustente pelo exemplo e pela emulação. No século anterior e no início do nosso havia mais gabinetes de medalhas do que hoje, quando gabinetes de História Natural são formados de preferência a gabinetes de máquinas de Física experimental. Caso esse gosto se mantenha, pode ser que as pessoas venham a preferir gabinetes de História Natural a bibliotecas. Mas tudo tem suas vicissitudes, e o império da moda estende-se às ciências. O gosto pelas ciências abstratas sucedeu ao gosto pela ciência das antiguidades; em seguida, a Física experimental foi mais cultivada do que as ciências abstratas; atualmente, o público ocupa-se mais da História Natural do que de qualquer outra ciência. E o reinado da História Natural, não teria fim?

Essa ciência terá necessariamente a mesma duração que as ciências físicas, pois é a base destas e fornece-lhe os materiais. Seu objeto é tão curioso quanto importante, o estudo da natureza é tão atraente quanto maravilhosas são as suas produções. A História Natural é indispensável; e é tão apropriada para o exercício dos gênios mais elevados quanto para servir de distração e entretenimento a pessoas que, por dever, tenham outras ocupações ou queiram burlar o tédio de uma vida ociosa. A História Natural as mantêm ocupadas com pesquisas curiosas, fáceis, interessantes e variadas, com leituras agradáveis e instrutivas. Propicia exercício ao corpo e ao espírito; estamos cercados pelas produções da natureza, das quais somos a mais bela parte. Essa ciência pode ser estudada a qualquer momento, em qualquer lugar, com qualquer idade. Dados esses benefícios, a História Natural só poderia ter se tornado objeto de respeito e curiosidade. Quanto mais nos aplicamos a ela, mais sedutor o seu estudo se torna. Ela há de realizar ainda outros progressos em nosso século, pois o público mostra gosto por ela; o exemplo e a emulação unem-se ao agrado e à utilidade para assegurar o seu avanço.

Nas ciências abstratas – na Metafísica, por exemplo –, um único homem dotado de gênio superior pode avançar a passos largos sem nenhum auxílio, pois pode extrair de seus próprios recursos os fatos e os resultados, os princípios e as consequências que estão na base da ciência. Nas ciências físicas, porém, sobretudo na História Natural, os fatos só se adquirem com observações longas e árduas. O número de fatos necessários a essa ciência quase iguala o imenso número das produções da natureza. Um único homem não poderia realizar um trabalho tão enorme; muitos homens durante um século, ou todos os contemporâneos de uma mesma nação, não seriam suficientes. Apenas o concurso de muitas nações numa sequência de séculos permitiria reunir os materiais da história da natureza. Enquanto uma multidão de observadores os coletam ao longo do tempo, vêm **[229]** os gênios que os dispõem em ordem. Mas eles só surgem em grandes intervalos. Como são raros esses homens! Feliz o século que tenha produzido um. Sem mencionar que o êxito de suas meditações depende do valor dos fatos adquiridos pelos observadores que o precederam, e o mérito desses trabalhos pode ser obliterado por observações subsequentes. A obra-prima do espírito humano é combinar fatos conhecidos, extrair consequências justas e imaginar um sistema conforme a eles. Esse sistema parece ser o próprio sistema da natureza, pois contém todos os nossos conhecimentos da natureza. Um fato importante que seja descoberto muda as combinações, anula as consequências, destrói o sistema precedente e fornece novas ideias para um novo, cuja solidez depende do número ou da importância dos fatos que estão em sua base. E não é porque a totalidade dos fatos não pode ser adquirida que jamais haverá um sistema verdadeiro. Os principais são suficientes para garantir a verdade de um sistema e assegurar sua durabilidade.

Há boas obras contendo descrições, observações e sistemas de História Natural. São em número suficiente para um estudo aprofundado dessa ciência. Mas há que escolher, e não são poucas as vantagens em seguir um bom método no estudo que queremos fazer. Esse método deve combinar à leitura de livros a inspeção das produções da natureza. Jamais poderíamos conhecer tão bem uma nação pela leitura de sua história, por mais que seja bem escrita, quanto se tivéssemos observado por nós mesmos seu gênio e suas maneiras e tivéssemos testemunhado a conduta de seu governo. O mesmo vale para a História Natural. As descrições mais exatas, as observações mais finas, os sistemas mais engenhosos não poderiam dar uma ideia tão justa das produções da natureza quanto a presença dos objetos reais. Mas seria impossível tudo ver, tudo observar, tudo ponderar. Os filósofos suprem essa insuficiência, eles nos guiam, esclarecem-nos por meio de sistemas fundados em observações particulares e erguidos pela força de seu gênio. Para compreender e julgar esses sistemas, para identificar o seu erro ou verdade, para representar por meio deles o quadro da natureza, é preciso ter visto a natureza mesma. Quem a observa pela primeira vez com olhos de naturalista espanta-se diante do número imenso de suas produções e se perde em sua variedade. Quem percorreria a superfície inteira da Terra para ver as produções de cada clima e cada país? Quem desceria às profundezas de pedreiras e minas, escalaria as montanhas mais altas, navegaria os mares? Tais obstáculos desencorajariam mesmo os mais ousados, e os fariam renunciar ao estudo da História Natural.

Um meio foi encontrado para encurtar e aplainar a superfície da Terra em benefício dos naturalistas. Reuniram-se em gabinetes de História Natural indivíduos de cada uma das espécies de animal, vegetal e mineral. Veem-se ali produções de todos os países do mundo; são, por assim dizer, um resumo da natureza inteira. As produções naturais apresentam-se em sequência aos olhos do observador; ele pode aproximar-se sem dificuldade ou receio dos animais mais selvagens e mais ferozes. Os pássaros permanecem imóveis, habitantes de rios e mares são reunidos de toda parte; percebem-se até os menores insetos; descobre-se a conformação interior dos animais, o esqueleto e outros componentes internos de seu corpo; veem-se simultaneamente as raízes, as folhas, as flores, os frutos e as sementes das plantas; minerais foram extraídos do seio da terra e postos em evidência. Quem quer que se sinta animado pelo desejo de se instruir deve se considerar afortunado por viver num século tão favorável às ciências, e não tem como não sentir um ardor renovado pela História Natural.

As primeiras noções dessa ciência podem ser adquiridas nos gabinetes de História Natural, mas desse modo jamais serão adquiridos conhecimentos completos, pois o que se encontra em tais gabinetes não é a natureza vivente e atuante. Apesar de úteis, cadáveres de animais não passam de uma representação pífia dos viventes. Como comparar plantas secas às que ornam nossos campos com a beleza de sua folhagem, de suas flores e frutos? Os minerais não sofrem tanto nos gabinetes como os vegetais e os animais; mas sua exibição é insuficiente para julgarmos o volume imenso das pedras e outros materiais metálicos, sua localização e suas misturas. Nos gabinetes de História Natural, o que o naturalista vê é um esboço da natureza, que serve apenas para lhe oferecer perspectivas e indicar os objetos de sua pesquisa. Após tê-los considerado em seus gabinetes, é conveniente ler, numa obra bem escolhida, sua descrição e história, antes de passar à observação de um objeto no seio da natureza. Esse estudo preliminar facilita a observação e permite perceber coisas que escapariam à primeira vista. Tendo-se observado alguns objetos por inteiro e no lugar que lhes é próprio, é preciso voltar aos livros e ler uma segunda vez os artigos referentes ao que foi visto. A segunda leitura permite compreender melhor o verdadeiro sentido de passagens obscuras ou nebulosas. Em seguida, retornando-se aos gabinetes, adquirem-se novas luzes sobre as coisas, e pode-se vê-las apresentadas ou preparadas de modo que se percebam qualidades que não são aparentes em seu estado natural e em seu lugar de origem. Por fim, deve-se frequentar gabinetes tanto quanto possível, ver a mesma coisa em diferentes momentos, sob diferentes aspectos e perspectivas diferentes, relativamente ao objeto, e a outros misturados a ele ou que estão a seu redor.

Os principais fatos da História Natural são estabelecidos a partir de relações entre as coisas, de diferenças ou semelhanças entre os seres naturais. O naturalista deve compará-los, observando suas propriedades e sua conformação, afastá-los ou aproximá-los, para reconhecer a substância e a forma essencial e característica de cada ser material. Só tem acesso a seu objeto através de combinações longas e difíceis; e estas serão sempre defeituosas, se, mediante elementos, não forem dadas as relações entre uma produção da natureza e as demais. Essas combinações são objeto da meditação dos naturalistas, e determinam o método particular que cada autor prescreve a si mesmo na composição de seus livros, bem como a ordem a ser adotada no arranjo de um gabinete de História Natural. Se essa arte de combinar e essa ordem metódica forem mal concebidas, tornam-se um obstáculo que os iniciantes dificilmente conseguem evitar e que só a muito custo superam. Esse obstáculo tem o seu atrativo. Pretende-se traçar, **[230]** num livro, a ordem da natureza e as nuances entre suas produções; distribuindo-as num gabinete, segue-se essa ordem supostamente conforme ao sistema natural; acredita-se ter chegado ao ponto mais alto de perfeição; e com efeito seria esse o caso, se o sistema fosse mesmo conforme ao da natureza. Não sei se o espírito humano é capaz de uma descoberta como essa; seja como for, ela parece estar muito distante. Até o presente, apenas uma pequena parte das observações que devem precedê-la foi realizada. Os naturalistas contentaram-se em combinar caracteres extraídos das diferenças e semelhanças entre as produções da natureza, consideradas em uma única de suas partes constitutivas ou propriedades; e, a partir disso, em realizar divisões e distribuições metódicas das produções da natureza, quando teria sido preciso observar esses seres por inteiro e em cada uma de suas partes, compará-los entre si sob diferentes aspectos e compor a série completa das combinações necessárias para produzir resultados gerais que abarquem e exibam a ordem da natureza. Ver *Método*.

Portanto, toda divisão metódica que esteja fundada apenas em resultados particulares é defeituosa e pode ser desmentida por novas combinações, mais extensas, ou então por resultados mais gerais. No estudo da História Natural, não devemos nos fiar somente pela leitura de livros ou pela visita a gabinetes, pois isso nos oferece um quadro de composição imperfeita, pois ali os objetos da natureza nem sempre são bem distribuídos. Mesmo assim, já é uma grande vantagem encontrar esses objetos reunidos, e sua distribuição, mesmo que imperfeita, produz combinações e resultados que ensinam as relações existentes entre certas partes da natureza. Mas, se essas divisões metódicas aliviam a memória e parecem ordenar o caos formado pelos objetos da natureza quando os observamos confusamente, não se deve esquecer que tais sistemas estão fundados em convenções arbitrárias, feitas pelos homens, e não concordam com as leis invariáveis da natureza. Se forem adotados com uma confiança cega, induzirão ao erro a cada passo que se der. São guias infiéis, dos quais, porém, é preciso se apartar, tão logo se tenha adquirido luzes suficientes para conduzir-se a si mesmo.

(**PPP**)

Marfim Fóssil (*História Natural*), d'Holbach [IX, 63]

Chamam-se *marfins fósseis* presas de tamanho incomum, semelhantes a grandes chifres, encontradas logo abaixo da superfície do solo. Podem ser brancas, amareladas ou marrons; algumas são tão duras quanto o mármore, outras, esfoliadas, tornaram-se mais moles e porosas. Essas variações de consistência dependem do grau de decomposição por que passaram nos diferentes locais em que foram encontradas.

Essa espécie de presa foi encontrada em diferentes países da Europa, como a Inglaterra, a Alemanha e a França. Há não muito tempo, arando-se a terra, encontrou-se uma deveras grande na vila de Guérard, perto de Cressy en Brie; outra similar surgiu na planície de Grenelle, às portas de Paris. Mas em nenhuma parte elas são tão abundantes como na Rússia e na Sibéria, sobretudo no território Jakusk, na região que se estende entre a vila com esse nome e o mar Glacial. Segundo o relato de alguns viajantes, essas ossificações costumam ser encontradas à beira dos grandes rios Lena e Jenisci, que cruzam boa parte da Sibéria. Na estação do degelo, suas águas carregam blocos de gelo de dimensão considerável que deslocam a terra em suas margens.

Os jakuta, nação tártara que habita esse país, acreditam que tais presas pertenceriam a animais enormes, que eles chamam de *mammon*, ou mamute.

Como nunca viram espécimes vivos, imaginam que habitariam o subsolo e morreriam ao se expor à luz do sol. Isso aconteceria, segundo eles, quando, em seus caminhos subterrâneos, os animais perdem-se, e inopinadamente chegam às margens de um rio. Por essa razão, os seus restos estariam depositados ali. Afirmam ainda ter encontrado exemplares cuja carne não havia sido inteiramente consumida pelo frio, o que é tão fabuloso quanto o restante da hipótese.

O czar Pedro I, com a intenção de determinar a que espécie de animal teriam pertencido as presas ou chifres fossilizados de marfim, emitiu ordens em 1722 para que todos os *woiwodes*, ou chefes de vilas na Sibéria, tentassem obter um esqueleto inteiro ou ao menos coletassem as ossadas próximas às presas descomunais. Obedecendo a suas ordens, os jakuta foram a campo, e, buscando pelas ossadas, encontraram cabeças inteiras e grandes fossilizações, objetos aos quais não fora dada até então nenhuma atenção. Pertenciam a um animal desconhecido, que o Sr. Gmelin, após examinar as ossadas, afirmou ser, em sua opinião, uma espécie de boi de grandes dimensões, que não existiria mais naquelas terras e que, até o presente, não foi visto em nenhuma outra parte. Essas ossadas, porém, eram inteiramente diferentes do marfim fóssil de que se trata neste artigo, e as presas descomunais de que falamos não pertenceram a esse suposto boi.

Tampouco se deve confundir o marfim fóssil a que nos referimos com as presas de foca ou de leão marinho que se encontram em grande quantidade às margens do mar Glacial, pois, além de serem muito maiores do que estas, são como que marmorizadas, têm seixos e pintas negras.

O marfim fóssil tampouco deve ser confundido com o chifre do dito unicórnio fóssil, por vezes também encontrado na Sibéria.

Pode-se ver em Petersburgo, no gabinete imperial de curiosidades naturais, uma presa de marfim fossilizado com peso de cerca de 183 libras. O cavaleiro Hans Sloane possuía uma de 5 pés e 7 polegadas de comprimento, com base de 6 polegadas de diâmetro. Foi encontrado na Inglaterra, na província de Northampton, um exemplar de cor branca com 6 pés de extensão. O barão de Strahlenberg refere-se a presas de marfim fossilizado encontradas na Sibéria que mediam entre 6 e 9 polegadas de diâmetro na base, e a um esqueleto de animal que bem poderia ser de um elefante. O cavaleiro

Hans Sloane provou claramente, em *Transactions philosophiques*, n.403, e nas *Mémoires de l'Académie des Sciences*, ano 1727, que essas presas são de marfim e pertenceram a elefantes, como demonstra a sua estrutura interna. Parecem ser compostas de camadas concêntricas, arranjadas à maneira dos círculos anuais que se observam no interior dos troncos de árvores. A verdade dessa afirmação é comprovada pela comparação realizada pelo Sr. Gmelin entre o marfim fóssil e o dos elefantes, em sua excelente *Viagem pela Sibéria*, publicada em alemão em quatro volumes *in-octavo*, obra que poderia ser um modelo aos viajantes em geral. Esse douto naturalista oferece também a razão das variações encontradas em diferentes presas de marfim fóssil, como a cor para graus de solidez ou friabilidade, que ele atribui ao clima e à natureza do terreno em que foram encontradas. As que vêm das proximidades do mar Glacial, onde mesmo a uma grande profundidade a terra permanece congelada ininterruptamente, **[64]** são compactas; as oriundas de regiões menos frias parecem ter passado por uma decomposição ou destruição mais ou menos acentuada. A terra e os sumos que ela contém são responsáveis por sua coloração amarela ou marrom, similar à do coco. Ver Gmelin, *Viagem pela Sibéria*, tomo III, páginas 147 e seguintes.

Equivocaram-se portanto os naturalistas que acreditaram que as presas encontradas na Sibéria não seriam de marfim. Se parecem diferentes de presas de elefante, é devido a alterações pelas quais passaram nas profundezas do solo. O que talvez tenha levado a crer que haveria uma diferença essencial entre elas e as presas de elefantes é a eventual confusão dessas ossificações fósseis com presas do suposto Mamute ou de leões marinhos.

Quanto aos elefantes, em vão se procuraria por eles na Sibéria; encontram-se apenas em países quentes, e não sobreviveriam num clima rigoroso como aquele em que foram escavados os restos de seus semelhantes. A que então atribuir a grande quantidade de marfim fossilizado depositado numa região tão ao norte? Seria porque, como quer o conde de Marsiglia, os romanos teriam conduzido animais até aquele ponto? Mas esses conquistadores nunca estenderam suas conquistas às terras dos citas hiperbóreos, e ao que parece nenhum conquistador indiano se sentiu tentado a travar guerra em clima tão inóspito e distante. Deve-se concluir que numa época de que a história não conservou nenhum registro a Sibéria gozou de um clima mais ameno e foi habitada por animais que uma revolução geral de nosso globo lançou nas profundezas do solo, e que essa mesma revolução alterou inteiramente a temperatura da região. Os siberianos empregam marfim fossilizado para os mesmos usos que o marfim normal; fabricam cabos de faca, cutelos, caixas etc.

(**PPP**)

Método, Diderot [10, 458]

Divisão metódica das diferentes produções da natureza – animais, vegetais, minerais – em classes, gêneros, espécies etc. Ver *Classe, Gênero, Espécie.* Se o que se quer é distinguir as produções da natureza antes de conhecê-las, deve-se necessariamente ter um *método*. Na falta do conhecimento das coisas, que só se adquire vendo-as com frequência e observando-as com exatidão, esforçamo-nos por nos instruir por antecipação, sem ter visto nem observado: complementa-se a inspeção dos objetos reais pelo enunciado de algumas de suas qualidades. As diferenças e semelhanças entre diversos objetos, uma vez combinadas, constituem os caracteres distintivos que permitem conhecê-los. Compõe-se com elas um método, uma espécie de gama, para dar uma ideia das propriedades essenciais de cada objeto e apresentar as relações e os contrastes entre as diferentes produções da natureza, reunindo-as numa mesma classe, em razão de suas diferenças. Por exemplo, os animais quadrúpedes se assemelham entre si e estão reunidos numa classe distinta, segundo o Sr. Lineu, daquela dos pássaros, peixes, insetos e vermes, pois os quadrúpedes têm pelos, quatro patas, suas fêmeas são vivíparas e produzem leite. Os pássaros estão numa classe diferente dos quadrúpedes, dos anfíbios, dos peixes, dos insetos e dos vermes, pois têm plumas, dois pés, duas asas, um bico ósseo, suas fêmeas são ovíparas etc.

A divisão de uma classe em gêneros e espécies não é suficiente para distinguir todas as características diferentes dos animais compreendidos numa classe e para descer sucessivamente desde os caracteres gerais que constituem a classe até os caracteres particulares das espécies. Somos então obrigados a estabelecer divisões intermediárias entre a classe e o gênero.

Por exemplo, divide-se a classe em várias ordens, cada ordem em várias famílias ou tribos, legiões, coortes etc., cada família em gêneros e o gênero em espécies. As características de cada ordem são menos gerais que as da classe, já que pertencem apenas ao número de animais compreendidos nessa classe e reunidos numa das ordens que dela derivam. Ao contrário, essas mesmas características de uma ordem são mais gerais do que as de uma das famílias em que a ordem se divide, já que estas convêm apenas aos animais dessa família. Ocorre o mesmo com as características, com os gêneros e as espécies.

Quanto mais divisões houver numa distribuição metódica, mais fácil será o seu uso, pois haverá menos ramos em cada divisão. Por exemplo, supondo-se que a classe dos animais quadrúpedes compreenda 240 espécies e seja dividida em dois gêneros, haverá 120 espécies em cada gênero e será necessário reter na memória 120 características diferentes para distinguir cada espécie, o que é bastante difícil de ser feito. Ao contrário, dividindo-se a classe em duas ordens, cada uma destas em três ou quatro famílias, e cada família em três gêneros, haverá mais ou menos dez espécies em cada gênero, pois o número de ramos nem sempre é igual em cada divisão. Numa classe assim dividida, as características específicas de cada gênero não são suficientemente numerosas para sobrecarregar a memória e confundir a enumeração das espécies. Por exemplo, o Sr. Klin dividiu os quadrúpedes em duas ordens, das quais uma compreende os animais com casco na extremidade das patas **[459]**, outra os que têm dedos e unhas nos pés. Cada uma dessas ordens é subdividida em quatro famílias. A primeira ordem, dos animais com casco na extremidade das patas, é composta pelos que têm o casco uniforme, chamados *solípedes*; os que têm o casco fendido em dois, chamados de *animais com as patas fendidas*, estão na segunda família. O rinoceronte está na terceira, porque suas patas são divididas em três, e o elefante na quarta, porque tem as patas divididas em quatro. A mais numerosa dessas famílias é a dos animais com os pés fendidos; divide-se em cinco gêneros.

Vê-se por esses exemplos qual pode ser a utilidade das distribuições metódicas para os que se iniciam no estudo da História Natural e mesmo para os que já adquiriram conhecimentos nessa ciência. Para os primeiros, um método é um fio que os guia por um labirinto muito intricado; para os outros, é um quadro que representa alguns fatos que podem evocar outros, previamente conhecidos.

A História Natural tem mais objetos do que qualquer outra ciência. A duração completa da vida de um homem não bastaria para observar detalhadamente as diferentes produções da natureza. Aliás, para ver todas seria preciso percorrer a Terra inteira. Mesmo supondo que um só homem conseguisse ver, observar e conhecer todas as diversas produções da natureza, como poderia ele reter na memória tantos fatos sem incorrer em incertezas que levassem a atribuir a uma coisa o que pertence a outra? Seria preciso que estabelecesse uma ordem de relações e analogias, que simplificasse e abreviasse os detalhes, generalizando-os. Essa ordem é o verdadeiro método pelo qual as produções da natureza podem ser distinguidas entre si sem confusão nem erro. Mas ela pressupõe o conhecimento integral de cada objeto, ou seja, o conhecimento completo de suas qualidades e propriedades. Pressupõe, consequentemente, que a ciência da História Natural tenha chegado ao cume da perfeição. Embora ela ainda esteja bem longe disso, pretende-se, mesmo assim, criar métodos com o pouco de conhecimento de que se dispõe, e acredita-se poder suprir, em certa medida graças a esses métodos, os conhecimentos que faltam.

Para julgar as semelhanças e as diferenças de conformação existentes entre os animais quadrúpedes seria preciso ter observado as partes encerradas no interior dos corpos, assim como as que estão no exterior, e, após ter combinado todos os fatos particulares, extrair talvez resultados gerais, com os quais se poderiam obter caracteres de classes, ordens, gêneros etc., por meio de uma distribuição metódica dos animais. Mas, na falta de um conhecimento exato de todas as partes internas e externas, os adeptos do método se contentam em observar apenas algumas das partes externas. O Sr. Lineu estabeleceu a seção de seu método (*Systema naturae*) concernente aos animais quadrúpedes com observações sobre os dentes, as mamas e os dedos, de modo que, combinando a posição e a forma dessas diferentes partes em cada espécie de animais quadrúpedes, ele encontra características que permitem distribuí-los em seis ordens, e cada ordem em diversos gêneros. Mas, antes de propor uma divisão como essa, teria sido necessário provar que os animais que se assemelham uns aos outros pelos dentes, mamas e dedos se assemelham também sob todo outro aspecto, e, consequentemente, que a semelhança entre animais diversos que se encontra nessas pequenas partes é um índice seguro de analogia entre os mesmos. Mas é fácil provar, ao contrário, que esse índice é pouco confiável. Para se convencer disso, basta examinar, como faz o Sr. Buffon, a divisão da primeira ordem do método do Sr. Lineu em três gêneros, "que têm como característica comum quatro dentes incisivos em cada maxilar e mamas sobre o peito. Surpreende-me sempre encontrar o homem no primeiro gênero, imediatamente acima da denominação geral de quadrúpedes, que é o título dessa classe: estranho lugar para ele! Que distribuição injusta, que falso método coloca o homem na condição dos animais de quatro patas! Eis o raciocínio sobre o qual esse método está fundado. O homem tem pelos sobre o corpo e quatro patas, a mulher põe no mundo crianças vivas e não ovos, e tem leite nas mamas; logo, homens e mulheres têm quatro dentes incisivos em cada maxilar e mamas no peito; logo, homens e mulheres devem ser colocados na mesma ordem ou posição dos macacos e macacas, juntamente com os machos e as fêmeas das chamadas preguiças. Tais são as relações cuja singular combinação permitiu a esse autor adquirir o direito de misturar o gênero humano à classe dos quadrúpedes e associá-lo aos macacos e preguiças, estabelecendo assim os vários gêneros de uma mesma ordem. Vê-se claramente, nesse exemplo, que o metódico se esquece das características essenciais e acata cegamente as condições arbitrárias de seu método. Pois é certo que, apesar dos dentes, do pelo, das mamas, do leite e do feto, o homem, por sua natureza, não deve ser confundido com nenhuma outra espécie de animal, e, consequentemente, não se deve encerrá-lo numa classe de quadrúpedes, nem compreendê-lo na mesma ordem dos macacos e da preguiça, que no método em questão compõem a segundo e o terceiro gêneros da primeira ordem da classe dos quadrúpedes". *Histoire Naturelle génerale et particulière, Exposition des méthodes*, tomo IV.

Esse exemplo mostra a que ponto chega o abuso das distribuições metódicas. Percorrendo-se vários desses métodos, não é difícil constatar que os princípios que os regem são sempre arbitrários, um nunca está de acordo com os outros. O elefante que o Sr. Klein situa na mesma categoria que os solípedes e os animais de patas fendidas, todos eles com casco nas patas, encontra-se, no método de Ray, entre os animais com dedos e unhas. Já no método de Lineu, o elefante está mais próximo do peixe-boi, da preguiça, do tamanduá e do lagarto escamado do que de qualquer outro animal. O autor dá como prova dessa analogia a falta de dentes incisivos tanto numa mandíbula quanto na outra, e o andar pesado, características comuns a esses animais. Mas por que dar preferência a essas características, quando tantas outras se apresentam, mais aparentes e mais importantes, entre animais tão diferentes entre si? Porque o método depende, nesse caso, principalmente do número e da posição dos dentes e, em consequência desse princípio, basta que um animal tenha alguma relação com outro, quanto aos dentes, para que seja situado na mesma ordem.

Esses inconvenientes se devem ao fato de os métodos serem estabelecidos exclusivamente a partir de características que têm por objeto somente algumas das qualidades ou propriedades de cada animal. **[460]** Vem ainda desse vício de princípio um erro quase tão inevitável quanto sedutor. Quanto mais um método parecer abreviar o tempo de estudo aplainando os obstáculos, quanto mais satisfaça a curiosidade, apresentando um grande número de objetos ao mesmo tempo, mais tendemos a lhe dar preferência e confiança. As distribuições metódicas das produções da natureza, tais como empregadas no estudo da História Natural, têm todos esses atrativos. Elas não somente fazem com que se percebam à primeira vista os diferentes objetos dessa ciência como parecem determinar as relações que eles mantêm entre si e dar meios tão seguros quanto fáceis para distingui-los uns dos outros e conhecer cada um em particular. Não hesitamos em nos entregar a essas aparências enganosas; longe de meditar sobre a validade dos princípios desses métodos, abandonamo-nos cegamente a esses guias infiéis, e acreditamos ter chegado a um conhecimento exato e completo das produções da natureza, quando não temos senão uma ideia muito imperfeita de algumas de suas qualidades ou propriedades, quase sempre as menos importantes. Negligencia-se, assim, o verdadeiro meio de se instruir, que é observar cada coisa em todas as suas partes, examinar tanto quanto for possível todas essas qualidades, e determinar todas as suas propriedades. Ver *Botânica*.

(MGS)

Minerais (*História Natural*), d'Holbach [10, 543]

Palavra utilizada para designar em geral todas as substâncias encontradas no seio da terra; nesse sentido, é sinônimo de fósseis. Ver *Fóssil*. Nessa significação extensa de *minerais* incluem-se todos os corpos não vivos e não organizados que se encontram no interior da terra e em sua superfície, tais como as argilas, as pedras, os metais, os semimetais, as substâncias inflamáveis, os sais e as petrificações.

Os vegetais vivem e crescem; os animais crescem, vivem e gozam de instinto ou sentimento; os minerais são suscetíveis de crescimento e alteração, mas não gozam de vida ou de sentimento.

Alguns autores tomam a palavra minerais num sentido menos extenso, e dão esse nome somente aos sais, às substâncias inflamáveis, aos metais e aos semimetais, ou seja, às substâncias que compõem as minas ou glebas metálicas, e recusam o nome a argilas, pedras etc. Não se vê, porém, qual seria o fundamento dessa distinção. Parece vir do desejo de multiplicar nomes, dos quais os diferentes ramos da História Natural estão repletos. Deve-se, portanto, compreender em geral sob minerais todas as substâncias do reino mineral ou que pertencem à terra.

Muitos naturalistas modernos quiseram classificar os minerais numa ordem sistemática ou segundo um método similar ao que os botânicos adotaram para o reino vegetal. O célebre Sr. Lineu, em seu *Sistema naturae*, divide as substâncias do reino mineral em três classes, a saber: 1ª) pedras; 2ª) minérios; 3ª) fósseis. Subdivide as pedras em vitrificáveis, calcárias e ápiras; os minérios em sais, substâncias inflamáveis e substâncias mercuriais, o que compreende os metais e os semimetais; os fósseis, por fim, em concreções, *concreta*, petrificações e rochas.

O Sr. Jean Gotschalk Wallerius, da Academia Real da Suécia e professor de Química em Upsala, publicou em sueco, em 1747, *Mineralogia, ou Distribuição metódica das substâncias do reino mineral*, acompanhado de observações e notas muito instrutivas. É a obra mais completa de que dispomos no gênero. O autor não se contentou em oferecer uma simples enumeração dos minerais e acrescentou descrições bastante exatas das análises químicas realizadas pelos melhores estudiosos. Se há algo a criticar, é a multiplicação, talvez desnecessária, de subdivisões, a promoção a gênero do que poderia ter sido mantido como espécie e a promoção a espécie do que são variedades de uma mesma espécie. Esse douto mineralogista divide os fósseis ou minerais em quatro classes, a saber: argilas, pedras, minérios e petrificações. Subdivide essas quatro classes em quatro ordens, quais sejam: 1ª) argilas, divididas em granuladas, úmidas, minerais e arenosas; 2ª) pedras, em calcárias, vitrificáveis, ápiras e rochosas; 3ª) minérios, em sais, enxofres, semimetais e metais; 4ª) *concreta*, divididas em porosas, corpos petrificados, pedras figuradas e cálculos.

Cada uma dessas ordens é, por sua vez, subdividida num grande número de gêneros, espécies e variedades. Mas, por mais que se possam fazer numerosas objeções à distribuição geral dos minerais proposta pelo Sr. Wallerius, e por mais que ele tenha classificado substâncias em lugares inadequados, seu trabalho merece ser reconhecido pelos naturalistas, que estão cientes da dificuldade de se dispor em ordem metódica corpos tão variados e tão difíceis de se conhecer como as substâncias do reino mineral. A tradução francesa da mineralogia de Wallerius foi publicada em Paris em 1753.

O Sr. Woltersdorff, em seu *Systema minerale*, divide os minerais em seis classes, quais sejam: 1ª) argilas, que ele subdivide em terrosas, poeiras, alcalinas, gipsíferas, vitrificáveis; 2ª) pedras, que ele subdivide nas mesmas cinco ordens que as argilas; 3ª) sais, que ele subdivide em ácidos, alcalinos, sais naturais e intermediários; 4ª) betumes, que são ou fluidos ou sólidos; 5ª) semimetais, que ele divide em fluidos, como o mercúrio, e sólidos; 6ª) metais, que se subdividem em perfeitos e imperfeitos.

O Sr. Frideric-Auguste Cartheuser, em seus *Elementa mineralogiae*, divide os minerais em sete classes, a saber: 1ª) argilas, divididas em solúveis e não solúveis em água; 2ª) pedras, que ele subdivide, segundo a trama, em folheadas, filamentosas ou estriadas; 3ª) sais, que são ácidos, alcalinos ou neutros; 4ª) substâncias inflamáveis, subdivididas em naturais e bastardas (*genuina et puria*): as primeiras, o betume e o enxofre, as segundas, o húmus ou terra vegetal; 5ª) semimetais, que ele divide em sólidos que se submetem ao martelo, sólidos cindíveis e não cindíveis, e fluidos; 6ª) metais, que são voláteis e flexíveis ou voláteis e duros, ou incólumes ao fogo; 7ª) minerais estrangeiros, que se dividem em verdadeiras petrificações, falsas petrificações e pedras figuradas.

O Sr. De Justi publicou em 1757 uma obra em alemão sob o título *Plano do reino mineral*, em que ele divide as substâncias fósseis em: 1ª) metais; 2ª) semimetais; 3ª) substâncias inflamáveis; 4ª) sais; 5ª) petrificações ou fósseis figurados; 6ª) argilas e pedras. O Sr. Pott, em sua *Lithogéognosie*, tentou classificar as substâncias minerais numa ordem sistemática fundada sobre os princípios primeiros dados a conhecer pela análise química. Essa via, porém, pode levar a muitos equívocos, pois a maioria das substâncias do reino mineral não é pura, mas misturada, e em razão dessas misturas produz resultados variáveis, principalmente quando expostas à ação do fogo.

Além desses autores, o Sr. Gellert, em sua *Química metalúrgica*, oferece uma distribuição metódica dos minerais em argilas, pedras, sais, metais e semimetais. O mesmo fez o Sr. Lehmman no primeiro volume de suas *Oeuvres physiques & minéralogiques*.

Entre os ingleses, o Dr. Woodward tentara classificar os fósseis ou minerais segundo uma ordem metódica, em sua obra *An Attempt Towards a Natural History of the Fossils of England*. Seu sistema tem por único fundamento a estrutura, a trama e a aparência imediata exterior dos corpos, e por conseguinte é insuficiente para o conhecimento de sua natureza e dos caracteres essenciais que os distinguem uns dos outros. O Sr. Hill publicou em 1748, também em inglês, uma *História Natural geral dos fósseis*, num volume *in-fólio*, na qual ele oferece uma nova divisão sistemática das substâncias do reino mineral. Divide-as em: 1ª) fósseis simples não metálicos; 2ª) fósseis compostos não metálicos; 3ª) fósseis metálicos.

Os fósseis simples ele subdivide em: 1ª) os que não são nem inflamáveis nem solúveis em água; 2ª) os solúveis em água e não inflamáveis; 3ª) os inflamáveis e não solúveis em água. A mesma subdivisão ele emprega para os fósseis compostos. Por fim, os fósseis metálicos dotados de rigidez e peso incomum, e que podem ser fundidos pelo fogo, se subdividem em substâncias metálicas perfeitas e substâncias metálicas imperfeitas. O mesmo autor realiza em seguida um sem-número de novas subdivisões em ordens e gêneros, fundadas em caracteres amiúde acidentais a esses corpos. Por fim, termina dando a essas diferentes substâncias denominações derivadas do grego que provam que o autor compreende essa língua, mas que, se fossem adotadas, tornariam o estudo da Mineralogia muito mais difícil do que já é, sobrecarregado de denominações inúteis introduzidas por autores nessa parte da História Natural que só servem para instaurar confusão nas ideias dos naturalistas. Seria desejável que, em vez de multiplicar as palavras, se buscasse simplificá-las e banir as inúteis, a fim de facilitar o estudo da Mineralogia e torná-lo menos dependente da memória e mais de conhecimentos sólidos.

Por fim, o Sr. Emmanuel Mendez d'Acosta, da Real Sociedade de Londres, publicou em 1757 uma obra em inglês intitulada *Natural History of Fossils*, na qual apresenta um novo sistema para o arranjo de das substâncias do reino mineral a partir dos princípios de Woodward e Wallerius, procurando ao mesmo tempo evitar os erros em que incorreram esses autores. O Sr. d'Acosta descreve as qualidades exteriores dos fósseis sem por isso negligenciar as qualidades internas que podem ser descobertas pela aplicação do fogo e pela dissolução química. Sua obra ainda não está acabada, mas, pelo que já foi publicado, vê-se que nela reina uma confusão considerável e encontram-se lado a lado substâncias com características muito diferentes.

Em geral, pode-se afirmar que todas as divisões sistemáticas de minerais até aqui publicadas estão sujeitas a numerosas dificuldades e objeções. É sabido que um relance de olhos superficial é insuficiente para dar a conhecer os corpos do reino mineral, e muitas vezes enganamos-nos por causa da similaridade externa que a natureza introduziu entre substâncias que diferem interiormente por caracteres essenciais. De resto, esse conhecimento externo dos corpos é estéril e infrutífero; e como a História Natural deve ter em vista a utilidade para a sociedade, é preciso ter um conhecimento das qualidades internas das substâncias minerais para saber em que elas podem ser empregadas, conhecimento esse que só pode ser fornecido pela Química. Ora, seria muito difícil encontrar uma ordem metódica que apresentasse os minerais sob esses diferentes pontos de vista ao mesmo tempo; é exígua a esperança de que se possa algum dia conciliar essas coisas. Mas nem por isso parece lícito rejeitar toda ordem sistemática ou todo método, pois estes podem facilitar, principalmente aos iniciantes, o estudo de uma parte da História Natural que nada fica a dever às outras, quanto à riqueza de suas produções. Ver *Reino mineral*.

(PPP)

Molusco (*História Natural, Ictiologia*), Daubenton [4, 183]

Molusco, palavra com frequência empregada em francês com a mesma significação que *valva*. Mas, propriamente dizendo, a valva não é senão uma parte do molusco, que é um animal revestido por uma valva. Os animais desse gênero são chamados *testáceos*, pois são recobertos por um material tão diferente da carne e dos ossos de outros animais, tão compacto e tão duro, que o comparamos a uma terracota, a um tegumento, *testa*, de onde a palavra *testáceos*.

Aristóteles (*História dos animais*, IV, 01) incluiu esses animais na classe dos que não têm sangue, *exanguia* (ver *Animal*). Distinguiu os testáceos dos crustáceos, os animais moles dos insetos. A parte carnuda dos testáceos é recoberta por um invólucro bastante duro, que pode ser arranhado ou riscado, mas que não se deixa quebrar ou esmagar, tal como o revestimento dos crustáceos.

O grande naturalista menciona (I, 05) as principais diferenças entre as diversas espécies de moluscos, tanto em relação a suas valvas quanto à parte carnuda recoberta por elas. Começa por observar que não há nessa parte carnuda nenhuma matéria dura; em seguida divide os testáceos, relativamente a suas conchas, em univalves, bivalves, e turbinados. Univalves são aqueles cuja valva é inteiriça; bivalves têm por assim dizer duas valvas. Os turbinados são assim denominados por terem uma figura cônica, semelhante à de uma pera francesa, que os envolve em espiral.

Foram realizadas muito mais observações sobre a figura das valvas do que a respeito dos animais por elas contidos. Nomeou-se e descreveu-se, desenhou-se e gravou-se, distribuiu-se em ordem metódica cada uma das valvas que se pôde encontrar, buscou-se por elas em quase todas as partes do mundo, reuniram-se numerosas coleções, conservadas com esmero e admiradas por todos. Quanto aos animais nelas contidos, raramente foram observados. No entanto, seria muito mais importante que se conhecesse o animal do que a valva, pois ele é a parte principal do molusco. A diversidade de formas e de cores que nos apresentam as valvas não é mais do que um espetáculo pueril, em comparação aos verdadeiros conhecimentos a serem extraídos da conformação dos animais que as habitam. Estudando seus órgãos, comparando-os nas diferentes espécies, poderíamos adquirir novas ideias acerca dos recursos da natureza e da soberana inteligência que é seu autor. Realizaríamos por esse meio muitos progressos na ciência da economia animal, que de todas as ciências relativas ao homem é a que mais nos interessa. Os animais mais abjetos, os que parecem mais vis aos olhos do vulgo, não são menos dignos das pesquisas do naturalista. Longe de negligenciar os moluscos, esses seres vivos ignorados que se escondem em suas valvas, recobertas pela areia ou embaixo da terra, é preciso abrir todas as espécies de moluscos bivalves, por mais que não contenham senão animais tão informes como a ostra, o vôngole ou o mexilhão; é preciso adentrar as mais recônditas cavidades dos moluscos univalves e acompanhar os movimentos dos animais que ali se escondem, mesmo os dos que rastejam, como os caracóis ou os caramujos; é preciso, enfim, realizar descrições completas de todas as espécies de molusco. **[184]**

Reconheço que não é fácil observar com precisão a conformação interna desses animais. Sua consistência é tão mole, e as suas partes são, no mais das vezes, tão homogêneas, que é difícil identificá-las e distingui-las. Mesmo assim, observadores hábeis como Swammerdam e Lister conseguiram superar esses obstáculos, e indicaram-nos o caminho. A maior dificuldade é em relação às espécies de moluscos que só se encontram em paragens muito distantes. Os preparados que poderíamos utilizar para evitar a corrupção desses animais em suas valvas os encolheriam a tal ponto, que não seria mais possível identificar as partes que o animal distende e contrai alternadamente, como as antenas dos caracóis, por exemplo, animais cuja forma do corpo chega a variar segundo seus movimentos, à medida que se distendem ou se contraem para rastejar. Seria portanto necessário observá-los vivos, e em ação. Um observador sozinho seria insuficiente. Mas os que trabalham para o avanço da ciência têm em vista um mesmo fim, e cada um deve se ocupar, de preferência, das produções do país que habita. Não foram descritas até aqui senão umas poucas espécies de moluscos; há muitas a descrever, mesmo em nosso país. Eu mesmo coletei 35 espécies diferentes apenas no pequeno território nos arredores de Montbard, e espero encontrar ainda mais, no mesmo lugar. Cada localidade tem os seus produtos naturais em abundância, e por toda parte há pesquisas e observações a serem feitas. As costas litorâneas de nosso país poderiam fornecer muitas espécies de moluscos, e, se fossem devidamente investigadas, os naturalistas não poderiam esgotar o fundo de riquezas que se encontra a seus pés.

Nossos conhecimentos sobre a geração, o crescimento e a descrição dos moluscos são insuficientes para tratar desses pontos num artigo geral. Por essa razão, remetemos aos artigos particulares, em que são mencionados os dados de observações.

(**PPP**)

Monstro (*Botânica*), Jaucourt [10, 671]

Chamam-se *monstros* em botânica as singularidades que saem do curso do ordinário. Por exemplo, folhas que nascem no interior de outras folhas; flores do meio das quais sai um caule com outra flor; frutas das quais nasce um caule, cuja extremidade traz um segundo fruto, similar ao primeiro etc.

(**PPP**)

Monstro (Zoologia), Formey [10, 671]

Monstro, animal que nasce com uma conformação contrária à ordem da natureza, vale dizer, com uma estrutura de partes muito diferentes das que caracterizam a espécie de animais de que ele vem. Há muitas variedades de monstros em relação à estrutura. Formularam-se duas hipóteses para explicar sua produção. A primeira supõe óvulos essencialmente monstruosos desde a origem; a segunda busca unicamente nas causas acidentais a razão de todas essas conformações.

Se a diferença fosse ligeira e superficial, se o objeto não tocasse com estranhamento, não se daria o nome de monstro ao animal em que tal diferença se encontra.

Uns têm certas partes em excesso ou não as têm suficientemente: tais são os monstros com duas cabeças, os sem braços, os sem pés. Outros pecam pela conformação extraordinária e bizarra, pela grandeza desproporcional, pelo desarranjo considerável de uma ou de muitas partes, ou ainda pela postura singular que o desarranjo os obriga a adotar. Outros, por fim, padecem da união de certas partes que, segundo a ordem da natureza, e para a execução de suas funções, deveriam estar separadas, ou então pela desunião de certas partes que, segundo a mesma ordem e pelas mesmas razões, jamais deveriam estar separadas.

(PPP)

Pedras figuradas (*História Natural, Mineralogia*), d'Holbach [6, 782]

Dá-se o nome de *pedras figuradas*, em História Natural, às pedras em que se observa uma conformação singular, inusitada, e na verdade estranha ao reino mineral, encontrem-se nas profundezas do solo ou em sua superfície. A substância de que são compostas é da mesma natureza que a das outras pedras.

Podem-se distinguir duas espécies de pedras figuradas.

1ª) As que devem sua figura unicamente a puros efeitos do acaso são as que costumamos chamar de *jogos da natureza*. Circunstâncias inteiramente naturais, que podem variar ao infinito, parecem ter concorrido para que a matéria originalmente lapidifíqua mole assumisse figuras singulares perfeitamente estranhas ao reino mineral, conservadas quando da aquisição de um grau maior de dureza. Tais pedras figuradas são muito numerosas; a natureza, ao formá-las, atuou sem consequência e sem seguir regras constantes. Devem-se, portanto, a puros acidentes as figuras que nelas se notam, ou melhor, que com frequência crê notar o olhar interessado de um curioso que monta um gabinete, ou de um naturalista entusiasmado, que não raro percebe nas pedras coisas que não se encontram nelas, quando examinadas friamente. Podem-se considerar como pedras figuradas dessa primeira espécie os mármores de Florença, nos quais se veem ou acredita-se ver ruínas de cidades e de castelos; os seixos do Egito, que nos apresentam como paisagens, grutas etc. um grande numero de ágatas, dendritos, pedras herborizadas, pedras similares a frutas, ossos ou outras substâncias vegetais ou animais.

2ª) Há pedras figuradas que realmente devem sua figura a corpos estranhos ao reino mineral, que serviram como moldes em que a matéria lapidifíqua, ainda mole, endurece após assumir a figura do corpo a partir do qual foi moldada e permanece assim mesmo após a destruição de tal corpo.

Não raro se encontra uma parte do corpo presa à pedra a que deu figura. Tais pedras são de natureza variada, dependendo da matéria lapidifíqua que preencheu os moldes que se apresentaram. Nesse caso, muitas vezes não resta do corpo que serviu de molde senão a figura. Devem-se considerar como pedras figuradas dessa segunda espécie um grande número de pedras similares a conchas, corais, peixes, animais etc. ou então que preservam traços do empréstimo a essas substâncias.

Tudo indica que essas duas espécies de pedras são as únicas que merecem ser chamadas de figuradas. Alguns naturalistas, no entanto, não hesitaram em dar esse nome a um grande **[783]** número de substâncias que só têm em comum com pedras o fato de se encontrarem no seio da terra. Mas assim, desastradamente, confundiram com pedras figuradas as conchas, corais, esqueletos de peixes e de quadrúpedes etc. que não sofreram alteração alguma por se encontrarem no interior da terra. Percebe-se sem dificuldade que esses corpos não pertencem em absoluto ao reino mineral, e por acidente se encontram em pedras. Ver *Fóssil*.

Tampouco têm razão os que consideram figuradas pedras que devem a figura que nelas se nota unicamente à arte dos homens. Tais são as pontas de lança, que têm forma de dardo, as pedras de talhe pontiagudo ou de machado, as pedras furadas etc. Parece que essas pedras teriam sido armas e utensílios que homens antigos, sobretudo selvagens, utilizaram na guerra ou para outros fins, antes que soubessem como trabalhar o ferro.

Poder-se-ia ainda com mais razão dar o nome de pedras figuradas àquelas que apresentam constantemente uma forma regular e determinada, como as diferentes cristalizações; mas, como sua figura é de sua essência e elas pertencem ao reino mineral, melhor não incluí-las aqui, em que só se trata de pedras que se destacam por uma figura extraordinária, estranha a esse reino.

(**PPP**)

Produção (*Gramática*), Diderot [13, 424]

Produção, todo fenômeno da natureza – uma planta, uma árvore, um animal, uma substância qualquer – cujo fim é a existência. A natureza é tão admirável na produção de uma ratazana quanto na de um elefante. A produção de seres é o estado oposto à sua destruição. No entanto, para um homem que observe de perto a natureza, não haverá nela, propriamente dizendo, produção alguma, destruição alguma, que seja absoluta, começo algum, fim algum; o que é sempre foi e sempre será, apenas passa por uma infinidade de formas sucessivas.

(PPP)

Reino mineral (*História Natural*), d'Holbach [10, 534]

Chama-se *reino mineral* a reunião total dos corpos que pertencem à terra e se formam em seu seio. Esses corpos se chamam minerais, ou substâncias do reino mineral. Compõem um dos três ramos em que a muitos físicos aprouve dividir a História Natural. O reino mineral é objeto de um estudo particular, chamado Mineralogia. Ver *Minerais*. É muito difícil fixar os limites precisos que a natureza estabeleceu entre os diferentes reinos; tudo indica que há uma estreita analogia entre os minerais, os vegetais e os animais. Com efeito, o reino mineral fornece aos vegetais a terra e a seiva necessários ao seu crescimento; os vegetais fornecem aos animais sua nutrição, e transmitem assim, a substância junto à qual foram originalmente obtidas, parcelas extraídas da terra. O célebre Henckel mostrou essa perpétua circulação dos seres entre um reino da natureza e outro, na obra publicada com o título de *Flora saturnizans*, mediante a analogia que se encontra entre os reinos vegetal e mineral.

(PPP)

Revoluções da Terra (*História Natural, Mineralogia*), d'Holbach [16, 171]

Por mais descuidadamente que observemos o nosso globo, encontraremos provas convincentes de que ele deve ter passado, e continua a passar, de tempos em tempos, por alterações bastante consideráveis. Os físicos deram o nome de *revoluções* aos eventos naturais que alteram a Terra por completo ou parcialmente. A história nos transmitiu o registro de numerosas revoluções, mas um número ainda maior permanece mergulhado na noite dos tempos; e se sabemos que aconteceram, é pelos detritos e pela destruição, cujos traços encontram-se por quase toda parte no globo que habitamos. Moisés registrou no Gênesis um Dilúvio Universal; a história profana fala dos dilúvios de Deucalião e Ogyge; mas nenhum monumento histórico nos permite determinar a época em que teriam ocorrido essas revoluções marcantes, que modificaram consideravelmente a superfície da Terra.

Há duas espécies de revolução da Terra: as que têm impacto sobre sua massa como um todo, denominadas gerais, e as que realizam alterações apenas em lugares determinados, chamadas de locais. Algumas dessas alterações são realizadas por causas que atuam incessantemente, outras por causas momentâneas.

É opinião unânime entre os físicos que a Terra se achatou nos polos e, consequentemente, distendeu-se em direção ao equador. Há razões para presumir, de modo similar, que o seu eixo mudou de inclinação e de centro de gravidade. É de supor que as alterações de que falamos teriam tido um impacto muito forte sobre a massa total da Terra, modificando por inteiro o clima de certos países, fazendo irromper no solo porções antes submersas, submergindo outras tantas, secando bacias de mares e leitos de rios. Alterações tão consideráveis só poderiam ter influência nas produções da natureza, eliminando da superfície terrestre certas espécies de criatura e trazendo à baila outras, inteiramente novas. Tais são as prováveis revoluções pelas quais o globo terrestre passou.

Outras, sem modificar por completo a sua face, não deixam de produzir alterações consideráveis. Um bom exemplo são os tremores de terra. Graças a eles, como podemos ver, montanhas são fendidas, às vezes até engolidas, lagos e mares ocupam o lugar do continente, rios têm o seu curso alterado, terrenos imensos são precipitados no abismo e desaparecem, novas ilhas e porções de terra despontam do fundo dos mares.

Uma triste experiência mostra-nos como ventos furiosos agitam com violência as águas dos mares, precipitando-as sobre porções do continente que, uma vez inundadas, nunca mais revertem a seu estado anterior. As mesmas causas desprendem dos continentes blocos enormes de terra firme, criando ilhas. Presume-se que a Sicília tenha sido parte da Itália, a Grã-Bretanha da França, o Japão da Ásia etc.

Esses efeitos são às vezes produzidos pela combinação de diferentes causas. Erupções de vulcão e tremores de terra com frequência interrompem o curso das águas do mar, elas mesmas em impetuoso movimento causado pelos ventos, e a destruição é ainda mais terrível.

Causas menos violentas realizam alterações marcantes na superfície do globo. Com a água das chuvas, rochedos e pedras presas a montanhas aos poucos se desprendem e soterram vales; o lodo se acumula no leito dos rios ao longo de séculos e recobre com terra margens outrora ocupadas pelas águas. É uma conjetura plausível que dessa maneira as águas do Reno tenham formado os pântanos da Holanda, as águas do Ródano a ilha de Camargue, as do Nilo a embocadura do delta etc. É certo que as águas do Sena produziram esse efeito na Normandia.

O ímpeto do ar e dos ventos desloca dunas de areia e transforma um país fértil em um deserto desolador e inóspito. Um exemplo disso são os desertos da Líbia e da Arábia.

Os vulcões, ao lançarem pelos ares, das profundezas de seus flancos, enorme quantidade de cinzas, de areia, de pedras calcificadas, de lava, alteram por completo a face do solo ao redor e levam destruição a tudo o que esteja próximo.

Vemos essas causas, muitas vezes em conjunto, atuarem perpetuamente sobre o nosso globo. E não surpreende, assim, que a Terra nos ofereça, praticamente por toda parte, amontoados de detritos e ruínas. A natureza cuida da destruição de um lado para produzir novos corpos de outro. As águas submergem o que se encontra na superfície e trazem à tona o que estava nas profundezas. Lençóis subterrâneos penetram gradualmente as rochas, escavam o solo e destroem seus alicerces. Fogos que perpassam o seio da terra danificam e destroem outras partes. Concluamos, portanto, que o globo terrestre foi e continua a ser exposto a revoluções contínuas, que contribuem constantemente, de maneira súbita e insensível, para alterar a sua face.

(PPP)

III – Anatomia e Fisiologia

Anatomia (*Ordem enciclopédica, Entendimento, Razão, Filosofia ou Ciência, Ciência da Natureza, Física Geral, em particular Zoologia, Anatomia simples e comparada*), Diderot [1, 409]

Anatomia é a arte de dissecar, ou de separar com precisão as partes sólidas dos animais, a fim de conhecer sua posição, figuras, conexões etc. O termo vem de ἀνατέμνω, eu corto, eu disseco. Há diferentes acepções. Pode ser tomado, como dissemos, pela arte de dissecar, mas pode também ser o objeto que se disseca ou que foi dissecado, ou mesmo a representação, em gesso, em cera ou em qualquer outro material, da estrutura inteira ou de uma das partes de um animal dissecado. Por exemplo: "Encontram-se no gabinete do rei belas anatomias em cera".

Finalidade da Anatomia. A finalidade imediata da Anatomia, tomada no primeiro sentido, ou seja, como arte de dissecar, é o conhecimento das partes sólidas que entram na composição dos corpos dos animais. Sua finalidade menos imediata é a possibilidade de, com o auxílio desse conhecimento, orientar com segurança o tratamento das doenças que são objeto da arte médica e da arte cirúrgica. Seria certamente uma contemplação deveras bela em si mesma, e uma pesquisa muito digna de ocupar por inteiro um filósofo, conhecer a figura, a posição e as conexões dos ossos, das cartilagens, das membranas, dos nervos, dos ligamentos, dos tendões, dos vasos arteriais, venosos, linfáticos etc. E mesmo que não se passasse do exame estéril das partes sólidas dos corpos à sua atuação sobre as partes fluidas, sobre o sangue, o leite, a linfa, a gordura etc., e destes à conservação e ao restabelecimento da máquina como um todo, esse trabalho seria como tantos outros, que honram infinitamente a penetração do espírito humano e permanecerão como monumentos eternos à sua paciência, mas nada contribuíram de realmente útil.

Vantagens da Anatomia. Quando se examina o quão necessário é conhecer perfeitamente o mecanismo da operação mais simples, quando se está predisposto à manutenção ou restabelecimento dessa operação, uma vez danificada, mal se pode imaginar que existiram e continuem a existir sentimentos opostos quanto à importância da Anatomia para o exercício da Medicina. Uma vez que alguém se convença de que nas mesmas condições aquele que melhor conhece um relógio é o artesão mais capaz de consertá-lo, será forçoso que conclua, igualmente, que aquele que melhor conhece o corpo humano tem mais condições de curá-lo de doenças, e que o melhor anatomista é certamente também o melhor médico.

Tal era a opinião dos médicos chamados dogmáticos. "É preciso", diziam eles, "abrir cadáveres, examinar as vísceras, esfoliar as entranhas, estudar as partes diminutas do animal", e nunca é demais elogiar a coragem de Herófilo e Erasístrato, a quem eram entregues malfeitores que eles dissecavam ainda vivos, bem como a sabedoria dos príncipes que sacrificaram um pequeno número de malfeitores em benefício de uma multidão de inocentes, de todas as condições, de todas as idades e de todos os séculos que estão por vir.

O que respondem a isso os empíricos? Que num cadáver, ou mesmo num homem vivo aberto, as coisas não se passam como no corpo sadio e íntegro; que não é possível confundir esses dois estados sem se expor a conclusões aberrantes; que, se noções malformadas são sempre nocivas, elas o são sobretudo no caso presente; que a pesquisa anatômica, por mais exata e perfeita que seja, não poderia jamais fornecer algo de evidente sobre a tessitura dos sólidos, a natureza dos fluidos, o funcionamento da máquina como um todo, e que uma pesquisa incompleta como essa certamente se tornará o fundamento de uma multidão de sistemas, tão mais nocivos por terem um semblante verossímil; que é ridículo se dedicar a uma ocupação desagradável e penosa, que não conduz senão a trevas, e querer buscar na dissecção dos corpos por uma luz que ela jamais poderá fornecer; que é incorrer num erro grosseiro comparar a máquina animal a outra máquina, pois, por mais composta que seja uma obra vinda das mãos do homem, é certo que, com o tempo e o esforço, ela poderá ser inteira e perfeitamente conhecida, mas o mesmo não vale para as obras da natureza, especialmente para a obra-prima da divindade; que é preciso, finalmente, para desenvolver a formação de um fio de cabelo, mais sagacidade do que existe nas cabeças reunidas de todos os homens. Pois aquele que com base no batimento do coração e na pulsação das artérias crê que bastaria aplicar o escalpelo a um de seus semelhantes, e penetrar, com olhar inquisitivo, o interior da máquina para ali descobrir os seus princípios, forma, de todas as conjeturas, a mais natural e ao mesmo tempo a mais enganosa possível. Visto por dentro, o homem é mais incompreensível do que na superfície; e os imitadores dos dogmáticos, nos séculos vindouros, sem dúvida mais bem informados sobre a configuração, a posição e a multidão das partes, se tornarão, por essa mesma razão, ainda mais ignorantes em relação à economia geral do todo.

Percebendo a força dos raciocínios de parte a parte, Celso optou por uma posição intermediária. Permitiu ao anatomista abrir cadáveres, mas não estripar homens; quis que se obtivessem com o tempo e a prática os conhecimentos anatômicos que a inspeção de cadáveres não poderia proporcionar, método lento, porém mais humano, dizia, que o de Herófilo e Erasístrato.

Que me seja permitido expor o que penso acerca do uso, nesse contexto, do termo *humanidade*. O que é humanidade, senão uma disposição habitual do coração para empregar nossas faculdades em benefício do gênero humano? Isso posto, o que haveria de inumano na vivissecção de um malfeitor? Se chamais de inumano o malfeitor em questão porque ele voltou contra os próprios semelhantes faculdades que deveriam ser empregadas para o benefício deles, que nome daríeis a **[410]** Erasístrato, que, superando sua repugnância, buscou, em nome do gênero humano, por luzes úteis, nas entranhas de um criminoso? Que diferença veríeis entre extrair uma pedra dos rins de um homem honesto e vivissecionar um malfeitor? O instrumento é o mesmo, num caso como no outro. E não é do instrumento das ações, é de seu objetivo e de suas consequências que se devem extrair noções verdadeiras dos vícios e das virtudes. De minha parte, não gostaria de ser nem cirurgião nem anatomista, pois tenho algo de pusilânime; mas nem por isso me parece menos desejável que fosse instituída entre nós a prática de entregar a profissionais que tivessem a coragem de realizar a operação criminosos a serem vivissecionados. Não importa como se considera a morte de um malfeitor, seria muito mais útil à sociedade que ela ocorresse num auditório do que no cadafalso, e esse suplício seria tão medonho quanto qualquer outro. Haveria um meio de administrar a conduta do espectador, do anatomista e do paciente; o espectador e o anatomista não realizariam no paciente operações que não fossem úteis ou cujas consequências não fossem claramente funestas; e o paciente, confiando somente nos homens mais esclarecidos, receberia a vida como prêmio, caso sobrevivesse à operação nele realizada. A Anatomia, a Medicina e a cirurgia, não teriam a ganhar com isso? Quantas vezes não nos instruiriam mais as consequências da operação do que a operação mesma? Quanto aos criminosos; quem não preferiria uma operação dolorosa à morte certa? Ou quem não preferiria, em vez de ser executado, se submeter à injeção de líquidos no sangue, à transfusão deste, à amputação de uma perna, à extirpação do baço, à extração de um tecido do cérebro, à ligação das artérias mamárias às epigástricas, ao corte de uma seção do intestino, à abertura do esôfago, à ligação entre os vasos espermáticos, com extirpação do nervo, ou à intervenção noutra víscera qualquer?

As vantagens desses experimentos são suficientes para os que sabem se contentar com razões. Para os demais, relataremos um fato histórico. "No mês de janeiro de 1474", segundo as crônicas de Luís XI, p.249, edição de 1620, "um franco-arqueiro de Meudon encontrava-se encarcerado na prisão de Châtelet, em Paris, por causa de diversos latrocínios que cometera em diferentes localidades, incluindo a igreja de sua cidade. Fora condenado, pelos ditos crimes e por sacrilégio, a ser enforcado no cadafalso de Montfaucon. Apelou à corte do parlamento da capital e foi convocado a discutir sua apelação. Pela corte e pela prisão, a apelação do dito arqueiro foi julgada injustificada; sentenciado pelo preboste de Paris, ele foi, por ordem deste, devolvido ao cárcere, para cumprir sua sentença. No mesmo dia, médicos e cirurgiões de Meudon dirigiram-se ao rei em nome de pessoas que apresentavam dores no cólon e nas costelas, pessoas que, coincidentemente, haviam sido molestadas pelo dito arqueiro. O Sr. Du Bocage queixava-se das mesmas moléstias, e por isso lhe interessava sobremaneira identificar a localização das ditas doenças no interior do corpo humano, o que não poderia ser feito de modo mais conveniente do que com uma incisão no corpo de um homem vivo, como o arqueiro sentenciado à morte. A abertura e a incisão foram realizadas no corpo do franco-arqueiro, em que foram identificadas e observadas as localizações das doenças. Após terem sido examinadas, suas entranhas foram reinseridas e ele foi costurado por ordem do rei, que muito ponderou a respeito. Em quinze dias, o arqueiro estava curado e o seu processo fora suspenso, com anulação dos custos e o pagamento de uma soma em dinheiro". Diria alguém que nessa época havia menos superstição e mais senso de humanidade do que hoje? Foi a primeira vez, depois de Celso, que se tentou a realização do talho, que posteriormente salvou a vida de tantos homens.

Quanto às vantagens da Anatomia para o exercício da Medicina, parece que nessa questão cada um tomou o partido conveniente a suas luzes em Anatomia. Os que não eram nem grandes anatomistas nem, por conseguinte, grandes fisiologistas, imaginaram que seria perfeitamente possível prescindir dessas titulações sem abrir mão daquela de médico. O químico Stahl parece ter sido um desses. Outros, ao contrário, pretendiam que aquele que não tenha acompanhado a Anatomia em seus labirintos não seria digno de entrar no santuário da Medicina. Tal era o sentimento de Hoffman, autor de *Medecine systématique raisonnée*, e também, ao que parece, de Freind, que não admitia, no entanto, as hipóteses e sistemas dos dogmáticos, pois de sua parte não renunciava ao direito de fazê-los. Esse exemplo é um bom argumento em prol dos empíricos, que alegavam, como mostramos, que os conhecimentos anatômicos necessariamente engendrariam hipóteses. De modo algum obsta, porém, as seguintes proposições.

Primeira proposição. O corpo humano é uma máquina sujeita às leis da Mecânica, da Estática, da Hidráulica e da Ótica. Sendo assim, quem conhece bem a máquina humana e acrescenta a esse conhecimento o das leis da Mecânica, tem mais condições de comprovar, pela prática e pelos experimentos, a maneira como essas leis são executadas e os meios de restabelecê-las, quando perturbadas. A Anatomia é, assim, absolutamente necessária à Medicina.

Segunda proposição. O corpo humano é uma máquina sujeita a desregramentos que às vezes só podem ser detidos cortando-lhe a tessitura e desmembrando-lhe as partes. Quase não há região do corpo em que essas intervenções não sejam eventualmente necessárias. Amputam-se os pés, as mãos, os braços, as pernas, as coxas etc., e em quase todas as operações há partes que é preciso proteger, que não podem ser agredidas sem que se exponha o doente à piora. A Anatomia é, portanto, indispensável ao cirurgião.

Terceira proposição. O corpo é uma parte muito importante de nós mesmos, e, quando padece, a outra parte se ressente. O corpo humano é uma das mais belas máquinas saídas das mãos do Criador. O conhecimento de si supõe o conhecimento do próprio corpo, e o conhecimento do corpo supõe o conhecimento de um encadeamento de causas e efeitos tão prodigioso que nenhum outro conhecimento leva tão diretamente à noção de uma inteligência inteiramente sábia e onipotente. A Anatomia constitui, por assim dizer, o fundamento da Teologia natural. Galeno, em seu livro sobre a formação do feto, acusa os filósofos de seu tempo de cometerem um crime ao se perderem em conjeturas desvairadas sobre a natureza e a formação do mundo e ignorarem os elementos primeiros da estrutura dos corpos animados. Portanto, requer-se de um filósofo conhecimentos de Anatomia.

Quarta proposição. Todos os dias, magistrados ordenam que se abram cadáveres para investigar as causas de uma morte violenta ou suspeita. Nessa intervenção, e no que elas oferecem à vista, apoiam o seu juízo e pronunciam [411] se a pessoa morta foi envenenada ou morreu naturalmente, se uma criança morreu antes de nascer ou sufocou no parto etc. Quantas causas levadas aos tribunais não são complicadas pela ignorância em relação aos fatos! Os magistrados são obrigados a fiar-se cegamente nos relatórios de médicos e cirurgiões. Esses relatórios apresentam motivações, é verdade: mas que importa, se os motivos são inteligíveis para o magistrado? A Anatomia não deixa, assim, de ser útil a um magistrado.

Quinta proposição. Os pintores, os escultores devem o maior ou menor acerto de seus desenhos ao estudo mais ou menos profundo da Anatomia. Um Rafael, um Michelangelo, um Rubens estudaram com afinco a Anatomia. O estudo da parte da Anatomia relativa a essas artes é, portanto, necessário à excelência nestas.

Sexta proposição. É do interesse de cada um conhecer o próprio corpo. Não há pessoa para quem a estrutura, a figura, a conexão, a comunicação entre as partes de que é composta não confirme a crença num ser todo-poderoso. A esse motivo tão importante acrescenta-se um interesse que não deve ser negligenciado: iluminar-se a respeito dos procedimentos gerais, dos remédios mais recomendados etc. Aulo Gélio não suportava ver homens livres, cuja educação deveria ser conforme a sua condição, ignorarem tudo o que se referisse à economia do corpo humano. O conhecimento da Anatomia importa, portanto, a todos.

História abreviada dos progressos da Anatomia.[1] Poderia alguém se admirar, diante de tudo isso, que as origens da Anatomia remontem às primeiras épocas do mundo? Eusébio diz ter lido em Maneto que Atotis, cujo reinado é fixado pela cronologia egípcia como tendo ocorrido muitos séculos antes de nossa era, escreveu tratados de Anatomia. Percorrendo os livros sagrados, detende-vos na descrição alegórica que o *Eclesiastes* oferece da velhice (12; 1): "lembrai-vos de vosso Criador em vossos dias de juventude", *memento creatoris tui, dum juvenis es, &c*, e percebereis desde esse tempo vestígios de sistemas fisiológicos. Homero diz da ferida que Eneias sofreu de Diomedes que os dois nervos que sustentam o fêmur haviam sido rompidos, e que o osso se partira abaixo da cavidade que recebe o côndilo superior. Em outras ocasiões similares, esse poeta é tão minucioso e exato que alguns autores sugeriram que se poderia extrair de suas obras um compêndio de Anatomia exaustivo. Desde as primeiras épocas do mundo, a inspeção das entranhas das vítimas, o costume de embalsamar os mortos, o tratamento de feridas, mesmo os açougues, contribuíram para o conhecimento da fábrica do corpo animal. As obras de Hipócrates mostram de modo convincente que ele conhecia perfeitamente a Osteologia, e Pausânias nos diz que o grande médico mandou fundir um esqueleto de bronze, que consagrou a Apolo de Delfos. É tentador crer que ele tinha noções de circulação do sangue e de secreção de humores. Numa de suas passagens mais impressionantes, pode-se ler "que as veias se espalham pelo corpo inteiro, transportando o fluido, o espírito e o movimento, como ramificações de uma veia principal". Observai que os antigos dão a todos os vasos sanguíneos, indistintamente, o nome de veias.

Demócrito praticou a Anatomia. Quando Hipócrates foi chamado pelos cidadãos de Abdera para curar a pretensa loucura do filósofo, encontrou-o em seu jardim, às voltas com a dissecção de animais. Escreveu sobre a natureza do homem e da carne; mas essa obra perdeu-se.

O que nos resta de Aristóteles não deixa dúvida em relação aos progressos da Anatomia. Um fato em honra de Alexandre, comparável a qualquer uma de suas vitórias, é ter concedido a Aristóteles 800 talentos, quase 11 milhões

1 Tradução parcial. (N. T.)

de nossas libras, confiando às ordens do filósofo muitos milhares de homens dedicados ao aperfeiçoamento da ciência da natureza e ao estudo das propriedades dos animais. Esses vultosos recursos não permaneceram ociosos nas mãos do filósofo, se é verdade, como me disse um hábil anatomista, que não terá desperdiçado o seu tempo alguém que em dez anos de trabalho chegue aos conhecimentos que Aristóteles condensou em dois pequenos volumes sobre os animais.

Aristóteles dissecou quadrúpedes, peixes, pássaros e insetos. Segundo esse filósofo, o coração é o princípio e fonte das veias e do sangue. Duas veias deixam o coração, uma pelo lado direito, mais grossa, outra pelo lado esquerdo. Essas veias transportam o sangue para todas as partes do corpo. O coração tem três ventrículos já no feto; esses ventrículos comunicam-se com o pulmão por meio de duas grandes veias que se distribuem por seu tecido. O coração é também o órgão dos nervos. Tal como Hipócrates, Aristóteles confunde nervos, ligamentos e tendões. O cérebro não é mais do que uma massa de água e de terra, diferente da medula espinhal. Atribui ao fígado, ao pâncreas e aos rins a função de sustentar e suspender os vasos. Os testículos são o que há de melhor nessa anatomia. Reúnem-se neles dois canais vindos da aorta e dois vindos dos rins, os primeiros contendo sangue, os últimos não. Da cabeça de cada testículo, ou de uma de suas extremidades, sai um outro canal, mais longo, que descreve uma curva e se torna mais fino à medida que se aproxima dos dois outros canais. Esse canal encurvado é envolvido por uma membrana e termina na base do pênis; não contém sangue, apenas um líquido branco. No ponto em que ele termina, encontra-se uma abertura pela qual se liga ao pênis. Aristóteles serve-se dessa exposição para explicar por que os eunucos não podem engendrar. A concepção se dá, segundo ele, pela mistura entre o sêmen do homem e o sangue menstrual. Ele admite que na mulher há um sêmen, mas considera-o como uma excreção. Tem os testículos na conta de pesos, atrelados aos canais de que falamos, **[412]** como se estes fossem correntes.

Quanto à nutrição, afirma que os alimentos primeiro são preparados na boca, depois transportados ao esôfago e ao ventre superior, e que as veias do mesentério absorvem o que é aproveitável pelo corpo, como as fibras na raiz das plantas, que sugam o humor terrestre de que se nutre a árvore. Essa descrição permanece canônica. O epíploo e o fígado seriam empregados para ajudar na cocção das carnes, por meio do calor.

Eis um esboço da Anatomia e da Fisiologia de Aristóteles. Acrescento apenas que ele menciona ainda os intestinos *jejunum, colon, coecum e rectum*, que ele conhecia melhor do que Hipócrates. O resto de sua Fisiologia prova que ele ao menos tentou chegar ao conhecimento da economia animal. Ver *Economia animal*.

* * *

Não se percebem grandes progressos da Anatomia entre Hipócrates e Herófilo e Erasístatro, nem entre estes e Galeno. Por falta de cadáveres disponíveis para a dissecção, que permitissem o incremento do conhecimento anatômico, os homens que viveram após Hipócrates e antes de Galeno se restringiram a combinar esses conhecimentos e formar conjeturas fisiológicas. Quanto mais de perto acompanhamos a história das ciências e das artes, mais somos levados a crer que muito raramente os homens realizam experimentos e sistemas ao mesmo tempo. Quando os espíritos se voltam para conhecimentos experimentais, cessa o raciocínio; inversamente, quando se começa a raciocinar, as experiências são suspensas.

Percebe-se evidentemente qual obstáculo deteve as dissecções anatômicas. Nos tempos subsequentes a Herófilo e Erasístrato, os romanos cremaram como nunca os cadáveres de seus mortos. A religião e a lei civil impunham o respeito **[413]** aos corpos dos mortos, com penas severas, e os anatomistas viram-se na dependência de oportunidades inesperadas. Tinham que buscar túmulos abertos ou com os corpos de malfeitores, deixados ao ar livre; crianças abandonadas ao nascer se tornaram sua principal fonte. Foi com base em obras de Anatomia compostas a partir dos corpos de malfeitores e de crianças abandonadas, de animais e sobretudo de macacos, que Galeno se instruiu nessa ciência. Deixou-nos duas obras que o imortalizaram, *Anatomia aplicada* e *Uso das partes do corpo humano*. Diz ele que, ao escrevê-las, compôs um hino em louvor daquele que nos criou, e acrescenta que em sua opinião a piedade mais sólida não consiste tanto em sacrificar a Deus um punhado de touros quanto em anunciar aos homens sua sabedoria e potência absoluta. Percorrendo-se as suas obras, vê-se que Galeno dominava todas as descobertas anatômicas dos séculos que o haviam precedido, e que se ele mesmo não acrescentou muito a elas no que diz respeito à anatomia do corpo humano, foi por falta de oportunidade e não de disposição. Iludido pela semelhança externa entre o homem e o macaco, atribuiu com frequência a este o que não convinha senão àquele. É de resto a única censura que se lhe cabe.

A história geral da Anatomia pode ser dividida em cinco partes. A primeira compreende o período entre a criação do mundo e Hipócrates; a segunda, entre Hipócrates e Herófilo e Erasístrato; a terceira, entre Herófilo e Erasístrato e Galeno; a quarta, entre Galeno e Vessálio; a quinta, de Vessálio a nossos dias.

* * *

[415] Seria indesculpável que eu não reconhecesse aqui o que devemos a nossas academias, ou não mencionasse o nosso Winslow, que ainda vive, cujo tratado sobre as partes sólidas é considerado o melhor do gênero; nosso Morand, conhecido por suas luzes e por suas operações; nosso Bertin, que tão bem explicou os rins; nosso Senac, cujo tratado sobre o coração, recentemente publicado, garantirá em séculos vindouros sua reputação de grande físico e grande anatomista; nosso Ferrein, um dos homens que conhece melhor a economia animal, e cujas descobertas sobre a formação da voz e dos sons se tornaram ainda mais certas por terem sido contestadas; e Buffon e Daubenton, autores da *Histoire Naturelle*, cujo segundo volume é repleto de observações e descobertas de Anatomia e Fisiologia.

A esses homens devemos os espantosos progressos da Anatomia. Se não ignoramos mais as vias estreitas que conduzem os licores extraídos dos alimentos; se temos condições de estabelecer quais as regras de nossa dieta; se podemos dar a razão de por que a linfa tem dificuldade para retornar; se sabemos como, por obstruções neles ocorridas, os vasos que transportam líquidos se distendem ou dilatam-se, e disso se segue uma hidropisia mais ou menos grave, dependendo da sua espessura; se sabemos ao certo quais as propriedades do humor pancreático; se vimos desaparecer o triunvirato, e as visões de um Vanhelmont e de um Sylvius de le Boë sobre a fermentação necessária à digestão; se vimos cicatrizarem os deploráveis ferimentos do canal condutor da parótida; se nossos humores estão livres dos milhões de animálculos que neles pululavam; se conhecemos o reservatório do sêmen feminino, se está confirmada a homogeneidade desse sêmen, a do sêmen masculino e de uma infinidade de outras substâncias, animais e vegetais; se tantas fantasias bizarras sobre a geração por fim desapareceram, tudo isso nós devemos às descobertas dos grandes naturalistas de que falamos.

Tais descobertas são, portanto, de primeira importância. Mesmo as aparentemente menores podem ter consequências surpreendentes. É esse sentimento, sem dúvida, que ocasiona entre os anatomistas debates tão intensos sobre a ramificação de uma veia ou artéria, sobre a origem ou a inserção de um músculo e outros objetos cuja pesquisa, à primeira vista, poderia não parecer tão relevante.

Por isso, não se deve negligenciar nada em Anatomia, e quanto mais perfeita a arte das dissecções, mais luminosa a arte da cura. Que gosto pelo paradoxo teria levado a indagar se os conhecimentos em Anatomia sutil e comparada não seriam supérfluos? É com sinceridade que se fecham os olhos para as vantagens do conhecimento da distribuição dos menores canais de artérias e veias e da comunicação desses vasos entre si? Não foi a injeção neles feita que complementou a demonstração da circulação do sangue? Um homem sem visão e de espírito tacanho lê um relato de observações ao microscópio e, do alto de seu tribunal, trata o autor como um inútil e a obra como uma ninharia. Mas o que dirá de nossas produções quando constatar que as observações tão desprezadas se tornaram o fundamento de um edifício imenso? Mudará de tom; fará o elogio da nova obra, sem nem perceber que se contradiz e que exalta hoje o que desprezou ontem.

As pás e a espiral são as partes mais delicadas de um relógio, mas não são as menos importantes. Desdenhemos as descobertas, se assim nos aprouver; mas, se não quisermos passar vergonha, não nos pronunciemos sobre as suas consequências.

Sem o conhecimento da anatomia delicada, quantas de nossas curas não seriam impensáveis? Valsalva conta que uma dama luxou uma das extremidades do osso hioide e que, em consequência desse acidente, não conseguia engolir. O grande anatomista logo suspeitou de que se tratava mesmo dessa luxação, tratou-a e curou a paciente. Portanto, há ocasiões em que o conhecimento das partes mais diminutas se torna necessário. Quão importante não seria descobrir se o ar levado aos pulmões segue essa via para se misturar ao sangue, se a substância cortical do cérebro não seria a continuação dos vasos que se distribuem por essa víscera, se esses vasos transportam imediatamente o sulco nervoso para as fibras medulares, qual a estrutura e o uso do baço, a dos rins sucenturiados, a do timo etc. etc.

Quem contestaria a afirmação de Boerhaave segundo a qual se conhecêssemos melhor as partes sólidas e compreendêssemos mais extensamente a natureza dos humores, as leis da Mecânica demonstrariam que esses efeitos desconhecidos da economia animal, que tanto nos causam admiração, poderiam ser deduzidos dos princípios mais simples? Quem não sabe que na natureza, em que Deus nada faz em vão, a menor configuração tem sua razão de ser, tudo se dá por dependência recíproca? Não poderíamos fazer melhor do que levar tão longe quanto pudermos o estudo da cadeia imperceptível que reúne as partes da máquina animal e forma com elas um todo; e quanto mais numerosas as nossas observações, mais próximos estaremos da finalidade proposta em conjunto pela Anatomia, a Fisiologia, a Medicina e a cirurgia.

Mas se o estudo da Anatomia, mesmo da mais delicada, tem usos tão extensos, e oferece a possibilidade de um sem-número de descobertas, como se explica que seja negligenciada e permaneça, por assim dizer, em estado de languidez? É uma pergunta que dirijo aos mestres da arte da cura; gostaria muito que, do alto de sua sabedoria, eles me dessem uma resposta.

Definimos a Anatomia, demonstramos a sua utilidade. Expusemos **[416]** os seus progressos tão brevemente quanto nos foi possível, evitando repetir o que deve ser conteúdo de artigos separados. Indicamos descobertas a serem realizadas. Passaremos agora à distribuição das partes da Anatomia.

Divide-se a Anatomia, relativamente ao objeto de que o anatomista se ocupa, em Humana e Comparada. A Anatomia Humana, que é a Anatomia propriamente dita, tem como objeto, ou se preferirmos, como sujeito, o corpo humano. É a arte por muitos chamada de Antropologia.

Anatomia Comparada é o ramo da Anatomia que se ocupa da pesquisa e exame das diferentes partes dos animais, consideradas relativamente a sua estrutura particular e à forma que melhor convém a seu modo de vida e à satisfação de suas necessidades. Por exemplo, na Anatomia Comparada de estômagos, observa-se que os animais cujo ato da nutrição é mais frequente têm o estômago bastante pequeno, em comparação com certos animais que são evitados por suas presas e veem-se, assim, obrigados a jejuar, aos quais a natureza parece ter dado, por essa razão, um estômago capaz de armazenar nutrientes por longos períodos de tempo.

Na Anatomia Comparada são examinadas as feras e mesmo os vegetais, a fim de se chegar, pela comparação entre o que se passa neles e o que se passa em nós, a um conhecimento mais perfeito do corpo humano. É o método de Aristóteles. Dir-se-ia que se ele imolou tantos animais, foi apenas para referir a estrutura deles à do homem. Tenha sido esse ou não o seu objetivo, o exame das partes dos brutos por dissecção chama-se Anatomia Comparada.

Considerando-se a infinita multidão de diferentes animais que recobrem a face da Terra e o pequeno número dos que foram dissecados, conclui-se que a Anatomia Comparada ainda é muito imperfeita.

O corpo, que é o objeto da Anatomia, divide-se em partes orgânicas e partes não orgânicas, em partes similares e partes dissimilares, em partes espermáticas etc. Ver *Orgânico* etc.

A divisão mais comum é entre partes sólidas e partes fluidas, ou partes que contêm e partes que são contidas.

Partes sólidas são os ossos, os nervos, os músculos, as artérias, as veias, as cartilagens, os ligamentos, as membranas etc.

Partes fluidas são o quilo, o sangue, o leite, a gordura, a linfa etc.

(**PPP**)

Corrupção (*Filosofia*), d'Alembert [4, 278]

Em Filosofia, *corrupção* é o estado em que uma coisa deixa de ser o que era. Pode-se dizer que a madeira é corrompida quando vemos que ela não subsiste, e em seu lugar encontramos fogo. Do mesmo modo, um ovo é corrompido quando deixa de ser ovo e encontramos em seu lugar um pintinho.

A palavra corrupção não é tomada aqui no sentido vulgar. Daí o axioma da Filosofia, uma coisa é corrupção, outra é geração.

Corrupção difere de geração como dois contrários diferem entre si.

Difere da alteração assim como o maior do menor ou o todo de sua parte. Diz-se que uma coisa foi alterada quando não mudou a ponto de se tornar irreconhecível e conserva ainda seu antigo nome. Mas, após sua corrupção, nem uma nem outra subsistem. Ver *Alteração.*

Assim como na geração nenhuma matéria é verdadeiramente criada, também na corrupção nada é realmente anulado, além da modificação particular que constituía a forma de um ser e que o determinava a tal ou qual espécie. Ver *Forma* e *Geração.*

Os antigos acreditavam que muitos insetos eram engendrados por corrupção. Hoje, essa opinião é considerada um erro, por mais que pareça respaldada por experiências cotidianas. Com efeito, o que corrompe produz sempre vermes, mas esses vermes só nasceram porque outros insetos depositaram ali os seus ovos. Um experimento é a prova sensível dessa verdade.

Tomai um boi que acaba de ser abatido. Colocai um pedaço de sua carne num pote descoberto e outro pedaço num pote bem fechado, que cobrireis com um pedaço de pano para que o ar possa passar, mas sem que nenhum inseto possa depositar seus ovos sobre ela. Ao primeiro pedaço acontecerá o esperado, ficará recoberto de vermes, pois as moscas depositam ali livremente os seus ovos. O outro pedaço será alterado pela passagem do ar, secará, se reduzirá a pó pela evaporação, mas não se encontrarão nem ovos nem vermes ou moscas. Ademais, as moscas, atraídas pelo odor, acudirão aos montes para o pote fechado, tentarão entrar e depositarão alguns ovos sobre o pano, por não conseguirem entrar. No fundo, como diz o Sr. Pluche, é tão absurdo defender que um pedaço de queijo engendraria traças quanto querer que uma árvore ou uma montanha engendrassem cervos ou elefantes. Pois insetos são corpos organizados, tão equipados com as diferentes partes necessárias à vida quanto os corpos de animais maiores.

No entanto, alguns filósofos modernos ainda parecem ser favoráveis à opinião antiga de uma geração por corrupção, ao menos em certos casos. O Sr. Buffon, em sua *Histoire Naturelle*, p.320 do v.II, parece inclinar-se por essa opinião. Após ter exposto o seu sistema de moléculas orgânicas, do qual se falará no artigo *Geração*, conclui que provavelmente haveria tantos seres produzidos pela agregação fortuita de moléculas orgânicas quantos os produzidos pela via ordinária de geração. À produção desses seres, diz ele, aplica-se o axioma dos antigos, *corruption unius generatio alterus*. Os vermes que se formam na goma de farinha não teriam outra origem, segundo ele, além da agregação de moléculas orgânicas da parte substancial do grão de trigo. Os primeiros vermes a surgir, diz ele, certamente não são produzidos por outros vermes; mas, embora não sejam engendrados, engendrariam outros seres vivos. A exposição detalhada dessa teoria encontra-se na obra referida. É inegável que, em geral, as partículas que compõem um inseto não podem ser reunidas por outra via além da geração; mas não conhecemos suficientemente bem as vias e mecanismos da natureza para chegar a uma afirmação assertiva a esse respeito. É certo pela experiência que, na maioria dos casos em que insetos parecem ser engendrados, na verdade o são por geração. Estaria por isso demonstrado que a corrupção jamais poderia engendrar corpos animados? Eis o que não se deve afirmar de maneira taxativa. De resto, o próprio Sr. Buffon reconhece que seriam necessárias mais observações para estabelecer, entre os seres assim engendrados, classes e gêneros.

(PPP)

Economia animal[1] (*Medicina*), Ménuret de Chambaud [11, 360]

A palavra *economia*, que significa literalmente *leis do lar*, é formada por dois termos gregos, οἶκος, lar, e νόμος, lei. Alguns autores empregam impropriamente a expressão *economia animal* para designar o animal mesmo. Dessa ideia derivam abusos de linguagem como as expressões *movimentos* ou *funções da economia animal*. Tomada no sentido mais exato e mais usual, essa denominação diz respeito à ordem, ao mecanismo, ao conjunto das funções e movimentos que conservam a vida dos animais, e cujo exercício perfeito, universal, executado com constância, alacridade e desembaraço, constitui o estado mais florescente de saúde, cujo menor abalo é por si mesmo uma

1 Tradução parcial. (N. T.)

doença e cuja supressão completa é o extremo diametralmente oposto à vida, vale dizer, a morte. O uso, que é o senhor da dicção, tendo consagrado essa significação, autorizou expressões como *leis da economia animal*, *fenômenos da economia animal*, que, sem a sua chancela, e de acordo com a etimologia, teriam um sentido absurdo e seriam pleonasmos ridículos.

As leis segundo as quais essas funções são desempenhadas, e os fenômenos delas resultantes, não são exatamente os mesmos em todos os animais. Essa ausência de uniformidade é consequência natural da extrema variedade encontrada na estrutura, no arranjo e na quantidade das principais partes que os compõem. Essas diferenças são mais notáveis principalmente quando comparamos entre si insetos e peixes, peixes e répteis, pássaros e quadrúpedes, quadrúpedes e o homem, bem como indivíduos quaisquer dessas classes gerais. Como não poderíamos descer aqui ao detalhe circunstanciado de todas as particularidades em que essas diferenças incidem, limitar-nos-emos a apresentar as leis, as regras mais gerais, os princípios fundamentais que podem ser aplicados em casos particulares, feitas as devidas restrições e modificações. Escolheremos, dentre os animais, a espécie considerada mais perfeita, atendo-nos ao homem, única espécie que tem um interesse imediato para a Medicina. Os verbetes *Inseto*, *Peixe*, *Réptil*, *Pássaro*, *Quadrúpede*, indicam as particularidades das diferentes espécies de animal.

Observa-se no homem uma variedade considerável. Nem sempre ele é igual a si mesmo, a ordem e o mecanismo de suas funções variam em diferentes circunstâncias e idades, e as doenças causam alterações consideráveis, que não foram suficientemente observadas, que dizer devidamente explicadas. Mas a principal diferença que se verifica no homem é entre uma criança no ventre da mãe e essa mesma criança pouco tempo depois de deixar o ventre, e sobretudo entre a criança propriamente dita e o adulto. A vida do feto parece não ser mais do que simples vegetação; a de uma criança, até os 3 ou 4 anos de idade, e sob muitos aspectos também depois, parece não ser muito diferente da vida dos animais; o adulto tem um modo de vida particular, a vida humana propriamente dita, que é sem dúvida a melhor; à medida que envelhece e se aproxima da morte, o homem retorna imperceptivelmente à vida das crianças, por fim, à do feto. Não resta dúvida de que a idade mais perfeita e menos variável é a que deve ser examinada, em busca dos fundamentos das leis da economia animal. As verdades extraídas das diferenças de idade e de circunstância são expostas nos verbetes *Feto*, *Criança*, *Velho*. As ocasionadas por doenças são assinaladas no curso deste dicionário em diferentes artigos de Medicina, e ocorrem principalmente em casos de amputação de um membro importante, de defeitos de formação, de anomalias no estado, quantidade ou volume das principais vísceras. Quanto às causas gerais de doenças, seu modo de atuar faz parte do plano aqui traçado, e será mencionado na sequência deste artigo.

A consideração da economia animal no homem abre um vasto campo a pesquisas sumamente interessantes. De todos os mistérios da natureza, é aquele cujo conhecimento nos toca mais de perto, afeta-nos mais intimamente e é mais apropriado para atrair e satisfazer a nossa curiosidade. O homem mergulha em si mesmo, penetra em seu próprio interior, levanta o véu que o esconde de si, e, com olhos esclarecidos pela tocha da Filosofia, examina o mecanismo de sua própria existência, realizando assim o belo preceito que servia de inscrição ao mais célebre templo da Antiguidade, γινώστου σεαυτον, *conhece-te a ti mesmo*. Não se limita a contemplar passivamente a montagem e a estrutura dos diferentes recursos que compõem a admirável máquina. Incitado por uma curiosidade legítima, vai além: aprende como ela funciona, tenta descobrir como são executados os seus movimentos, indaga pelas causas primeiras que a determinam, e sobretudo pelas que a sustentam continuamente. No exame filosófico dessas funções, por toda parte ele depara a maior simplicidade de meios unida à maior variedade de efeitos, a menor perda possível de força aos movimentos mais consideráveis. A admiração de que é tomado, reflexo da inteligência suprema que formou a máquina humana e a vivificou, parece-me um argumento tão sensível e convincente contra o ateísmo, que não posso senão me surpreender que com frequência esse odioso epíteto seja dado ao médico filosófico, e lamentar ainda mais que tantas vezes ele o faça por merecer. O conhecimento exato da economia animal lança ainda uma luz considerável sobre a física das ações morais. As luminosas ideias fornecidas pelo engenhoso sistema que exporemos a seguir, suficiente para explicar a maneira de atuar das paixões e os seus efeitos sobre o corpo humano, oferecem forte razão para presumir que se devam à falta de tais conhecimentos a imprecisão e a inutilidade das obras dedicadas a esse assunto, bem como a extrema dificuldade de aplicar proveitosamente os princípios já estabelecidos. Para ser bom moralista talvez seja preciso ser excelente médico.

É indubitável que a Medicina prática deve muito de suas luzes e de sua [361] certeza a uma teoria verdadeira do homem. Todos reconhecem a insuficiência de uma prática empírica cega, e por mais que a má interpretação das leis da economia animal tenha introduzido erros na Medicina química, resta saber se a prática regulada por uma má teoria não seria mais incerta e mais perniciosa do que a que não é dirigida por nenhuma teoria. Como quer que seja, os numerosos obstáculos que se põem a uma prática como à outra, os perigosos e inevitáveis erros em ambas, talvez sejam suficientes para nos sensibilizar quanto à necessidade de uma teoria que respalde a prática, de princípios bem verificados, e de regras de aplicação simples e invariável. Quanto mais interessante o sistema das funções humanas, mais complicado ele é, e mais difícil apreendê-lo. A obscuridade e a incerteza parecem ser o apanágio constante dos conhecimentos mais preciosos e mais curiosos. Uma razão perfeitamente natural desse inconveniente apresenta-se no vivo interesse que tais questões despertam em nós, o que nos leva a examiná-las com tanto mais severidade e a abordá-las por tantos lados diferentes quanto mais elas se mostrem sob diferentes aspectos e mais difícil seja combinar com exatidão as diferentes relações. Pode-se observar que as dificuldades costumam se multiplicar à medida que se realizam progressos nas ciências. Cada descoberta realizada traz consigo novas dificuldades, e às vezes passam-se séculos até que se obtenha alguma certeza, graças a um desses homens raros, dotados de um gênio vivo e penetrante, e de olhos que enxergam a natureza por trás do véu e sabem discernir a verdade em meio ao erro.

O conhecimento exato, embora não minucioso, da estrutura e da posição das principais vísceras, da distribuição dos nervos e dos diferentes vasos, o detalhamento circunstanciado e a justa avaliação dos fenômenos que resultam de sua operação e funcionamento, a observação refletida acerca das alterações produzidas nesses efeitos pela ação de causas específicas, tais são os fundamentos sólidos sobre os quais se deve estabelecer a ciência teórica do homem, para conduzi-la ao mais alto ponto de certeza a que é suscetível; e tais são, ao mesmo tempo, os diferentes pontos de que devem partir e a que se devem referir as leis a serem estabelecidas. Essas noções preliminares formam o fio condutor necessário para o médico que queira penetrar no labirinto da economia animal; seguindo-o, ele poderá evitar os caminhos tortuosos em que se perderam mesmo os grandes homens. Não menos essencial e vantajoso é que ele conheça a fonte dos erros dos que o precederam nas pesquisas acerca da economia animal: é o meio mais certo para não repeti-los. Deve-se elogiar o zelo dos que se dedicaram a uma empreitada tão difícil, aplaudir seus esforços e agradecer pelo verdadeiro bem que promoveram, ao mostrar, com seus naufrágios, os rochedos a serem evitados. Nosso êxito depende com frequência dos seus fracassos. Não entraremos aqui em detalhes de anatomia, expostos nos verbetes correspondentes.

É suficiente observar em geral que o corpo humano é uma máquina de espécie *estático-hidráulica*, composta de sólidos e fluidos, cujos elementos primordiais, comuns às plantas e aos animais, são átomos vivos ou moléculas orgânicas. Representemo-nos a maravilhosa reunião dessas moléculas, tal como mostrada pelas observações anatômicas em corpos adultos, em que os sólidos deixaram o estado mucoso e adquiriram uma consistência mais firme e proporcional ao uso de cada parte; representemo-nos as vísceras bem dispostas, os vasos livres, abertos, preenchidos pelos respectivos humores; os nervos distribuídos pelo corpo, comunicando-se entre si de mil maneiras; representemo-nos cada uma de suas partes no estado mais sadio possível, mas desprovidas de vida. Essa máquina, assim formada, não difere do homem vivo a não ser pelo movimento e pelo sentimento, principais fenômenos da vida. É verossímil reduzi-la a um mesmo fenômeno primordial. Pode-se observar, antes que a vida comece ou pouco depois de ter cessado, uma propriedade singular, que é a fonte do movimento e do sentimento ligados à natureza orgânica dos princípios que compõem o corpo, ou melhor, que depende de uma união de moléculas, propriedade essa que Glisson descobriu e chamou de irritabilidade, ou seja, um modo de sensibilidade. Ver *Sensibilidade*.

A partir do momento em que o sopro vivificante da divindade anima essa máquina, desperta a sensibilidade dos diferentes órgãos, distribui movimento e sentimento por todas as partes, essas propriedades, diferentemente modificadas em cada víscera, multiplicam-se num grande número de formas e produzem vidas particulares, cujo conjunto, concurso e apoio mútuo formam a vida geral do corpo como um todo. Cada parte anuncia essa feliz alteração no exercício da função que lhe foi destinada. O coração, as artérias, as veias, por meio de uma ação singular, constante, que ainda não foi determinada, produzem o que se chama de circulação do sangue, sustentam a progressiva movimentação dos humores e os distribuem sucessivamente por todas as partes do corpo. Do que se segue, 1º) a nutrição de tais partes por intussuscepção das moléculas análogas, que se moldam de acordo com seus respectivos tipos interiores; 2º) a formação do sêmen, precioso elemento extraído do material expelido pelas partes nutritivas; 3º) a secreção dos diferentes humores, que os órgãos apropriados sugam, extraem do sangue e aprimoram em folículos, por meio de uma ação apropriada ou de simples permanência; 4º) a ação especial desses vasos, ainda pouco explicada, porém suficientemente atestada pelos fatos, responsável pelas circulações particulares que ocorrem no fígado, nas vias hemorroidais, no pulmão e no cérebro, e provavelmente também em outras vísceras. O movimento alternado do coração e do pulmão, lançando ar nas vesículas bronquiais e expelindo-o, faz a respiração, que contribui grandemente para o movimento do cérebro (ver as observações do ilustre Lamure, *Mémoire de l'Académie Royale des Sciences*, 1739). A ação dos nervos, aplicada aos músculos do corpo, produz os movimentos chamados voluntários. Os nervos, atuando sobre os órgãos dos sentidos externos – olhos, ouvidos, nariz, língua, pele –, excitam as sensações chamadas visão, audição, paladar, tato; o movimento das fibras do cérebro, em consonância com a operação da alma, e, consequentemente, com as leis de sua união com o corpo, determina as sensações internas, as ideias, a imaginação, o juízo e a memória. Por fim, o sentimento produz em cada parte apetites diferentes, mais ou menos demarcados: ao estômago apetecem os alimentos; à goela, as bebidas; às partes genitais, a ejaculação do sêmen; aos vasos secretores, **[362]** a excreção de humores destilados etc. Cada uma dessas funções auxilia reciprocamente as outras, elas se influenciam mutuamente, de modo que a lesão de uma acarreta a perturbação das demais, mais ou menos imediatamente, dependendo da força da *simpatia* entre uma parte e outra; o desarranjo de uma víscera realiza profunda impressão nas outras; e o pulso, segundo as recentes observações do Sr. Bordeu (*Recherches sur le pouls par rapport aux crises*) manifesta essa impressão nos órgãos da circulação. Um exercício mínimo dessas funções é suficiente para estabelecer a vida; a saúde é formada pelo mesmo exercício, levado ao ponto mais alto de perfeição e universalidade; a doença nasce do menor defeito, *morbus ex quocumque defectu*. A morte não é senão o completo cessar da vida. Seis causas principais essenciais à vida, conhecidas nas escolas pela denominação de seis causas naturais – respirar, beber, comer, movimento e repouso, sono e vigília, excretar, e paixões da alma –, sustentam, por sua justa proporção, essa concordância recíproca, essa perfeita uniformidade de funções que é a saúde; e, quando perdem esse equilíbrio, tornam-se as causas gerais de doença. A ação dessas causas é exposta em detalhe nos verbetes *Causas não-naturais*, *Respiração*, *Movimento*, *Repouso* etc.

* * *

[365] As explicações que médicos de diferentes épocas tentaram oferecer a respeito da economia animal, por especiosas que pareçam, e apesar da luz favorável sob a qual se apresentam, não puderam conquistar os sufrágios dos bons observadores. Eram no mais das vezes imprecisas, ou excessivamente gerais, ou mesmo evidentemente falsas; eram todas insuficientes. Essa insuficiência urgia que tais pesquisas fossem aprofundadas, pois mantinha o espírito numa espécie de descontentamento indeterminado, cuja causa imediata era ignorada. Por fim, dentre os bons espíritos, que não poderiam se contentar com nenhuma dessas teorias, e menos ainda com esse sentimento vago e indefinido, elevou-se um homem de gênio, o Sr. Louis de la Caze, que descobriu a fonte da ignorância e dos erros, e que, abrindo um caminho novo, deu à arte uma consistência e uma forma que a aproximaram, tanto quanto possível, do estado de uma ciência exata e demonstrável.

Desde o início, ele se deu conta dos dois vícios fundamentais do método adotado. 1º) As fontes dos conhecimentos pareceram-lhe mal escolhidas, os experimentos da física vulgar, as analogias deduzidas dos agentes mecânicos, a contemplação das propriedades químicas dos humores, saudáveis ou degenerados, da contextura dos órgãos de distribuição dos vasos etc., essas fontes de conhecimento, eu digo, pareceram-lhe totalmente insuficientes, embora tenham em si mesmas algum valor, ou ao menos a maioria delas. 2º) O outro vício essencial das teorias predominantes pareceu-lhe a absoluta falta de ligação entre as noções particulares. Mesmo sem considerar que a maioria dessas teorias assenta em princípios falsos e toma dogmas particulares por verdades, é incontestável que um grande amontoado de verdades isoladas não forma uma ciência verdadeira. Ele concluiu, dessas duas considerações preliminares, 1º) que é preciso recorrer a outro meio de pesquisa, 2º) que é necessário remeter, na medida do possível, os conhecimentos particulares a um pequeno número de princípios, entre os quais é preciso, em seguida, encontrar as devidas relações. Propôs, ao mesmo tempo, um objetivo ainda maior, que jamais se deve perder de vista, a saber, o estabelecimento de um princípio único e geral, que abarque, reúna, esclareça todos os objetos particulares, o que unicamente pode dar completude e acabamento a toda ciência.

Esse novo plano de pesquisa, esse guia esclarecido, até aqui negligenciado, que nosso reformador seguiu escrupulosamente, é o *sentimento interno*. Poderia haver objeto mais próximo, mais apropriado, mais continuamente submetido a nossas observações, do que nós mesmos? Poderia haver luz mais confiável e mais fiel do que o nosso próprio sentimento, para descobrirmos a marcha, a engrenagem, o mecanismo de nossa vida?

O autor do novo plano de Medicina que aqui expomos se estudou então a si mesmo, profundamente, e aplicou em seguida a sagacidade adquirida pelo hábito dessa observação, para descobrir nos outros os mesmos fenômenos que percebera em si mesmo. Começou ocupando-se das doenças e dos incômodos, orientando-se pela contemplação do estado contrário à natureza. A saúde perfeita consiste numa calma profunda e contínua, num equilíbrio, numa *harmonia* em que dificilmente se percebe a atuação dos órgãos vitais, a correspondência e a sucessão das funções. Mas, a partir do momento em que esse estado é interrompido pela perturbação da doença ou pelo impacto das paixões, a doença e a dor, esses sentimentos tão distintos e tão enérgicos, manifestam-se na operação dos diversos órgãos, em suas relações, em sua influência recíproca. Procedendo assim de acordo com seu método, conduzindo-se ordenadamente a partir do desequilíbrio mais manifesto até o estado mais próximo do equilíbrio perfeito, nosso engenhoso observador formou uma imagem sensível da economia animal, tanto no estado de saúde quanto no de doença.

Começou por submeter a exame a visão mais simples e ao mesmo tempo mais fecunda sob a qual a economia animal foi abordada, que a representa como girando em torno de dois pivôs ou dois pontos essenciais e fundamentais, o movimento e o sentimento, e adotou esse princípio. Suas observações levaram-no a admitir esta verdade aceita por todos, que o movimento, o sentimento e as diversas funções que dependem de cada um deles se modificam e se combinam de diferentes maneiras. Mas, quando chegou ao outro ponto da doutrina dominante, a saber, que o sistema de suas diferentes modificações é tal que por uma vicissitude constante as causas e os efeitos são recíprocos, ou, o que é o mesmo, os primeiros agentes são por seu turno postos em atuação por potências cuja ação eles mesmos haviam determinado, convenceu-se sem dificuldade de que havia aí um círculo vicioso, que exprimia um absurdo para pessoas que tomam literal e positivamente essa asserção, e que havia também um reconhecimento, ao menos tácito, em todo caso irrecusável, da ignorância daqueles que com isso querem dizer apenas que o encadeamento desses fenômenos lhes parece impenetrável, pois certamente um sistema de ações em que o efeito mais distante torna-se causa primeira é algo absoluta e rigorosamente impossível. Tendo assim descoberto a fonte dos erros de todos os médicos filosóficos que se ocuparam do estudo teórico do homem, plenamente convencido da necessidade de se admitir uma função primeira como móbile de todas as outras, ele aplicou esse princípio luminoso e fecundo a suas pesquisas sobre a economia animal. A questão então passou a ser encontrar, nesse pretenso e aparente círculo, o ponto primordial e operador, ou, para falar de modo não figurado, encontrar, na sequência das funções, a função fundamental e *primeira*, o verdadeiro princípio da vida e da animalidade.

Essa função não poderia ser a circulação do sangue, pois esta, ainda que fosse tão *uniforme* e *universal* quanto se pretende, é demasiadamente subordinada, ou por assim dizer demasiadamente passiva. As alterações que ela experimenta são lentas demais e muito pouco consideráveis nos casos fundamentais, como as ocorrências comuns de paixões, os incômodos, as doenças, e a própria morte, que com frequência chega sem qualquer perturbação sensível do sistema vascular, sem inflamação, gangrena, interrupção no fluxo dos humores etc. Ver *Morte*. Ela existe, ademais, no feto, que não tem vida própria, como observaremos num instante, bem como no animal que se tornou um ser isolado como que entregue a si mesmo, *sui juris*.

As principais funções que, por sua importância sensível, mereceram em seguida a sua atenção, foram a respiração, a ação dos órgãos da digestão e a dos órgãos internos da cabeça. A respiração é, evidentemente, das três, a primeira a ser exercida, aquela cuja influência sobre a máquina como um todo se manifesta desde o momento do nascimento, a partir do qual unicamente se deve considerar que o animal tem uma vida própria, **[366]** pois enquanto permanece no útero é apenas um ser *parasitário*. Nosso ilustre autor pinta de maneira sensível e impressionante a singular revolução experimentada por um animal que respira pela primeira vez, recorrendo ao exemplo de uma convulsão geral ou *sobressalto*, que arrebata uma dessas crianças frágeis e doentes, que alguns minutos depois do nascimento permanecem como que inativas, numa espécie de morte, da qual elas saem graças ao esforço dessa primeira respiração. Ora, sabe-se que o diafragma é o órgão principal, o primeiro e verdadeiro móbil da respiração; que no feto esse órgão se encontra estufado, em abóboda, de maneira que reduz a quase nada os pulmões, e que na inspiração, ao contrário, ele é aplainado, deprimido, contraído. Tudo leva assim a pensar que o primeiro móbil da vida propriamente dita é o diafragma, que de início seria como uma espécie de pêndulo, que oscila entre os demais órgãos. É evidente, assim, que começar a viver, para todo animal que respira, é experimentar a influência da primeira contração do diafragma.

Mas como não há ação sem reação, o ponto de apoio que principalmente rege a respiração, que a limita e a favorece por uma reciprocidade estreita e imediata, é a massa *gastrointestinal*, graças a uma mola inata, mas principalmente a um recurso que ela adquire ao assumir a função que lhe é própria, a saber, a digestão dos alimentos. Resulta disso, desse comércio primeiro de forças, uma função comum e intermediária, que o autor admiravelmente acompanhou, analisou, e apresentou sob o nome de *forças gastrodiafragmais*, ou *forças epigástricas*.

Eis portanto a função fundamental, primeira, moderadora. Resta determinar quais órgãos a contrabalançam tão vitoriosamente a ponto de instituir a reciprocidade ou antagonismo sem o qual nenhuma força pode ser exercida, determinada, contida. Tais órgãos são a cabeça, considerada como órgão imediato alterado pelas afecções da alma, pelas sensações, pelas paixões etc., e um órgão geral externo, cuja ilustre descoberta cabe unicamente a nosso observador. Um comércio de ação entre o centro epigástrico, a cabeça e o órgão geral externo; uma distribuição constante e uniforme de forças, de movimentos, de tônus, para os diferentes órgãos secundários, vivificados e postos em operação pelos órgãos primordiais: eis a vida e a saúde. Interrompida essa distribuição, há uma aberração, um acúmulo de forças em algum desses órgãos, seja por resistências viciosas, seja por uma inércia contrária à natureza; e o estado de doença ou convulsão se instaura, pois doença e convulsão são uma e a mesma coisa: *in tantum laeditur, in quantum convellitur.*

Esse ponto de vista geral foi de início apenas uma suspeita, um pressentimento. É da essência das grandes intuições não estar submetidas às vias exatas e rigorosas da demonstração, pois essas verificações de detalhe detêm a marcha do gênio, que, em objetos dessa ordem, nunca é livre demais e abarca uma série prodigiosa. De resto, esse modo de concepção está intrinsecamente ligado à essência mesma do meio da pesquisa, cuja necessidade foi estabelecida, a saber, o sentimento interno, cujas descobertas não poderiam se submeter à tosa vulgar da arte experimental. Essa espécie de pressentimento equivale à demonstração artificial para todo observador iniciado e que proceda de boa fé. Não há nada a objetar ao que dizeis: observai, descei às profundezas de vosso próprio ser, aprendei a ver, e vereis. Todos os bons espíritos a que introduzi o meu plano sentiram e observaram tal como eu havia feito.

Mas não é tudo. Os fenômenos mais bem conhecidos relativos à saúde e às doenças, os fatos anatômicos, as observações singulares, que os médicos que nos precederam não puderam explicar, tudo isso se adequa tão naturalmente ao princípio estabelecido, que podemos extraí-lo de um corpo de provas à maneira do teórico mais fiel aos métodos mais reconhecidos.

A renovação das causas da atividade, o sustento da engrenagem da vida pela ação das seis causas não naturais, as divisões e a teoria das doenças seguem-se como que por si mesmas desse princípio fecundo e luminoso, de sorte que decorrem desse conjunto uma doutrina e um código de práticas em que tudo tem correspondência, tudo está ligado, tudo é simples, tudo é um. O médico que aprenda a manejar esse instrumento, essa regra de conduta, experimenta em primeiro lugar a vantagem (preciosa e pouco notada) de se libertar da precaução contínua em que nos deixam as noções vagas, isoladas, fragmentárias, amiúde disparatadas, a partir das quais ele era obrigado a exercer uma arte cujo objeto é de sumo interesse. Essa vantagem é tão grande, eu repito, que ainda que se devesse a um sistema artificial, esse sistema representaria mesmo assim um bem concreto. Razão a mais para que acolhamos agradecidos o sistema presente, pois ele é verdadeiro, real, obtido junto às fontes da mais viva luz que se poderia esperar em estudos dessa espécie, a saber, o sentimento interior e a observação, apoiando-se subsidiariamente em todos os outros meios de conhecimento reconhecidos e aceitos.

Uma das principais vantagens desse novo plano de Medicina, que o torna eminentemente preferível e verdadeiramente único, é o fato de lançar uma grande luz sobre a higiene, ou sobre a ciência do regime, esse ramo da Medicina tão precioso e tão negligenciado, e abarcar o regime das sensações das paixões de uma maneira tão positiva e clara que produz um tratado médico da moral e do bem.

A forma desta obra não permite que se exponham aqui os ramos particulares do sistema, as teorias satisfatórias que ele fornece acerca de funções mais ou menos gerais, das secreções, das gerações etc. e tampouco o quadro das doenças, o plano geral da terapêutica etc. Tais coisas são tratadas em outros verbetes. De resto, leitores que não se dedicam em articular ao estudo de objetos dessa ordem não desejarão outros detalhes, e os médicos de profissão têm interesse suficiente por esse método de pesquisa para consultar outras obras do mesmo autor. Ver o *Specimen novi medicinae conspectûs, edit, alter*, Paris, 1751; as *Institutiones medicae*, elaboradas sobre esse plano, Paris, 1755; a *Idée de l'homme physique & moral*, e o *Extrait raisonné* dessa mesma obra. O Sr. Daubenton, douto autor do discurso sobre os animais carnívoros, que é o primeiro capítulo do sétimo volume da *Histoire du cabinet du roi*, adotou formalmente o sistema da economia animal aqui mencionado. Esse escrito também deve ser consultado.

(PPP)

Fisiologia, Autor desconhecido [12, 537]

Fisiologia, de Φύσις, natureza, e λόγος, discurso, parte da Medicina que considera em que consiste a vida, o que é a saúde e quais os seus efeitos. Ver *Vida*. Chama-se também *economia animal*, tratado do uso das partes; e seus objetos costumam ser chamados de coisas naturais, ou conformes às leis da natureza. Ver *Natureza*.

As ações e funções do corpo humano são vitais, naturais ou animais. Ver *Animal*. Ações e funções vitais dependem da boa constituição do cérebro, do coração, do pulmão; as naturais, da dos órgãos que concorrem para a nutrição, como a mastigação, a deglutição, a digestão, a quilificação, a circulação, as secreções etc.; as animais, por fim, dependem da boa disposição dos órgãos, para a ação dos quais a alma parece concorrer de maneira particular, tais como os das sensações, da visão, do odor, da audição, do paladar, do tato, do movimento muscular, do sono, da vigília, da fome, da sede etc.

Tudo o que no homem é puramente corporal nos oferece apenas princípios extraídos dos mecanismos e experimentos físicos, e somente por essa via é que podem ser conhecidas as forças gerais e particulares dos corpos. A Medicina, como observa o grande Boerhaave, tem demonstrações tão distintas e mesmo tão claras, tão fáceis de apreender, tão evidentemente verdadeiras, que é preciso ser um insensato para negá-las. Eis um exemplo, extraído da respiração. Todo animal **[538]** vivente respira incessantemente, vale dizer, inspira, ou toma o ar, e expira, ou expele-o. Na inspiração, as vesículas do pulmão dilatam-se, os vasos distribuídos por elas relaxam-se e dão livre passagem ao sangue. Na expiração, esses vasos são comprimidos, o sangue é fortemente bombeado do coração para os pulmões por meio de uma artéria elástica, cônica, convergente, contra as paredes das quais todo o líquido nelas contido deve se chocar, dilatando-as em consequência. O sangue é ora bombeado mais suavemente pelo coração, ora propulsionado com força nos pequenos vasos, pela compressão das vesículas, que não deixam de ser uma mola. Dessa mecânica, demonstrada pela dissecção de animais vivos, deduzem-se claramente todos os efeitos da respiração e aprende-se por que, em todas as doenças em que o pulmão não deixa o sangue passar livremente, como na asma, na pneumonia, verdadeira ou falsa etc., o rosto torna-se avermelhado, seus vasos e os do colo ficam inchados, a cabeça é alçada na vertigem e no delírio. É que o sangue que reflui pelas artérias jugulares se mistura ao da veia cava e dali passa ao ventrículo direito, entrando na artéria pulmonar, em cuja extremidade encontra-se um obstáculo que impede a sua passagem. O sangue refaz assim o seu caminho, e produz toda sorte de acidentes inoportunos, se não se dissiparem os obstáculos, o que pode resultar, evidentemente, em sangramentos e profusões de sangue. A definição do círculo em Geometria não é mais clara do que as luzes que costumam guiar um douto praticante da Medicina. Ele só se ocupa senão do corpo, não conhece senão as leis mecânicas que valem para todos os corpos e através das quais é fácil explicar sua ação, e assim pode aplicar ao corpo do homem, sem se enganar, tudo o que vale para todo outro corpo: o atrito de duas partes sólidas produz calor no corpo humano como em todo outro.

Quanto ao comércio recíproco entre a alma e o corpo, é não somente o que há de mais inconcebível como é o que poderia haver de mais inútil para o médico. O calor produzido no corpo pode muito bem se conservar mesmo que o homem não seja *um*, como diz Montaigne, pois mesmo as pedras se aquecem com o atrito. O movimento não pode ser explicado pelas afecções do corpo ou pelas propriedades da alma, e não há na ideia de alma nada que se encontre na ideia de movimento. Por isso, o calor e o movimento não podem ser explicados pela alma; e se, querendo explicar o movimento voluntário, afirmais que ele consiste numa volição da alma pelo movimento, nada esclareceis, pois não há nada na ideia do movimento que possais encontrar na ideia de alma. Esclarecer uma coisa ou dar a sua razão é mostrar claramente que há, na ideia de A, alguma coisa contida também na ideia de B, e, mais uma vez, o médico não deve se ocupar senão de restabelecer a saúde. Ora, essa cura é uma modificação que ocorre no corpo humano pela ação de outros corpos. A alma não é capaz, porém, de tais alterações, e assim todos os sistemas acerca de seu comércio com o corpo são inúteis. Quem cura o corpo não deve se preocupar com a alma; ela recobra sempre, com certeza, suas funções, pois quando o corpo volta às suas, levantam-se todos os obstáculos que pareciam impedi-la de agir. A catarata forma-se nos olhos e impede que a alma veja; se a suprimirdes, os raios de luz retomarão a via normal, a alma enxergará e tereis cumprido vosso dever. Alguém cai desmaiado; como chamar de volta sua alma, se a vossa não tem com ela comércio algum? Irritai os nervos do olfato, as funções da alma ressurgirão, como se ela tivesse sido despertada na extremidade desses nervos ou se a correspondência entre os órgãos e a substância espiritual vos fosse perfeitamente conhecida. Boerhaave, *Comentários*.

Boerhaave foi o maior teórico que jamais tivemos, e foi reputado também como excelente praticante. Quantas descobertas em Anatomia, até que ele viesse, não pareceram perfeitamente inúteis? Para comprovar que é assim, basta que se consulte a admirável explicação que ele oferece do véu palatino, nas *Institutions de médecine*, enriquecidas em certas edições pelo comentário do Dr. Haller, e que contêm um sem-número de observações, pelas quais pode-se julgar seu profundo conhecimento de Anatomia bem como de todas as partes relativas à Fisiologia. Se não bastassem as obras que lhe devemos em outros gêneros, como a Botânica, a Anatomia etc., deu-nos ainda uma Fisiologia, intitulada *Primae linae Physiologiae*, que há de torná-lo tão mais estimado pelos especialistas, dada a extrema dificuldade de oferecer algo original nessa matéria após os seus próprios *Comentários*.

(PPP)

Função (*Economia animal*), d'Aumont [7, 51]

Função é uma ação correspondente à destinação do órgão que a executa. Assim, a função do pulmão é a respiração, a da língua é a articulação dos sons, o paladar etc. Mas, para os médicos, esse termo refere-se apenas às ações que, além de relativas à destinação dos órgãos, são ao mesmo tempo sensíveis. Assim, não costumam incluir na classe das funções a circulação, somente o pulso, pois aquela não ocorre diante dos sentidos; tampouco incluem nessa classe o calor, pois não é concebido como uma ação, apenas como uma qualidade ou disposição do corpo que pode ser considerada independentemente do movimento sensível de suas partes.

Assim como em todos os tempos foi reconhecido que um ser infinitamente sábio é o autor de nosso corpo e de seus diferentes órgãos, percebeu-se igualmente que ele arranjou e dispôs todas as peças dessa máquina admirável conforme objetivos ou destinações, e que é para cumprir esses objetivos que elas atuam. Por conseguinte, chamam-se essas ações de funções, como sendo realizadas para cumprir um dever com que sua estrutura e posição os comprometem. Todo movimento sensível de um órgão não é senão uma função; um membro que cai de acordo com a gravidade ou com um impulso exterior não cumpre assim a sua função.

Dividem-se as funções de acordo com as qualidades de que elas são os princípios. Há as que são comuns aos animais e aos vegetais, tais como a nutrição, a digestão, a geração, a secreção; há as próprias aos animais, como a sensação, a imaginação, as paixões, a volição, os movimentos do coração, do pulmão, dos membros etc. Subdividem-se todas em sãs ou lesionadas.

Os médicos discordam quanto a saber qual seria o princípio de certas funções, como os movimentos naturais, tais como o do coração ou do pulmão. Uns creem que a alma é a sua potência movente. Embora esses movimentos não sejam livres, alegam que não se deve multiplicar os seres sem necessidade, que a força movente da alma nem sempre é determinada a agir pela vontade nem pela noção distinta do bem e do mal, e oferecem como prova as paixões que sentimos e as ações que realizamos quando dormimos ou por costume. Outros afirmam que só se devem referir à alma como princípio as ações de que ela tem pleno conhecimento e que a sua vontade determina. Reconhecem como voluntárias somente as ações que realizamos voluntariamente, e não as que realizamos forçosamente, e a despeito de nós mesmos. Atribuem estas ao poder das máquinas, querem que as máquinas tenham um poder de agir, de aumentar o movimento, independentemente de qualquer motor, ou então não tenham outro motor além da matéria sutil, a mola do ar, das fibras; chegam a afirmar que o movimento, uma vez imprimido a nossos órgãos, não se dissipa jamais, e que não é preciso buscar alhures pelo princípio de nossas ações naturais. Tal é a controvérsia que reina entre os médicos e os químicos, ou pretensos mecanicistas. Ver *Economia animal*, *Natureza*, *Potência movente (Economia animal)* etc.

(**PPP**)

Função (Fisiologia), *Autor desconhecido* [17, 781]

Potência de agir, reduzida a ato, que depende da estrutura do órgão. Em fisiologia, dá-se o nome de *função* às principais ações realizadas no corpo humano pelo movimento dos humores nos vasos e pela resistência destes.

Costumam-se distinguir as funções em vitais, naturais e animais.

Funções vitais são as tão necessárias à vida que é impossível viver sem elas, como a circulação do sangue, o batimento do músculo cardíaco, a secreção de espíritos no cerebelo, a atuação do pulmão, do sangue e dos espíritos nos órgãos, nas artérias, nas veias, nos nervos. Compreende-se assim que as funções vitais podem se aperfeiçoar consideravelmente ou alterar-se sem que se deixe de viver.

Funções naturais são as que processam os alimentos de que se nutre a própria substância do corpo, como as ações dos vasos, das vísceras e dos humores, que recebem, retêm, deslocam, alteram, misturam ou então aplicam, consomem, servem aos secretores e aos excretores. Vê-se assim que as funções naturais são a digestão, a nutrição, o crescimento, a filtragem e o expelimento de excrementos, às quais se acrescentam a geração, que de alguma maneira conserva o homem, pois perpetua sua espécie.

Funções animais são as que se realizam no homem, de sorte que ele conceba ideias que são unidas a essa ação corporal, que a vontade concorra para produzir esse ato, ou que esse ato mesmo movimente, agite e determine a vontade. Tais funções são o tato, o gosto, o odor, a visão, a audição, a percepção, a imaginação, a memória, o juízo, o raciocínio, as paixões da alma, os movimentos voluntários e por vezes mesmo os involuntários, pois as funções animais nem sempre são voluntárias.

Em suma, *funções vitais* são as de que a vida do homem depende a cada momento, como a circulação do sangue; *funções naturais* são as necessárias à conservação da vida, como a digestão; e *funções vitais* são os movimentos, as sensações, a imaginação, a memória etc.

Eis a fisiologia do corpo humano, considerado como vivente, e é mediante o estudo dessa fisiologia que se forma uma ideia física do que é propriamente a vida, de quais são as causas de sua duração e de como ela vem a desaparecer. Ver o verbete *Vida*.

Quem conhecer bem todas as condições necessárias ao exercício das funções vitais, animais e naturais do corpo saberá, diante de uma perturbação, qual condição está ausente, onde e por que; e deduzirá, desse conhecimento, com clareza inabalável, a natureza do malefício resultante. Mas tantas luzes e tanta perspicácia não pertencem senão a inteligências superiores às que vivem sobre o nosso globo. *Davi sumus non OEdipi.*

(PPP)

Geração (*Física*), d'Alembert [7, 558]

Em Física, *geração* é o ato de produzir o que antes simplesmente não existia, ou, para falar com mais exatidão, é a alteração de um corpo em outro que não conserva vestígio do estado precedente. Pois, propriamente dizendo, geração não supõe em absoluto produção de partes novas, apenas uma modificação nova dessas partes. Nisso a geração diferencia-se do que chamamos de criação.

Geração diferencia-se de alteração pelo fato de, nesta, o sujeito continuar parecendo o mesmo, apenas os acidentes e afecções mudam, como quando um animal saudável cai doente ou um corpo que era redondo se torna quadrado.

Geração opõe-se, por fim, a corrupção, que é a destruição de uma coisa que existia, como quando o que era madeira ou o que era um ovo deixa de sê-lo, e torna-se fogo ou um pintinho. Os antigos filósofos concluíram disso que a geração de uma coisa é, a bem dizer, a corrupção de outra. Ver *Corrupção*.

A geração dos corpos em geral é um mistério cujo segredo a natureza guardou para si. Para saber como os corpos engendram-se, seria preciso resolver questões que ultrapassam em muito o nosso alcance. Seria preciso saber, 1º) se as partes de um corpo qualquer , de uma planta, por exemplo, são diferentes das partes de um outro corpo, como uma pedra, de sorte que as partes que compõem uma planta, combinadas como se queira, jamais pudessem fazer uma pedra; ou, se as partes de todos os corpos, os elementos primeiros que os compõem, são os mesmos e produzem, unicamente pela diversidade de arranjos, os diferentes corpos que vemos; 2º) decidida essa questão, o mistério da geração não estaria resolvido. Seria preciso saber ainda como é possível que um grão de trigo, por exemplo, enxertado no solo, fertilizado por sucos terrestres, devidamente tratado, venha a formar a espiga ou as partes da planta que se encontram no interior do solo, ou como as partes do solo e outras substâncias, por uma modificação, tornam-se partes do trigo. Quem poderia responder a essas questões? Só nos resta calarmo-nos, e admirar os recursos da natureza. Sem dúvida, poderiam ser feitos sistemas a respeito, raciocínios a perder de vista, discursos grandiloquentes; mas o que se ganharia com isso? Nada.

(PPP)

Geração[1] (Fisiologia), *d'Aumont* [7, 559]

Entende-se em geral por esse termo a faculdade de se reproduzir, ligada aos seres orgânicos e pertencente a eles, um dos principais caracteres pelo qual os animais e os vegetais se distinguem dos corpos chamados minerais.

A *geração* de corpos vegetais ou animados é a formação de um indivíduo similar, por sua natureza, àquele no qual teve origem em razão dos princípios preexistentes dele recebidos, ou da matéria apropriada e da disposição a uma forma particular fornecidas pelos progenitores para a preparação, o desenvolvimento e o crescimento dos germes produzidos por esse indivíduo ou contidos nele.

Por meio de geração forma-se a cadeia de indivíduos existentes em sucessão que constitui a existência real e ininterrupta das diferentes espécies de seres, cadeia essa cuja duração é condicionada pelo estado de organização que confere aos indivíduos de uma espécie uma forma própria determinada.

---

1 Tradução parcial. (N. T.)

Pela disposição mesma das partes que a formam, a organização tem duração limitada. Essa disposição foi estabelecida pelo autor da natureza de tal maneira que aquilo que nos seres organizados constitui o princípio de sua existência enquanto tais, ou seja, a vida vegetal ou animada de que gozam e que os sustenta em sua atividade (o movimento das partes sólidas e fluidas de que são compostos), tende progressivamente a perder o efeito e, por conseguinte, a ser destruído pelo próprio exercício dos meios vivificantes. Após levar algum tempo para dar a esses seres o grau de consistência, absoluta ou respectiva, que responde por sua perfeição essencial, esse princípio não pode continuar a atuar sem aumentar essa consistência até que ela se exceda e produza um defeito inextirpável, ao tornar os órgãos cada vez menos próprios para perpetuar o seu funcionamento, à medida que os priva da flexibilidade que lhes é necessária para esse efeito e em que se perde a fluidez das partes, que as conservava acidentalmente, por efeito da ação a que estavam expostas, mas que depende da mesma flexibilidade de que os órgãos são por fim inteiramente privados.

Essa consideração levou um antigo a afirmar que *vivere est continuò rigescere*, ou, em outras palavras, que a condição de todo corpo organizado é adquirir gradativamente solidez, endurecer-se, tornar-se cada vez mais rígido e, assim, cada vez menos apropriado para sustentar a vida pelos mesmos efeitos que de início o formaram e que respondem por sua subsistência. Segue-se a isso, em indivíduos vegetais ou animais, a alteração de estado chamada morte, que não é senão a cessação do movimento próprio dos viventes, ou a aquisição de uma inação comum a todo corpo privado de organização ou cuja organização não se encontre vivificada. Esse estado expõe os corpos organizados, a exemplo de todos os demais, à atuação de agentes destruidores de todas as formas particulares, que degradam a organização e reduzem a matéria à condição bruta e informe, até que os materiais dos corpos organizados, novamente extraídos **[560]** do caos, sejam trabalhados para servir à construção de um corpo vivificado e à reprodução de um vegetal ou de um animal.

Essa disposição, que, sem jamais se alterar essencialmente, produz num mesmo indivíduo efeitos aparentemente tão contrários, e que inicia, sustenta e põe fim à vida nos seres organizados, é sem dúvida algo maravilhoso. Mas, por mais espantosa e admirável que nos pareça, a verdadeira maravilha não consiste no modo de existência de cada indivíduo. É na sucessão, renovação e perpetuação das espécies que a natureza se mostra insuperável, oferecendo à nossa admiração essa virtude procriadora que se exerce perpetuamente sem jamais se destruir, essa faculdade de produzir o semelhante que reside nos animais e nos vegetais e forma essa espécie de unidade eternamente subsistente. Trata-se, para nós, de um mistério que permanece tão insondável que as mais diferentes tentativas de desvendá-lo parecem ter servido, até aqui, apenas para convencer de que são inúteis; e soa mesmo como uma violação do seu pudor querer entrever mesmo que seja apenas uma nesga do trabalho da natureza, quando ela o esconde tão cuidadosamente. Ao tratarmos neste artigo de uma matéria tão difícil e tão delicada, não realizaremos novas investigações, restringir-nos-emos tão somente a expor de maneira tão simples e discreta quanto possível os meios evidentes que ela houve por bem empregar em prol desse trabalho secreto, além de mencionarmos os poucos fenômenos que observadores mais persistentes conseguiram extrair dessa artesã tão pudica.

Tais meios, ou seja, as operações mecânicas que servem à reprodução dos vegetais e animais, são de diferente espécie nos dois gêneros de seres e em cada um deles em particular. Os animais têm, em geral, dois tipos de organização, essencialmente distintos, destinados a realizar a reprodução. Essa organização constitui os chamados sexos. É pelo acasalamento ou união dos dois sexos que os indivíduos desse gênero se multiplicam mais comumente; já no mundo vegetal, em que não há nenhum tipo de união ou acasalamento observável entre os progenitores, a reprodução realiza-se, em geral, pelo desenvolvimento de grãos ou sementes fecundados por meio de flores. Ver *Flor*. O desenvolvimento das sementes opera-se inteiramente fora do indivíduo que as fornece. A reprodução dos vegetais realiza-se também pela extensão de uma parte da planta, chamada rebento, ramo vivente ou porção de um ramo que se destaca do tronco, do corpo da planta, destinado a essa utilização. No caso de uma parte separada da raiz da planta, chama-se vagem.

Foi dito que o acasalamento ou a união entre os sexos é o meio mais comum pelo qual se realiza nos animais a multiplicação dos indivíduos, o que supõe que ele não é o único. Com efeito, há animais que se reproduzem como plantas, da mesma maneira que elas. A geração dos pulgões, que se realiza sem acasalamento, é similar à das plantas geradas a partir de grãos, fecundados e preparados para o desenvolvimento sem a participação de dois indivíduos, e à dos pólipos, que se pode realizar por partição, à maneira dos vegetais por rebentos. Mas, mesmo os animais dotados da faculdade particular de se multiplicar à maneira de plantas, sem acasalamento, não deixam de ter a faculdade comum a todos os outros animais, qual seja, a de se reproduzir por acasalamento, que não apenas é a mais comum como é a única para a maior parte deles; por essa razão ela é designada em especial pela palavra geração e constitui o objeto deste artigo. No que se refere às outras maneiras mencionadas pelas quais os animais e os vegetais reproduzem-se ou podem se reproduzir e estabelecer relações entre si, ver *Animal, Vegetal, Planta, Reprodução, Semente, Grão, Rebento, Pulgão, Pólipo.*

Por ser a geração do homem, de todos os animais, a que mais nos interessa, é ela que deve nos servir como exemplo, e será por isso o principal objeto das pesquisas que relataremos, ainda mais porque o que será dito em relação à geração da espécie convém quase sem exceção a todas as outras espécies de animal para a reprodução das quais é necessário o concurso de dois indivíduos, ou seja, de um macho e de uma fêmea, que exerçam em conjunto a faculdade de produzir um terceiro indivíduo, que constantemente terá um dos dois sexos. Como esses sexos consistem numa disposição particular de órgãos destinados à geração, é necessário ter um conhecimento exato da estrutura desses órgãos, bem como das relações entre eles. Essa exposição é realizada em diferentes artigos, correspondentes aos nomes desses órgãos, e não é necessário repeti-la aqui. Pode-se consultá-los, se necessário, para a inteligibilidade do que será dito da geração no homem.

* * *

[573] Em matéria de pesquisas físicas, não avançaremos nem poderemos julgar a respeito do que nos cerca a não ser como cegos, enquanto estivermos privados do auxílio dos sentidos, como quando está em questão sondar as profundezas do mistério da geração. A maioria dos fenômenos relativos a esta é o mero resultado de diferentes operações que, por sua

natureza, se furtam constantemente à luz, de sorte que todos os fatos que puderam ser coletados a respeito, a partir de experimentos e de um bom número de observações realizadas com exatidão, não produziram ainda conhecimentos suficientes sequer para determinar em que consiste o ato chamado *concepção* ou para que se possa dar uma definição precisa dessa palavra tão antiga, cujo verdadeiro sentido seria de suma importância fixar, para a história natural dos animais, mas sobretudo para a do homem. Até o presente, só foi possível oferecer uma ideia vaga a seu respeito, dizendo-se, com Boerhaave, que é a ação em que concorrem, de um lado, o que o macho contribui para a reprodução dos indivíduos de sua espécie, e, de outro, o que a fêmea fornece para a mesma operação, de maneira que da reunião desses diferentes meios, no corpo da fêmea, resulta a formação de um ou mais seres organizados, destinados a perpetuar o gênero animal. Resume se a isso a ideia que temos e provavelmente que é possível ter da concepção. O que a fêmea aproveita do macho, o que há de passivo nas modificações nela feitas no ato eficaz da geração, chama-se *fecundação*. O que se opera da parte da fêmea nesse ato, ou em consequência a esse ato, se ela tiver retido o que o macho a comunicou de efetivo, é assim, propriamente dizendo, a *concepção*, κύησις, *conceptio*. Quanto a saber o que o macho comunica de essencial; qual a contribuição de um e de outro para a geração; se ambos teriam algo de prolífico a fornecer; qual é, em particular, o órgão da fêmea em que ocorrem a concepção, a fecundação etc., todos esses problemas restam por resolver, malgrado tudo o que foi dito a respeito, e do que este verbete não fornece senão um pequeno apanhado, em comparação com as imensas obras, bastante numerosas, redigidas sobre o assunto, cuja utilidade quase que se resume a serem documentos da história dos erros do espírito humano e provas da obscuridade em que o princípio da vida parece obstinado em se esconder, furtando-se aos olhares dos mortais, e cujo conhecimento parece não ter utilidade alguma. Ver a coletânea quase exaustiva de sistemas de geração reunida por Manget na *Bibliothèque anatomique*; as *Obras* de Schurigius, bastante detalhadas; a *Fisiologia* do Sr. de Senac, a *Anatomia* de Heister; as *Institutions médicales*, de Boerhaave, com comentários e notas do Sr. Haller; a *Vénus physique*, do Sr. Maupertuis; a *Histoire Naturelle générale et particulière*, do Sr. Buffon; e a obra intitulada [574] *Idée de l'homme physique et moral*. Da maioria dessas obras provêm boa parte dos materiais deste artigo.

(PPP)

Morte[1] (*Medicina*), Ménuret de Chambaud [10, 718]

Considerada unicamente sob o ponto de vista que nos concerne, a *morte* deve ser vista como o completo cessar das funções vitais, e, por conseguinte, como o estado mais grave e mais antinatural em que o corpo poderia se encontrar, estágio final das doenças, síncope no mais alto grau. Abordando-a sob esse aspecto, tentaremos detalhar os fenômenos ligados a ela, as suas causas, os signos diagnósticos e prognósticos, e exporemos o método curativo que costuma ter mais êxito e que se mostra mais apropriado para combater os diferentes gêneros de morte. A separação entre a alma e o corpo, mistério talvez mais incompreensível do que a união entre eles, é um dogma teológico justificado pela religião e por isso incontestável, mas de modo algum conforme às luzes da razão, e tampouco baseado em qualquer observação médica. Por esse motivo, não será mencionado neste artigo puramente médico, em que nos limitaremos a descrever, dentre as mudanças que ocorrem nos corpos, apenas aquelas que se encontram diante dos sentidos e podem ser percebidas pelo médico – artesão do sensível, *sensuales artifex*.

Sintomas. Não se conhece a morte, a não ser por oposição à vida, assim como o repouso manifesta-se em contraste direto com o movimento. Os principais sintomas de morte são extraídos da ausência de circulação e respiração. Assim, se um homem está morto, procura-se em vão pelo pulso nas diferentes partes do corpo em que as artérias são superficiais; elas estão perfeitamente imóveis. O movimento do tórax, inseparável daquele dos pulmões, foi totalmente suprimido; todas as excreções estão suspensas; o calor se perdeu; os membros estão frios, rígidos, inflexíveis; os sentidos encontram-se inativos; não resta nenhum vestígio de sentimento; uma palidez lívida recobre a face; os olhos perderam a força, o brilho. Até aqui, o cadáver não difere do homem vivo, a não ser pela ausência de movimento. Os diferentes órgãos ainda pre-

1 Tradução parcial. (N. T.)

servados podem ser reanimados, e conservam, durante algum tempo, uma aptidão a retomar os movimentos a que foram destinados. Permanecem nesse estado até que a putrefação, mais ou menos imediata, destrua o seu tecido, interrompa a união das moléculas orgânicas que os compõem e imponha assim um obstáculo invencível para o retorno à vida. Quando a corrupção anuncia sua vitória, o corpo torna-se sucessivamente azulado, lívido, escuro; exala um odor peculiar insuportável, dito cadavérico; logo depois, os poros fecham-se; as diferentes partes dissociam-se, perdem o vínculo, a figura e a coesão; as moléculas liberadas tornam-se voláteis, evaporam-se, **[719]** e, após sua dissipação, não resta mais vestígio do homem.

Parece-me que se podem distinguir na morte dois estados muito diferentes, e devem-se estabelecer em consequência duas espécies ou graus notáveis de morte. Chamarei ao primeiro de *morte imperfeita*, ou passível de socorro, que compreende todo o período em que simplesmente não há exercício das funções vitais, mas durante o qual os órgãos, instrumentos de suas funções, ainda estão em condições de retomar suas operações. O segundo grau, complemento da morte imperfeita, eu denomino *morte absoluta*, irrevogavelmente decidida. Caracteriza-se não somente pelo cessar dos movimentos como também por um estado tal dos órgãos que é fisicamente impossível reanimá-los. Isso acontece, no mais das vezes, por sua destruição, operada pela putrefação ou por meios mecânicos, às vezes também por um ressecamento considerável, obra da arte ou da natureza. O tempo que decorre entre a morte imperfeita e a morte absoluta é indeterminado, depende das causas, dos objetos, dos acidentes, das estações etc. Em geral, o intervalo é mais longo nos que morrem subitamente ou de maneira violenta do que naqueles em que a morte é efeito de uma doença ou da velhice; nas crianças, mais do que nos adultos; no inverno, mais do que no verão; sob a água, mais do que ao ar livre etc.

A distinção aqui estabelecida está fundamentada num grande número de fatos, pelos quais consta, com evidência, que pessoas permaneceram por um tempo bastante longo no estado que chamamos de morte imperfeita, e que, posteriormente, através do socorro apropriado ou por si mesmas, retornaram à vida. Dentre essas, contam as mortes voluntárias ou extáticas. Alguns testemunhos garantem ter visto pessoas que, unicamente por um ato de sua própria vontade, suspenderam em si mesmas todos os movimentos vitais e permaneceram durante algum tempo sem pulso, sem respiração, enrijecidas, frias, e depois recuperaram por si mesmas o exercício dos sentidos. Cheyne, autor conhecido, digno de fé, conta ter sido testemunha ocular de semelhante fato, e que o óbito lhe pareceu tão inquestionável que já decidira se retirar, quando o êxtase terminou, a morte cessou, o pulso e a respiração retornaram gradualmente. Há os que encenam mortes imperfeitas para satisfazer os curiosos. Diz-se que os lapões são excelentes nesse ofício. Há testemunhos, porém, de pessoas que pereceram vitimadas por essas perigosas demonstrações, como um inglês que conseguia interromper com as mãos o movimento de seu coração e faleceu ao levar longe demais o experimento. O importante tratado, ainda incompreendido, do Sr. Bruhier, sobre a incerteza dos signos de morte, contém um interessante e curioso apanhado de observações que ele se deu o trabalho de reunir a partir de diferentes autores e que provam que muitos mortos deitados sobre a palha ou o feno, e mesmo enterrados, ergueram-se vivos passados alguns dias.

Mas o que há de mais terrível nessas histórias é que tais ressurreições naturais são efeito de um feliz acaso ou da concorrência de circunstâncias inesperadas. Assim, uma jovem que faleceu vitimada pela varíola só retornou à vida porque o sacristão que carregava o seu caixão deixou que este caísse, e, como estivesse mal-fechado, com o tombo a jovem deu sinais de vida, foi trazida de volta ao lar e recobrou a mais perfeita saúde. *Traité de l'incertitude des signes de la mort*, § VI, página 153, tomo I. Uma mulher do povo comum havia sido posta sobre o feno com uma vela aos pés, conforme o uso; jovens aproximaram-se e derrubaram a vela, que caiu sobre o feno, incendiando-o no mesmo instante; ato contínuo, a morta reanima-se, emite um grito cortante e vive por muitos anos. Ibid. § IV, página 68. Muitas pessoas enterradas com suas joias devem a vida à avidez dos ladrões que desceram até seus túmulos para roubá-las; a agitação, as chacoalhadas, a força empregada para arrancar seus anéis e despojá-las de seus bens trouxeram de volta à vida esses mortos imperfeitos. Ver as observações relatadas na obra já citada, tomo I, páginas 53, 61, 98, 134, 170 etc. Em outros casos, a morte foi dissipada por incisões feitas nos corpos com a intenção de abri-los. Uma mulher cuja história é contada por Terrili deu sinais de vida à segunda incisão do bisturi. Em tais circunstâncias, acontece mesmo de a vida manifestar-se tarde demais, e o morto ressuscitado perdê-la sob o cutelo do anatomista. Semelhante evento causou a desgraça do grande Vessálio, que, tendo aberto um fidalgo espanhol, percebeu, desde a primeira incisão do bisturi, alguns sinais de vida; a abertura da caixa torácica mostrou que o coração recuperara os batimentos. Uma vez tornado público esse fato, Vessálio foi perseguido pelos parentes do morto e pelos juízes da inquisição. Filipe II, rei da Espanha, por sua autoridade ou por dar ouvidos às preces do anatomista, recusou-se a satisfazer a avidez do cruel tribunal, contanto que Vessálio expiasse o crime que cometera com uma peregrinação à Terra Santa. Conta-se a respeito do cardeal Espinosa, primeiro-ministro do mesmo Filipe II, que, tendo caído em desgraça, morreu de desgosto. Mas, quando começou a ser aberto para ser embalsamado, deteve com uma das mãos a lâmina do cirurgião, e constatou-se que o seu coração batia; o que não impediu que o bárbaro anatomista prosseguisse com a operação, impedindo-o assim de escapar à morte. Um homem que retornava de viagem ficou sabendo que sua mulher morrera e fora exumada há três dias. Inconsolável com a perda, não se convenceu do fato, desceu ao túmulo da esposa como um novo Orfeu, e, mais afortunado do que ele, ou antes mais desgraçado, descobriu o segredo para trazê-la de volta à vida, e com saúde. Caso similar é o de um negociante que retornou de viagem dois dias após a morte de sua esposa e a encontrou exposta à porta de sua casa, no momento em que o clérigo estava para levá-la. Ordenou que se montasse um leito de feno em seus aposentos, e ali depositou o corpo de sua mulher, que não deu nenhum sinal de vida. Para assegurar-se de que estava morta, e na esperança de dissipar esse estado, ordenou que se fizessem incisões em sua pele e aplicassem-lhe ventosas. Vinte cinco aplicações foram feitas sem sucesso, quando, na vigésima sexta, a morta ressuscitou aos gritos, *parem com isso, estão me machucando!* Milady Russell, esposa de um coronel inglês, deve sua vida ao carinho extraordinário de seu marido, que não permitiu que ela fosse enterrada, embora parecesse estar bem morta, antes que se manifestasse algum sinal de putrefação. Velou-a por sete dias, período após o qual ela despertou, como se fosse de um sono profundo, ao badalar dos sinos de uma igreja vizinha. Ver outras observações na obra já citada, tomo I, páginas 69, 94, 106, 108 etc., e tomo II, páginas 56 e 58.

Sabe-se de mortos que, por alguma causa imprevista, tiveram o enterro adiado e retornaram à vida precisamente nesse intervalo. Uma testemunha ocular conta que em Toulouse, na igreja de Saint Étienne, viu chegar um cotejo fúnebre cuja cerimônia fora postergada para depois do sermão, durante o qual o corpo permaneceu na capela. **[720]** No meio do sermão, o cadáver pareceu reanimar-se e fazer gestos para que acudissem até ele, de tal modo que, acrescenta o cronista, "sem o sermão, ter-se-ia enterrado um homem vivo, ou prestes a reviver". Ver a mesma obra, tomo I, p. 62. Diemerbroek relata que um camponês foi vitimado pela peste, e que, passadas 24 horas, tomaram-se as providências para enterrá-lo, como de costume; a falta de um caixão adiou a cerimônia para a manhã seguinte, e, quando o corpo estava para ser depositado no caixão, percebeu-se que o homem recobrara a vida. Por fim, há pessoas que, trazidas de volta à vida já no túmulo, foram dali retiradas por terem a sorte de ser escutadas, com seus gritos, por transeuntes que por acaso passavam por perto. Foi assim que, estando um regime de infantaria estacionado em Dole, e como faltasse alojamento à maioria dos soldados, obteve-se permissão para que passassem a noite na igreja e dormissem sobre os bancos da assembleia. Alguns soldados ouviram gritos, que pareciam saídos de um túmulo, e advertiram o clérigo; abriu-se a cova em que havia sido enterrada uma jovem, que foi retirada com vida.

Que terríveis presságios eventos como esses não lançam sobre a sorte de inúmeras pessoas enterradas precipitadamente, sem muitas precauções, e, principalmente, sem que se tivesse esperado que a putrefação manifesta decretasse uma morte irrevogável! Deve-se a esse descuido o falecimento de muitas pessoas que poderiam ter sido revividas, desde que se tivessem tomado as devidas providências ou ao menos não tivessem sido asfixiadas ao envasilharem-nas sob a terra ou enfiarem-nas em covas estreitas como fendas. O que é ainda mais terrível, muitos que por si mesmos retornaram à vida, mas não tiveram os seus gritos ouvidos pelos que poderiam socorrê-los e tirá-los do túmulo em que se encontravam presos, sem alimento e sem ar, reviveram apenas para morrer definitivamente, de forma ainda mais cruel, em meio aos horrores da fome e do desespero.

* * *

[725] *Causas.* Impossível determinar as causas que ocasionaram a morte, e a maneira como elas atuaram, se não se conhecem de antemão as causas responsáveis pela continuidade e reciprocidade de ações que formam a vida. Ver *Economia animal.* Ao menos no homem, e nos animais de estrutura similar sua, pode-se considerar a circulação do sangue, ou o batimento do coração e das artérias, como o signo mais certo, a medida mais exata, como a causa de vida mais evidente. Duas outras funções antes mencionadas, a saber, a respiração e a atividade do cérebro, contribuem de modo essencial à integridade da primeira, que é a função vital por excelência. A necessidade da respiração tem por fundamento o fato de o sangue, que se distribui pelas diferentes partes do corpo, ser obrigado, desde o momento em que nasce um indivíduo, a passar pelos pulmões. A partir do momento em que cessa o movimento dessa víscera, sem a qual a passagem do sangue não poderia ocorrer, a circulação é imediatamente detida no corpo como um todo, o coração e as artérias suspendem no mesmo instante seus batimentos, e, o que é notável, no momento em que recomeça a respiração, renovam-se as contrações alternadas do coração.

Alguns autores, observadores pouco exatos e anatomistas sem instrução, pensaram que em pessoas que permaneceram um longo tempo sem respirar a cavidade oval aberta e o canal arterial conservariam as propriedades e usos adquiridos no feto, suprindo assim a respiração e ocasionando uma circulação particular, tal como a que se observa no feto. Trata-se, porém, de uma suposição gratuita, cujo único fundamento é a dificuldade de se encontrar uma explicação mais conforme a preconceitos vigentes sobre as causas da vida e da morte. De resto, ela contraria as observações anatômicas e a experimentação, que mostram que, nos afogados e enforcados, o batimento do coração e das artérias é tão interrompido quanto o dos órgãos da respiração.

É incerta a maneira como o cérebro influi nos órgãos da circulação ou da vida. A hipótese do fluido nervoso, universalmente aceita, não se apoia sobre nenhuma prova satisfatória, e a da solidez dos nervos, rejeitada sem um exame mais conforme ao testemunho dos sentidos e à maioria dos fenômenos da economia animal, padece de algumas dificuldades. Porém, qualquer que seja o mecanismo dessa atuação, certo é que ela é necessária ao funcionamento dos nervos. As observações e os experimentos concorrem para provar a necessidade de uma livre comunicação de nervos cardíacos entre o cérebro e o coração para dar continuidade aos batimentos desse órgão. Mas deve-se observar que o coração às vezes continua a bater por um bom tempo, malgrado a laqueadura, a secção ou mesmo a completa destruição de todos os nervos ou de uma grande parte deles. Observa-se que os animais mais jovens, mais mucosos e, por conseguinte, mais irritáveis, resistem por ainda mais tempo a provações como essa, pois são muito mais vivazes. É certo que, em apoplexias mais intensas, a atuação do cérebro é prejudicada ao extremo, e chega mesmo a ser suprimida. Ainda assim, acontece de o coração continuar a bater como de ordinário, mesmo que os demais movimentos tenham sido interrompidos. O exemplo de uma pessoa que por longo tempo teve um abscesso no cerebelo, além de outros experimentos conhecidos, evidencia que a engenhosa distinção entre nervos que nascem no cerebelo e nervos que se originam no cérebro, alegada como fundamento da famosa teoria das doenças supurosas, proposta por Boerhaave e aceita nas escolas, é puramente arbitrária, e totalmente nula. Do que resulta que a causa dos batimentos do coração não reside nos nervos distribuídos por ele, que me parecem ter outro uso que não o de produzir e manter a extrema e especial contratibilidade dessa víscera, princípio fundamental e necessário de todo movimento animal. Ver *Sensibilidade*. O principal ou, melhor dizendo, o único motor ativo do coração é o sangue, que vai a ele, que irrita as paredes sensíveis dos ventrículos, que determina assim, para as leis de irritabilidade, as contrações alternadas. O que digo do coração se aplica às artérias, que seguem as mesmas leis e parecem não ser mais do que continuação ou multiplicação desse órgão.

Todas as causas de morte tendem a suprimir os batimentos do coração. Há aquelas que atuam sobres os nervos ou o cérebro, atacam e reduzem a irritabilidade, paralisam o coração, tornam-no insensível à impressão do sangue ou privam-no das condições de execução do batimento costumeiro; já outras opõem obstáculos invencíveis à saída do sangue e impedem o seu retorno aos ventrículos.

Contam-se quatro espécies, quatro causas gerais de morte, ou quatro modos particulares de morrer: 1º) morte natural ou por velhice; 2º) morte violenta; 3º) morte súbita; 4º) morte por doença. Todas referem-se às duas causas primeiramente estabelecidas.

Diagnóstico. É impossível enganar-se em relação aos signos que caracterizam a morte. As alterações que diferenciam o homem vivo do cadáver são muito marcantes e muito sensíveis. Pode-se declarar a morte no momento em que não se perceba mais nenhuma marca de vida, quando o calor se extingue, os membros enrijecem e tornam-se inflexíveis, o pulso simplesmente cessa e a respiração é suprimida por completo. Para certificar-se de que a circulação de fato cessou, é preciso levar a mão sucessivamente ao pulso, à dobra do cotovelo, às têmporas, à virilha e ao coração, e pressionar fortemente a pele com os dedos, para detectar bem as artérias que estão nessas diferentes partes. Para detectar mais facilmente os batimentos do coração, no caso de ainda persistirem, é preciso apoiar o corpo de lado. Deve-se ter o cuidado, durante essas tentativas, de não tomar o batimento das artérias nas extremidades dos próprios dedos, que se tornam sensíveis com a pressão, pelo pulso do corpo que está sendo examinado, para não julgar como vivo o que na realidade está morto. Constata-se a imobilidade do tórax e a ausência de respiração colocando-se sobre a boca um fio de algodão bastante fino, ou a chama de uma vela, ou um pedaço de vidro espelhado bem polido, pois então é certo que a menor respiração fará oscilar o fio de algodão ou a chama da vela e embaçará o espelho. Costuma-se ainda colocar sobre o abdômen um copo cheio d'água, que não deixará de verter líquido se houver qualquer vestígio de movimento. Esses testes são suficientes para decidir se a morte é imperfeita. A morte absoluta manifesta-se pela insensibilidade constante a toda intervenção, como a aplicação do fogo e de ventosas, e em geral pelo fracasso da administração dos recursos apropriados. Mesmo assim, deve-se ser bastante circunspecto ao declarar morte absoluta, pois um pouco de insistência pode resultar na superação de obstáculos. Em semelhantes casos, aplicam-se 25 ventosas em vão, a 26ª traz de volta à vida; e em tais circunstâncias simplesmente não há comparação entre o êxito e os erros. A morte absoluta deixa de ser duvidosa quando a putrefação começa a se manifestar.

Prognóstico. Por implicar necessariamente a expectativa em relação à ocorrência de um evento futuro, a ideia de prognóstico pode parecer, em relação à morte, singular e mesmo ridícula, para os que pensam que a morte necessariamente destrói toda esperança, confirma os temores e realiza os medos. Mas deve-se considerar que há um primeiro grau de morte, durante o qual as ressurreições são demonstradamente possíveis, graças a um raciocínio bastante simples e a observações bem constatadas. Trata-se de determinar os casos em que é possível, com algum fundamento, esperar que a morte imperfeita venha a se dissipar, e aqueles, ao contrário, em que a morte absoluta parece inevitável. Digo mais, há circunstâncias em que é certo que a morte imperfeita é vantajosa, pois ela produz um bem real para a máquina, desde que posteriormente se possa dissipá-la. Para privar essa afirmação de ares de paradoxo, é suficiente observar que, com frequência, as doenças dependem de um estado habitual de espasmo numa parte qualquer, que uma inflamação localizada é frequentemente agravada e aumentada pela constrição e o fechamento dos vasos. Ao suprimir efetivamente todo espasmo e substituí-lo pelo mais completo relaxamento, a morte imperfeita deve ser considerada vantajosa em todos os casos de afecção espasmódica. De resto, a revolução singular, a prodigiosa mudança então ocorrida na máquina pode ser útil para pessoas eternamente doentes. O que proponho é confirmado por muitas observações que provam que pessoas vitimadas por doenças muito sérias, após permanecerem mortas por algum tempo, viram-se curadas após a ressurreição, gozando de saúde exuberante por anos a fio. Ver *Traité de l'incertitude des signes de la mort*, p.4, 5, 6.

A morte natural, que põe fim à velhice decrépita, não pode ser [726] dissipada, o retorno da vida é impossível, a exemplo das mortes violentas, quando os nervos cardíacos são rompidos ou o cérebro é consideravelmente afetado, em especial a porção medular. A destruição do coração, dos pulmões, da traqueia arterial, dos vasos espessos, das vísceras principais também traz necessariamente a morte absoluta. É certo que ela não se sucede prontamente à morte imperfeita, quando causada por alguma doença, mas é precedida por signos mortais. Contudo, há observações que mostram que, mesmo quando a morte chega em tais circunstâncias, é possível dissipá-la. Só não há mais esperança quando a putrefação é inegável. Não dispomos de nenhuma observação, nos fastos da Medicina, de ressurreição operada após a aparição de signos de putrefação.

Cura. Um axioma geralmente aceito diz que "para a morte não há remédio", *Contra vim mortis nullum est medicamen in hortis*. Ousaremos dizer, no entanto, com base no conhecimento da estrutura e das propriedades do corpo humano, bem como num grande número de observações, que é possível curar a morte, ou seja, convocar o movimento suspenso do sangue e dos vasos. Até que a putrefação manifesta nos dê a conhecer que a morte é absoluta, que a irritabilidade foi inteiramente anulada, podemos ter a esperança de animar esse princípio, e não devemos negligenciar nada que possa nos conduzir a esse fim. Antes de terminar, advertiremos que se devem variar os diferentes recursos a ser aplicados, dependendo das causas que excitaram a morte, do estado precedente do corpo, e dos sintomas nele observados.

(**PPP**)

Nascer (*Gramática*), Diderot [11, 10]

Nascer, vir ao mundo. Se fosse preciso dar uma definição rigorosa destas duas palavras, *nascer* e *morrer*, poderia haver alguma dificuldade. *O que diremos a respeito tem caráter puramente sistemático*. Propriamente falando, não se nasce, não se morre; existe-se, desde o início das coisas, e continuar-se-á existindo, até a consumação delas. Um ponto que vivia cresceu, desenvolveu-se até certo termo, pela justaposição sucessiva de uma infinidade de moléculas; ultrapassado esse termo, ele decresce e dissolve-se em moléculas separadas, que irão se disseminar pela massa geral e comum das coisas. A vida não pode ser resultado da organização. Imaginai três moléculas, A, B e C. Se elas não têm vida na combinação ABC, por que começariam a viver numa combinação BCA ou CAB? Isso é inconcebível. A vida não é como o movimento, é outra coisa. O que tem vida, tem movimento; mas o que se move nem por isso vive. Se o ar, a água, a terra e o fogo viessem a se combinar, de inertes que eram, adquiririam uma mobilidade incoercível; mas não produziriam vida. A vida é uma qualidade essencial e primitiva do ser vivente; ele não a adquire, ele não a perde. É preciso distinguir uma vida inerte de uma vida ativa. Estão uma para a outra assim como a força viva está para a força morta: suprima o obstáculo, e a força morta se tornará viva: suprima o obstáculo, e a vida inerte se tornará ativa. Há a vida do elemento e a vida do agregado ou massa. Nada suprime ou poderia privar de vida o elemento; já o agregado ou massa é com o tempo privado da sua. Vive-se num ponto que se desloca até certo limite, pelo qual a vida é circunscrita em todos os sentidos; esse espaço em que se vive diminui pouco a pouco; a vida torna-se menos ativa a cada ponto percorrido; há mesmo pontos em que ela perde toda a sua atividade antes da dissolução da massa; e chega-se ao fim da vida como uma infinidade de átomos isolados. Os termos *vida* e *morte* nada têm de absoluto; não designam mais do que estados sucessivos de um mesmo ser. Somente para quem foi instruído nessa filosofia é que a urna que contém as cinzas de um pai, de uma mãe, de um esposo, de uma amada, pode constituir um objeto que toca e enternece; há vida nela, há calor: essas cinzas talvez possam ainda sentir nossas lágrimas e corresponder a elas. Quem poderia dizer se esse movimento que elas excitam, ao despertar lágrimas, é desprovido de sensibilidade? *Nascer* tem um grande número de diferentes acepções. O homem, o animal, a planta, *nascem*; os mais grandiosos efeitos *nascem*, às vezes, das menores causas; as paixões *nascem* em nós, a ocasião as desenvolve etc.

(**PPP**)

Órgão (*Gramática*), Autor desconhecido [11, 629]

Tomada em sua significação literal, a palavra *órgão* significa tudo o que é talhado e disposto para um uso particular e para produzir certa ação ou certa operação, e, nesse sentido, é sinônimo de instrumento.

Mas, no uso comum, órgão significa uma parte de um corpo animal que é capaz de executar tal ou tal ação, ou de produzir tal ou tal operação. Ver *Corpo*.

Nesse sentido, todas as partes do corpo, mesmo as mais simples, podem ser denominadas órgãos, ou partes orgânicas.

Os órgãos dividem-se em primários e secundários. Os primários são compostos de partes similares entre si e estão destinados a uma só e mesma função. Os órgãos compostos por diversos órgãos primários são chamados secundários.

Assim, as veias, as artérias, os nervos e os músculos são órgãos primários; as mãos, os dedos etc. são órgãos secundários.

(**PPP**)

Orgânico (Gramática), *Autor desconhecido* [11, 629]

É *orgânico* o que pertence ao órgão. Dividem-se os corpos em partes orgânicas e partes inorgânicas. Ver *Corpo* e *Órgão*.

(**PPP**)

Organização (Gramática), *Autor desconhecido* [11, 629]

Organização é o arranjo das partes que constituem os corpos animados. O princípio primeiro da organização encontra-se no sêmen. A organização de um corpo, uma vez estabelecida, é a origem da organização de todos os outros corpos similares. A organização das partes sólidas é executada por movimentos mecânicos.

(**PPP**)

Semiótica ou Semiologia (*Medicina*), Autor desconhecido [14, 937]

Ciência dos signos. Esse nome é grego, derivado de σημεῖον, signo, e λόγος, discurso. A maioria das institutárias distingue a *Semiótica* da Fisiologia e da Patologia, com a qual ela pode se confundir, e tomam-na como terceira parte das instituições ou princípios da Medicina. Seu objeto é a exposição dos signos próprios ao estado de saúde e às diferentes doenças. Ver *Signo*. Nasce daí a divisão dessa parte em Semiótica da Saúde e Semiótica da Enfermidade. Ambas são corolários, que devem ser deduzidos em seguida aos tratados de Patologia e de Fisiologia. Através do conhecimento do homem em seu estado saudável, pode-se conhecer sua saúde atual e determinar se ela será constante; nos diversos fenômenos apresentados pela exposição da saúde, podem-se encontrar os signos que a dão a conhecer e permitem julgar sua durabilidade. O mesmo vale com relação à Patologia. Após ter detalhado as causas gerais de doença e os sintomas que elas excitam, resta apenas remontar dos efeitos até as causas, fixar a correspondência recíproca entre eles, o seu encadeamento mútuo, para que essa gradação natural estabeleça os signos da doença.

Não há parte do corpo humano que não forneça signos ao observador esclarecido. Todas as ações, todos os movimentos dessa maravilhosa máquina são para os seus olhos como que tantos espelhos, nos quais vêm se refletir e se pintar as disposições interiores, sejam elas naturais ou contra a natureza. Somente ele pode lançar um olhar penetrante nos antros mais recônditos do corpo, distinguir ali o estado e o dano das diferentes partes, conhecer através de signos exteriores as doenças que afligem os órgãos internos, e determinar o caráter e a localização particular de cada uma delas. A julgar pela facilidade com que ele se instrui a respeito do que se passa no interior do corpo, pode parecer que este é uma máquina transparente; mas, elevando-se mais alto, quase que acima do homem, o semiótico instruído leva o seu olhar ainda mais longe. O véu misterioso que esconde dos pobres mortais o conhecimento do futuro se ergue diante dele; ele vê, com um olhar seguro, as diversas mudanças que ocorrem na saúde ou nas doenças; apodera-se da cadeia que liga todos os eventos, e os primeiros elos, que ele tem em mãos, dão a conhecer a natureza dos que vêm depois, pois o mundo natural só é variado na aparência, no fundo é sempre uniforme, e por toda parte atém-se à mesma marcha. Também por ocasião de fenômenos presentes, o médico reconstitui os eventos que o precederam. Tal é a base da divisão da Semiótica em ciência dos signos diagnósticos, prognósticos e anamnésicos. Os primeiros destinam-se a lançar luz sobre objetos escondidos, os segundos servem para pintar eventos futuros como se fossem presentes, para formar uma espécie de perspectiva em claro-escuro, enquanto os últimos recuperam a memória de mudanças passadas. Ver *Signo*.

Os autores clássicos distinguiram três espécies principais de signos, o que responde por outra divisão da Semiótica. Dizem eles que há os extraídos do exame das funções, tais como o pulso, a respiração etc., outros que se observam nas secreções, como os que fornecem as fezes, o suor, a urina etc., e, por fim, fenômenos de alteração de qualidades, *in qualitatibus mutatis*. Dentre estes contam os signos colhidos na observação das mudanças de cor, de temperatura e de outras qualidades das diferentes partes do corpo. Essa divisão, embora na verdade desastrada e inteiramente arbitrária, que sugere que as secreções não seriam funções, pode, no entanto, na falta de outras melhores, servir para auxiliar o espírito **[938]** dos jovens que estudam essa ciência e que precisam de um método, seja ele bom ou ruim.

Como nos restringimos aos aspectos gerais da Semiótica, deixaremos de lado os detalhes relativos a esses diferentes signos. Tampouco exporemos a Semiótica própria de cada doença, o que nos afastaria de nosso objetivo.

No que se refere à Semiótica da Saúde, ela parece à primeira deveras limitada, pois tem-se o costume de representar a saúde como um ponto, cujos signos devem, por conseguinte, ser bem estabelecidos e invariáveis. Mas essa ideia metafísica de saúde não condiz com o que a observação mostra. Ao deixar seu gabinete, percorrendo com o olhar os homens em conjunto, o médico verá que há quase tantas saúdes diferentes quantos são as pessoas; que ela varia muito sensivelmente em diversos temperamentos; que, por conseguinte, os signos da saúde não são os mesmos num homem melancólico e num fleumático, num sanguíneo e num bilioso; que eles são diferentes em cada indivíduo, pois cada um tem sua saúde em particular, fenômeno que as escolas exprimem com o nome de *idiossincrasia*. Pode-se declarar em geral que a saúde é boa, se todas as funções são exercidas ou podem sê-lo com facilidade, alacridade e constância. Acrescento *podem sê-lo*, pois, como se percebe facilmente, o exercício contínuo de todas as funções é algo impossível; é suficiente haver aptidão a exercê-las. Desnecessário citar exemplos. Outras funções são sucessivas, só podem ser exercidas uma após a outra, como a vigília e o sono, a digestão, certas secreções etc. Sem dúvida, todas as pessoas em que se observam essas qualidades no exercício das funções gozam de perfeita saúde. Mas não há uma medida geral para assegurar a presença da saúde em todos os diferentes temperamentos e em todas as pessoas. Por isso, o semiólogo deve aos detalhes particulares de cada um. Outro ponto ainda mais extenso e mais difícil apresenta-se à nossa discussão. Não é suficiente decidir se a saúde presente é boa, é preciso ainda determinar se ela será constante, se a pessoa pode, ao abrigo de acidentes, esperar por longos anos. Para resolver essa questão interessante, é preciso não somente examinar a maneira como as funções são exercidas no estado atual, como também extrair signos ulteriores da maneira como a pessoa viveu, seja na juventude, seja na infância, se esteve sujeita a doenças perigosas, se foi vítima de outras potencialmente fatais. É preciso avançar com as pesquisas, prestar atenção aos períodos de desmame e de lactação, às épocas do nascimento e da gestação antes dele, e examinar assim se o desmame não foi precipitado ou então alongado; se o parto foi natural; se a criança não sofreu ao nascer; se sua mãe teve uma boa gravidez; se, tanto quanto pai, a saúde dela era boa; se não traziam, nem um nem outro, o germe de alguma doença hereditária; se não eram nem muito velhos nem muito jovens; se não se entregavam com excesso aos prazeres do amor etc. Podem-se também obter algumas luzes a partir da estação do ano que o bebê nasceu; observou-se que a primavera é a época mais apropriada para a formação da criança no feto, assim como para a vida em geral. Prevê-se uma vida longa, se não houver nada a dizer a respeito de qualquer um desses itens, se todas as funções são exercidas ao mesmo tempo como se deve, e se o corpo for bem constituído – a cabeça grande, o peito largo, os membros espessos, o tronco bom talhe, de acordo com a observação de Hipócrates, *Aforismos*, 54, livro 2.

De todos os autores que escreveram sobre a Semiótica, Hipócrates é praticamente o único cujas obras merecem ser consultadas, sobretudo no que concerne a doenças. Os demais se restringiram a transcrevê-lo ou a desfigurá-lo. É impossível não ler com admiração os escritos desse grande observador. Como acréscimo, mencionaremos apenas uns poucos novos tratados sobre o pulso, signo que Hipócrates negligenciou. Ver as obras de Solano, Nihell, Bordeu, e Michel.

(PPP)

Sensibilidade, Sentimento[1] (*Medicina*), Fouquet [15, 38]

Sensibilidade é a faculdade de sentir, o princípio sensitivo ou o *sentimento* mesmo das partes, da base e do agente conservador da vida, a animalidade por excelência, o mais belo, o mais singular fenômeno da natureza etc.

A sensibilidade é, no corpo vivo, uma propriedade que certas partes têm de perceber impressões dos objetos externos e, em consequência disso, produzir movimentos proporcionais ao grau de intensidade da percepção.

1 Tradução parcial. (N. T.)

A primeira dessas ações é a que se chama de *sentimento, sensatio, sensus*, com respeito à qual a sensibilidade é uma faculdade, uma potência reduzida a ato, *potentia in acto reduta*, como dizem as Escolas. O sentimento define-se como uma função do animal que o constitui como tal e o distingue dos seres inanimados. Consiste essencialmente numa inteligência puramente animal, que discerne, nos objetos físicos, o útil do nocivo.

A segunda ação, a mobilidade, é a mera expressão muda desse mesmo sentimento, vale dizer, a impulsão que nos atrai para os objetos ou que nos afasta deles. Assim, quando se sente ameaçada ou é ferida, a aranha retrai-se inteira em si mesma, o caracol esconde suas antenas. Esses mesmos animais dilatam-se, expandem-se, como que se exibem à aproximação de objetos que reconheçam como úteis ou que toquem agradavelmente a sua sensibilidade. É nessa dupla relação de ações, tão estreitamente ligadas que a imaginação pode segui-las ou identificá-las, que a sensibilidade deve ser considerada e seus fenômenos devem ser avaliados.

Antigos filósofos e médicos falavam da sensibilidade como um objeto que lhes era familiar, que parecia adequado ao seu gênio. A maior parte de seus escritos é dedicada a um princípio sensitivo movente em si mesmo, às faculdades da alma animal ou corpórea, às funções do corpo animal como um todo. Para designar esse princípio, as diferentes seitas empregavam expressões conformes ao seu entusiasmo ou à sua maneira de filosofar, tais como as palavras ὁρμή, ἡ, *impetus, appetitio*, da antiga academia; **[39]** ἐνορμῶν, *impetus faciens*, de Hipócrates; ὁρμὴ τῶν ἀφροδισίων, *incitatio libidinis*, de Aristóteles; *anima sensitive, vis abdita, natura* etc. de outros autores; ao que se acrescentam o *strictum et laxum* dos metódicos, o movimento tônico ou o fibrilar, o espasmo, a contração, a irritabilidade dos modernos, que se encontram a todo instante nas obras de Wepfer, Baglivi, Stahl e outros.

A noção primordial do animal, única que parece ser comum a espécies de todos os gêneros, talvez a única que se encontre num grande número deles, diz respeito à sensação íntima e radical de sua existência, à impressão dessa atividade, desse princípio de impulsão indissociável da vida, e que em cada indivíduo é a fonte de todos os movimentos que conspiram para a duração e conservação de seu ser. É nessas vias, tão preciosas ao animal, que está fundada a sua sensibilidade, como reconheceram Zenão e seus discípulos.

Os animais, mesmo os que são *menos* animais, se é permitido falar assim dos pólipos e de outros seres que se encontram na linha divisória entre os reinos animal e vegetal, apresentam, como muitos observadores notaram, os principais signos de sensibilidade. Constatou-se mesmo que essa propriedade chega a tornar o pólipo sensível a impressões de luz. Tais circunstâncias seriam, sem dúvida, suficientes para classificar os zoófitos no lado dos animais, se em todas as épocas não se encontrassem filósofos que, espantados com a maneira de ser de uma planta e de existir de um animal, não tivessem estendido os limites da sensibilidade, incluindo nela os vegetais, de sorte que o animal mais perfeito e a planta mais vil ofereceriam os dois extremos da gama da sensibilidade. Seria a sensibilidade ou o sentimento uma faculdade comum a todos os corpos organizados?

Após termos traçado a ideia da sensibilidade e a extensão de seu domínio, parece conveniente examinar qual é sua essência ou natureza. A natureza ou essência da sensibilidade foi desde sempre um dos pontos mais curiosos e mais debatidos de sua história. Para os antigos, era inconcebível que dois contrários como a alma e o corpo pudessem estar unidos de outro modo que não um meio, que imaginavam de mil jeitos diferentes. Assim, para os platônicos, era um não sei quê, que chamavam de espírito; os peripatéticos o chamavam de forma; Pitágoras e outros estabeleceram harmonias, temperamentos que tornavam os corpos suscetíveis a sentimento e atividade. A essas hipóteses, pode-se acrescentar a dos espíritos animais, naturais, vitais etc., tão bem vista nas Escolas; os demônios, que um autor moderno (o padre Bougeant) transforma em alma de feras etc.; e outras similares, que, como se vê, não apresentam ao espírito nada além de noções abstratas, as quais, precisamente por isso, não merecem a nossa atenção.

O sistema da alma do mundo, que concede mais espaço e mais liberdade às ideias especulativas, forneceu-nos, a respeito do princípio sensitivo, coisas bem mais positivas e satisfatórias, e resta apenas lamentar que se encontre ao lado dos mais perigosos dogmas. Os estoicos garantiam que esse princípio era o fogo. Demócrito, Heráclito, Epicuro, Diógenes Laércio, Lucrécio e os demais atomistas, entre os quais se podem contar os partidários das sementes, não têm outra opinião. Hipócrates e Galeno pensam o mesmo. O testemunho dos livros sagrados e de um padre da Igreja (santo Agostinho) são ainda outras autoridades que militam em prol da materialidade ou da substancialidade ígnea da alma sensitiva. Por fim, Nemésio e outros modernos, como Fernel, Heurnius, Honoré Fabri, o famoso Lorde Bacon, Vanhelmont, Gassendi, Willis etc. adotaram a mesma ideia, mas os três últimos se destacam por terem determinado os princípios vagos dos estoicos e atomistas, por meio de métodos bastante engenhosos, com os quais fundaram, cada um deles, um corpo doutrinal particular. Vanhelmont e Willis, sobretudo, trataram dessa matéria de um modo muito interessante para nós, considerando-a em todas as suas relações com a Medicina e a Filosofia.

A alma sensitiva, segundo esses dois autores, é uma luz ou chama vital. Embora Willis designe em particular com essa última denominação a porção da alma sensitiva que reside no sangue, ela não é, propriamente dizendo, a vida, senão o atributo desta, como a luz e o brilho são atributos da chama. Concordam ainda em dizer que essa alma reside na substância mais íntima de nossas partes, e que ela é como a cortiça ou síliqua da alma racional. De suas teorias eles deduzem consequências muito vantajosas para a explicação dos fenômenos da economia animal, sobre os quais os limites de um artigo de dicionário não permitem que nos estendamos. Tudo isso merece ser lido nos próprios autores. Ver Vanhelmont, *Lithyasi*; Willis, *De anima brutorum*.

É preciso convir, no entanto, que Vanhelmont intercalou, aqui e ali em seu sistema, ideias bastante singulares. Para nos restringirmos às que dizem respeito à origem da alma sensitiva, ele afirma que, anteriormente ao pecado de Adão, o homem não tinha alma sensitiva, *ante lapsum Adoe autem, non erat anima sensitiva ir homine, de sede animoe*, p.178. A alma sensitiva teria sido introduzida no corpo do homem juntamente com a morte. Antes disso, a alma racional e imortal era a única encarregada das funções da vida, e era responsável pelo arqueu, que depois passou ao serviço da alma sensitiva. Por isso éramos imortais e as trevas do instinto e da alma dos brutos não haviam obscurecido nossas faculdades intelectuais, *neque intellectum belluinoe tenebroe adhuc occuparant* (ibidem.). Em seguida, para representar a maneira como o homem, após o pecado, foi dotado de alma sensitiva, diz ele que essa alma foi produzida no homem assim como o fogo foi extraído da sílica, *tanquam à silice ignis* (p.189, *De duumviratu*). Sem dúvida, é uma filosofia que não agrada a todos. Tamanha é a oscilação, porém, do entusiasmo desse grande homem, que ele ora oferece a seu leitor o espetáculo luminoso de mil novas criações, ora mergulha na obscuridade das hipóteses mais arriscadas e pueris.

Se fosse preciso se pronunciar a esse respeito com base no número e no peso das autoridades, seríamos levados a crer que, no animal, a sensibilidade ou alma sensitiva é substancial e não simplesmente formal. Isso posto, e adotando-se essas opiniões unicamente a título de hipóteses luminosas, e mesmo sublimes, deve-se presumir que essa substância é um composto de átomos sutis e leves como os do fogo ou então do próprio fogo; mas não desse fogo grosseiro e destrutivo chamado de fogo elementar, e sim de uma emanação de um princípio mais sublime, ou o fogo inteligente dos estoicos, *intelligens*.

Esses átomos animados, como os de Demócrito, se insinuariam na textura de certas partes do corpo predispostas a admiti-los, de sorte que é possível representar a reunião distributiva desses átomos **[40]** como um todo figurado ou modelado sobre o conjunto dessas partes. "Desse modo", diz Bayle, "estaríamos ao abrigo da objeção fulminante de Galeno, quando ele interpreta estas palavras de Hipócrates, *si unum esset homo, non doleret, quia non foret undè doleret.*" Ver o *Dictionnaire critique et historique*, v.II, verbete *Epicuro*.

Alguém poderia caçoar da ideia dessa figura que classificamos, assim como Willis, *alma sensitiva*. Mas ela não passa, se se quiser, de uma metáfora, que de todo modo parece justificada pelo que se manifesta do princípio sensitivo das paixões. Com efeito, o relevo dessa alma é que parece variar o do corpo, nos caracteres relativos às afecções que ela experimenta. Muitas vezes, esses caracteres permanecem representados em certas partes, momentos após a morte, o que torna quase aplicáveis a seres reais as expressões figuradas dos historiadores e poetas, como o *relictoe in vultibus minoe* de Floro, liv.I, e o *Morto anco minaccia*, de Tasso.

Do que dissemos se segue que o sentimento pode ser considerado nos animais como uma paixão física ou da matéria, sem que seja necessário, para dar uma explicação dos medonhos espasmos que podem ser causados mesmo por um estímulo leve, recorrer a uma alma espiritual que julga ou estima as sensações, como quer Stahl, *De sensibilitate*, cap.2. É conhecido um episódio de Galeno. Esse grande homem conta que, convalescendo de grave doença e ciente de que dois assistentes de colegas seus identificaram nele sinais prognósticos pouco auspiciosos, pediu-lhes que o tratassem, pois começava a delirar, e rogou-lhes que preparassem os remédios mais adequados. Esse exemplo notável mostra bem a distinção da duas almas no homem, a racional e a sensitiva, e as respectivas funções de cada uma. A alma sensitiva de Galeno ocupa-se do mal que ela experimenta em seus órgãos e do perigo que ameaça o corpo; está perturbada, e essa perturbação, essa aflição, manifestam-se exteriormente, por palpitações involuntárias. A alma racional, ao contrário, parece indiferente a esse estado de paixão do corpo ou da alma sensitiva, e toma as medidas cabíveis. Galeno chega a observar que, nesses momentos, o estado de sua alma era tão seguro que sua razão não perdeu nada de sua compostura usual, *ut rationalis facultas non vacillaret. De locis affectis*, liv.IV, cap.2. Entreveem-se as consequências que resultam disso para as pretensões totalizadoras dos stahlianos.

Portanto, o prazer e a dor serão, em matéria de sensação, os dados, ou as duas sensações elementares, cujo modo, se é permitido dizer, cujo tom, é concebido originariamente na alma sensitiva. Será essa a base ou gama de todas as outras sensações que se podem chamar secundárias, e cuja ordem, cuja série, existe necessariamente nas relações infinitas, extraídas do hábito dos indivíduos ou da variedade das espécies.

Assim, é uma condição inseparável do estado animal perceber ou sentir materialmente, ou, como se diz, em sua substância. A alma racional pode, sem dúvida, acrescentar algo a essas sensações, por circunstâncias morais. Mas, ainda uma vez, essas circunstâncias não cabem ao animal considerado como tal, e é mesmo provável que simplesmente não ocorram em muitos deles.

Permanece, contudo, entre o homem e o bruto, uma diferença notável. No homem, a sensibilidade ou animalidade é dirigida ou moderada por um princípio espiritual e imortal que é alma humana, ao passo que, no bruto, ela pertence a um ser menos perfeito e perecível, chamado instinto ou alma das feras. Os próprios pagãos reconheceram essa distinção beneficente, que aprouve ao Criador introduzir em favor do homem, *bestiis autem sensum & motum dedit, & cum quodam appetitu accessum ad res salutares, à pestiferis recessum, homini hoc ampliùs quod addidit rationem qua regerentur animi appetitus qui tùm remitterentur, tum continerentur.* Nesses termos se pronuncia Cícero, seguindo os estoicos. Ver *De natura deorum*, II, 34.

(PPP)

Vida (*Fisiologia*), Jaucourt [17, 249]

Em Fisiologia, *vida* é o oposto da morte, que é a destruição total dos órgãos vitais, sem que estes possam se restabelecer, de sorte que o mínimo de vida é aquele do qual nada se pode privar sem que advenha a morte. Vê-se que nesse estado delicado é difícil distinguir o vivo do morto; mas, tomando-se aqui o nome *vida* na acepção comum, defino-a como um movimento contínuo de sólidos e fluidos em todo corpo animado.

Desse duplo movimento contínuo e recíproco vêm a nutrição, o crescimento a que sucede o decrescimento, e a morte. Ver os verbetes correspondentes. É suficiente dizer aqui que esse movimento resulta da dissipação das partes aquosas, móveis, fluidas; e que todo o resto se torna impróprio para a circulação, e obstrui os vasos mesmos. Assim, o espessamento dos humores e a ossificação dos vasos são os tristes, porém necessários efeitos da vida. A Fisiologia demonstra que a máquina se destrói a si mesma por nuances, sem que se possa impedi-lo por qualquer remédio que seja. O autor dos *Caracteres* pinta um quadro disso, a partir da natureza:

"Irene viaja à distante Epidauro, consulta Esculápio em seu templo e o indaga a respeito dos males que a acometem. Começa por queixar-se de cansaço e fadiga; o deus declara que isso se deve ao longo caminho que percorrera. Ela diz não sentir mais fome à noite; o oráculo ordena-lhe que coma menos no almoço. Ela acrescenta que têm insônias; ele prescreve que só se deite à noite. Ela pergunta porque se sente pesada, e qual o remédio para isso; o oráculo responde que ela deve se levantar antes do meio-dia, e caminhar para exercitar as pernas. Ela declara que o vinho lhe faz mal, o oráculo diz-lhe que beba água; que tem indigestões, e ele recomenda que faça dieta. Minha vista é fraca, diz Irene, utilizai óculos, diz Esculápio. Estou enfraquecida, não sou forte como outrora nem saudável como costumava ser; isso porque, diz o deus, estais envelhecendo. E qual o meio para sanar esse langor? O mais curto, Irene, é morrer, como fizeram vossa mãe e vossa avó". La Bruyère, *Caractères*.

(PPP)

IV – Química

Química[1] (*Ordem enciclopédica, Entendimento, Razão, Filosofia ou Ciência da natureza, Física, Física geral, Física particular, ou dos grandes corpos e dos pequenos corpos, Física dos pequenos corpos ou Química*), Venel [3, 408]

A Química é pouco cultivada entre nós. Sua difusão é medíocre, até mesmo entre os doutos, apesar da pretensão à universalidade dos conhecimentos que marca o gosto hoje em dia dominante. Os químicos formam um grupo à parte, pouco numeroso, que tem sua língua, seus mistérios; vivem quase isolados no meio de um grande grupo pouco desejoso de manter relações com eles e que não esperam nada do seu trabalho. Essa falta de curiosidade, real ou simulada, é sempre pouco filosófica, já que se apoia no máximo sobre um julgamento incerto. Pois é pelo menos possível enganar-se quando se dá uma opiniao sobre o que só se conhece superficialmente. Ora, como de fato acontece de nos enganarmos e mesmo concebermos mais de um preconceito sobre a natureza e extensão dos conhecimentos químicos, não será tarefa fácil e de discussão leve determinar de modo incontestável e preciso o que é a Química.

De início, as pessoas menos instruídas não distinguem o químico do soprador de vidro. Os dois nomes soam mal aos seus ouvidos. Esse preconceito prejudicou mais os progressos, pelo menos a propagação da arte, do que as imputações mais graves, que tocaram mais fundo na questão, porque se tem mais medo do ridículo do que do erro.

Para algumas dessas pessoas pouco instruídas, ser químico é ter um laboratório, preparar perfumes, fósforos, cores, esmaltes, conhecer o grosso do manual químico e os procedimentos mais curiosos e menos divulgados, em suma, trabalhar em operações e possuir arcanos.

Outras, em maior número, restringem a ideia da Química a seus usos medicinais. São elas que perguntam sobre o produto de uma operação: serve para curar o quê? Só conhecem a Química pelos remédios que a Medicina prática lhe deve, ou no máximo por esse lado e pelas hipóteses que ela forneceu para a Medicina teórica das escolas.

1 Tradução parcial. (N. T.)

Essas críticas, tantas vezes repetidas, de que os princípios dos corpos assinalados pelos químicos são seres muito compostos, de que os produtos de suas análises são criaturas de fogo, de que esse primeiro agente dos químicos altera as matérias às quais se aplica e confunde os princípios de sua composição, *ignos mutatis res*, todas essas críticas, repito, têm como única fonte os mal-entendidos dos quais falei, embora pareçam supor o conhecimento da doutrina e dos fatos químicos.

Pode-se afirmar, de modo muito geral, que as obras dos químicos, dos mestres da arte, são quase absolutamente ignoradas. Que físico cita Becher ou Stahl? As obras de Química (ou melhor, as obras sobre assuntos químicos) de doutos, aliás ilustres, são mais celebradas. É assim, por exemplo, que o tratado sobre a fermentação de Jean Bernoulli e a douta compilação do célebre Boerhaave sobre o fogo são conhecidas, citadas e louvadas, enquanto as intuições superiores e as coisas únicas que Stahl publicou sobre essas duas matérias só existem para alguns químicos.

O que podemos encontrar de Química nos físicos propriamente ditos, pois é possível encontrar em vários deles e até mesmo em sistemas gerais, princípios fundamentais de doutrina, toda essa Química, que é mais conhecida, tem o grande defeito de não ter sido discutida ou verificada em detalhe e em comparação com os fatos. O que Boyle, Newton, Keill, Freind, Boerhaave etc. escreveram sobre essas matérias é claramente marcado com o selo dessa inexperiência. Logo, não é com esses recursos que devemos procurar formar uma ideia da Química.

Poder-se-ia investigar nos vários químicos antigos; eles são ricos em fatos, em conhecimentos verdadeiramente químicos; eles são químicos. Mas sua obscuridade é realmente assustadora, e seu entusiasmo desconcerta a douta e grave contenção da filosofia dos sentidos. Assim, é pelo menos difícil perceber a Química sadia na arte **[409]** por excelência, arte sagrada, arte divina, rival e mesmo reformador da natureza dos primeiros pais de nossa ciência.

Desde que a Química tomou mais particularmente a forma de ciência, ou seja, desde que aceitou os sistemas físicos reinantes, ela se tornou sucessivamente cartesiana, corpuscular, newtoniana, acadêmica ou experimental. Diferentes químicos apresentaram ideias mais claras, mais ao alcance do modo de conceber dirigido pela lógica ordinária das ciências. Adotaram o tom daquelas que tinham sido difundidas primeiro. Mas os químicos não exageram ao se aproximar delas? Não deveriam ter sido mais ciosos em conservar sua maneira própria e independente? Não tinham o direito particular a essa liberdade, direito adquirido pela posse e justificado pela própria natureza do seu objeto? A ousadia (já se disse a loucura), o entusiasmo dos químicos é efetivamente diferente do gênio criador de espírito sistemático? E esse espírito sistemático precisaria ser proscrito para sempre porque seu impulso prematuro produziu erros em tempos menos felizes? Porque se perderam ao se elevar, elevar-se é necessariamente se perder? O império do gênio que os grandes homens de nosso tempo têm a coragem de reanimar só seria restabelecido por uma revolução funesta?

De qualquer modo, o gosto do século, o espírito de detalhe, a marcha lenta, circunspecta, tímida, das ciências físicas, prevaleceu de modo absoluto até em nossos livros elementares e nossos corpos de doutrina. Esses livros não são, e pelo menos seus próprios autores não gostariam de apresentá-los como mais do que isso, senão coleções sensatamente ordenadas de fatos escolhidos com cuidado e verificados severamente, de explicações claras, doutas e algumas vezes novas, e correções úteis nos procedimentos. Cada parte dessas obras pode ser perfeita, pelo menos exata, mas o nó, o conjunto, o sistema, e sobretudo o que ousarei chamar de uma saída pela qual a Química possa se estender para novos objetos, esclarecer as outras ciências, em suma, crescer, esse nó, digo, esse sistema, essa saída, estão faltando.

É sobretudo o caráter medíocre desses pequenos tratados que faz que os químicos sejam considerados, entre outros falsos aspectos, como simples operários, ou no máximo como fazedores de experiências; ninguém nem mesmo desconfia que exista ou possa existir uma Química verdadeiramente filosófica, uma Química razoada, profunda, transcendente, e químicos que ousam lançar os olhos para além dos objetos puramente sensíveis, que aspiram a operações de uma ordem mais elevada, e que, sem ultrapassar os limites de sua arte, veem a estrada do grande físico traçada em seu recinto.

Boerhaave disse expressamente no início de sua *Química* que os objetos químicos eram sensíveis, grosseiros, compressíveis em frascos, *corpora sensibus patula, vel patefacienda, vasis coercenda* etc. O primeiro historiador da Academia

Real de Ciências fez o seguinte julgamento sobre a comparação que tivera ocasião de fazer entre o modo de filosofar de dois doutos ilustres, um químico e outro físico. "A Química, por meio de operações visíveis, decompõe os corpos em certos princípios grosseiros e palpáveis, sais, enxofres etc.; mas a Física, por meio de operações delicadas, age sobre os princípios assim como a Química; ela decompõe estes mesmos princípios em outros ainda mais simples, em pequenos corpos movidos e figurados de uma infinidade de maneiras. Eis a principal diferença entre a Física e a Química.... O espírito da Química é mais confuso, mais escondido; ele se parece mais com os mistos, nos quais os princípios são mais misturados uns aos outros; o espírito da Física é mais claro, mais simples, menos obstruído, enfim, ele remonta até as primeiras origens, e o outro não vai até o fim". *Memórias da Academia de Ciências*, 1699.

Os químicos ficariam pouco tentados por algumas das prerrogativas sobre as quais está estabelecida a preeminência que se concede aqui à Física, por exemplo, por essas especulações delicadas pelas quais ela decompõe os princípios químicos em pequenos corpos movidos e figurados de uma infinidade de maneiras. Eles não estão interessados no infinito, nem nos romances físicos. Mas não aceitarão o espírito confuso, oculto, menos claro, menos simples que o da Física. Concordarão menos ainda que a Física vá mais longe do que a Química. Ao contrário, se vangloriarão de que a Química penetra até o interior de certos corpos dos quais a Física só conhece a superfície e a figura exterior; *quam et boves et asini discernunt*, diz pouco polidamente Becher em sua *Física subterrânea*. Não acreditarão nem mesmo estarem afirmando um paradoxo absolutamente temerário se disserem que, na maioria das questões designadas por essas palavras, *ela remonta até as primeiras origens*, a Física até o presente só confundiu noções abstratas com verdades de existência, e, consequentemente, não atingiu a natureza, especialmente no que diz respeito à composição dos corpos sensíveis, à natureza da matéria, à sua divisibilidade, à sua pretensa homogeneidade, à porosidade dos corpos, à essência da solidez e da fluidez, da moleza, da elasticidade, à natureza do fogo, das cores, à teoria da evaporação etc.

Os químicos rebeldes que ousarem desconhecer assim a soberania da Física ousarão pretender também que a Química pode se pronunciar com muito mais propriedade sobre todas as questões dessa classe, embora seja forçoso reconhecer que ela não o tenha feito distintamente e não tenha mostrado todas essas vantagens. É preciso confessar que existem químicos que acreditam tão pouco que sua arte possa se elevar a conhecimentos dessa ordem que, quando encontram por acaso algo semelhante, seja nos escritos, seja na boca de seus confrades, não deixam de proscrevê-lo com altivez, por essa fórmula de reprovação: *isso é bem da Física*. Esse julgamento mostra somente que eles não têm uma ideia exata nem da Física, à qual remetem o que nunca pertencerá a ela, nem da Química, que eles privam daquilo que só ela pode ter o direito de possuir.

Quaisquer que sejam nossas pretensões respectivas, a ideia que os físicos tinham de si mesmos e dos químicos em 1699 é precisamente a mesma que têm hoje em dia os mais ilustres dentre eles. É essa opinião que nos priva da adesão que muito nos agradaria, e que fez à Química um mal real, um prejuízo irreparável, ao afastar dessa ciência ou ao confirmar o afastamento desses gênios elevados e vigorosos, que não poderiam deixar-se arrastar de operação em operação, nem se alimentar com explicações magras, secas, fracas, isoladas, mas que teriam sido necessariamente químicos zelosos se um único traço de luz lhes tivesse feito entrever o quanto a Química pode se prestar ao gênio e o quanto ela pode, por sua vez, receber dele.

Sem dúvida, é muito difícil destruir essas impressões desfavoráveis. É claro que a revolução que colocasse a Química no lugar que ela merece, que a situasse pelo menos ao lado da Física calculada, essa revolução, digo, não poderia ser operada senão por um químico hábil, entusiasta e **[410]** ousado, que, encontrando-se numa posição favorável e aproveitando-se habilmente de algumas circunstâncias felizes, pudesse despertar a atenção dos doutos, de início por meio de uma ostentação ruidosa, um tom decidido e afirmativo, e em seguida por meio de razões, se suas primeiras armas tivessem ferido o preconceito.

Mas, enquanto esperamos que esse novo Paracelso venha afirmar *que todos os erros que desfiguraram a Física são oriundos dessa única fonte, a saber, que os homens que ignoram a Química se deram ares de filosofar e de explicar as coisas naturais que só a Química, único fundamento de toda a Física, poderia explicar*, e, como Jean Keill disse em termos próprios da Geometria e o Sr. Desaguliers vem a repetir no prefácio de seu curso de Física experimental; enquanto esperamos, digo, essas úteis declamações, tentaremos apresentar a Química de um ponto de vista que possa torná-la digna da atenção dos filósofos e fazê-los perceber que ela poderia pelo menos se tornar alguma coisa em suas mãos.

Nós nos dedicaremos principalmente a essa conquista, embora saibamos muito bem que não é mostrando a Química por seu lado filosófico que se chegará a torná-la reconhecida, a lhe conceder a fortuna que fez que a Física merecesse as máquinas elegantes, a Ótica, a Eletricidade: mas, como já existem químicos hábeis em posse da estima geral e em muito boas condições de apresentar a Química ao público pelo lado que pode atraí-lo, da forma mais própria a difundi-la, acreditamos dever deixar esse cuidado para o seu zelo e seus talentos.

Mas, para dar a ideia da Química geral filosófica que me proponho a anunciar (digo expressamente anunciar ou indicar, e nada mais), para expor com clareza suficiente seu método, sua doutrina, a extensão de seu objeto, e sobretudo suas relações com as outras ciências físicas, relações pelas quais me proponho torná-la conhecida, é necessário remontar às considerações mais gerais sobre o objeto dessas ciências.

A Física, considerada na maior extensão que se lhe possa conceder, como ciência geral dos corpos e das afecções corporais, pode ser dividida primeiramente em dois ramos primitivos essencialmente distintos. Um encerrará o conhecimento dos corpos por suas qualidades exteriores, ou a contemplação de todos os objetos físicos considerados simplesmente como existentes e revestidos de qualidades sensíveis. As ciências compreendidas nessa divisão são as diferentes partes da Cosmografia e da História Natural pura.

O objeto do segundo ramo primitivo da Física são as causas da existência dos mesmos objetos, as de cada uma de suas qualidades sensíveis, as forças ou propriedades internas dos corpos, as mudanças que experimentam, as causas, as leis, a ordem ou sucessão dessas mudanças, em suma, a vida da natureza.

A natureza pode ser considerada seja como agindo em seu curso ordinário segundo leis constantes, seja como coagida pela arte humana. Pois os homens sabem imitar, dirigir, variar, apressar, retardar, suprimir, complementar etc. várias operações naturais e produzir, assim, certos efeitos que, embora muito naturais, não devem ser considerados como causados por agentes obedecendo simplesmente às leis gerais do Universo. Daí vem a divisão, muito bem fundada, de nosso último ramo em duas partes, das quais uma compreende o estudo das mudanças inteiramente operadas por agentes não inteligentes, e a outra o das operações e experiências dos homens, ou seja, os conhecimentos fornecidos pelas ciências físicas práticas, pela Física experimental propriamente dita e pelas diferentes artes físicas. Os químicos têm o costume de designar esse duplo teatro de suas especulações pelos nomes de laboratório da natureza e laboratório da arte.

Todas as mudanças operadas nos corpos, através da natureza ou da arte, podem reduzir-se às três classes seguintes. A primeira compreenderá as que fazem o corpo passar do estado não orgânico ao orgânico, e, reciprocamente, deste ao primeiro, e todas as que dependem da economia orgânica ou que a constituem. A segunda abarcará as que pertencem à união e à separação dos princípios constituintes ou materiais da composição dos corpos sensíveis não orgânicos, todos os fenômenos da combinação e da decomposição dos químicos modernos. A terceira, enfim, compreenderá todas as que fazem as massas ou corpos agregados passarem do repouso ao movimento, ou do movimento ao repouso, ou que modificam de diferentes modos os movimentos e as tendências.

De acordo com as descobertas do Sr. Buffon, e após os erros demonstrados dos médicos que quiseram explicar a economia animal pelas leis mecânicas, pode-se afirmar baseado na evidência que as moléculas orgânicas e os corpos organizados são sujeitos a leis essencialmente diversas (pelo menos diante de nossos conhecimentos atuais) das que regem os movimentos da matéria puramente móvel e quiescente ou inerte. Ver *Organização*. Consequentemente, os fenômenos da organização devem ser objeto de uma ciência essencialmente distinta de todas as outras partes da Física. É uma consequência que não poderia ser contestada.

Mas se é verdade também que as afecções dos princípios da composição dos corpos são essencialmente diversas daquelas dos corpos agregados ou massas, a utilidade de nossa última divisão estará demonstrada em todas as suas partes. Ora, os químicos pretendem que elas efetivamente o são. Tentaremos esclarecer e estender sua doutrina acerca desse ponto, pois deve-se confessar que ela não é clara, nem precisa, nem profunda, sequer nos autores cuja maneira é mais filosófica e que parecem conhecer melhor os objetos desse gênero. O próprio Stahl, que mais do que ninguém tem esse duplo caráter que acabamos de designar e que enunciou expressamente essa diferença, não a desenvolveu de modo suficiente, nem a levou longe o bastante, nem mesmo a considerou de seu verdadeiro ponto de vista. Ver seu *Prodomus de investigatione chimico-physiologica* e sua observação *De differentia mixti, texti, aggregati, individui.*

Chamo massa ou corpo agregado a toda reunião uniformemente densa de partes contínuas, ou seja, que têm entre si uma relação pela qual resistem à sua dispersão.

A essa relação, qualquer que seja a sua causa, chamo relação de massa.

A continuidade essencial ao agregado não supõe imediatamente a contiguidade da partes, ou seja, a relação de massa pode existir entre partes que não se tocam mutuamente, qualquer que seja a matéria que constitua seu vínculo, talvez mesmo sem que seja necessário que esse vínculo seja material.

A relação de massa supõe homogeneidade no agregado, pois uma reunião de partes heterogêneas [411] de modo algum constitui um todo cujas partes estejam ligadas por essa relação. Assim, um líquido turvo, um pedaço de argila cheio de pequenas pedras, tomados esses corpos como um todo único, não são agregados, mas simples misturas por confusão, que nós opomos nesse sentido à agregação.

É evidente, pela definição, que o amontoamento ou acumulação de partes simplesmente contíguas, tais como nos pós, não são agregados, mas podem ser somente reunião de agregados.

Mesmo que não tivéssemos abandonado expressamente os corpos orgânicos, é claro, pela mesma definição, que eles estão absolutamente excluídos da classe dos agregados.

As partes dos agregados são chamadas pelos físicos modernos de moléculas ou massas da última composição ou da última ordem, de corpúsculos derivados etc., e de modo mais exato, pelos físicos anteriores, de partes integrantes ou simplesmente corpúsculos. Digo de modo mais exato porque é gratuitamente, para não dizer mais, que os primeiros sustentaram que os corpúsculos, que por sua reunião formam imediatamente os corpos sensíveis, eram sempre massas.

Os corpúsculos, como materiais imediatos do agregado, são considerados como inalteráveis, ou seja, o agregado não pode persistir em seu ser específico a não ser que suas partes integrantes permaneçam inalteradas. É por isso que as partes integrantes do estanho, decompostas pela calcinação, não formam mais o estanho, mesmo que a fusão lhes possibilite uma relação de massa, ou que se faça deles um só agregado, o vidro de estanho.

Admito agregados perfeitos e imperfeitos. Os primeiros são os que cabem exatamente nos termos da definição, de modo que não se pode descobrir por nenhum meio físico se se afastam ou não. Os imperfeitos são aqueles nos quais se pode descobrir alguma imperfeição por meios físicos. Meu agregado perfeito é a massa similar, definida por Wolff (*Cosmologia*, 249), cuja existência na natureza ele negou e que parece admitir sob o nome de textura (*Cosmologia nat.* 75).

A imperfeição do agregado está sempre na falta de densidade uniforme.

Os líquidos puros, os vapores homogêneos, o ar, os corpos rígidos, como as ligas metálicas, os vidros, algumas substâncias vegetais e animais não organizadas, tais como os óleos vegetais e animais, as gorduras vegetais e animais, os bálsamos líquidos, os cristais de sais, os corpos moles nivelados por seu próprio peso, são agregados perfeitos. As pedras duras, a terracota, as concreções compactas de pedra, os corpos moles prensados de modo desigual, os metais batidos, estendidos, os extratos, as graxas, são agregados imperfeitos.

De todo agregado perfeito, tenho a ideia pela qual Newton quis que se representasse a expansibilidade e a compressibilidade do ar (ver *Ótica*, questão 31). O Sr. Desaguliers exprimiu-a mais precisamente (ver sua *Deuxième dissertation sur l'élévation des vapeurs*, em seu curso de Física, lição 11); ou seja, considero todo agregado perfeito, exceto a massa absolutamente densa, se ela existir ou não na natureza, como uma reunião de corpúsculos não contíguos, dispostos a distâncias iguais. Não me deterei em estabelecer aqui o paradoxo físico, porque ele pode me servir tanto como suposição quanto como verdade demonstrada, e pretendo menos determinar a disposição interior ou a composição de meu agregado do que representar seu estado por uma imagem sensível.

As partes integrantes de um agregado, consideradas em si mesmas e isoladamente, podem ser corpos simples, elementares, átomos, ou corpos formados pela união de dois ou vários corpos simples de natureza diferente, o que os químicos denominam mistos, ou corpos formados pela união de dois ou vários mistos, que os químicos denominam compostos, ou, enfim, qualquer outra ordem de combinação, que é inútil detalhar aqui.

Uma massa de água é um agregado de corpos simples semelhantes; uma massa de ouro é um agregado de mistos semelhantes; um amálgama é um agregado de compostos semelhantes. Dizemos semelhantes de propósito, para enunciar que a homogeneidade do agregado subsiste com a não simplicidade de suas partes integrantes, e é absolutamente independente da homogeneidade destas, do mesmo modo que sua densidade uniforme é independente do grau de densidade ou da diversa porosidade dessas partes.

Não é este o lugar para demonstrar todas as verdades que isso supõe; por exemplo, que há vários elementos essencialmente diferentes, ou que a homogeneidade é uma quimera; que os corpos inalteráveis, a água, por exemplo, são imediatamente compostos de elementos, e que o pequeno edifício sob a imagem do qual os corpusculares e os newtonianos querem nos fazer conceber uma partícula de água está apoiado sobre o mais ruinoso fundamento e a mais viciosa lógica. Propomos aqui pela via da indagação essas verdades, as quais poderíamos deduzir pela via da conclusão, se, em vez de compor um verbete de dicionário, estivéssemos escrevendo os últimos capítulos de um tratado geral e científico de Química. Os fatos, as operações, os procedimentos, as verdades sobre detalhes que preenchem tantas obras elementares serviriam de fundamento a essas noções universais e às que se seguirão e que, perdendo então o nome de suposições, se tornariam axiomas.

Esse pequeno número de noções pode servir de início para distinguir com exatidão, num corpo qualquer, o que pertence à massa do que pertence à sua parte integrante.

É evidente, por exemplo, somente pelo enunciado, que as propriedades mecânicas dos corpos lhes pertencem como massa, que é por sua massa que eles empurram, pesam, resistem, exercem essas ações com uma força determinada (pois não se trata aqui das propriedades comuns ou essenciais dos corpos, de sua mobilidade, gravidade ou sua inércia absoluta); em suma, que sua figura, sua grandeza, movimento e situação, considerados como princípios mecânicos, pertencem à massa. Quanto ao movimento, embora os físicos estimem o movimento de um todo pela soma dos movimentos de todas as partes, eles não deixam por isso de concordar que, no movimento do qual falamos, todas essas partes estão em repouso umas em relação às outras.

Todas as mudanças pelas quais passa um agregado na disposição e na vizinhança das partes é também, pela força dos termos, uma afecção do agregado. Que a rarefatibilidade, a elasticidade, a divisibilidade, a ductilidade etc., não dependem senão da aptidão para essas mudanças, sem que as moléculas integrantes experimentem nenhuma mudança interior; que há pelo menos corpos cujas partes integrantes estão ao abrigo dessas mudanças, e quais são esses corpos, são questões particulares que não é possível examinar aqui. Que todas essas propriedades possam ter inteiramente sua
[412] razão nas duas causas que acabamos de assinalar, embora a razão do grau específico de cada uma dessas propriedades se encontre evidentemente na constituição interna ou essência das partes integrantes de cada agregado, é um fato demonstrado simplesmente pela observação dos corpos interiormente inalteráveis, nos quais se observam todas estas propriedades, como na água, no ar, no ouro, no mercúrio etc.

Podemos afirmar o mesmo de certos movimentos intestinos que muitos agregados podem experimentar; por exemplo, daquele que constitui a essência da liquidez, segundo a opinião de Descartes e o próprio testemunho dos sentidos. Digo segundo o testemunho dos sentidos porque o movimento de ebulição, que certamente é muito sensível, não difere do movimento da liquidez a não ser pelo grau, e assim, a rigor, todo líquido, em seu estado de liquidez impassível, é um corpo insensivelmente fervente, ou seja, agitado por um agente estranho, pelo fogo, e não um corpo cujas partes estejam necessariamente em repouso, como mais de um newtoniano já afirmou a partir de provas extraídas de verdades geométricas. As verdades geométricas são certamente muito respeitáveis; mas os físicos geômetras as exporão com pouca habilidade para a irreverência dos físicos não geômetras, todas as vezes em que colocarem uma demonstração no lugar de um fato físico, e uma suposição gratuita ou falsa, tácita ou enunciada, no lugar de um princípio físico que a observação pode descobrir, e que algumas vezes é sensível, como no caso do qual se trata. Acreditarei no que d'Alembert não hesitou em afirmar tanto quanto acreditarei em Stahl criticando a transmutação. Quando o Sr. Desaguiliers, por exemplo, para estabelecer que todas as partes de um fluido homogêneo estão em repouso, demonstrou, rigorosamente e de modo muito simples, que um líquido não poderia ferver, ele só o fez, parece-me, porque supôs tacitamente que as partes de um líquido são livres, *sui juris*, ao passo que uma observação fácil mostra aos sentidos que o fogo os agita continuamente e que não há liquidez sem o calor. Os newtonianos parecem ignorar ou esquecer isso, embora seu mestre o tenha afirmado expressamente. Ver *Ótica*, questão 31. Para voltar ao meu assunto, digo que o movimento de liquidez e de ebulição, que não é senão um grau extremo, podem não pertencer senão à massa, e que é apenas à massa que eles pertencem realmente, na água como nos muitos outros líquidos.

As qualidades sensíveis dos corpos podem pelo menos não pertencer às suas partes integrantes; um corpo muito flexível pode ser formado de partes rígidas, como se aceita em geral para a água. Seria ridículo procurar a razão do som numa modificação interna das partes integrantes de um corpo sonoro. A cor sensível de uma massa de ouro, ou seja, uma certa nuance de amarelo, não pertence de modo algum à menor partícula de ouro, embora esta seja necessariamente colorida, e os fatos evidenciam que ela o é, mas de um modo diferente da massa. Isso é suscetível da prova mais completa (ver a doutrina química sobre as cores na palavra *Flogístico*). Mas, repito, não estou me ocupando do estabelecimento dessas verdades; basta-me conceber uma massa formada por partículas que não tenham nenhuma das propriedades que se encontrem na massa como tal. É muito fácil se representar uma massa de ouro, ou seja, um corpo amarelo, brilhante, sonoro, dúctil, compressível, divisível por meios mecânicos, rarefactível até a fluidez, condensável, elástico, pesando dezenove vezes mais do que a água; é fácil se representar tal corpo, digo, como formado de partes que são do ouro, mas que não têm nenhuma das qualidades que acabo de expor. Ora, essa verdade decorre tão necessariamente do que eu já propus quanto uma prova ulterior tirada da experiência me parece tão inútil quanto o aparelho da Física experimental na demonstração da força das alavancas. Entretanto, se algum leitor ficar curioso com esse gênero de prova, ele a encontrará no que direi sobre a imitação do ouro.

Chamarei todas essas qualidades de exteriores ou físicas e observarei primeiro que elas são acidentais, segundo a linguagem da escola, que podem perecer sem que o corpúsculo seja destruído ou cesse de ser tal corpo. Ou, o que é a mesma coisa, que elas são precisamente inúteis para a especificação dos corpos, não somente pela circunstância de poder perecer sem que o ser específico do corpo se altere, mas também porque, reciprocamente, todas podem se encontrar num corpo de uma espécie diferente. Pois, embora seja muito difícil encontrar em dois corpos internamente diferentes um grande número de qualidades exteriores semelhantes – e que essa dificuldade aumenta quando se toma um dos dois corpos no extremo de sua classe, que é o mais perfeito, como o ouro o é entre os metais –,essa semelhança exterior não é incompatível com uma diferença interna essencial. Por exemplo: posso dispor o ouro e um outro corpo que nem mesmo será um metal de modo que eles se assemelharão por todas as qualidades exteriores e mesmo por sua gravidade específica; pois se é tão difícil dar a um corpo não metálico a gravidade específica do ouro, nada é mais fácil do que diminuir a do ouro. Aquele que conseguir dar a dois corpos uma semelhança perfeita, poderá dizer, do seu ouro imitado, *en aurum physicorum*, como Diógenes dizia de seu galo emplumado, *en hominem Platonis*.

Além de todas as propriedades que chamei de exteriores ou físicas, observo, em todo agregado, qualidades que chamarei de internas, de seu nome genérico, esperando que me seja permitido chamá-las de qualidades químicas, e distingui-las, por essa denominação particular, das outras qualidades do mesmo gênero, tais como são as qualidades muito comuns dos corpos, a extensão, a impenetrabilidade, a inércia, a mobilidade etc. Aquelas das quais se trata aqui são propriedades internas particulares; elas especificam propriamente o corpo, o constituem como tal, fazem que a água, o ouro, o nitro, sejam água, ouro e nitro, e não outras substâncias. Na água, essas qualidades são a simplicidade, a volatilidade, a faculdade de dissolver os sais e de tornar-se um dos materiais de sua mistura etc.; no ouro, são a metalicidade, a fixidez, a solubilidade pelo mercúrio e pela água-régia etc. No nitro, a salinidade neutra, a forma de seus cristais, a aptidão a ser decomposto pelo flogístico e pelo ácido vitriólico etc. Ora, todas essas qualidades pertencem essencialmente às partes integrantes.

Todas essas qualidades são dependentes umas das outras, numa sequência que é inútil estabelecer aqui, e são mais ou menos comuns. O ouro, por exemplo, é solúvel pelo mercúrio como metal; ele é fixo como metal perfeito; é solúvel na água-régia num grau de afinidade específico como metal perfeito, ou seja, como ouro.

Dentre as qualidades internas, algumas só são essenciais aos corpos relativamente à nossa experiência, aos nossos conhecimentos atuais: a fixidez [413] do ouro, a volatilidade do mercúrio, a inamalgabilidade do ferro etc. são propriedades internas desse gênero. Descobrir as qualidades contrárias, eis a fonte dos problemas da Química prática menos vulgar.

Há outras propriedades internas que são de tal modo inerentes ao corpo que ele não poderia subsistir sem elas. São todas aquelas que têm sua razão próxima em ser elementar, ou na ordem da mistura dos corpúsculos específicos de cada corpo. Assim, é essencial ao nitro ser formado pela união do ácido que chamamos nitroso e o alcalino fixo; à água, é essencial um certo elemento etc.

Todas as distinções que propusemos até o momento podem ser consideradas somente como verdades de precisão analítica, já que não consideramos propriamente senão as qualidades dos corpos. Veremos que as diferenças que eles apresentarão como agentes físicos não são menos notáveis.

1ª) As massas exercem umas sobre as outras ações muito distintas das que são próprias aos corpúsculos, e segundo leis absolutamente diferentes das que regulam as afecções mútuas dos últimos. As primeiras chocam-se, pressionam-se, resistem, dividem-se, elevam-se e abaixam-se, envolvem-se, recobrem-se, penetram-se etc. umas às outras na razão de sua velocidade, massa, gravidade, consistência, suas figuras respectivas; e essas leis são as mesmas, ocorra a ação entre massas homogêneas, ocorra ou entre massas especificamente diferentes. Uma coluna de mármore, tudo permanecendo igual, sustenta uma massa de mármore assim como uma massa de chumbo; um martelo de uma matéria conveniente qualquer empurra do mesmo modo um prego de uma matéria adequada qualquer.

As ações mútuas dos corpúsculos não são proporcionais a nenhuma dessas qualidades. Tudo o que essas últimas experimentam umas em relação às outras se reduz à sua união e à sua separação agregativa, à sua mistura, à sua decomposição e aos fenômenos dessas afecções. Ora, em tudo isso, não se trata de choques, nem de pressões, nem de fricção, de entrelaçamentos, de introdução, de bloqueio, de alavanca, velocidade, espessura, figura etc., embora uma certa espessura e figura sejam aparentemente essenciais a seu ser específico. Essas ações dependem das qualidades internas dos corpúsculos, dentre as quais merecem a primeira consideração a homogeneidade e a heterogeneidade, como condições essenciais. Pois a agregação não ocorre a não ser entre substâncias homogêneas, como já observamos antes. A heterogeneidade dos princípios, ao contrário, é essencial à união por mistura.

2ª) Todas as massas gravitam em direção a um centro comum, ou têm peso. Cada uma tem um grau de peso conhecido, proporcional à sua quantidade de matéria própria num volume determinado. A gravidade absoluta de todos os corpúsculos não é demonstrada; sua gravidade específica não é conhecida.

3ª) As massas aderem entre si em razão de sua vizinhança, espessura e figura. Os corpúsculos não estão sujeitos a essa lei. Suas uniões se dão em razão de sua relação ou afinidade. Reciprocamente, as massas não são sujeitas às leis da afinidade; a ação dissolvente supõe ao contrário a destruição da agregação. Da união de uma massa a outra de natureza diferente nunca resultará um novo corpo homogêneo.

4ª) Os corpúsculos podem ser separados uns dos outros pelo calor, causa pela qual não se tem mais necessidade da repulsão de Newton. As massas se afastam umas das outras pelo calor.

5ª) Certos corpúsculos podem ser volatilizados; nenhuma massa é volátil.

Até agora não opusemos os corpúsculos aos agregados, a não ser pela única circunstância de terem sido tomados isoladamente, e não consideramos a constituição interna dos primeiros. Este último aspecto nos fornecerá novas características distintivas. Ei-los a seguir:

1º) Os agregados são homogêneos e os corpúsculos são simples ou compostos de materiais essencialmente diferentes. A primeira parte dessa proposição é fundada numa definição ou demanda; a segunda exprime uma verdade do mesmo gênero, e tem, aliás, toda a evidência que pode ser dada por uma vasta experiência que temos a esse respeito.

2º) Os materiais dos corpúsculos compostos diferem não somente entre si, mas também do corpúsculo que resulta de sua união, e, consequentemente, do agregado formado pela reunião desses corpúsculos. É assim que o alcalino fixo e o ácido nitroso diferem essencialmente do nitro e de uma massa de nitro. E se essa divisão for levada até os elementos, teremos toda a diferença entre uma massa e um corpo simples. Ver nossa doutrina sobre os elementos na palavra *Princípio*.

3º) Os princípios da mistura ou da composição dos corpúsculos são unidos entre si por um vínculo bem diferente daquele que opera a união agregativa ou a relação de massa. O primeiro pode ser rompido por meios mecânicos, tanto quanto por meios químicos; o segundo não pode sê-lo a não ser por estes últimos, a saber, os mênstruos e o calor. Em alguns seres, esse vínculo é até mesmo indissolúvel, pelo menos pelos meios vulgares: o ouro, a prata, o mercúrio, e um pequeno número de outros corpos são mistos dessa última classe.

Os limites nos quais somos forçados a nos manter não nos permitem levar mais longe essas considerações. As proposições que elas nos forneceram, embora simplesmente enunciadas em sua maioria, provam, parece-me, de modo suficiente, que as afecções das massas e as afecções das diferentes ordens de princípios dos quais elas são formadas, podem não somente ser distinguidas por considerações abstratas, mas também que elas diferem fisicamente sob vários aspectos, e pode-se suspeitar desde já que a Física dos corpos não organizados pode ser dividida por essas diferenças entre duas ciências independentes uma da outra, pelo menos quanto aos objetos particulares. Ora, essas duas ciências existem, a divisão se faz por si mesma. O objeto de cada uma preenche tão exatamente as duas classes que acabamos de estabelecer que essa divisão, que precedeu a observação razoada de sua necessidade, é uma nova prova da realidade de nossa distinção.

Uma dessas ciências é a Física ordinária, não essa Física universal que é definida no início dos cursos de Física, mas essa Física muito menos vasta que é tratada nessas obras. A segunda é a Química.

Que a Física ordinária, que chamarei apenas de Física, se limita às afecções das massas, ou pelo menos que esse seja o seu objeto dominante, é um fato que qualquer leitor pode verificar, 1º) no sumário dos capítulos de todo tratado de Física; 2º) [414] percorrendo as definições dos objetos gerais que aí são examinados e que podem ser tomados em diferentes acepções, por exemplo, a de movimento, e em seguida ver em qual corpo os físicos consideram o movimento; 3º) enfim, observando o pequeno número de objetos particulares dos quais a Física se ocupa, e que nos são comuns, tais como a água, o ar, o fogo etc.

Essas pesquisas mostrarão que é sempre das massas que se trata em Física; que o movimento do qual o físico se ocupa principalmente é o movimento próprio das massas; que o ar é para ele um fluido que se comprime e se restabelece facilmente, que se põe em equilíbrio com os líquidos que ele sustenta em certas alturas, em certas circunstâncias, cujas correntes conhecemos sob o nome de ventos, tem tal ou tal velocidade, que é a matéria dos raios sonoros, em suma, que o ar do físico é unicamente o ar da atmosfera, e consequentemente o ar agregado ou em massa. A água do físico é um líquido úmido, incompressível, capaz de se reduzir a gelo e a vapor, submetido a todas as leis da Hidráulica e da Hidrostática; é a matéria das chuvas e de outros meteoros aquosos etc. Ora, todas essas propriedades são evidentemente propriedades de massa, exceto a umidade. Por essa razão ela é mal compreendida ao se observá-la de passagem: peço que me mostrem um só líquido que não seja úmido, sem excetuar até mesmo o mercúrio, e concordarei que a umidade pode ser uma característica especial de alguns líquidos. Quanto ao fogo e à qualidade essencial pela qual Boerhaave, que é o que melhor tratou dele do ponto de vista físico, caracteriza esse fluido, a saber, a faculdade de rarefazer todos os corpos, é evidentemente a massa de fogo, ou ao fogo agregado, que essa propriedade convém. Por isso, o tratado do fogo de Boerhaave, com exceção de cinco ou seis linhas, é inteiramente um tratado de Física. A luz, outra propriedade física muito geral do fogo, pertence unicamente ao fogo agregado.

A maior parte dos objetos físicos são sensíveis em si mesmos ou pelo menos por seus efeitos imediatos. Uma massa tem uma figura sensível; uma massa em movimento percorre um espaço sensível num tempo sensível; ela é retardada por obstáculos sensíveis, ou é retardada sensivelmente e uma massa elástica é amassada pelo choque em uma parte sensível de sua superfície. Essa circunstância submete à precisão a determinação das figuras, das forças, dos movimentos desses corpos; ela fornece ao geômetra princípios sensíveis, segundo os quais ele constrói o que se chama de teorias, que se tornaram a Física depois que o grande Newton fez uma excelente obra ornando a Física com o relevo desses conhecimentos sublimes.

A Física é hoje, portanto, a coleção de todas as ciências físico-matemáticas. Ora, até o presente, só foram calculadas as forças e os efeitos das massas. Pois, embora as mais profundas operações da Geometria Transcendente se exerçam sobre objetos infinitamente pequenos, entretanto, como esses objetos passam imediatamente da abstração ao estado de massas, que são figuradas, dotadas de forças centrais, e desde que são consideradas como seres físicos, os pequenos corpos do físico geômetra não são os corpúsculos que opusemos às massas. Os cálculos sobre esses corpos com essa sagacidade e essa força de gênio que admiramos não fornecem as causas e os efeitos químicos mais calculáveis, pelo menos mais calculados até hoje.

Os físicos são muito ciosos em trazer todos os fenômenos da natureza para as leis mecânicas, e mecânicas é o nome mais honesto que se possa dar às causas que eles assinalam, aos agentes que eles põem em jogo em suas explicações.

Sem dúvida, a Física concordará conosco sobre a natureza dos objetos que lhe atribuímos, tanto mais que não lhe tiramos aqueles que ela nos usurpou, e cuja propriedade a envaideceria. Dissemos somente que seu objeto dominante era a contemplação das massas.

O quadro abreviado da Química, tanto teórica quanto prática, que vamos apresentar daqui a pouco, mostrará suficientemente que essa ciência, ao contrário da Física, só se ocupa essencialmente das diferentes ordens de princípios que formam os corpos sensíveis; essa é sua finalidade, seu objeto próprio.

Para encerrar o contraste entre a Física e a Química, observaremos de antemão que:

1º) Todo movimento químico é um movimento interno, movimento de digestão, fermentação, efervescência etc. O ar do químico é um dos princípios da composição dos corpos, sobretudo dos sólidos, unindo-se com princípios diferentes segundo leis de afinidade, separando-se por meios químicos, o calor e a precipitação; o ar é tão volátil que passa imediatamente do estado sólido ao estado vaporoso sem ficar nunca no estado líquido sob o maior frio conhecido, opinião nova que pode salvar muitas mesquinharias físicas. A água do químico é um elemento, ou um corpo simples, indivisível e incomutável, contra a opinião de Tales, de Van Helmont, de

Boyle e do Sr. Eller; une-se quimicamente aos sais, às gomas etc., e é um dos materiais desses corpos, instrumento imediato da fermentação etc. O fogo, considerado como objeto da Química particular, é um princípio capaz de combinações e de precipitação, constituindo, em diferentes compostos dos quais é o princípio, a cor, a inflamabilidade, a metalicidade etc., e que, assim, o tratado do fogo, conhecido sob o nome dos *trecenta* de Stahl, é inteiramente um tratado de Química.

Dissemos o fogo considerado como objeto químico particular, porque o fogo agregado, considerado como princípio de calor, não é um objeto químico, mas um instrumento empregado pelo químico nas operações da arte, ou um agente universal cujos efeitos químicos são observados no laboratório da natureza.

Em geral, embora o químico trate apenas de agregados, já que os corpos só se apresentam para ele nessa forma, esses agregados nunca são propriamente para ele senão *promptuaria* de seres verdadeiramente químicos, corpúsculos, e todas as alterações que ele os faz experimentar se reduzem a duas. Ou ele ataca diretamente suas partes integrantes, combinando-as uma a uma, ou em pequena quantidade numérica com partes integrantes de outro corpo de natureza diferente, e é a dissolução química ou síncrese. Essa dissolução é a única mudança química que pode se produzir num agregado de elementos. Ou ele decompõe as partes integrantes do agregado, e essa é a análise química, ou diacrese. Em suma, trata-se aqui apenas de relações entre as partes integrantes do agregado, o fenômeno não é químico, embora possa ser devido a agentes químicos. Por exemplo: a divisão de um agregado, levada até a unidade individual de suas partes, não é química; é assim que a pulverização, mesmo filosófica [**415**], não é química quanto ao seu efeito; a diacrese, para ser química, deve separar as partes especificamente dessemelhantes.

Entretanto, deve-se observar que, embora certas mudanças internas causadas pelo calor nos corpos agregados não sejam a rigor químicas a não ser quando sua energia é tal que atinge até a constituição interior dos corpúsculos, como essas mudanças são em geral apenas efeitos graduais da mesma causa, devem ser consideradas, em toda a sua extensão, como objetos mistos, ou como efeitos cujo grau físico mesmo é muito familiar ao químico. Esses efeitos do calor moderado, que chamamos propriamente físicos, são a rarefação dos corpos, sua liquefação, ebulição, evaporação, o exercício da força elástica nos corpos comprimidos etc. Por essa razão, os químicos são bons físicos a respeito de todas essas questões. Pelo menos me parece que, procurando nesses efeitos uma analogia conduzida entre aqueles nos quais essa causa age de modo mais manifesto (esses são objetos familiares só para os químicos) e aqueles em que sua influência é mais escondida, é que consegui aproximar vários fenômenos que geralmente são considerados como muito isolados. Consegui descobrir, por exemplo, que o mecanismo da elasticidade é o mesmo em todos os corpos, que todos eles são suscetíveis ao mesmo grau de elasticidade, e que é tão somente por circunstâncias puramente acidentais que os diferentes corpos que nos rodeiam têm diferenças específicas a esse respeito; que a elasticidade é apenas um modo da rarefação e da densidade e que, quanto ao primeiro aspecto, ela é, consequentemente, sempre devida ao calor tanto quanto todos os outros fenômenos atribuídos à repulsão newtoniana, que sempre são causados pelo calor.

2º) Os objetos químicos não atuam de modo sensível. O efeito imediato do fogo e o dos mênstruos, que são dois grandes agentes químicos, são insensíveis. A mistura é feita num tempo incomensurável, *in instanti*; por isso as ações não são de modo algum calculadas, pelo menos só foram feitas até hoje tentativas malsucedidas.

3º) Os químicos não se orgulham de nenhum agente mecânico, e julgam mesmo singular que a única circunstância de estarem afastados quase sempre de um só grau da causa desconhecida é que tornou os princípios mecânicos tão caros a tantos filósofos e os tenha feito rejeitar toda teoria fundada imediatamente em causas ocultas, como se ser verdadeiro não fosse nada mais do que ser inteligível, ou como se um suposto princípio mecânico interposto entre um efeito e uma causa desconhecida os garantisse contra o horror do ininteligível. De qualquer modo, não é pelo gosto contrário, por uma coragem afetada, que os químicos não admitem princípios mecânicos, mas porque nenhum desses princípios conhecidos intervém em suas operações. Também não é porque pretendem que seus agentes são isentos de mecanismo, mas porque esse mecanismo ainda é desconhecido. Reprova-se muito injustamente aos químicos de se deleitarem com sua obscuridade. Mas, para que essa imputação fosse razoável, seria preciso que se lhes mostrassem princípios evidentes e certos: pois, enfim, eles não serão censuráveis enquanto preferirem a obscuridade ao erro. E se há algo de ridículo nessa maneira de filosofar, eles estão todos decididos a compartilhá-lo com Aristóteles, Newton, e essa multidão de filósofos antigos dos quais, em sua *História Natural*, o Sr. Buffon disse que tinham o gênio menos limitado e a filosofia mais extensa; que se espantavam menos do que nós com os fatos que não conseguiam explicar; que viam melhor a natureza tal como ela é e que uma simpatia, uma correspondência eram para eles apenas um fenômeno, ao passo que para nós são um paradoxo, desde que não possamos remetê-los a nossas pretensas leis do movimento. Esses homens sabiam que a natureza opera a maior parte de seus efeitos por meios desconhecidos; que não podemos enumerar seus recursos e que o ridículo real seria querer limitá-la, reduzindo-a a um certo número de princípios de ação e de meios de operar. Bastava-lhes ter observado um certo número de efeitos relativos e da mesma ordem para constituir uma causa. Os químicos fazem algo diferente disso?

Eles receberiam com interesse e reconhecimento toda explicação mecânica que não fosse contestada pelos fatos. Ficariam encantados, por exemplo, se pudessem acreditar, com J. Keill e Freind, que o mecanismo da efervescência e da fermentação consiste na ação mútua de certos corpúsculos sólidos e elásticos que avançam com força uns contra os outros, que se projetam proporcionalmente à sua quantidade de movimento e sua elasticidade, que se chocam novamente para projetar-se mais uma vez etc. Mas essa explicação, tão engenhosa quanto arbitrária, é desmentida pelos fatos, que mostram claramente que o movimento de efervescência e o de fermentação se devem à liberação de um corpo sutil e expansível, operada pelas leis gerais das afinidades, ou seja, por um princípio pouco mecânico.

Mais do que se confessar reduzidos a enunciar simplesmente que uma dissolução é o exercício de certa tendência ou relação pela qual dois corpos miscíveis são projetados um contra o outro, não prefeririam conceber uma dissolução sob a imagem muito sensível de um mênstruo armado de paredes rijas, sólidas, maciças, cortantes etc. de um lado, e de outro sob a imagem de um corpo furado com uma infinidade de poros proporcionais à massa e mesmo à figura das partes do mênstruo, de outro? Ou, enfim, sob a imagem de choques reiterados das partes do mênstruo contra a massa dos corpos a serem dissolvidos, de sua introdução forçada nos poros, sob a imagem ainda de um edifício por muito tempo abalado e enfim arruinado até os seus últimos materiais, imagens sob as quais os físicos representaram esse fenômeno? Sem dúvida, eles o prefeririam, porque uma explicação é uma riqueza na ordem dos conhecimentos; pelo menos ela aumenta a sua soma. O relevo que essa espécie de douto fasto oferece não é um bem imaginário. Ao contrário, um enunciado nu revela uma indigência pouco honrosa. Mas, se a explicação da qual se trata não supõe nem mesmo que se tenha duvidado das circunstâncias essenciais do fenômeno que se tentou explicar; se essa destruição da massa do corpo a ser dissolvido, que causou tanta dificuldade, for puramente acidental para a dissolução que ocorre do mesmo modo entre dois líquidos; enfim, se essa circunstância acidental ocupou tanto o teórico que ele se esqueceu da circunstância essencial da dissolução, a saber, a união de duas substâncias entre as quais ela ocorre, não é possível se pagar com uma moeda pior do que essa. O próprio Boerhaave, que gostamos de elogiar quando a ocasião se apresenta, conheceu perfeitamente o vício dessa explicação, que ele refutou tão bem. Ver *Boerhaave, De menstruis, Élément. Chimiae*, parte II.

Gostaríamos de acreditar, ainda com Freind, que a dissolução é, dentre todas as operações químicas, a que pode mais facilmente ser remetida às leis mecânicas, e admitir, de acordo com ele, essas **[416]** duas causas muito simples, a saber: a maior leveza do solvente fornecida pela mistura de um líquido menos pesado, e a aspersão de um líquido pesado que, ao descer com esforço, arrasta consigo as partículas do corpo dissolvido etc. Mas muitos fatos evidenciam o caráter quimérico dessas suposições, aliás, gratuitas. Versai tanto espírito de vinho quanto quiserdes numa solução, por exemplo, de calcário, a mais saturada de um sal neutro deliquescente; não precipitareis nem um átomo. Um corpo dissolvido no ácido vitriólico mais concentrado só será mais constantemente sustentado se acrescentardes água à solução etc. Jogai com a velocidade que quiserdes o líquido mais pesado da natureza, o mercúrio, numa solução de um sal neutro de base terrosa ou salina que vos agradar, e não conseguireis nada.

Gostaríamos muito de poder admitir com Boyle que as condições essenciais para a fixidez são a espessura das partes constituintes do corpo fixo, a gravidade, ou a solidez desses corpúsculos, e enfim sua inaptidão para a evaporação, que vem de sua figura galhuda, recurvada, em suma, irregular e opondo-se a que elas possam se desvencilhar umas das outras, como estando entrelaçadas etc. e fazer a volatilidade depender de qualidades contrárias etc. Mas os fatos perturbam todas essas ideias: os corpos adquirem volatilidade ao adquirir espessura, como o sal marinho combinado com a prata. Se Boyle me diz, e ele não deixará de dizê-lo, que o sal marinho lhe dá asas, estendendo a sua superfície, responderei que isso deveria prejudicar a terceira condição, aumentando a irregularidade da figura própria a se entrelaçar etc. Corpos pesados ou sólidos são voláteis, como o mercúrio; corpos leves são fixos, como o alcalino fixo etc. Em suma, quanto a essas figuras, esses entrelaçamentos de partes, essas espiras tão caras a Boyle e tão engenhosas, é preciso confessar, nós as lamentamos realmente, mas os fenômenos das misturas, das precipitações, rarefações, coagulações etc., nos demonstram por demais sensivelmente que toda união de corpos pequenos só se faz por justaposição, para que possamos aceitar esses mecanismos puramente imaginários. A doutrina de Newton, posterior sobre esse ponto à de Becher, como observei em outro lugar, desacreditou-as de modo bastante geral para que seja inútil insistir em sua refutação. Em suma, as ações mecânicas das quais se trata aqui são invocadas sem fundamento. Ousamos mesmo desafiar que nos apresentem uma explicação de um fenômeno químico fundado em leis mecânicas conhecidas das quais não pudéssemos demonstrar que é falsa ou gratuita.

É claro que duas ciências que consideram objetos sob dois aspectos diferentes devem não somente fornecer conhecimentos particulares, distintos, mas ter cada uma um certo número de noções compostas e uma certa maneira geral de considerar e tratar os objetos, que lhes dará uma linguagem, um método e meios diferentes. O físico verá as massas, as forças, as qualidades; o químico verá os pequenos corpos, as relações, os princípios. O primeiro calculará rigorosamente, reduzirá os efeitos sensíveis e as forças a teorias, ou seja, submeterá esses efeitos e forças ao cálculo (pois essa é a teoria do físico moderno) e estabelecerá leis que serão confirmadas mais ou menos pela experiência. Digo mais ou menos porque os matemáticos concordam que o exercício das forças que eles calculam supõe sempre um modo *nihil obstet* e que o caso ao qual nada se opõe não existe na natureza. As teorias do segundo serão vagas e aproximativas. Serão exposições claras da natureza e das propriedades químicas de um certo corpo, ou de um certo princípio considerado em todas as combinações que ele pode experimentar pela natureza e pela arte; de suas relações com os corpos ou os princípios de uma certa classe, e, enfim, as modificações que ele experimenta ou produz em razão dessas combinações e relações, tudo fundado em fatos maiores ou fundamentais, descobertos pelo que chamarei de um pressentimento experimental, a partir de indícios de experiências vagas ou de testes, mas nunca fornecido imediatamente por estes últimos auxílios. Em suma, o gênio físico, elevado talvez ao mais alto grau que a humanidade pode atingir, produzirá os princípios matemáticos de Newton, e o extremo correspondente dele, o gênio químico, produzirá o *specimen becherianum* de Stahl.

Tanto o químico como o físico filosofarão, cada um à sua maneira, sobre seus objetos respectivos, os analisarão, compararão, aproximarão, comporão, e sobre os objetos comuns, se aquele que tiver visto mais der o tom, tudo irá bem.

Mas se alguém confundir tudo o que distinguimos, seja porque não suspeitou da existência e da necessidade dessa distinção, por causa de sua vista curta, ou porque a rejeitou por teimosia; se o químico se ocupa de objetos físicos, só sabendo Química, ou se o físico propõe leis à Química, só conhecendo fenômenos físicos; se um aplica leis das massas aos corpúsculos, ou se o outro transporta as afecções dos corpúsculos às ações das massas; se tratamos *more químico* as coisas físicas, e as químicas *more physico*; caso se queira dissolver um sal com um soquete, ou fazer um moinho girar por meio de um mênstruo, tudo irá mal.

Um simples químico, ou um simples físico, por acaso abarcou sozinho a ciência geral dos corpos? Pretendeu sujeitar as propriedades comuns a suas noções particulares? Então, a ciência geral será defeituosa e má. Quando lhe acontecer de descer pela síntese, de seus princípios, que tomará como gerais, e os dados com os quais deve contar, necessariamente ele se perderá. Ora, todas as metafísicas físicas, ou, para me servir da expressão de Wolf, todas as cosmologias que conheço, são obras de físicos. Concordo mesmo que haja algumas impossíveis de destruir e de refutar, porque são encadeamentos de noções abstratas e de definições nominais, que o metafísico determinou e circunscreveu segundo sua fantasia, mas a ciência geral das propriedades dos corpos não será por isso mais sólida e mais real. Quando digo ciência geral dos corpos, entendo corpos físicos, tais como os observamos na natureza, com todas as suas condições, e não corpos despojados e quase aniquilados pelas abstrações.

Podemos assegurar, sobre a maioria das pretensas verdades gerais que servem de base aos sistemas gerais que existem, sem excetuar os famosos princípios de Leibniz, aquilo que o Sr. Merian disse sobre o espinosismo, numa memória sobre a apercepção (*Histoire de l'Académie de la Prusse*, 1749): que, na passagem da abstração à realidade, essas verdades encontram seu termo fatal, e que basta tentar fazer essa passagem para ver cair por si mesmo o colosso que sustentavam.

É dessas diferentes fontes que acabamos de indicar que saíram mil erros, a propósito dos quais poderíamos dizer aos que os afirmam **[417]**, parodiando a célebre frase de Apele: *Fulai mais baixo; os carregadores de carvão vão rir, se vos ouvirem.* O catálogo exato de todos os erros desse gênero que chegaram ao nosso conhecimento seria sem dúvida muito importante para o interesse da verdade e o progresso da boa doutrina. Mas ele seria infinito. Esse catálogo mereceria aparecer numa obra que poderia se intitular *Instituições de Fisico-Química*, na qual seria proposta a substituição dos erros pelas verdades. Enquanto a esperamos, pediremos ao leitor que se contente com as que tivemos ocasião de citar, e de algumas outras que ainda se apresentarão. Não conheço nenhum químico de certo nome que tenha ousado fazer excursões nas terras da Física. Se existirem alguns, como os consideramos tão pouco prudentes e tão temerários quanto os físicos que se espalharam nas nossas, nós os condenamos e abandonamos.

A Química é uma ciência que se ocupa das separações e uniões dos princípios constituintes dos corpos, operadas pela natureza ou pela arte, para descobrir as qualidades desses corpos ou torná-los próprios para vários usos.

Os objetos particulares da Química são todos os fenômenos, naturais ou artificiais, que dependem das separações e das uniões dos princípios dos corpos. Os naturais são a maturação dos frutos, a formação das gomas, dos extratos, das resinas, dos sais vegetais etc.; a elaboração e as diversas alterações dos alimentos dos animais e de seus diversos humores, a geração dos metais, pedras, cristalizações naturais, sais fósseis, do enxofre, dos betumes etc.; a impregnação e o calor das águas minerais, a inflamação dos vulcões, a natureza do raio e outros fogos na atmosfera, em suma, todos os fenômenos da Botânica física, exceto os que pertencem à organização dos vegetais; todos os que pertencem a esse ramo da economia animal que é fundada nas afecções dos humores; todos os que constituem a economia mineral que Becher chamou de Física subterrânea, ou que são devidos às mudanças químicas ocorridas nesses corpos; enfim, os que apresentam na atmosfera certas matérias separadas de vegetais, animais ou minerais.

Os fenômenos químicos artificiais são todos aqueles que nos são apresentados nas operações químicas e os que constituem a teoria dessas mesmas operações.

Chamamos de operações todos os meios particulares empregados para fazer os objetos da arte sofrerem duas grandes mudanças enunciadas na definição da Química, ou seja, separações e uniões.

Essas operações são ou fundamental e essencialmente químicas, ou simplesmente preparatórias e mecânicas.

Os dois efeitos gerais, primitivos e imediatos de todas as operações químicas, a saber, a separação e a união dos princípios, são mais conhecidos na arte sob o nome de diacrese e síncrese. A primeira é chamada também por vários químicos de análise, decomposição, corrupção, solução, destruição; a segunda, mistura, geração, síntese, combinação, coagulação e mesmo confusão por alguns. Cada uma dessas expressões é tomada no sentido mais ou menos geral por diversos autores, e mesmo em sentidos diferentes pelos mesmo autores. A palavra *mistura*, por exemplo, na doutrina de Becher e de Stahl, significa ora a união de diferentes princípios em geral, ora a união de elementos em particular, ou a que constitui as misturas propriamente ditas.

Os nomes mais usados entre os químicos franceses são análise e decomposição para o primeiro efeito geral, e combinação e mistura para o segundo.

Há poucas operações químicas que só produzam um desses efeitos, ou que pertençam exatamente à diacrese ou à síncrese. A maioria, ao contrário, é mista, quer dizer, produz separações e uniões que possuem entre si relações de causa e efeito.

As operações químicas são realizadas por dois agentes gerais, o calor e os mênstruos. A ação dessas duas causas se torna complexa de modos diversos nas diferentes operações, segundo o pequeno número de leis seguintes:

1º) O calor sozinho raramente opera separações puras. Os corpos resistem tanto mais à sua ação dissociativa quanto forem de uma ordem de mistura menos composta. Os corpos simples ou mistos perfeitos são inalteráveis só pelo calor, pelo menos pelo mais alto grau de calor que saibamos aplicar-lhes nos recipientes fechados, quer dizer, sem o concurso do ar, da água e do fogo mênstruo. Vários compostos eludem mesmo absolutamente essa ação. Tais são o tártaro vitriolado, o sal marinho etc.

2º) O calor é necessário a toda ação menstrual, pelo menos como condição essencial. Pois é impossível, pelo menos é muito raro, que essa última ação ocorra entre dois corpos sólidos ou gelados (o que é propriamente a mesma coisa), e talvez ela só possa ser exercida se a agregação de um dos dois corpos não for muito fraca. Ora, essa fraqueza suficiente não se encontra senão no estado líquido, que é essencialmente dependente do calor. É sobre essa observação que se funda o axioma químico *menstrua non agunt nisi sint soluta*.

3º) Não somente todo mênstruo, para agir, deve ser secundado por um calor absoluto, mas também sua atividade precisa ser proporcional ao grau de calor do qual é animado; ou, para não falar de modo figurado, ao seu grau de rarefação ou de expansão. Pois, como já havíamos observado, e como provaremos no verbete *Mênstruo*, o mecanismo da dissolução não consiste de modo algum no movimento do mênstruo, e essa divisão do corpo que será dissolvido, pela qual figuramos normalmente sua ação, só dá uma falsa ideia dela.

4º) O calor aplicado a um corpo composto não somente desune seus diferentes princípios, mas também os põe ordinariamente em ação, e favorece assim novas combinações.

Essas separações e novas combinações são multiplicadas o bastante para que surjam teorias muito falsas sobre as operações que as produzem, enquanto não se souber que elas os produzem efetivamente, ou que não se estava em condições de considerá-las. É por que alguns antigos químicos ignoraram os verdadeiros efeitos do calor sobre os princípios dos corpos que usaram tão mal esse meio químico. **[418]** É porque os detratores da Química ignoraram que podiam evitar essas mudanças ou avaliá-las com mais precisão, que combateram, com más razões, a análise só pelo fogo, que era a única conhecida em seu tempo e, consequentemente, a Química não era para eles senão a arte de executar essa análise (ver no histórico que encerrará esse verbete, o lugar de Boyle); é porque os químicos modernos descobriram um método melhor, isto é, a análise menstrual, que abandonaram a análise antiga; e é, enfim, porque a arte está bastante avançada hoje em dia para avaliar com exatidão a ação de todos os reativos excitados pelo calor no corpo mais composto, que poderíamos examinar por meio de seu único recurso, ou seja, pela destilação pela violência do fogo, sem outro inconveniente senão o de propor à maneira dos geômetras e com o mesmo grau de utilidade, um problema químico muito complicado.

Os químicos empregam em suas operações diversos instrumentos: fornos, frascos, rolhas, compartimentos intermediários e outros utensílios que, juntos, constituem o *suppellex quimica,* o mobiliário de um laboratório.

Não admitimos a distinção inútil entre instrumentos chamados particulares e artificiais pela maioria dos químicos; desses instrumentos, digo, chamados pelos mesmos químicos de naturais e gerais, a saber, o fogo, o ar, a água e a terra: 1º) porque, quando estes últimos corpos agem por suas qualidades internas e experimentam materialmente mudanças químicas, eles não são mais instrumentos, mas dissolventes; o ar age como mênstruo na calcinação, o fogo na redução, a água na fermentação e a terra em certas fixações; 2º) porque a relação ou a qualidade comum pela qual essas quatro substâncias, consideradas como agentes mediatos ou mecânicos, são classificadas sob o nome comum de instrumentos naturais, não existe absolutamente, pois existe por acaso algo mais forçado do que estabelecer uma certa identidade entre o fogo considerado como causa de calor, a terra fornecendo frascos e fornos, a água um meio e o ar uma corrente que anima o fogo de nossos fornos?; 3º) porque dois desses pretensos instrumentos naturais, a terra e a água, agindo como auxílios distantes, por sua massa, não diferem em nada de essencial do instrumento mais mecânico e mais particular; que a água de um banho-maria, por exemplo, não é senão um instrumento mais cômodo, em diversas operações, do que um banho de areia, de cinza, de limalha, e não um instrumento verdadeiramente distinto e necessariamente requerido em certas operações, assim como pensam alguns operadores que considerariam uma destilação feita a fogo nu ou ao banho de areia, como muito essencialmente diferentes de uma destilação feita ao banho-maria, tão somente pelo fato de ser feita ao fogo nu ou ao banho de areia. Assim, seria pelo menos necessário abandonar esses pretensos instrumentos naturais. Quanto ao ar, a propriedade de excitar o fogo é muito particular para distingui-lo, ao menos na prática. Mas esse agente é tão pouco químico nesse aspecto, como se vê, que não vale a pena fazer dele um instrumento químico distinto, e menos ainda um instrumento geral. Seria apenas ao fogo propriamente, ou o calor, que conviria o nome de instrumento natural. Mas preferimos lhe atribuir o nome de agente ou de causa, pelo qual o designamos até aqui.

A explicação suficientemente detalhada da ação de nossos dois grandes agentes, do auxílio que recebemos dos instrumentos, a teoria das operações e dos fenômenos químicos, eis a arte química, ou seu sistema de instrumentos e de regras. Um verdadeiro tratado de Química prática, um tratado elementar das instituições práticas, deveria abarcar esse sistema. Ora, esse tratado não existe; quase todos os nossos livros de Química são histórias práticas dos três reinos da natureza e não podem ser comparados a não ser aos nossos cursos de Química, nos quais, seguindo uma ordem muito arbitrária e bastante indiferente, ensina-se a iniciantes o que com efeito se deve começar a saber, a história das propriedades químicas de um certo número de corpos de diferentes classes e diversos gêneros, espécies etc., história que não é possível de ser feita sem oferecer ao mesmo tempo a maneira de proceder nas operações particulares e a de se servir dos instrumentos. Esse estudo dispõe o olho e a mão para uma experiência cuja aquisição é da maior importância, pela facilidade que se obtém para a verificação das próprias ideias e para apreender certos fenômenos fugitivos e isolados, que sempre germinam no entendimento do filósofo, mas que só podem ser aí lançados por sentidos exercitados.

Apesar da utilidade e da necessidade desses conhecimentos particulares, o químico que os possuir será ainda um simples operador, se não os combinar sob a forma científica de um sistema, forma sob a qual acabamos de apresentá-los neste dicionário.

Os três reinos da natureza que acabamos de mencionar são três grandes divisões pelas quais distribuímos os objetos químicos. Os minerais, os vegetais e os animais preenchem essas divisões. Ver *Animal, Vegetal, Mineral.*

Os corpos de cada um destes três reinos se distinguem por sua simplicidade, ou por sua ordem de mistura. São corpos simples, mistos, compostos, supercompostos etc., caráter essencial relativamente aos meios pelos quais o químico deve proceder a seu exame.

A análise de todos os corpos nos ensinou que cada um deles poderia se transformar imediatamente em outras substâncias essencialmente diferentes; que se poderia dividir estas últimas em outras substâncias diferentes também entre si, que poderiam ainda ser simples ou compostas etc., e assim por diante, até que se chegasse, por ordem, aos elementos que apenas constituiriam a primeira ordem de composição se reunidos vários deles e de naturezas diferentes.

Esses diferentes corpos dos quais acabamos de falar, considerados como materiais de outros corpos mais compostos, em geral são chamados pelos químicos de princípios; os corpos simples são chamados de primeiros princípios, também chamados de elementos. Os que poderiam se decompor ulteriormente são princípios secundários. Ver a doutrina dos princípios dos químicos, a história dos erros sobre esse assunto de vários dentre eles e a dos erros mais grosseiros ainda dos físicos, que os combateram, no verbete *Princípio*.

Se o químico consegue reunir por ordem todos os princípios que havia separado por ordem e recompor o corpo que havia analisado, ele chega ao complemento da demonstração química. A arte atingiu esse grau de perfeição a respeito de vários objetos essenciais.

O uso, o emprego dos mênstruos nas operações químicas nos mostrou nos pequenos corpos uma propriedade que eu generalizo sob o nome de solubilidade ou miscibilidade, e que **[419]** ponho no lugar da atração de coesão dos newtonianos, atração que não poderia ocorrer entre esses corpos considerados como matéria, já que a matéria, sujeito das propriedades dos corpos, não é senão um ser abstrato. Os corpos miscíveis não se atraem entre si senão segundo certas relações que necessariamente supõem a heterogeneidade, em suma, por uma propriedade relativa, e de modo algum por uma propriedade absoluta.

Posso demonstrar também que essa solubilidade em ato, ou união química (tanto quanto a união agregativa ou atração física) é incessantemente contrabalançada pelo calor e não alternada pela repulsão. Assim, discordo dos newtonianos sobre esse ponto, em dois aspectos: 1º) porque conheço a causa da repulsão, que é sempre o fogo; 2º) porque considero a força de coesão e o calor como dois agentes que se contrabalançam e podem se superar reciprocamente, ao passo que os newtonianos consideram a atração e a repulsão como dois fenômenos isolados, dos quais um começa onde o outro acaba.

As relações e o calor que coloquei no lugar da atração e da repulsão dos físicos modernos são os dois grandes princípios de todos os fenômenos da Química.

Eis os primeiros delineamentos do que se pode denominar *sapientia chimica*. Alguns semifilósofos talvez fiquem tentados a crer que nós nos elevamos às mais altas generalidades. Mas sabemos, bem ao contrário, que nos mantivemos nas noções que decorrem o mais imediatamente dos fatos e dos conhecimentos particulares, que podem esclarecer de mais perto a prática.

Com efeito, seria impossível fazer desaparecerem todas essas distinções que multiplicamos tanto; todos esses aspectos diferentes sob os quais consideramos os corpos, lançando sobre eles um desses golpes de vista superiores, nos quais se revela tanto mais extensão no gênio quanto se identificam melhor as causas e os efeitos. Mas esses esforços prejudicariam a ciência no caso de todos aqueles que não tivessem essa capacidade de visão que sabe abarcar as maiores e as menores coisas, nem essa aptidão que certos homens extraordinários têm de concentrar nas meditações abstratas todas as suas faculdades intelectuais e de sair, desse modo, da letargia filosófica na qual seus sentidos ficam, por assim dizer, suspensos, para retomar o seu uso com mais vivacidade, dispersá-los com avidez sobre os objetos que os rodeiam e se apaixonar pela importante e curiosa minúcia dos detalhes.

No que expusemos, o que pode se assemelhar de longe a essas altas contemplações não é senão um simples resumo de reflexões sugeridas pelo exercício imediato dos sentidos; é apenas a experiência do operário decorada com o verniz da ciência. Exemplo: numa operação química tem-se sempre a agregação a ser rompida, algumas vezes a mistura de certos corpos a ser tratada; logo, uma das primeiras distinções indicadas pelo hábito de laboratório, é a que estabelece as características respectivas da agregação e da mistura; duas expressões primeiras e fundamentais no idioma químico que fornecerão por si sós com o que enunciar cientificamente, ou seja, por suas causas próximas, todos os efeitos do calor empregado no tratamento de diferentes corpos. Assim, a operação diz: um certo grau de fogo funde o ouro, dissipa a água, calcina o chumbo, fixa o nitro, analisa o tártaro, o sabão, um extrato, um animal etc. E a ciência diz: um certo grau de fogo relaxa a agregação do ouro, destrói a da água, ataca a mistura do chumbo e a composição do nitro, excita os reativos no tártaro, no sabão, num extrato, num animal. A operação e a ciência têm igualmente a sua linguagem na exposição dos fenômenos da ação dos mênstruos. A operação diz: o ácido nitroso muito concentrado não ataca a prata, mas, estendido com uma certa quantidade de água e excitado por um certo grau de calor, ele a dissolve. A ciência diz: a união agregadora do ácido concentrado é superior à sua relação com a prata, e a água acrescentada ao solvente relaxa essa agregação, que é mais relaxada ainda com o calor etc. A operação nunca generaliza, mas a ciência dirá geralmente aqui: em todo ato de dissolução, a tendência à união por mistura supera a união agregadora.

A Metafísica não disse nada de modo abstrato em todos os princípios que estabelecemos anteriormente que não possa ser traduzido no caso de objetos particulares em linguagem de operação, como acabamos de mostrar nesses exemplos, e reciprocamente etc.

Mas se a Química tem em seu próprio corpo a dupla língua, a popular e a científica, ela tem, dentre as outras ciências naturais, sua maneira de conceber, como é evidente pelo que já expusemos longamente em outro lugar e pelo que havíamos reservado para acrescentar aqui, como complemento do quadro da Química, naquilo que ela tem de mais notável. É que a maioria das qualidades dos corpos que a Física considera como modos, são substâncias reais que o químico sabe separar deles, que sabe ou remete a eles, ou sabe levar para outros; tais são a cor, o princípio de inflamabilidade, do sabor, do odor etc.

O que é o fogo, pergunta o físico. Não é um corpo aquecido a tal ponto que lança luz em abundância? Pois um ferro em brasa, inflamado, é outra coisa senão fogo? O que é um carvão em brasa, a não ser madeira vermelha e ardente? Newton, *Optica, quaestio* 9. Entretanto, um carvão em brasa é tão pouco o fogo quanto uma esponja embebida de água é água. Pois o químico pode tanto tirar do carvão e mostrar à parte o princípio de inflamabilidade, ou seja, o fogo, quanto espremer a água de uma esponja e recebê-la num frasco.

A cor, considerada no corpo colorido, é, para o físico, uma certa disposição da superfície dos corpos que os torna próprios a enviar tal ou qual raio; mas, para o químico, a verdura de uma planta é inerente a um certo corpo resinoso verde, que ele sabe extrair dessa planta; a cor azul da argila é devida a uma matéria metálica que ele sabe também separar dela; a do jaspe, que se parece tão perfeitamente com essa substância fóssil, foi contudo extraída e retida, segundo a famosa experiência de Becher.

Uma observação que seria conveniente fazer é que, na exposição dos fenômenos da cor, o físico e o químico dizem somente coisas diferentes, mas não contraditórias. O químico dá somente um passo a mais. Ele dará um segundo passo se, quando lhes perguntarem em que consiste a cor nessa resina verde da planta, ou nessa substância metálica da argila, ele não se reduzir, em sua resposta, a recorrer a uma certa disposição oculta, e se ele conhecer um corpo, um ser físico, uma substância particular que possa assinalar como sujeito ou causa da cor: ora, ele conhece esse corpo, a saber, o flogístico. Em suma, se a questão é sobre as propriedades dos mistos, o químico encontra a sua razão nos seus princípios ou na própria mistura [**420**] e não interrompe nunca essa espécie de análise a não ser quando chega aos elementos, ou seja a esses corpos que não pode mais decompor.

Consideramos até agora a Química como a ciência geral dos pequenos corpos, como uma vasta fonte de conhecimentos naturais; a aplicação particular que é feita deles a diferentes objetos produziu os diversos ramos da Química e as diferentes artes químicas. Os dois ramos que foram cultivados mais cientificamente e que se tornaram, por isso, a base do trabalho, o verdadeiro fundo de experiências do químico filósofo, ao mesmo tempo que foram as duas primeiras artes químicas, são a arte de preparar os medicamentos e a arte de tratar as minas e purificar os metais, seja no grande ou no pequeno.

Os conhecimentos que a Química forneceu à Medicina racional podem também fazer que se considere a teoria médica tirada desses conhecimentos como um ramo da Química, ramo muito necessário ao médico no estado presente da teoria da Medicina, seja por admiti-la, seja por rejeitá-la com conhecimento de causa, já que ela é fundada principalmente sobre as pretensas mudanças químicas dos alimentos e dos humores. Confessarei, contudo, embora contra meu desejo, que esses conhecimentos são bem menos extensos e sobretudo bem menos úteis à Medicina prática do que pretendeu Boerhaave (ver *Elementos químicos*, parte 2, *Usus chimiae in medendo*), em quem encontramos sempre o perigoso projeto de deduzir todas as verdades verdadeiramente medicinais dos conhecimentos físicos.

É deliberadamente que não falamos aqui da alquimia.

A fabricação de vidros, a manufatura de porcelana, a arte dos esmaltes, a pintura em vidro, que não é uma arte perdida apesar da opinião pública, a cerâmica, a zimotecnia, ou a arte de dispor certas substâncias vegetais para a fermentação, que compreende a arte de fazer vinhos, a arte do fabricante de cervejas e a do produtor de vinagres, a halotecnia ou arte de preparar os sais, a pirotecnia, arte dos fogos de artifício, a dos couros, a manufatura do sabão, a arte do verniz, a de gravura à água-forte, a tintura, a preparação dos chifres, escamas e pelos dos animais, a arte do destilador, o do confeiteiro e do fabricante de bebidas, que são propriamente três ramos da Farmácia, a arte do padeiro, *panificium*, a cozinha etc., todas são artes químicas. Ver esses verbetes particulares.

Além dessas artes das quais acabamos de falar, e que se ocupam essencialmente em executar certas operações químicas, há outras artes cujas operações fundamentais não são químicas, mas às quais a Química fornece auxílios essenciais. Em certos produtos químicos, a Mecânica encontra seus princípios de movimento mais eficazes, a pólvora de canhão, cujo emprego todos conhecem, o vapor na bomba a fogo etc. As cores mais brilhantes e mais duráveis empregadas pela pintura são presentes da Química.

O ramo mais curioso e mais mágico da magia natural, é o que opera prodígios pelos agentes e sobre os objetos químicos. Os fósforos, a inflamação dos óleos pelos ácidos, os pós fulminantes, as efervescências violentas, os vulcões artificiais, a produção, destruição e aceleração súbita das cores de certos líquidos, as precipitações e coagulações inesperadas etc., mesmo negligenciando as pretensões aparentemente quiméricas sobre a pedra divina, os rejuvenescimentos, o pequeno homem de Paracelso, os milagres da palingenesia, todas essas maravilhas, digo, podem, mesmo neste século esclarecido, espantar muitas pessoas, ou pelo menos diverti-las.

Como as artes químicas estão ligadas à Química Geral como a um tronco comum, apresentam-se aqui duas questões muito importantes: 1ª) até que ponto cada uma dessas artes pode ser corrigida e aperfeiçoada pela ciência química?; 2ª) o quanto a ciência química pode avançar, por sua vez, por meio dos conhecimentos particulares obtidos no exercício de cada uma dessas artes?

Quanto à primeira questão, é evidente que o químico mais esclarecido, o mais instruído, dirigirá, reformará, aperfeiçoará uma arte química qualquer, com uma vantagem proporcional a seus conhecimentos gerais, a sua ciência, com a condição, entretanto, de ter adquirido, sobre o objeto particular dessa arte, a faculdade de julgar pelo sentimento, que se chama golpe de vista no trabalhador e que este deve ao hábito de manipular seu objeto. Pois nenhum meio científico poderia substituir esse hábito. Isso é um fato, uma verdade da experiência.

Quanto à segunda, a necessidade de tornar familiares todos os procedimentos, todas as operações, todos os processos das artes químicas, segundo o conselho e o exemplo do grande Stahl, ela nos parece absolutamente indispensável para o químico que aspira a abraçar sua arte com alguma extensão. Pois não somente é um espetáculo muito curioso, muito filosófico, examinar o quanto esses meios químicos são variados e combinados em sua aplicação a usos particulares, e sob cuja forma o gênio se apresenta nos operários, o qual ele se chama simplesmente bom senso; além disso, as lições desse bom senso, a indústria, a facilidade natural, a experiência do operário são bens que ele não deve negligenciar. Em suma, é preciso ser artista hábil, experimentado, mesmo que fosse apenas para executar ou para dirigir as operações com facilidade, com essa abundância de recursos, essa prontidão, que fazem do trabalho um jogo, uma distração, um espetáculo que atrai, e não um exercício longo e penoso, que repugna e desencoraja necessariamente, por novos obstáculos que interrompem a cada passo, e sobretudo pela incerteza do sucesso. Todos esses fenômenos isolados, essas pretensas esquisitices das operações, essa variedade de produtos, todas essas singularidades nos resultados das experiências que os pseudoquímicos põem na conta da arte, ou das propriedades desconhecidas das matérias que empregam, podem ser atribuídas muito geralmente à inexperiência do artista e apresentam-se pouco aos olhos do químico experimentado. Acontecerá muito raramente, talvez jamais aconteça a este último, de obter um certo produto e nunca poder chegar a retirar uma segunda vez as mesmas matérias. O artista do qual falamos nunca pensará em considerar os graus de calor que emprega por meio dos termômetros ou a sucessão das gotas numa destilação, pelo pêndulo de segundos; terá, como diz muito sensatamente o trabalhador, seu termômetro na ponta dos dedos e seu relógio na cabeça. Em suma, se orientará, em todos os procedimentos ordinários, nas operações cotidianas, a partir de indícios grosseiros e sensíveis, que são sempre preferíveis por causa de sua comodidade e são suficientes. Ora, pelo hábito se consegue avaliar, com muito mais precisão, com esse único recurso, a maior parte dos fenômenos químicos e todas as medidas artificiais pelos quais [421] se gostaria de substituí-los são de um emprego muito difícil, para não dizer impossível, e notadamente os termômetros, tão ridículos no avental de um químico de procedimentos quanto no bolso de um médico visitando os doentes.

Mas a utilidade do hábito do trabalho não se limita a isso; é nos fenômenos que daí nascem a cada passo que o químico que sabe ver obtém os conhecimentos mais luminosos e, com frequência, mesmo os mais vastos; é lá que se encontrarão esses fenômenos dos quais fala o chanceler Bacon, que não são nada em si e por si, mas que podem servir de fundamento ou de germe, de ponto de partida para uma teoria importante; podem servir para excitar o gênio do químico, assim como a queda de uma pera determinou a meditação de Newton, que produziu seu magnífico sistema da gravitação universal. De resto, é apenas para aqueles que nunca puseram a mão na massa, ou que nunca souberam avaliar o mérito do químico, formado pelo exercício, por atos repetidos, que é necessário celebrar as vantagens da experiência. Pois alguém que tenha vivido seis meses entre os fornos, ou que, sabendo o que é a Química, adquiriu condições de discutir sobre a arte, não hesitaria, entre o especulador mais profundo e o artista mais experiente, em dar a preferência a este último.

É a necessidade de todos esses conhecimentos práticos, a longa duração das experiências químicas, a assiduidade do trabalho e da observação que elas exigem, as despesas que ocasionam, os perigos aos quais elas expõem, a obstinação mesmo com esse gênero de trabalho que se arrisca sempre a contrair, que fizeram que os químicos mais sensatos dissessem que o gosto pela Química era uma paixão de louco. Becher chama os químicos *certum quoddam genus hominum excentricum, heteroclitum, heterogeneum, anomalum*; que possui um gosto muito singular, *quo sanitas, pecunia, tempus et vita perduntur.* Mas, tomando a utilidade das ciências como um dado, segundo o qual a opinião geral nos autoriza a raciocinar, essas dificuldades e esses inconvenientes devem fazer que se considere os doutos que têm coragem o bastante para enfrentá-los como cidadãos que merecem todo o nosso reconhecimento.

(MGS)

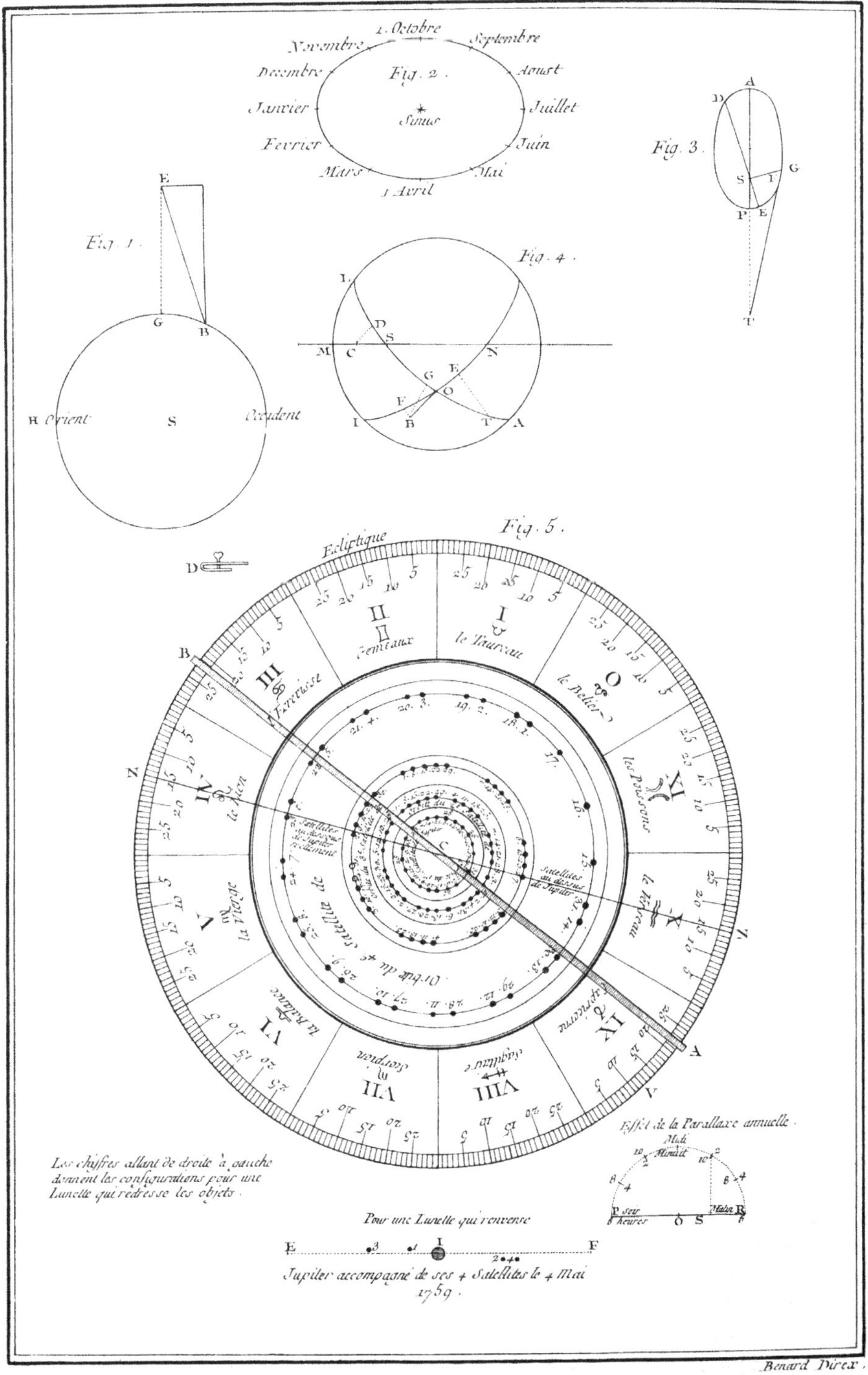

Benard Direx.

Astronomie.

Astronomia.

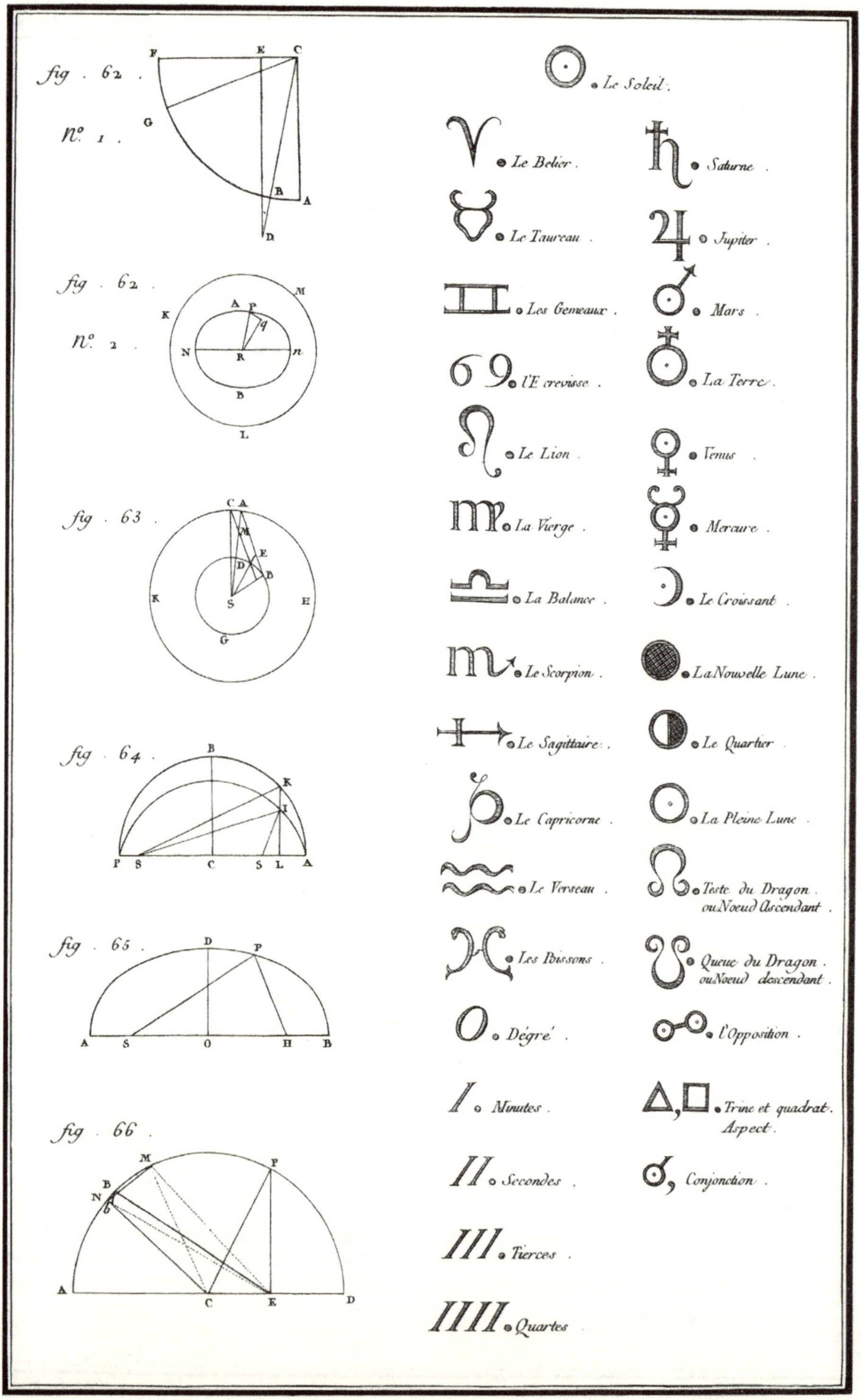

Astronomie.

Astronomia.

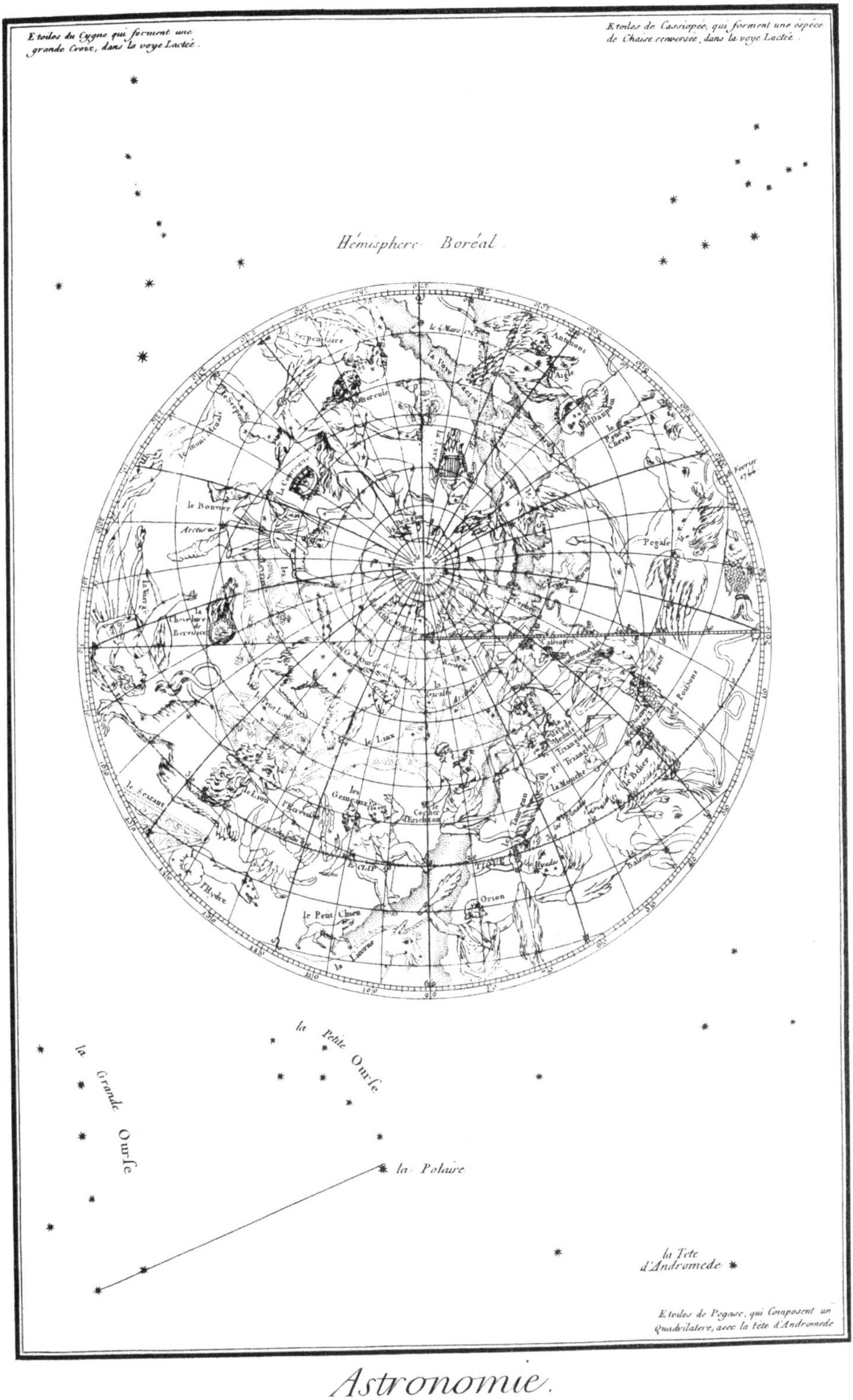

Astronomie.

Astronomia.

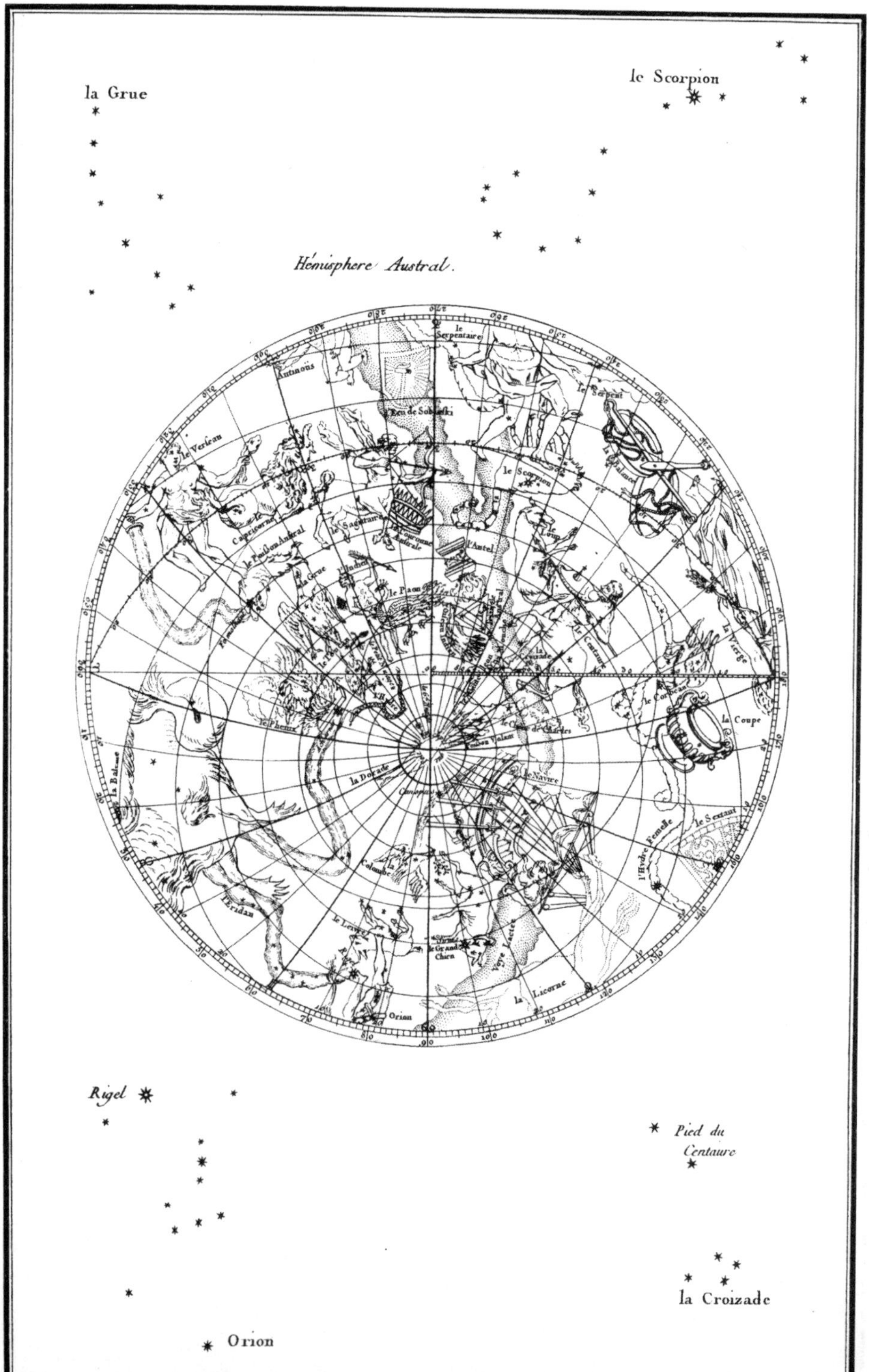

Astronomie.

Astronomia.

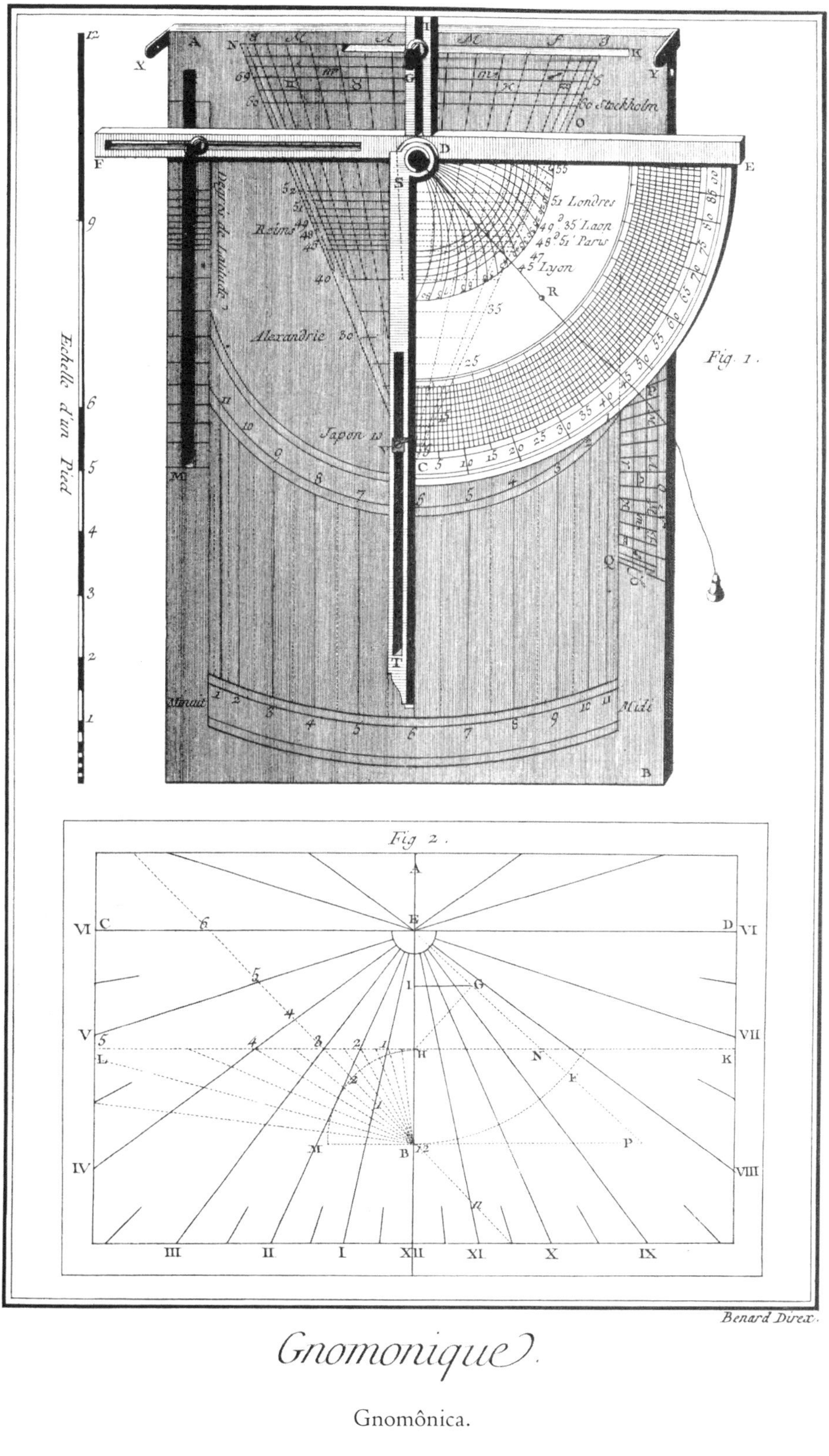

Benard Direx.

Gnomonique.

Gnomônica.

Constructeur Universel d'Equations.

Fig. 1.

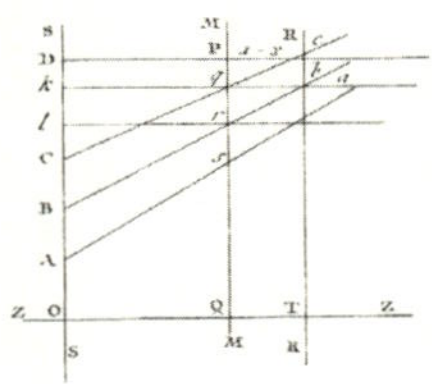

Fig. 2.

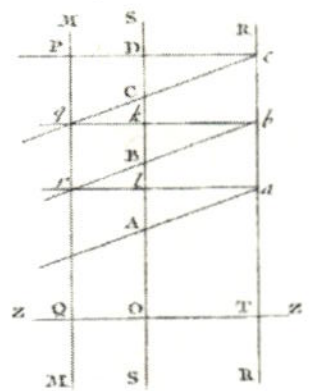

Fig. 3.

Fig. 4.

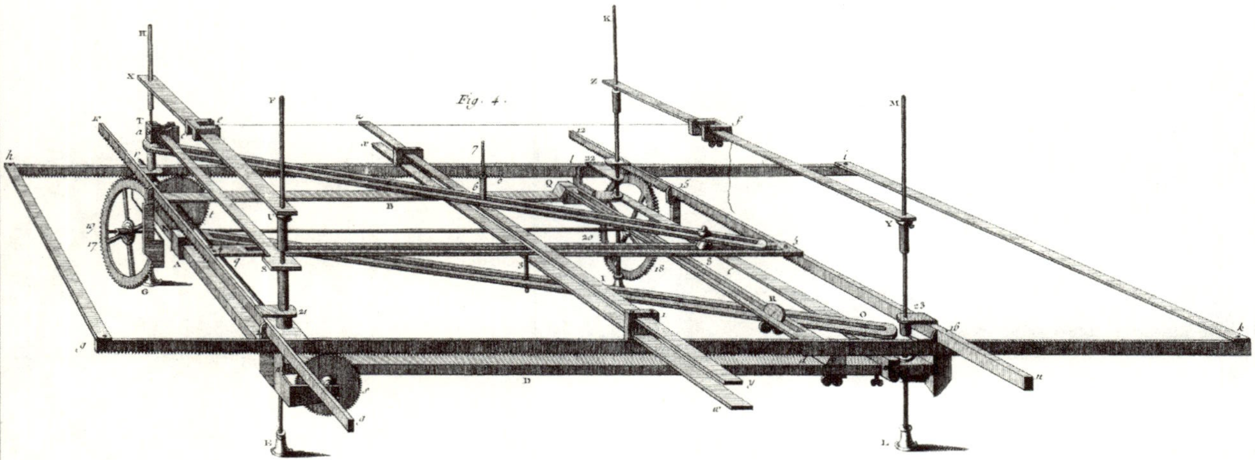

Algebre.

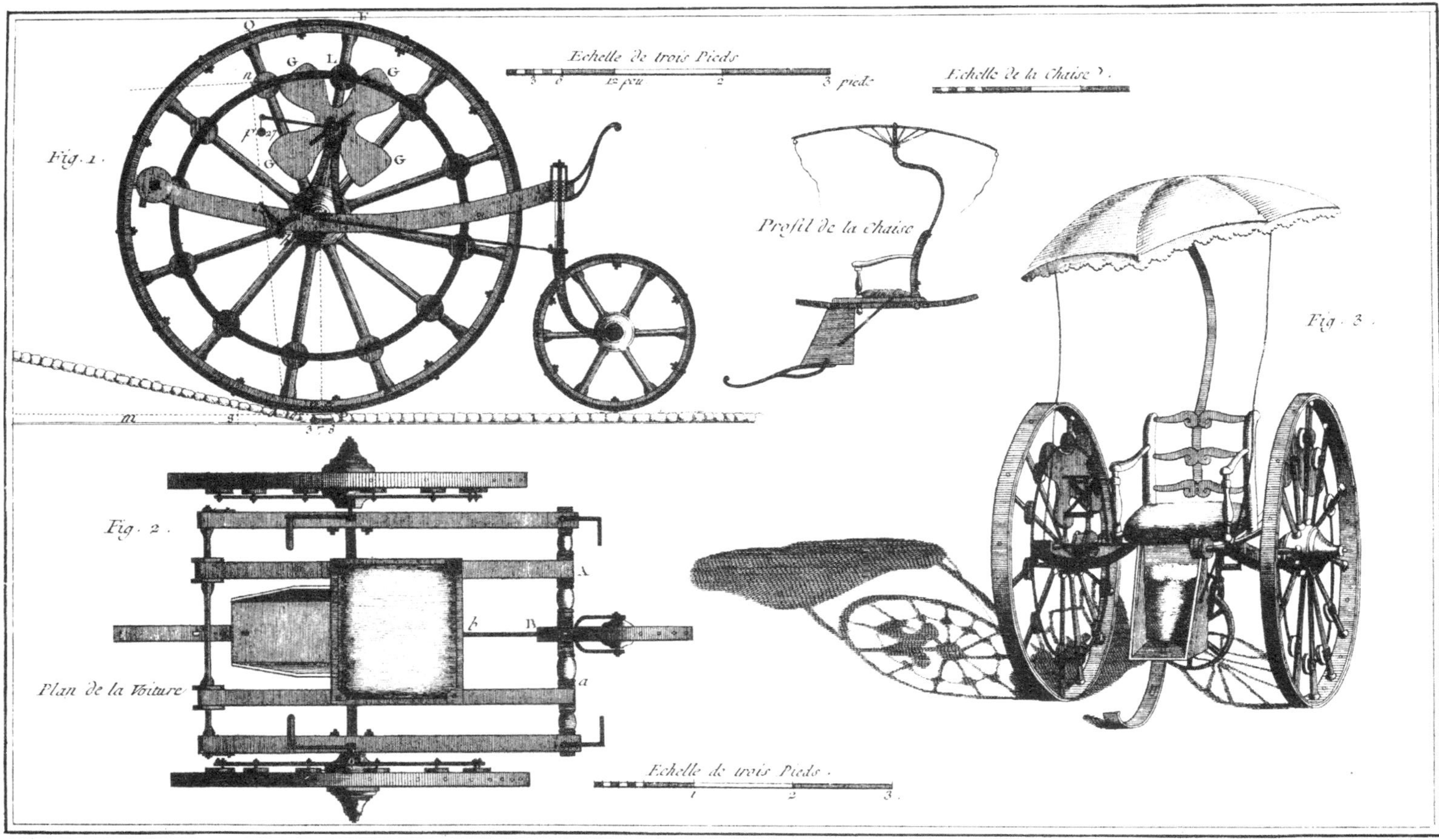

Méchanique.

Mecânica.

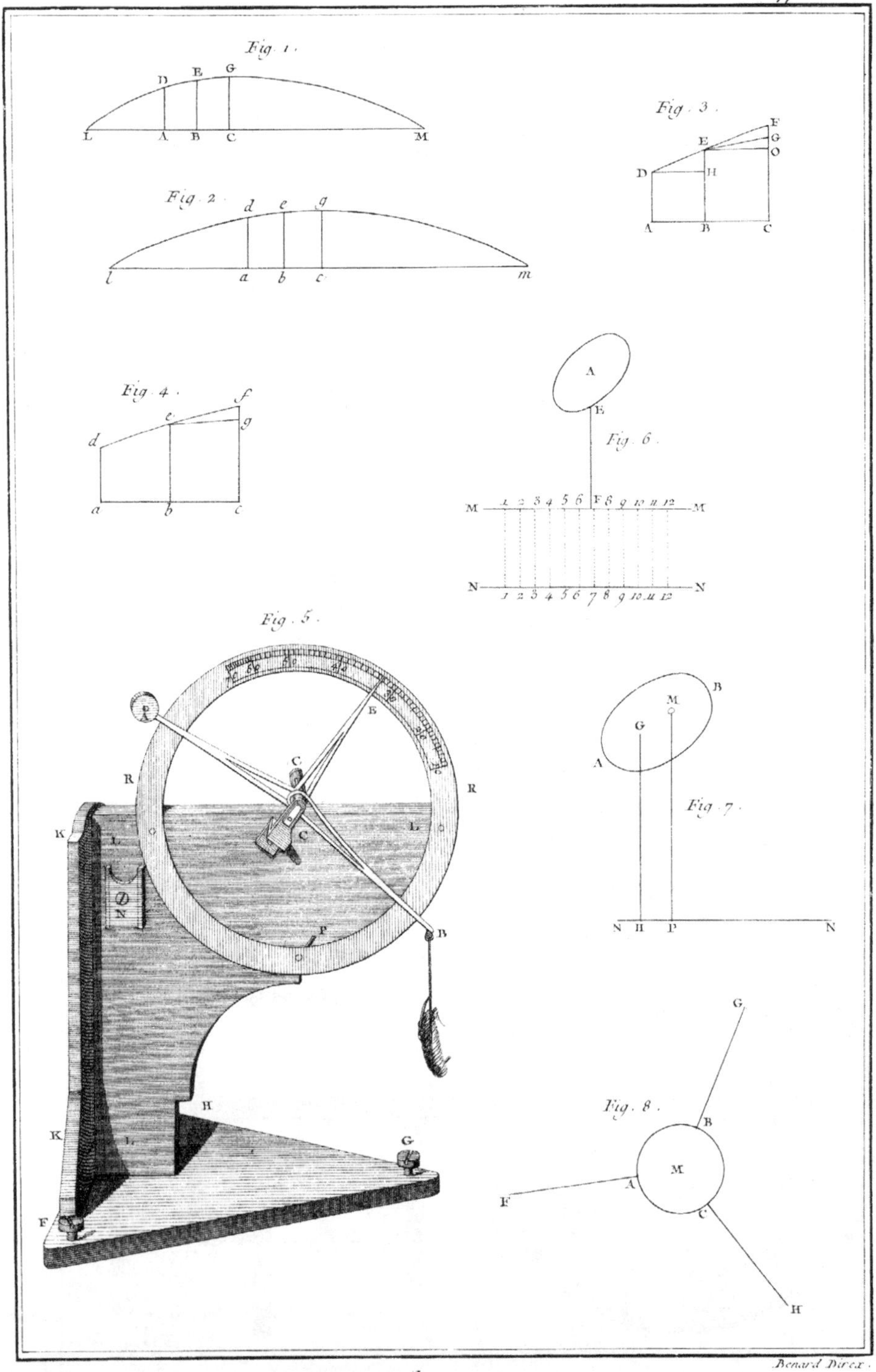

Benard Direx.

Méchanique

Mecânica.

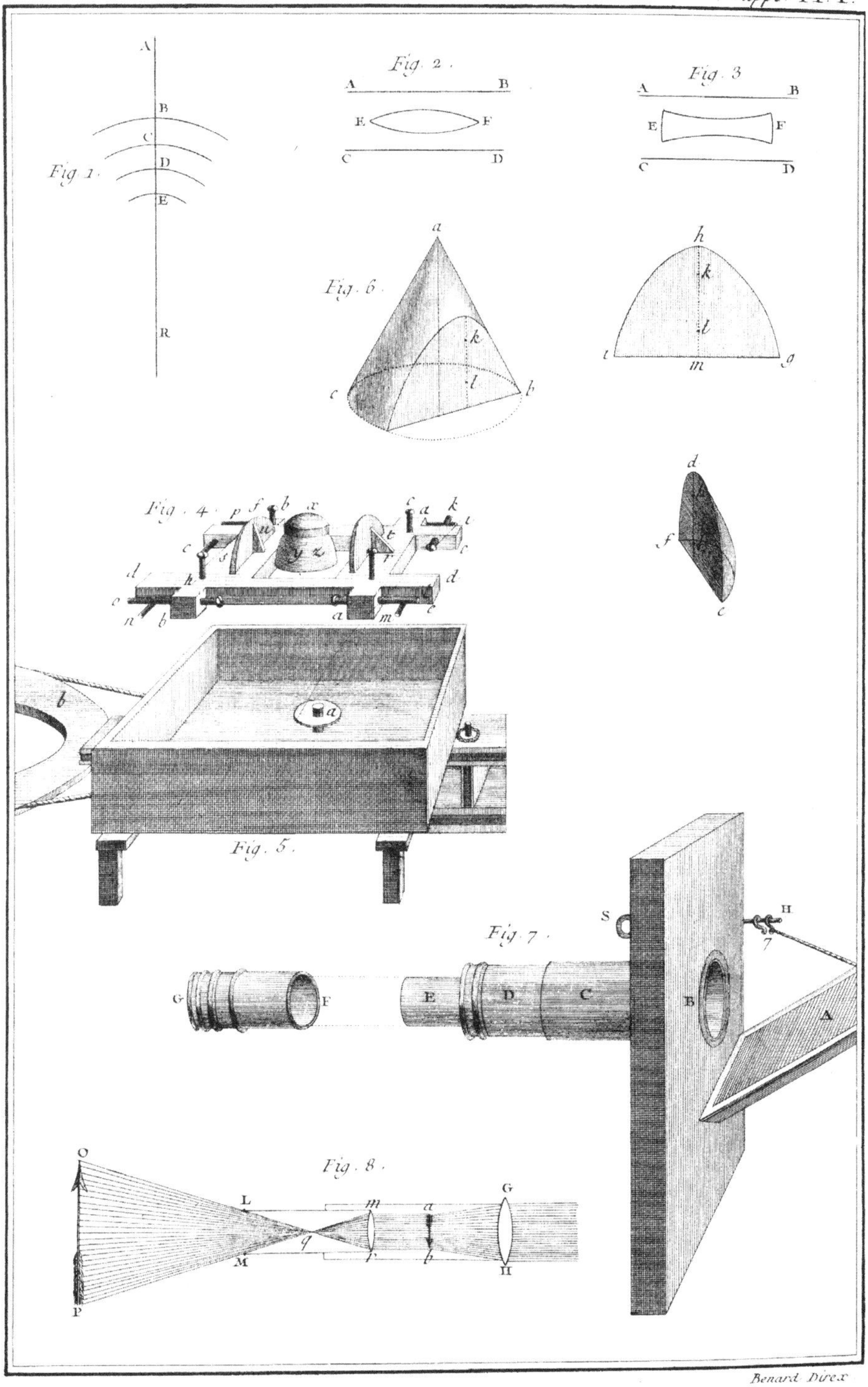

Benard Direx.

Optique

Ótica.

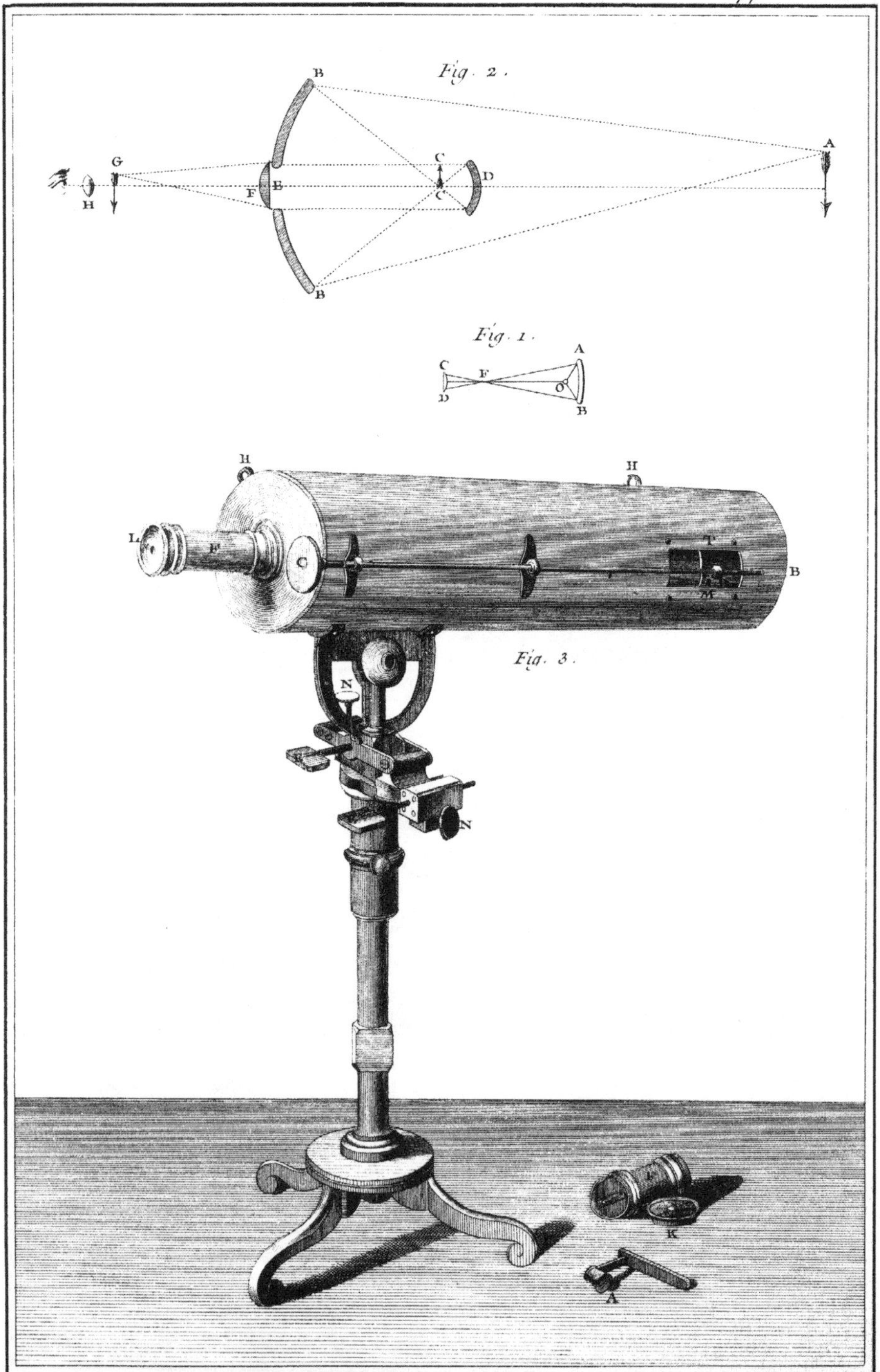

Benard Direx.

Optique

Ótica.

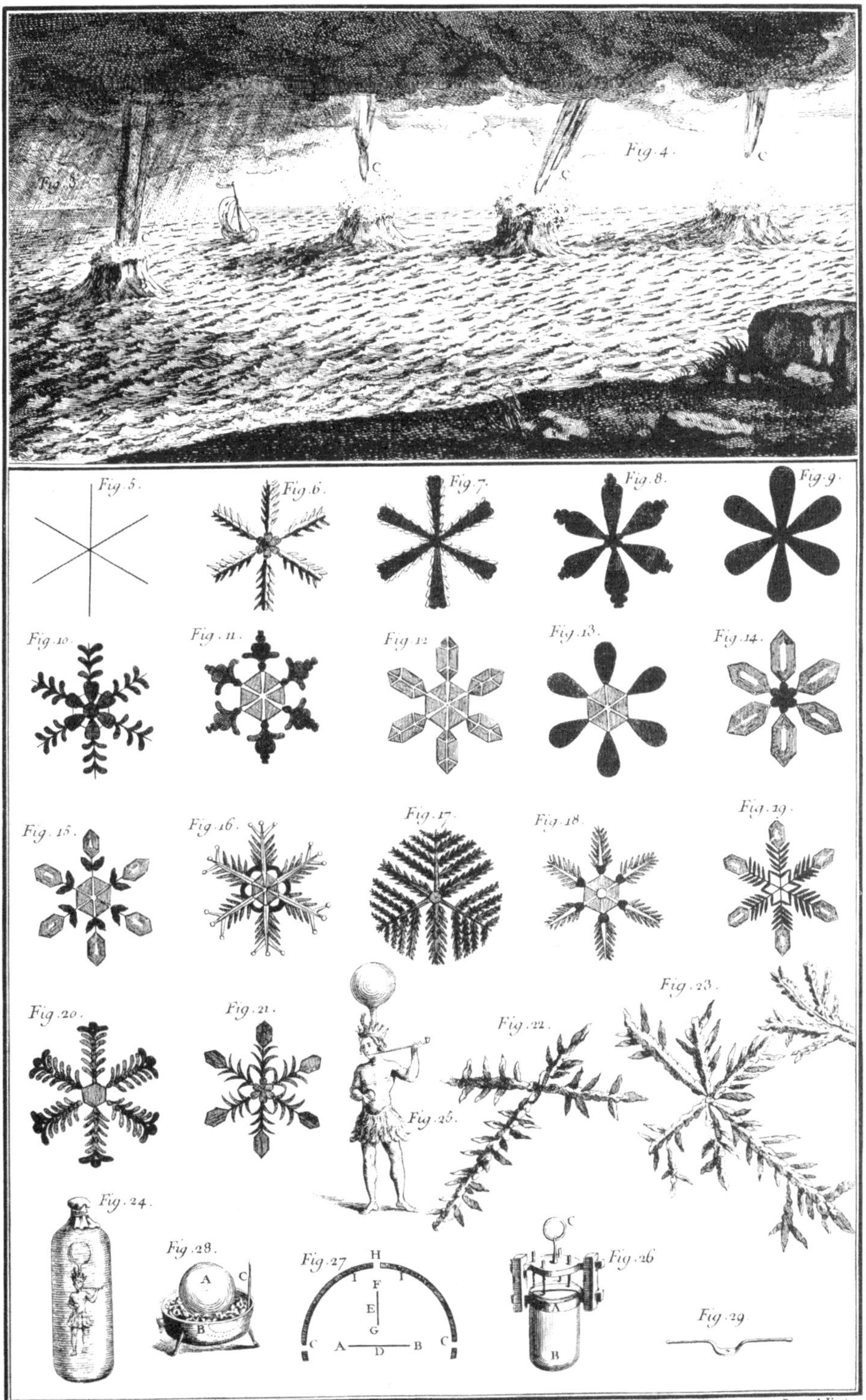

Goussier Del. Benard Fecit

Physique.

Física.

Pl. I.

Martinet Del. Benard Direxit

Histoire Naturelle,

Fig. 1. L'ELEPHANT. Fig. 2. LE RHINOCEROS.

História Natural. Fig. 1. Elefante. Fig. 2. Rinoceronte.

Pl. II.

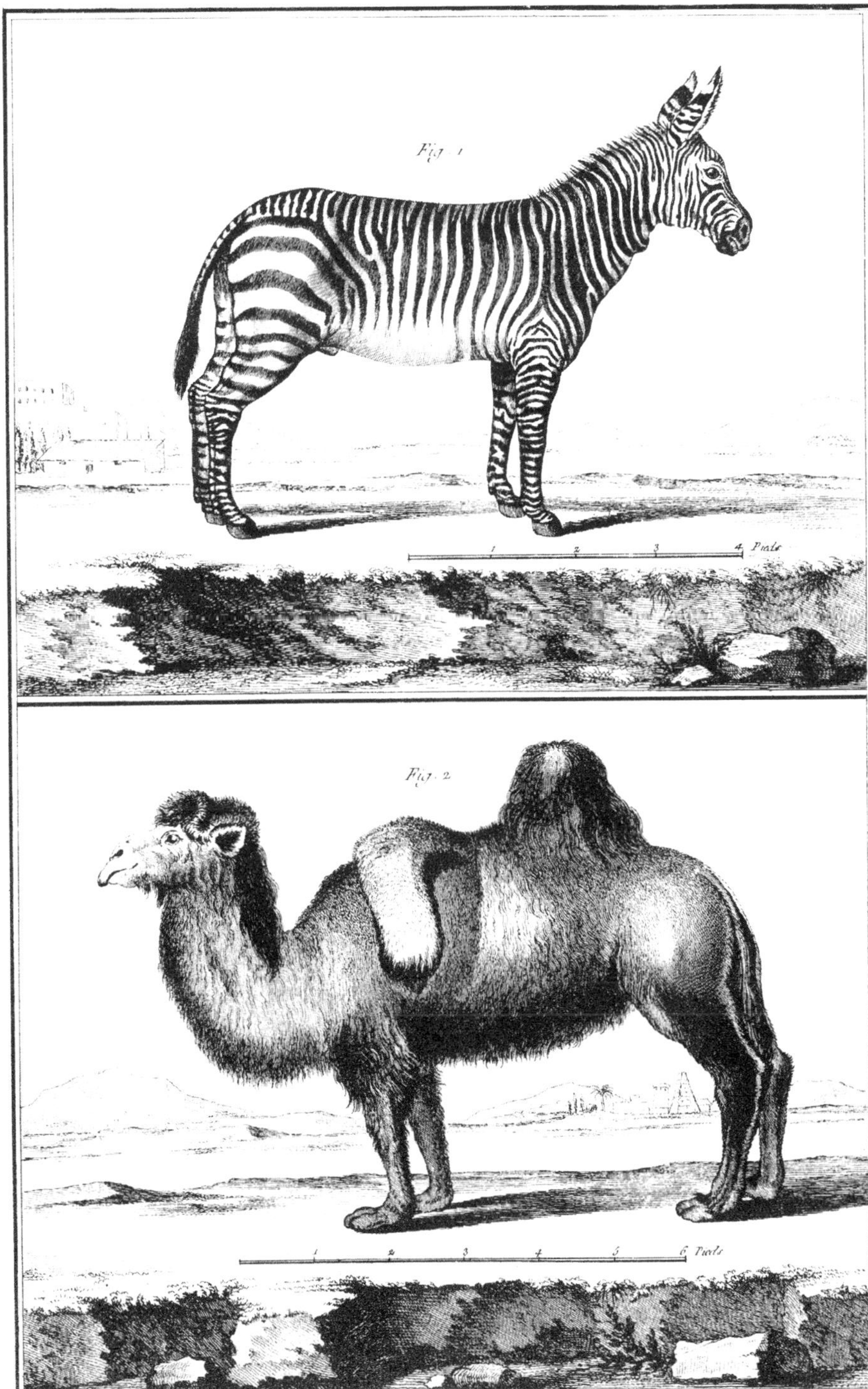

Martinet Del. Benard Direxit.

Histoire Naturelle,

Fig. 1. LE ZEBRE. Fig. 2. LE DROMADAIRE.

História Natural. Fig. 1. Zebra. Fig. 2. Dromedário.

História Natural. Fig. 1. Búfalo. Fig. 2. Muflão.

Pl. I. Bis.

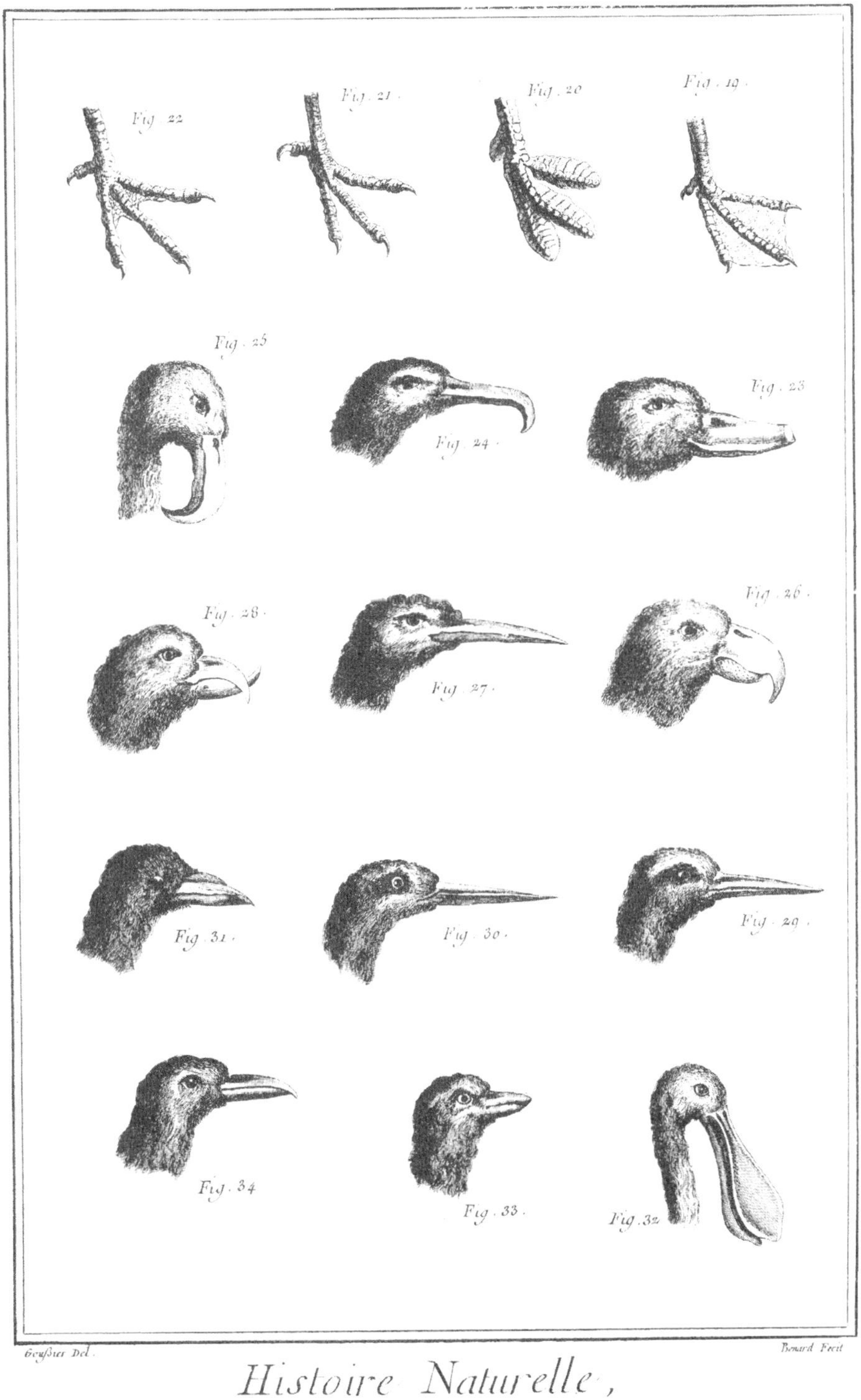

Goussier Del. Benard Fecit

Histoire Naturelle,

Distribution Méthodique des Oyseaux par le Bec et par les Pattes.

d'après Barrere.

História Natural. Distribuição metódica dos pássaros pelo bico e pelas patas.

Martinet Del. Benard Fecit

Histoire Naturelle, OURSINS.

História Natural. Ouriços.

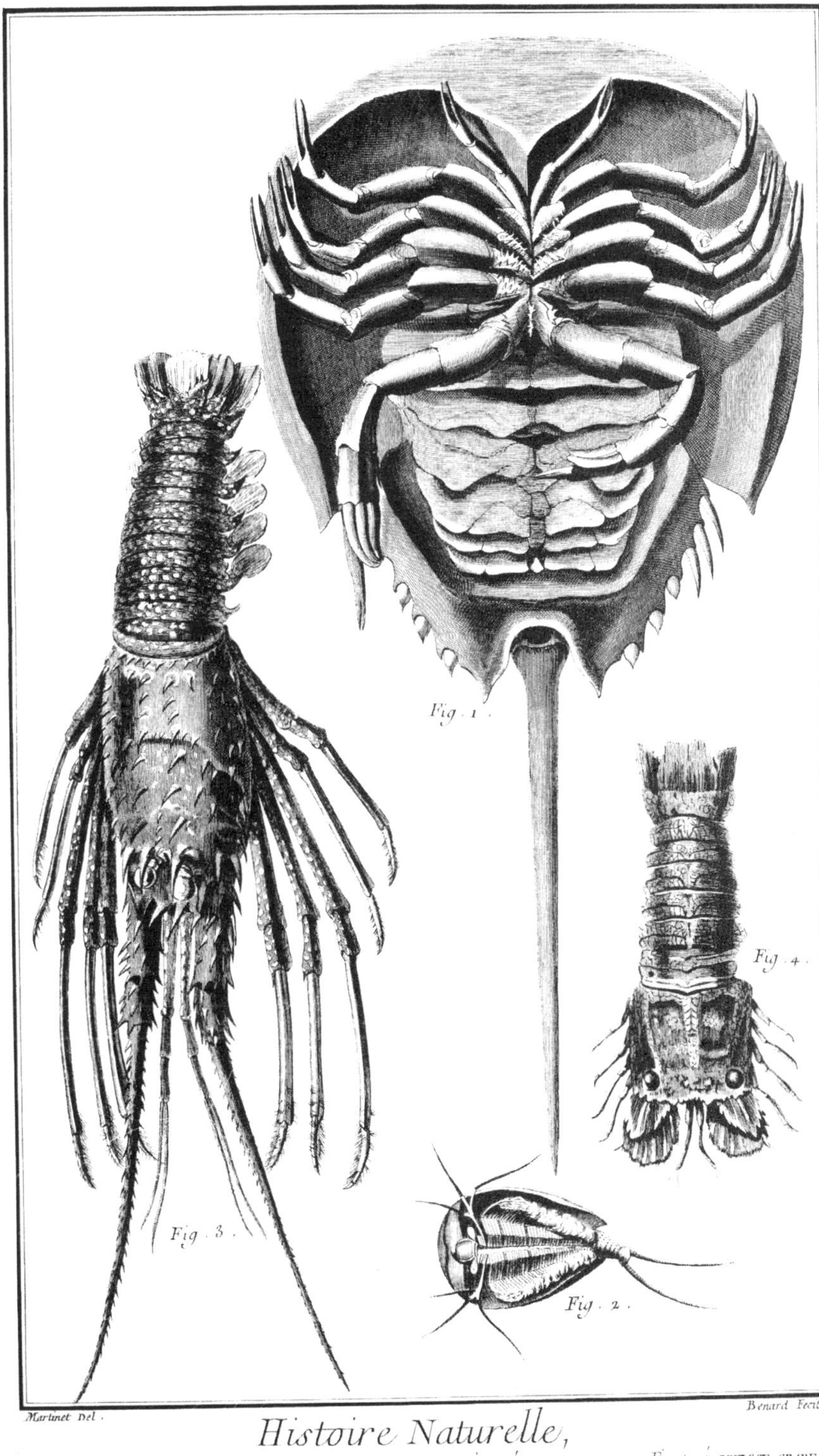

Martinet Del. Benard Fecit.

Histoire Naturelle,

Fig. 1. CRABE DES MOLUQUES. Fig. 2. CRABE D'EAU DOUCE. Fig. 3. ÉCREVISSE DE MER. Fig. 4. ÉCREVISSE-CRABE.

História Natural. Fig. 1. Caranguejo. Fig. 2. Caranguejo de água doce. Fig. 3. Lagosta. Fig. 4. Lagostim.

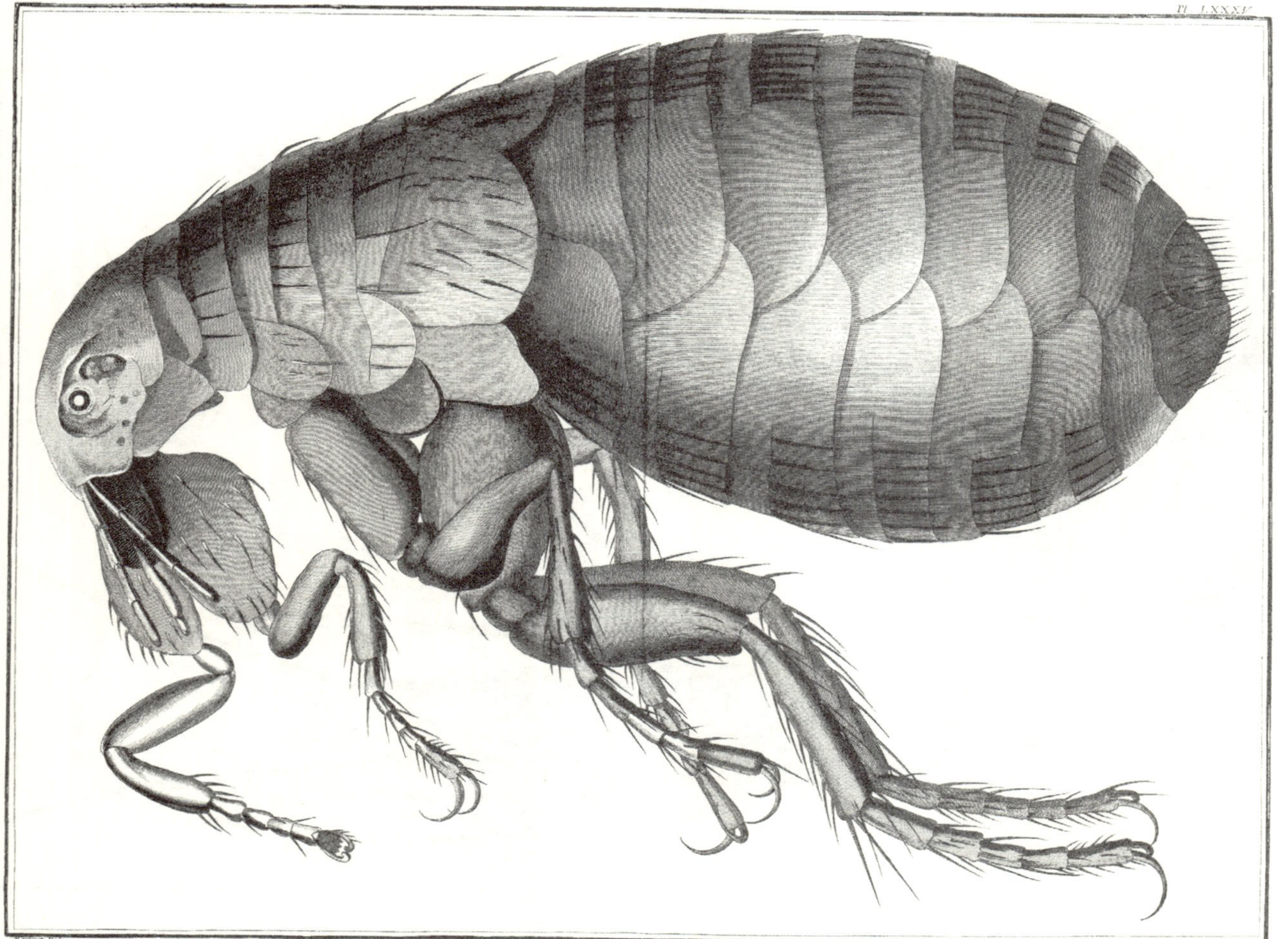

Histoire Naturelle, LA PUCE VUE AU MICROSCOPE.

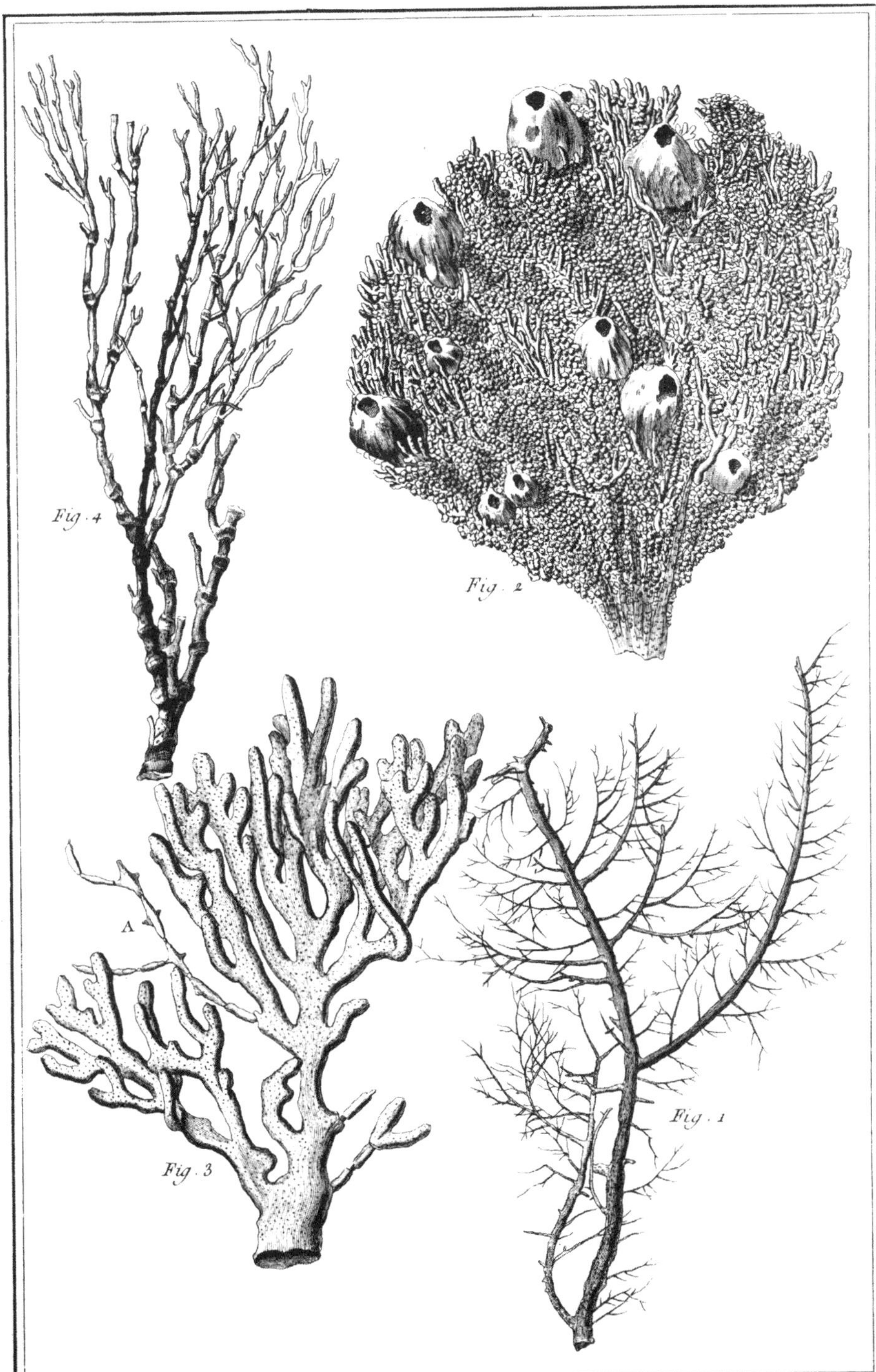

Martinet Del.   Benard Fecit.

Histoire Naturelle, POLYPIERS.

História Natural. Pólipos.

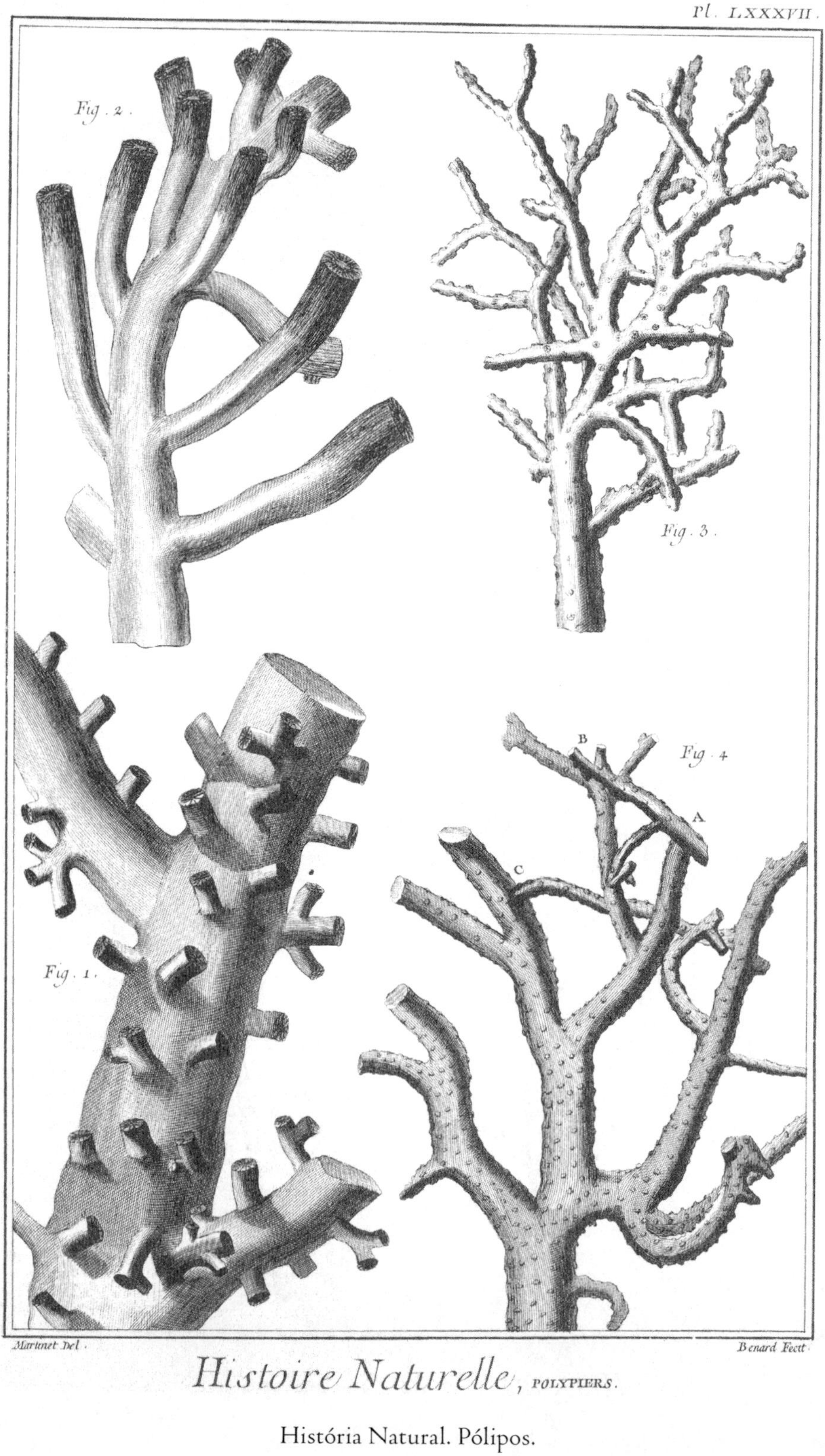

Martinet Del. Benard Fecit.

Histoire Naturelle, POLYPIERS.

História Natural. Pólipos.

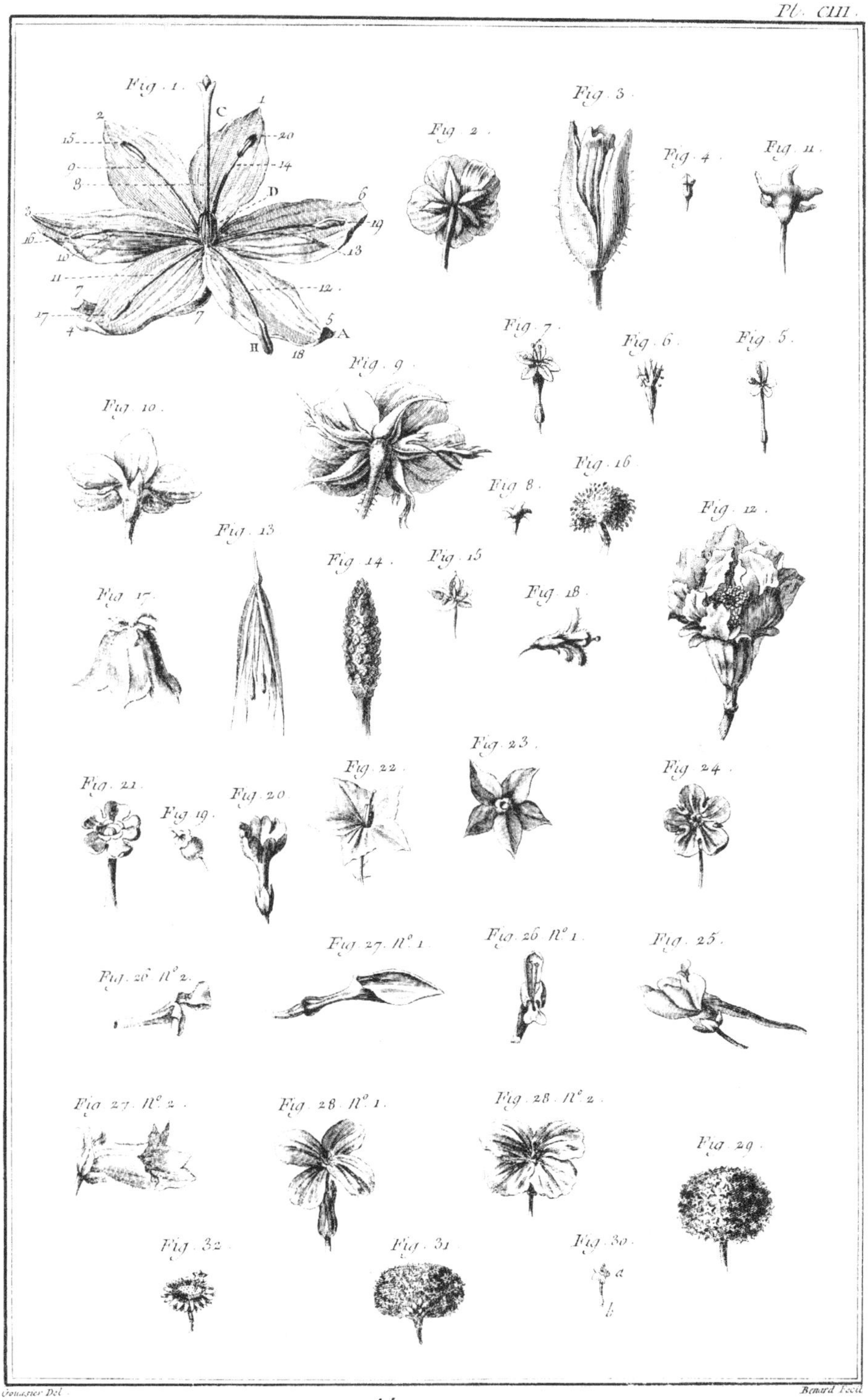

Goussier Del.　　Benard Fecit

Histoire Naturelle, Principes de Botanique, Systême de Tournefort.

História Natural. Princípios de Botânica. Sistema de Tournefort.

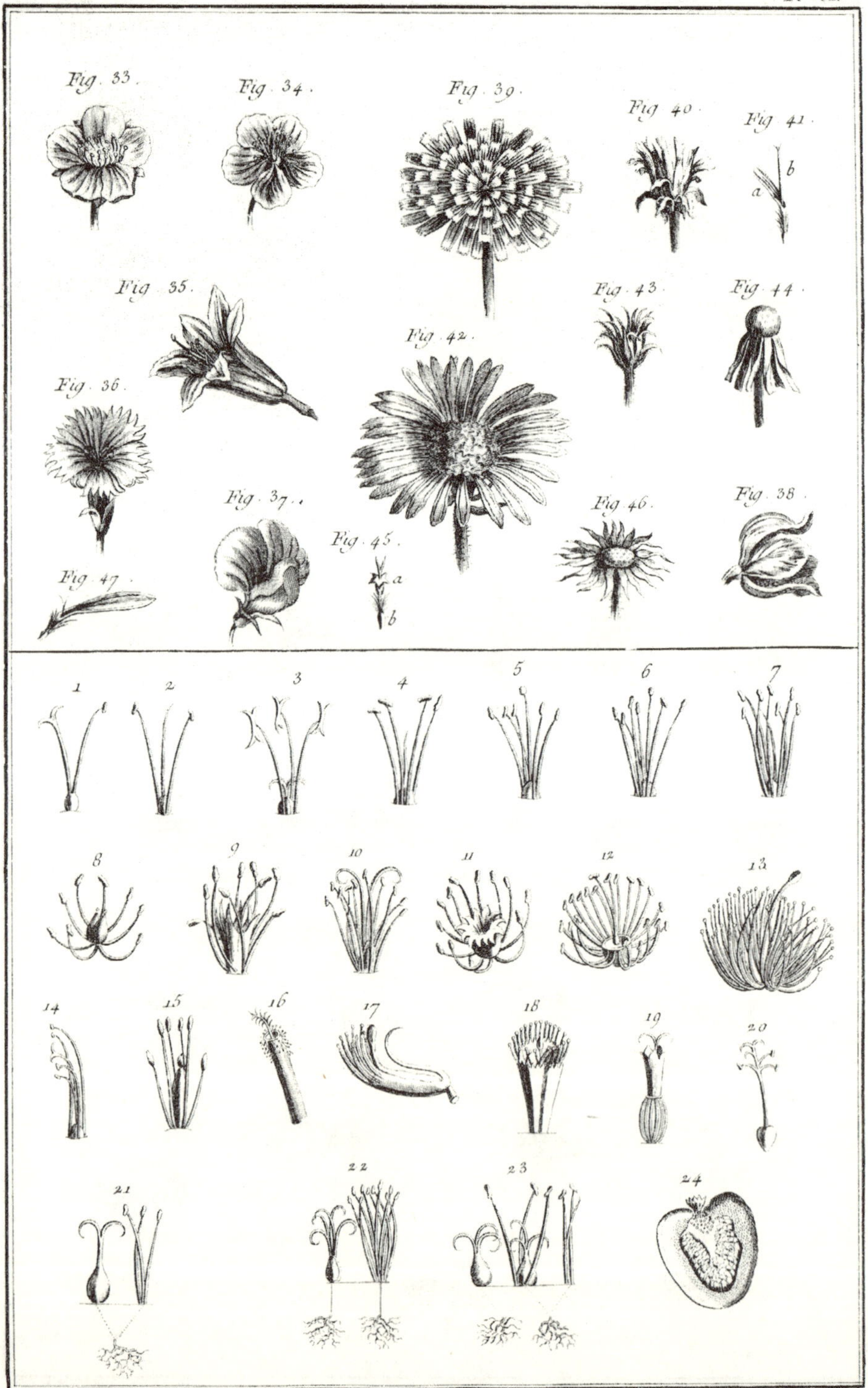

Goussier Del. Benard Fecit

Histoire Naturelle, Principes de Botanique, Systeme de Linnæus.

História Natural. Princípios de Botânica. Sistema de Lineu.

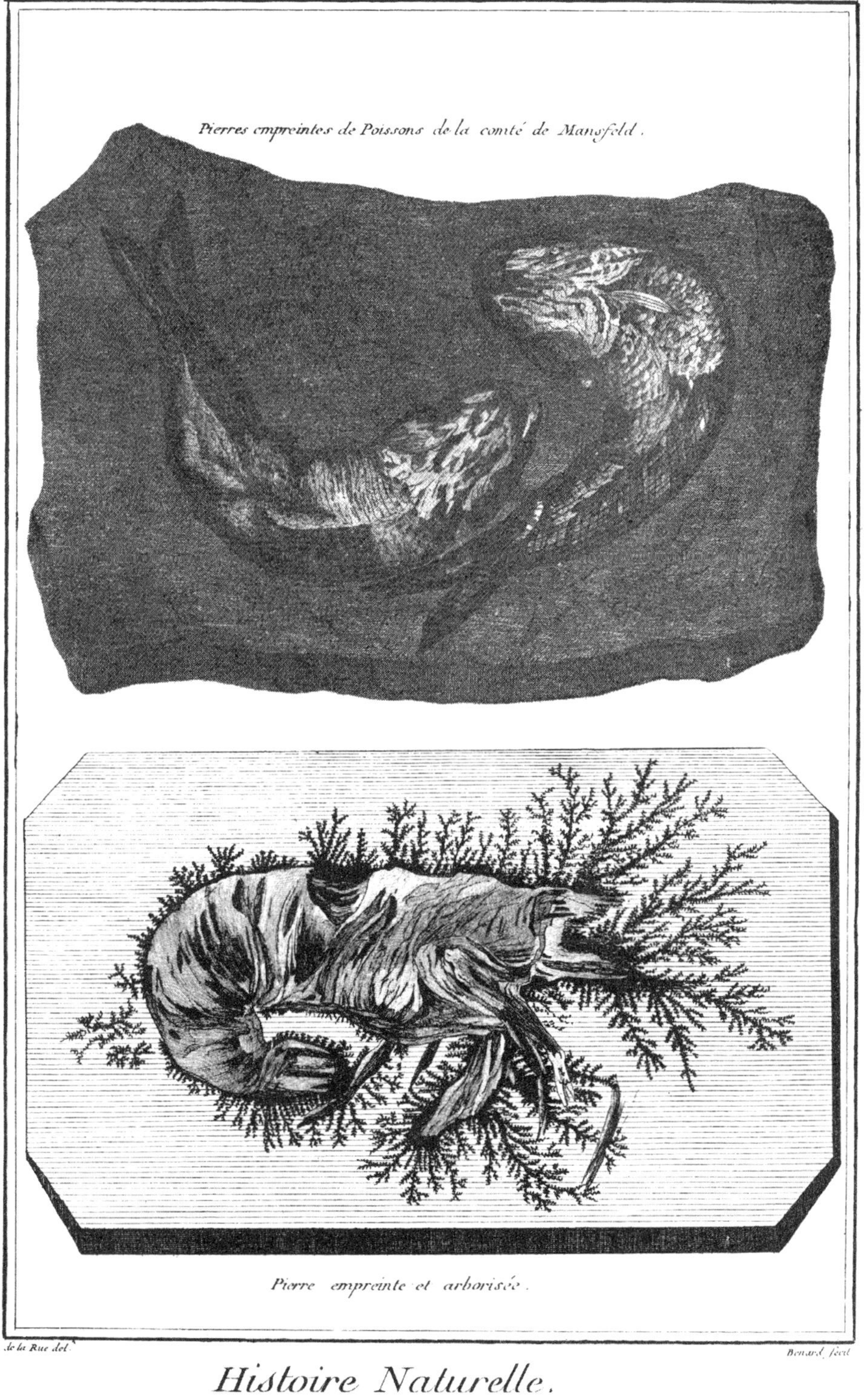

Pierres empreintes de Poissons de la comté de Mansfeld.

Pierre empreinte et arborisée.

de la Rue del.^t Benard fecit

Histoire Naturelle.

História Natural. Mineralogia.

Minéralogie, 1.ère Collection. Corps Etrangers au Regne minéral qui se trouvent dans la terre. Pl.

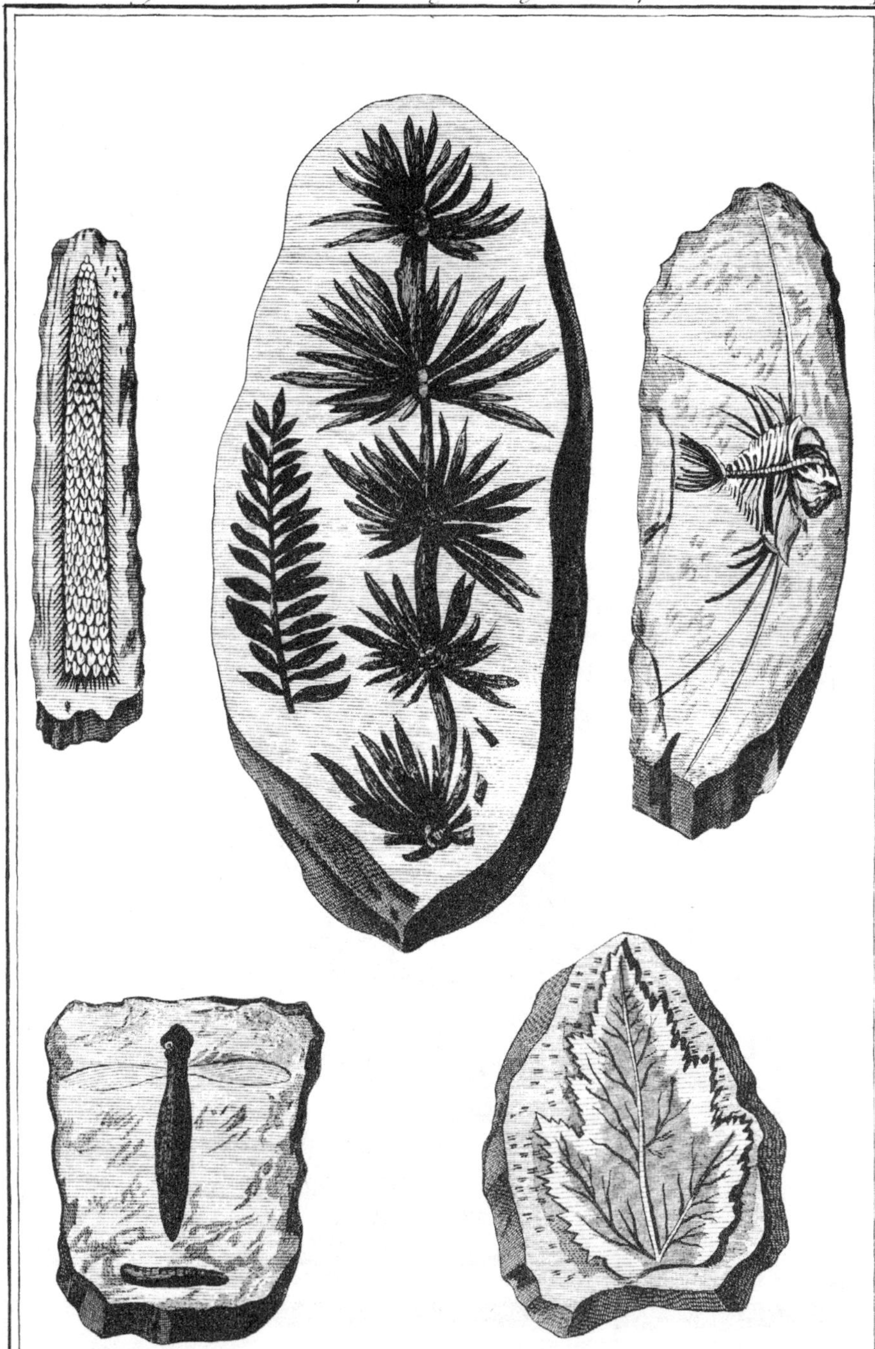

De la Rue Del. Benard Fecit.

Histoire Naturelle,

Typolithes ou Pierres chargées d'Empreintes de Végétaux.

História Natural. Tipólipos ou pedras com marcas de vegetais.

De la Rue del. Benard fecit

Histoire Naturelle.

História Natural. Mineralogia.

Minéralogie, 1.re Collection. Corps Etrangers au Regne minéral qui se trouvent dans la terre. Pl. XII.

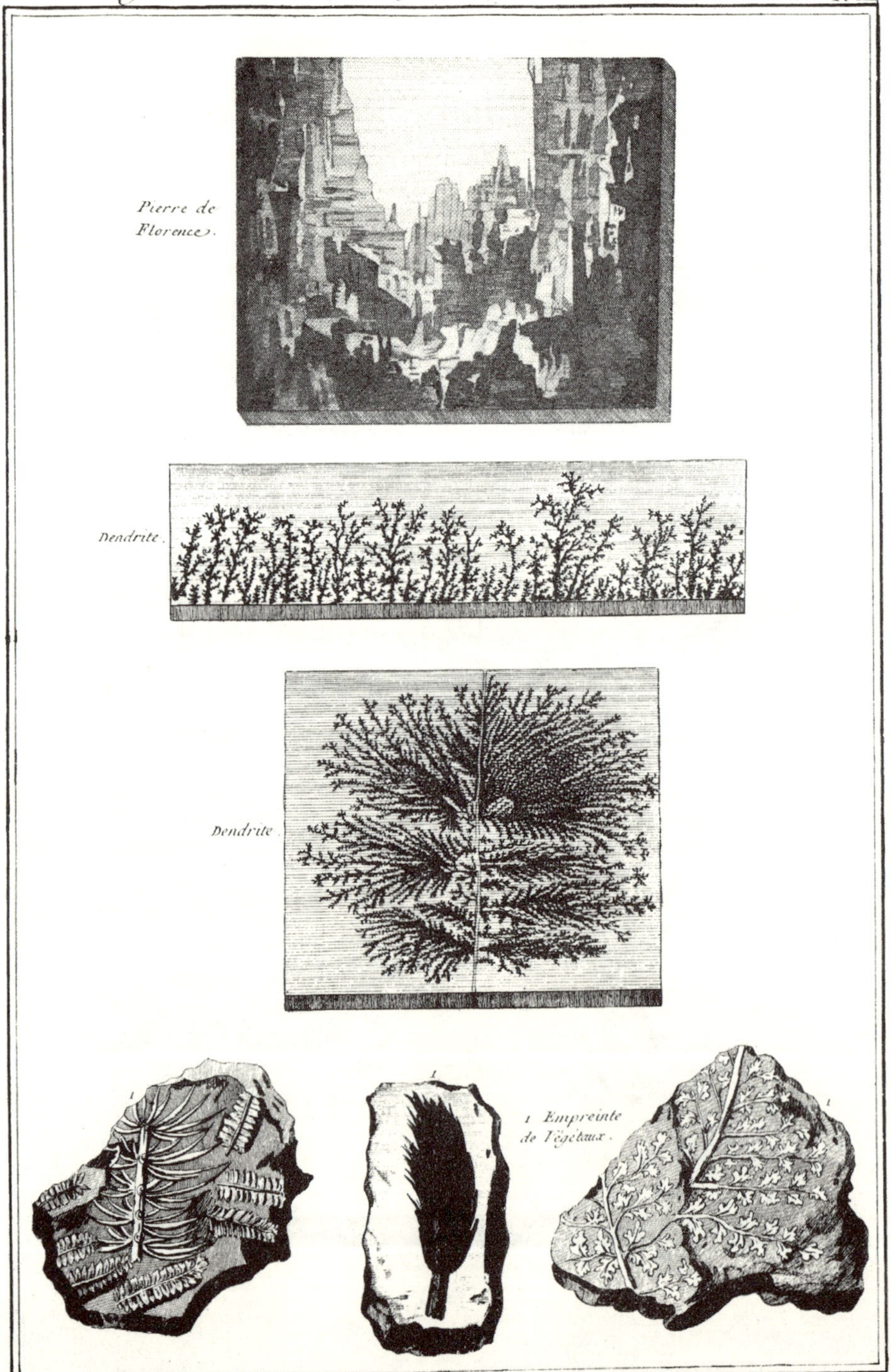

De la Rue del. Benard Fecit.

Histoire Naturelle.

História Natural. Mineralogia.

De la Rue Del. — Benard Fecit

AAA Articulations qui ont la forme d'une Couronne antique.
BBB Autres Articulations sur lesquelles les précédentes s'adaptent.
CCC Articulations convexes par les deux cotés.

Histoire Naturelle, Pavé des Géants

Cette Planche est complètement expliquée à l'Article PAVÉ DES GEANTS.

História Natural. Ponte do gigante.

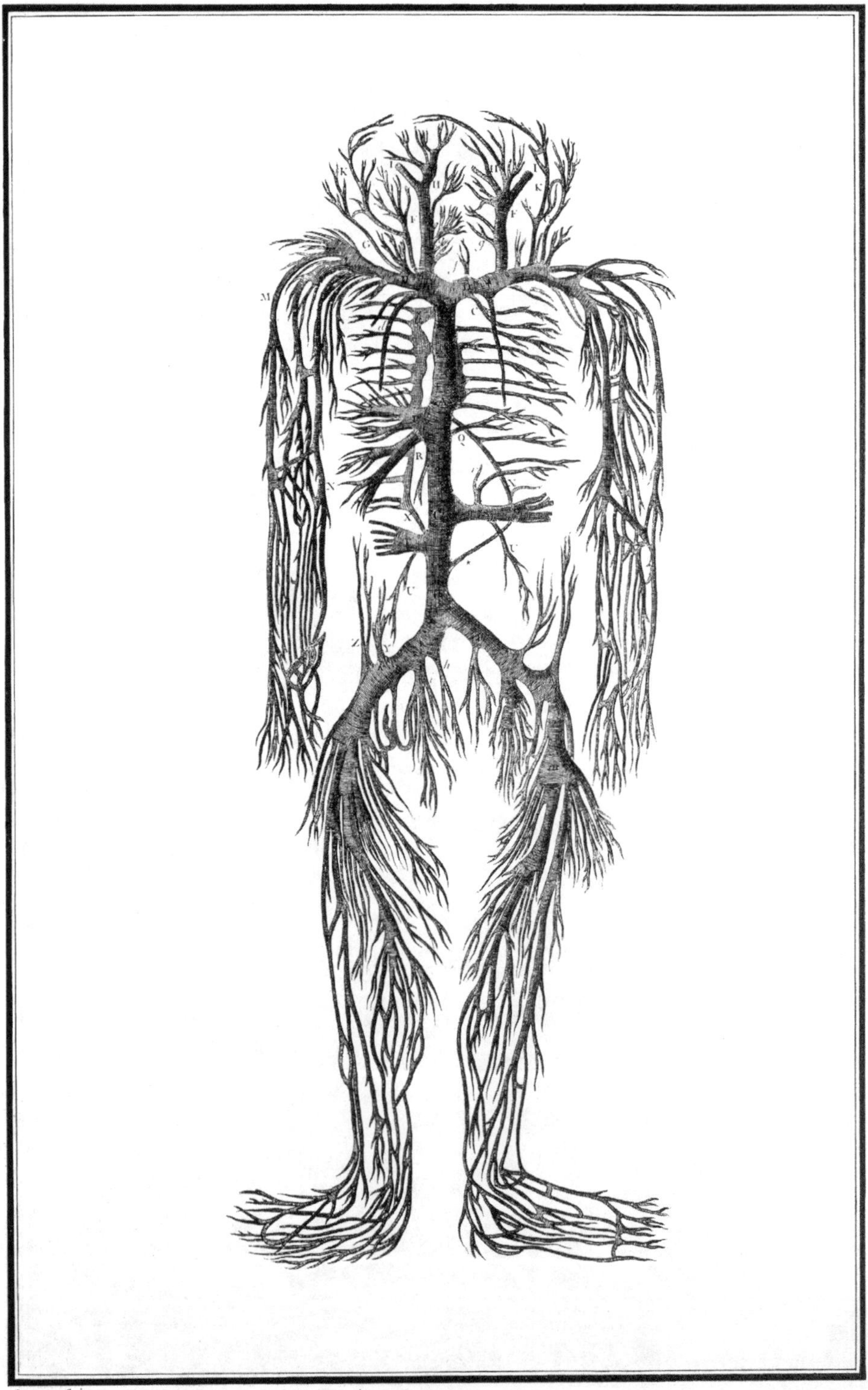

Prevost fecit.

Anatomie.

Anatomia.

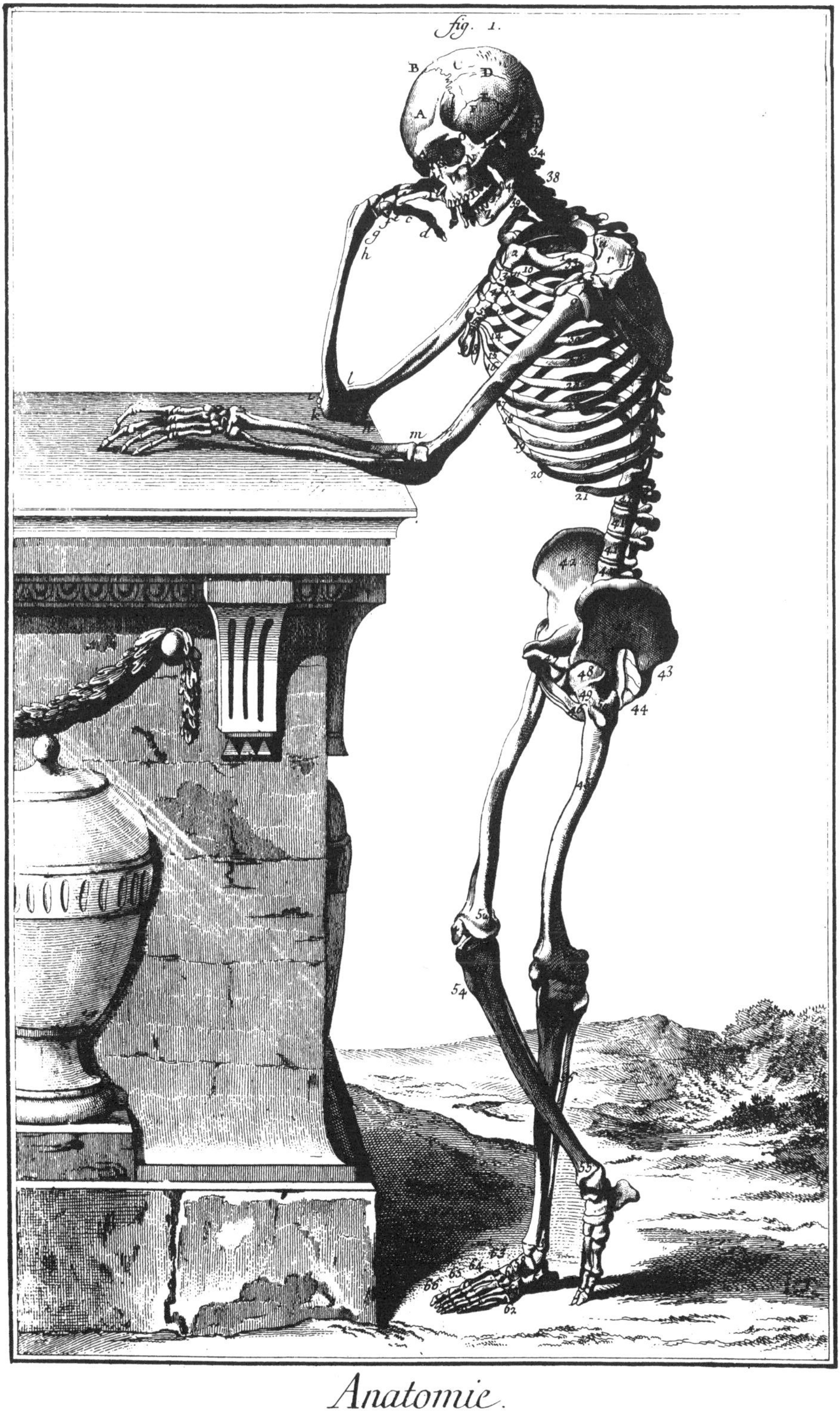

Anatomie.

Anatomia.

Suppl. Pl. 1.

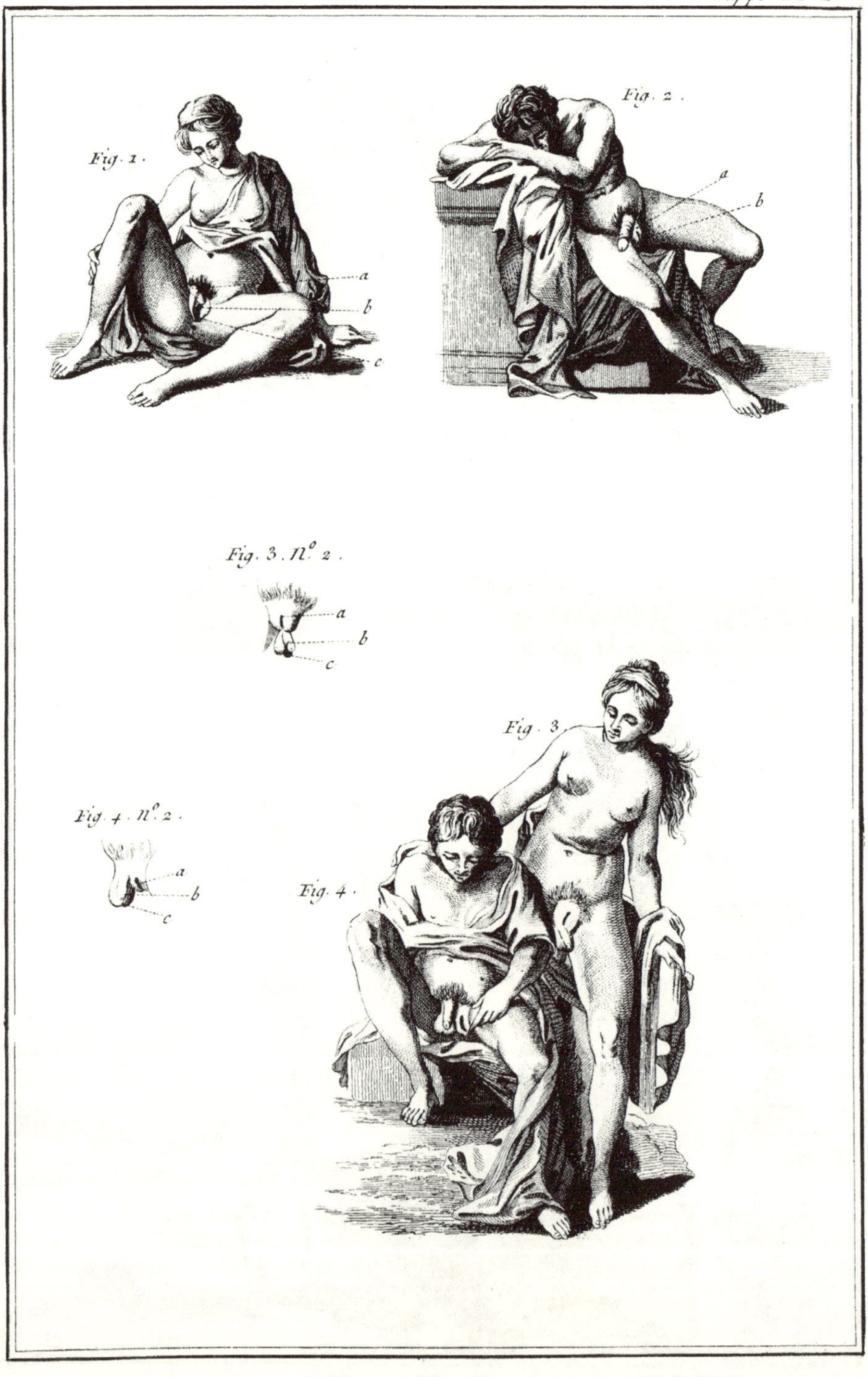

Histoire Naturelle, Hermaphrodites.

História Natural. Hemafroditas.

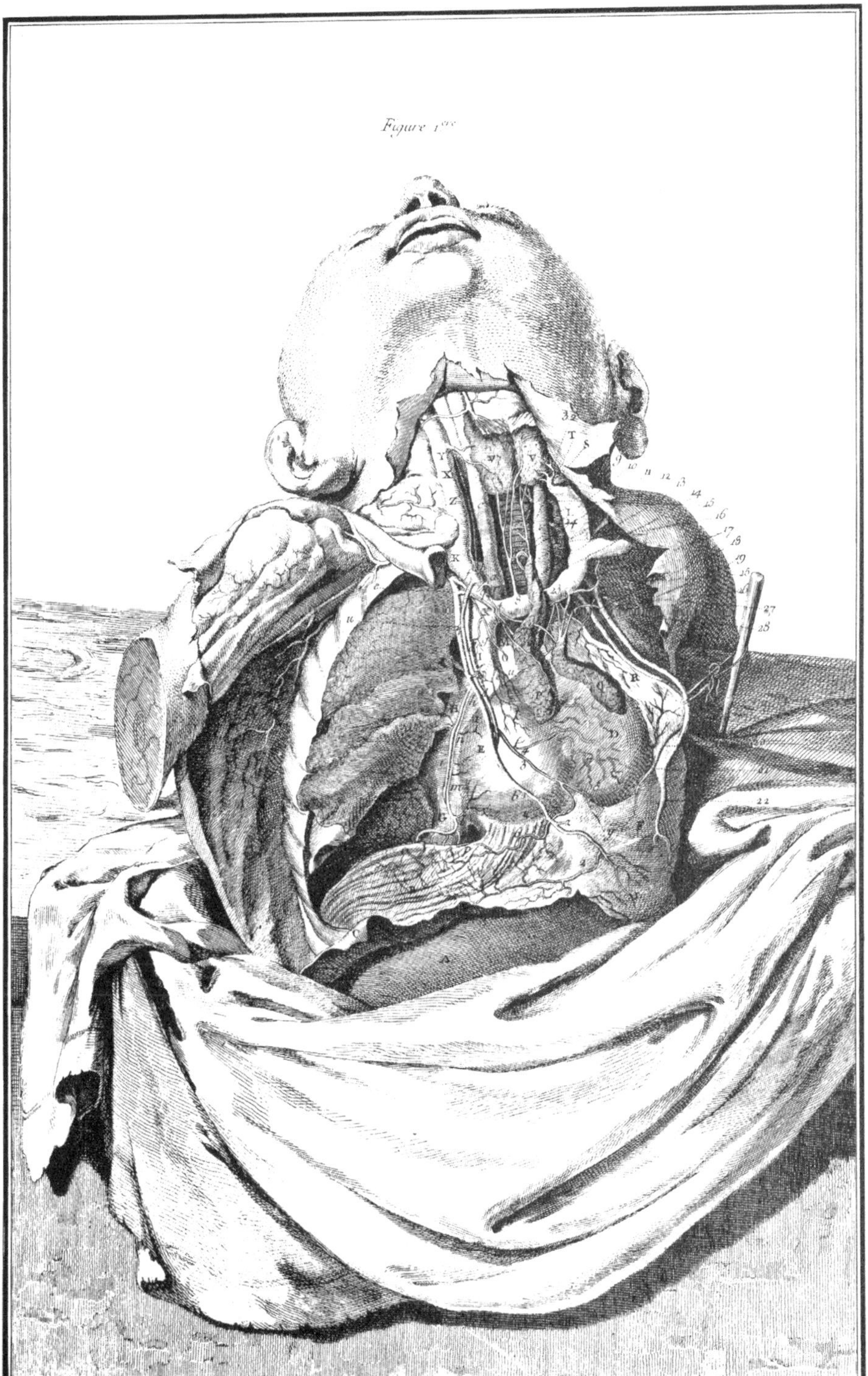

Prevost Sculp.

Anatomie.

Anatomia.

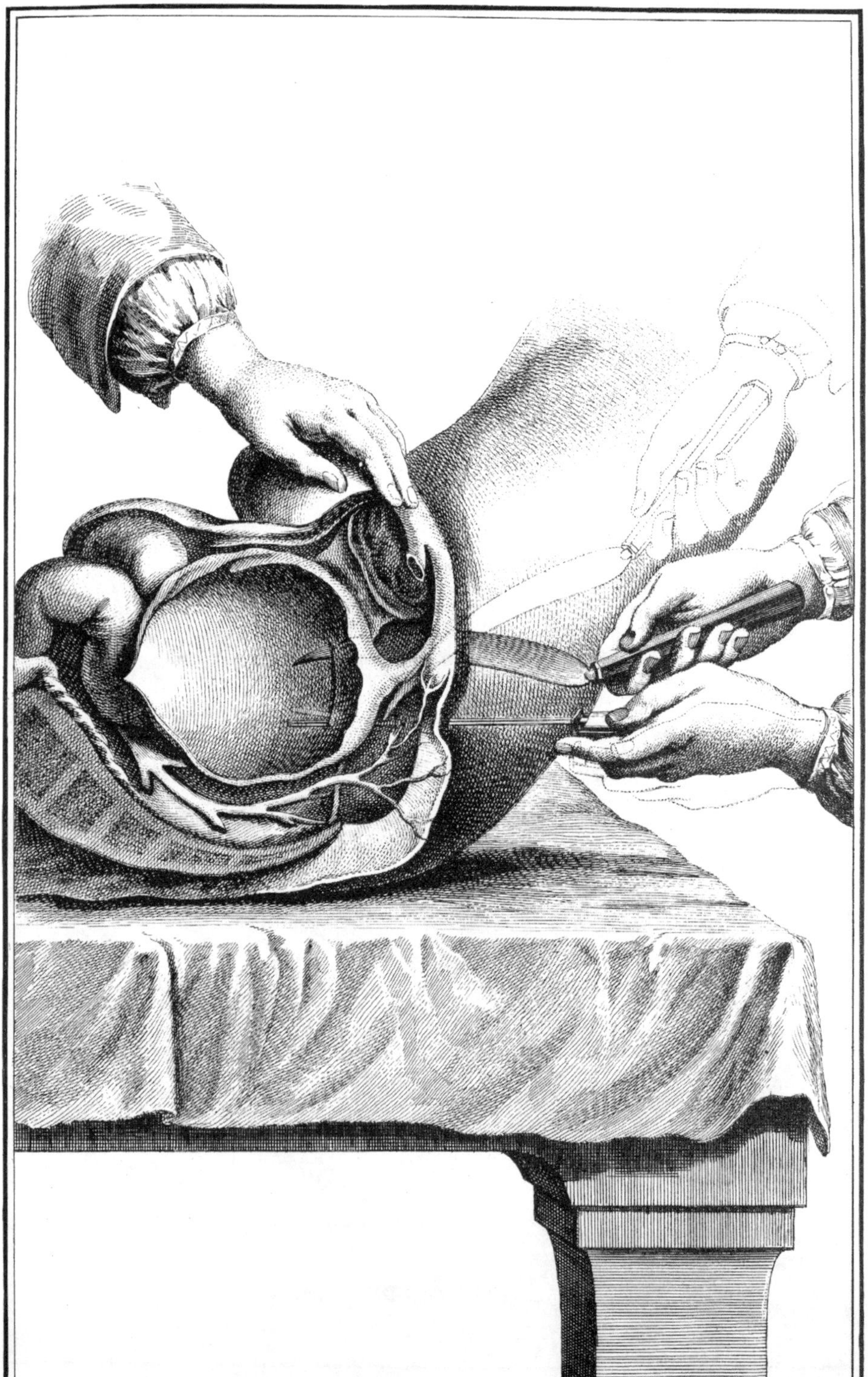

Goussier del. Prevost fecit

Chirurgie.

Cirurgia.

Defehrt Sculp.

Anatomie.

Anatomia.

Goussier del. Prevost fecit

Laboratoire et table des Raports

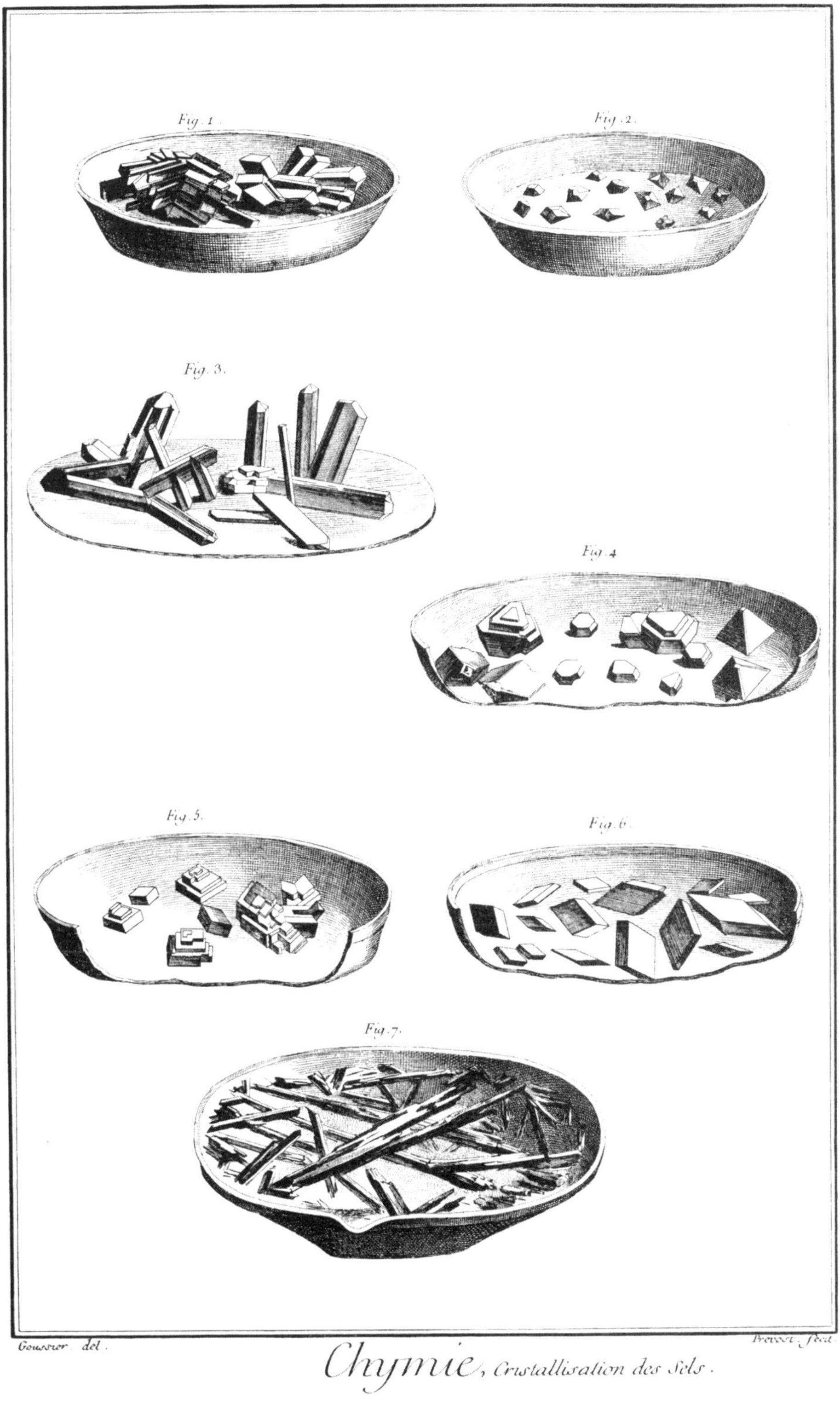

Goussier del.

Prevost fecit.

Chymie, Cristallisation des Sels.

Química. Cristalização de sais.

SOBRE O LIVRO

Formato: 16 x 23 cm
Mancha: 27,8 x 48 paicas
Tipologia: Venetian 301 BT 12,5/16
Papel: Off-white 80g/m² (miolo)
Couché fosco encartonado 120 g/m² (capa)
1ª edição: 2015

EQUIPE DE REALIZAÇÃO

Capa
Andrea Yanaguita

Edição de texto
Alberto Bononi (Copidesque)
Glaiane Quinteiro e Cristiane Yagasaki (Revisão)

Editoração eletrônica
Eduardo Seiji Seki (Diagramação)

Assistência editorial
Jennifer Rangel de França

Impressão e Acabamento:
Geográfica editora